宋元學案補遺卷八十三目録

宋元學案補遺卷八十三

後學 鄞 王梓材 慈谿馮雲濠 同輯

雙峯學案補遺

黄柴門人

補 文元饒雙峯先生魯

雲濠謹案。先生一字師魯。

雙峯語要

格物窮至那道理恰好闆奥處。自表而裏。自粗而精。裏之中又有裏。精之中又有至精。透得一重又有一重。若見其表。不窮其裏。見其粗。不窮其精。固不盡。然但究其裏而遺其表。索其精而遺其粗。亦未盡。須是表裏精粗無所不到。方是物格。

恕有首有尾。藏乎身者。其首。及人。其尾也。忠是恕之首。治國平天下章皆説恕。此章言有諸己無諸己。是要人于修己上下工夫。其重在首。言所惡于上毋以使下等。是要人于及人上下工夫。其重在尾。兩章互相發明。

中無定體。隨時而在。如萃之時用大牲吉。則中在那極厚處。損之時二簋可用享。則中在那極薄處。

知屬貞。貞者正而固。知得雖是正了。仍舊要固守。所以說貞者事之幹。

不勉而中。安行之仁也。不思而得。生知之智也。從容中道。自然之勇也。或疑從容非勇。曰。今有百鈞于此。一人談笑而舉之。力有餘也。一人竭蹶而不能舉。力不足也。然則聖人之于道也。衆皆勉强而已獨從容。非天下之大勇而何。

發育萬物。以道之功用而言。萬物發生長育于陰陽五行之氣。道卽陰陽五行之理。是氣之所流行。卽理之所流行也。峻極于天。以道之體段而言。天下之物。高大無過于天者。天之所以爲天。雖不過陰陽五行渾淪磅礴之氣。而有是氣必具是理。是氣之所充塞。卽理之所充塞也。

祖述堯舜二句。言學之貫乎古今。上律天時二句。言學之該乎穹壤。

志學章。矩字尤一章之要。致知是要知此矩。力行是要踐此矩。守是守得此矩定。不惑是見得此矩明。知命是又識得此矩之所自來耳。順是見得此矩十分透徹。從心不踰。是行得此矩十分純熟。矩者何。此心之天則是也。規矩皆法度之器。規員善于旋轉而無界限之可守。矩方則有廉隅界限。截然一定而不可易。智欲其員。行欲其方。故以矩言之。卽義以方外是也。胡氏謂體卽道。用卽義。義字正爲矩字而發。

心不可先有所主。當于事至物來。虛心觀理。惟是之從而已。老主虛。佛主空。自謂無所住。

似乎無適莫者。然無義爲之據依。故至于猖狂自恣。問。吾儒異于二氏者何在。曰。吾儒則見虛空中辟塞皆是實理。故未應則無思無爲。而此理已具已應。則無適無莫。而惟理之從。

曾子荅門人。何不曰一本萬殊。體立用行之類。而曰忠恕。蓋忠恕二字。學者所易曉便可用功。盡得忠便會有這一。盡得恕便會以貫之。一以貫之是自然底忠恕。忠恕是勉强底一以貫之。曾子之學。主于誠身。故其告人就行處説。

見不賢而内自省。省謂警省。非徒察也。

窮理是思以前事。果斷是思以後事。

用功最緊要處。在約其情使合于中。約是工夫。中是凖則。四勿便是約底工夫。禮便是中底凖則。能約其情使合于中。則心得其正而不蕩。性得其養而不鑿。

俗由于政。齊桓富國强兵。故其俗急功利。假借仁義。故其俗喜夸詐。魯。周公之後。周禮盡在。其重禮教可知。至漢初猶爲項羽城守不下。其崇信義可知。

樂是聖人之所固有。富貴貧賤是時之適然。人不處富貴則處貧賤。聖人之樂。處富貴則在富貴中。處貧賤則在貧賤中。然樂在富貴中見得不分曉。在貧賤中方别出。故多于貧賤處説。

天生聖人。以任斯道。達則爲天地立心。爲生民立命。窮則繼往聖開來學。天意如此。人安能違天而害之。有夫子之德。有夫子之道。而後可以如夫子之自任。否則妄也。

三軍有千萬箇心。匹夫只是一心。若三軍離心。則帥便被人奪了。匹夫之志。在我而已。故不可奪。此是教人立志。

松柏至春後方易葉。故曰後彫。必有松柏之操。然後不爲歲寒所變。以此必有君子之德。然後能不爲利害事變所移。臨利害。遇事變。是兩件。士窮見節義。以利害言。世亂識忠臣。以事變言。聖人之道。無適不中。用禮樂而從先進。在當時則爲崇質。在理則爲適中。

未能事人。焉能事鬼。如人有箇父母活在這裏。尚不曾奉事得。死後如何會奉事。

愚魯辟喭皆指其所偏。唯曾子能于偏處用功。故後來一貫之。唯至鈍反成至敏。問。偏于鈍成如何用功。曰。人一己百。人十己千而已。

一日之語。見于論語者二。一日用力于仁。指其用功之日言也。一日克己復禮。指其成功之日言也。何以知之。克者。戰而獲勝之名。復者。失而復還之謂。此皆用力而成功者。故上文以此皆爲仁。而下文許以天下歸仁。

浸潤者其來舒緩。膚受則其來迫切。一緩一急。緩則不暇覺。急則不暇詳。一要覺。一要詳。

質直是忠信底人。固難得。但亦有直情徑行。不去隨事裁度。而所行容有不合宜處。故質直又要合義。

見小與欲速相因。才要速成。便只是見得目前小小利便處。所以急要收效。若是胸中有遠大規模。自然是急不得。

克伐怨欲四件病。根在一欲字。有所欲則貪多而求勝。遂其所欲則誇伐。不遂其所欲則怨恨。

事君以不欺爲本。然不欺甚難。須是平日于愼獨上實下工夫。表裏如一。方能如此。今人自家好貨好色。却諫其君勿好貨好色。這便是欺。

學者同此一箇學。但用心不同。如三年學已自是了。但志在于穀。則非爲己之學也。若如後世刑名術數記誦詞章之學。則所學已與古人背馳。何必更論其用心之同異。孔子之時。世教雖衰。其學之陋尚未至此。

驥所謂德者。亦在力處見之。善用其力便是德。若單指調良。則凡馬所有。又不足稱矣。

知德者鮮。夫子不曰知道。而曰知德。蓋德與道不同。知在行先曰知道。知在行後則曰知德。知在行先。則道未爲我有。猶未親切。知在行後。則此道實爲我有。而知之也深。既知得這裏面滋味。則外面世味自不足以奪之。

法外意者。意在法之表。意所以立此法。所以用此法。亦所以守此法。先王有不忍人之心。斯有不忍人之政。有關雎麟趾之意。然後可以行周官之法度。卽此意也。

衆好惡固當察。然我心無私意方能察之。若有私意。則衆好惡之得其當者。反或以爲非矣。所以惟仁者能好惡人也。

性所以相近者。正以本然之性寓在氣質之中。雖隨氣質而各爲一性。而其本然者常爲之主。故氣質雖殊。而性終不甚相遠也。此是以本然之性兼氣質而言之。非專主氣質而言也。問。如何見得性相近。曰。如惻隱羞惡。人皆有之。然有惻隱多于羞惡者。亦有羞惡多于惻隱者。雖不甚同。亦不甚相遠。故曰相近。

大抵君之于民。臣之于君。皆當以愛爲主。君愛其民。惟恐其有勞。民平日已信之。一旦不得已而勞之。亦何所怨。臣愛其君。惟恐其有過。君平日已信之。一旦不得已而諫之。亦何所嫌。我以誠意惻怛感。彼必以誠意乎。亦安有以爲厲謗者乎。

聖人之道。雖曰難入。然其入亦自有方。且如仰彌高。鑽彌堅。此是數仞難入處。夫子循循善誘。博我以文。約我以禮。這便是從入之門。學者須從此門路入。方有所見。

理者氣之主。理直則氣壯。理屈則氣餒。吾之理不直。雖一夫之賤亦爲之屈。吾之理直。雖千萬人之衆在所必伸。

周亞夫軍中夜驚。亞夫堅臥不起。固是帥之定處。然設或被他驚不已。自家如何睡得安。于此見持其志又不不㈠可不養其氣。

詖淫邪遁是病證。蔽陷離窮是病源。所蔽所陷所離所窮是病源之所在。墨氏之蔽在于見仁而不見義。楊氏之蔽在于見義而不見仁。其蔽雖同。而所蔽則異。孟子知言如明醫然。才見病證。便識病源在何處。

自親親而仁民而愛物。推至于無一民一物之不愛。是充仁之量。自一事之得宜。推至于無一

㈠「不不」衍一「不」。

事之不得宜。是充義之量。禮智皆然。

用兵也要天時地利。但人和爲本。人心不和。雖有天時地利。亦不可取勝。況時不時屬天。利不利屬地。人心和不和則在我而已。在天地者難必。在我者可恃。

孟子教時君行仁政。只是養與教二事。井田以養之。學校以教之。告齊宣滕文皆如此。

奉順。孝也。但阿意曲從。陷親于不義則不可。非其道不仕。孝也。家貧親老而不禄仕則不可。告而後娶。孝也。但告則不得娶。以至無子絕祀則不可。

養生。今日不及。明日猶可補。惟送死有不到。爲終身之恨。他日欲爲。不可得矣。

所以博學者。非徒誇其多。所以詳說者。非徒鬬其靡。欲人融而會之。貫而通之而已。這物事未曾融時。一箇是一箇。才融了。便會爲一。約是要約。如思無邪。毋不敬之類。

人未生以前不喚作性。既生以后方喚作性。才喚作性。便滾在氣質中。所以有善有不善。此氣質之性也。然性之本然惟有善而已。就氣質中指那本然者說。是則天地之性也。若不分做兩箇性說。則性之與氣。鶻突無分曉。若不合做一箇性說。認做兩件物事去了。故程子曰。二之則不是。

問。善反之則天地之性存焉。不知未反以前。此性亦存否。曰。不曾反時。此性亦未嘗無。且如一鄙吝人。見殘疾人也知憐憫。一强梁人。見好人也知恭敬。畢竟有箇性在內。不知不覺發見出來。但人有氣質物欲之累。則此性不能常存。須于善反上做工夫。方存得性之本。問。反之工夫如何。曰。涵養體認。克治充廣。皆是反之之道。譬如水被泥沙混了。若加澄治。則本然之清仍在。

雙峯經説

子之于親。不分職守。事事皆當理會。無可推託。事師如事父。故皆無方。臣之事君。當各盡職守。故曰有方。

附録

黄勉齋復其書曰。來諭以義以方外爲隨事省察卽物推明。似便以是爲格物致知之事。竊嘗謂古人敬義兩字且就念慮上用功。敬是持養此心。而欲其存于内者無不直。義是省察此心。而欲其應于外者無不方。居敬集義。乃是要點檢自家身心。格物致知。乃是要通曉事物道理。其主意不同。不可合而言之也。又謂。貞者。萬殊之所以一本。元者。一本之所以萬殊。如此則亨利兩字又當頓在何處。一本萬殊四字。朱先生于一貫處言之。以其一故曰一本。以其貫故曰萬殊。一以貫之。以此之一。貫彼之萬。故忠爲一本。恕爲萬殊也。今欲以四德言之。則利當爲一之始。貞當爲一之終。元當爲萬之始。亨當爲萬之終。自亨而利。則由萬而趨于一。至于貞則成夫一也。自貞而元。則由一而趨夫萬。至于亨則成夫萬也。似此方始無病。此又窮理之不可不察也。

蔡久軒薦先生章曰。饒州餘干縣隱士饒魯。性質樸茂。操履純實。年未三十。卽棄科舉。一意理學。不求聞達。早師李燔黄榦。得朱文公之傳甚的。其于四書。探索精微。思致深遠。每有自得之妙。觀其狀貌不踰中人。而内之所守恪乎不易。居于鄉黨則俗訓善良。行乎州里則人有矜式。累主白鹿東湖安定書院。羸糧受業。户屨幾滿。臣嘗延之饒泮。爲學者講説。微顯闡幽。辨疑祛惑。莫不感動。蓋自考亭師亡友散之後。聞而知之如魯者。未見其比。

金仁山論語集註攷證曰。饒伯輿謂古公年壽甚高。末年武王已生。其祖子孫皆有聖德。而泰伯遜之。蓋一遜王季。二遜文王。三遜武王也。王文憲取之。

又曰。伯輿謂仲弓章全説强恕求仁之方。出門使民亦指接物之恕。蓋備舉行恕之首尾告之。無怨乃恕之效。此説王文憲亦然之。

程雪樓曰。四書。勉齋之説有朱子所未發者。雙峯之説又有勉齋所未及者。亦可見義理之無窮矣。後之讀者。于先儒之旨曾未貫徹。而或有妄肆誹議者。一庸一妄。其失惟均。

又序先生文集曰。理學至伊洛而大明。逮考亭而益精。學者家庋其書。歸而求之有餘矣。而拘者束章句。虚者掠聲稱。專門户以爲高。溺辭説以爲達。若存若亡。愚智交病。雙峯先生最晚出徒。得從其高第弟子游。乃獨泳澤窮源。扶根披枝。共派而分流。異出而同歸。廓然涣然者于此也。大道之不明。非書之不多。若雙峯之書。政患其未多耳。

雙峯門人

補 州判陳東齋先生大猷

梓材謹案。先生爲雲莊先生澔之父。雲莊序所著禮記集説言。先君子師事雙峯先生十有四年。以是經三領鄉書。爲開慶名進士。所得于師門講論甚多。中罹煨燼。隻字不遺云。

雲濠謹案。方秋崖回第二名。陳大猷稱其熟講中庸。卓爲茂異。許孟容有禮學典章多所裁之。公孫弘舉賢良。郡國無以易也。其見重如是。

補 隱君吴準軒先生中

雲濠謹案。四書通義引用姓氏有吴氏中行。字直卿。號準軒。番陽人。勉齋門人。是先生又在勉齋之門。

補 録事魯寶潭先生士能

梓材謹案。先生名。楚紀與一統志皆作仕能。

補 山長程徽庵先生若庸

附録

方秋崖題程達原字訓曰。史弘肇不識字固也。張禹孔光學爲帝者師。不識止字。諂王鳳。柳河東文如五緯麗天。芒寒色正。不識正字。陷伾文黨。屈原離騷與日月爭光。賈誼痛哭流涕之書。

漢廷無出右者。皆不識命字。一斥不復。至于憂愁悲鬱不得其死。然則古今大儒不識君字訓之字者蓋多。謹毋曰小學家。

陳定宇答吴仲文曰。徽庵于朱學甚用功。近年吾邑前輩之可心服者。此其尤也。增廣字訓一書。乃因程端蒙之字訓而充之。亦甚好。會聚前輩之議論。而間出己意以折衷之。但以之啓蒙後進。則不如字義之活而易看。

又跋斛峯書院講義曰。學朱子之學。而精到似程勿齋者甚少。此公才質鈍。只見勤。文頗絮煩。然學問精到。絮煩得好。

梓材謹案。勿齋卽徽庵别號。朱楓林書性理學訓後云。程正思字訓三十條。勿齋增廣之。爲六門百八十三條。程氏讀書日程。八歲未入小學。教之讀此甚善云。又案。四庫存目録性理字訓一卷。舊本題宋程端蒙撰。程若庸廣之爲造化性情學力善惡成德治道六門。明初朱升又增善字一條。摭袁甫之説以補之。

補 進士許先生應庚

雲濠謹案。萬姓統譜先生名作應寅。

補 隱君汪東山先生華

梓材謹案。宋景濂爲環谷詩集傳音義會通序。言東山君嘗從雙峯得黄文肅公之學。文肅則子朱子高第弟子也。其授受淵源最爲親切。故學者多尊事之。

補　逸民吴可堂先生迂

雲濠謹案。先生所著又有易學啓蒙。

梓材謹案。虞道園學古録題跋有云。路提學著廉使吴公可堂之説。凡經傳論可不可者。捃拾幾無餘焉。客有持以示僕者。昔在延祐中。集竊學者之禄于成均。僦居京城。與公同巷。其舍相去甚邇。親見公之事其太夫人也。是時公尚貧。甘旨新異之味。無日不具。其夫人親飪以饋。太夫人未食。公不敢出也。諸孫幼。太夫人甚愛之。每輟食以飼。每食。率先具豐膳。使足徧賜而有餘。隨以精饌進。太夫人必悦而飽焉。退而食于私室。太夫人使察之。見其甘食。謂若與己饌無二者。甚安以喜。不知其實疏糲也。舉家長幼安行以爲常。夫事親之道。安有過哉。孝如曾子孟子。猶曰可而已。吾見公之爲養者如此。而歉然猶若自以爲有未能盡者也。此吾知可堂之可之實之一也。又言其兩拜行省參政。以廉明數持廉節。是非逸民吴先生。蓋又一吴可堂也。附識于此。

補　縣令羅碉谷先生椅

附録

爲潭州教官。潭士聞其來。先懷輕侮之意。及至。首講中庸。亹亹可聽。諸生乃無語。癸辛襍志。

子遠清修博學。時賈似道專國。上書力詆其罪。掛冠徑去。不復仕。

補　史水東先生泳

雲濠謹案。先生名亦作詠。經義考引黄虞稷之説。謂雙峯嘗建石洞書院。著論孟紀聞。與其門人史詠等相問答云。

雲濠又案。姓譜載先生云饒雙峯門人。李實謂其問答出入微妙。儒林宗派亦列先生于雙峯門人。

教授張導江先生頍詳見北山四先生學案。

教授胡先生震附師何子舉。劉均。

胡震。廬山深溪人。官將仕佐郎。南康路儒學致仕教授。少讀易于國正何先生子舉。編修劉先生均。堂長饒先生魯之門。後以平日父師之訓。筆而輯之爲成書。附以程朱張楊先賢之確語有益于世教者。名之曰周易衍義。周易衍義自序。

雲濠謹案。周易衍義十二卷。四庫提要云。有其子光大識其語。稱幾成書而下世。後十年始克纂集成編。則其書實成于光大之手矣。

凌先生堯輔

凌堯輔。番陽人。游饒雙峯之門。雙峯學于考亭之門人。而于考亭之書。鑽研探索。纂述彙敘。其意猶考亭之于濂洛。先生箋詁疏釋。問答圖辨。又如雙峯之于考亭也。嘗與戴剡源游。剡源序其大學中庸孝經諸書集解音釋。戴剡源集。

方先生齊

陳先生友沅合傳。

方齊。陳友沅。皆豐城人。因其師雙峯饒氏。遂創石峯書堂。講學于此。江西通志。

忠介唐先生震詳見鶴山學案。

堂長董先生敬庵

韓先生秋巖合傳。

董敬庵。韓秋巖。新淦人。皆爲饒雙峯門人。羅子遠與之極相得。宋亡。敬庵秋巖再及門。雙峯卒。匍匐往哭。縞素背負木主。每夕旅邸。輒設位奉木主。哭臨之。道由撫州。黄東發時爲守。往迎之。亦製服。于郡廳設位。三人會哭。俱稱先師之喪。及自石洞回。東發聘敬庵爲臨汝堂長。留秋巖于郡齋。癸亥雜識續集。

勿齋同調

教授程先生逢午

程逢午字信叔。休寧人。與族父若庸講明經學。著中庸講義三卷。益暢朱子之旨。元貞二年。薦授紫陽書院山長。學者翕然尊之。陞海鹽州教授。卒。姓譜。

雪樓師承

雷龍光先生光霆

雷光霆字友光。寧州人。家居教授。學士程鉅夫詹天游皆其徒也。著九經緝義五十卷。史子辯三十卷。詩義指南十七卷。至元間。遣使徵之。未至。卒。學者稱爲龍光先生。南昌府志。

吴氏師承

馮先生孝揚

馮孝揚。

梓材謹案。先生爲吴儀可之師。儀可弟聖可。從子君明。皆師馮得一。疑卽先生。蓋一爲名。一爲字爾。

可堂同調

侍郎郭先生郁

別見蕭同諸儒學案補遺。

雙峯私淑

文潔黄于越先生震

詳東發學案。

陳氏家學

補 經師陳雲莊先生澔

雲濠謹案。先生國朝雍正二年從祀孔廟。

梓材謹案。江西通志載明成化間學士劉定之建議。謂先生釋經之功。雖未敢肩程朱。亦可以決胡蔡。欲比何休賈逵范寗杜預等例從祀聖廟。是猶虞學士題其墓曰經師陳先生之意也。人物志謂。學者稱經歸先生。經歸恐是經師之譌。顧通志有經歸書院。在都昌縣西山。且言先生與雙峯饒氏注禮記集説。號雲住師。因名其書院曰雲住。雲住爲雲莊之譌。先生爲雙峯再傳弟子。不得與雙峯注禮記。則經歸二字亦屬譌文。可知矣。

禮記集説

家語。孔子生三歲。而叔梁紇死。少孤。及顔氏死。夫子成立久矣。聖人。人倫之至。豈有終母之世不尋求父葬之地。至母殯而猶不知父墓乎。且母死而殯于衢路。必無室廬。而死于道路者不得已之爲耳。聖人。禮法之宗主。而忍爲之乎。馬遷爲野合之誣。爲顔氏諱而不告。鄭注因之。以滋後世之惑。且如虞舜瞽瞍之事。世俗不勝異論。非孟子辭而闢之。後世謂何。此經雜出諸子所記。其閒不可據以爲實者多矣。孟子曰。主癰疽與侍人瘠環。何以爲孔子。愚亦謂終身不知父墓。何以爲孔子。此非細故。不得不辨。

士喪禮浴于適室無浴于爨室之文。舊説曾子以曾元辭易簀。矯之以謙儉。然反席未安而没。未必有言及此。使果曾子之命。爲人子者。亦豈忍從非禮而賤其親乎。此難以臆説斷之。當闕之以俟知者。

無斯慍一句。終是可疑。今且據疏劉氏欲于猶斯舞之下增一矣字。而删舞斯慍三字。今亦未敢從。

古者以周尺八尺爲步節。疏義所算亦誤。當云古者八寸爲尺。以周尺八尺爲步。則一步有六尺四寸。今以周尺六尺四寸爲步。則一步有五尺一寸二分。是今步比古步每步剩出一尺二寸八分。則古者百畝。當今東田百五十六畝二十五步一寸六分十分寸之四。

數之脩短。稟氣于有生之初。文王雖愛其子。豈能減己之年而益之哉。好事者爲之辭而不究其理。讀記者信其説而莫之敢議也。

末服之將除也。舊説以末爲卒哭。然大功卒哭後尚有六月。恐不可言末。小功既言末。又言末哭。則末非卒哭明矣。

禮記集説自序

前聖繼天立極之道莫大于禮。後聖垂世立教之書亦莫先于禮。禮儀三百。威儀三千。孰非精神心術之所寓。故能與天地同其節。四代損益。世遠經殘。其詳不可得聞矣。儀禮十七篇。戴記四十九篇。先儒表章庸學。遂爲千萬世道學之淵源。其四十九篇之文雖純駁不同。然義之淺深同異誠未易言也。鄭氏祖讖緯。孔疏惟鄭之從。雖有他説。不復收載。固爲可恨。然其灼然可據者。不可易也。近世應氏集解。于雜記喪大小記等篇皆闕而不釋。噫。愼終追遠。其關于人倫世道非細故。而可略哉。

附録

宋亡。不樂仕進。教授鄉里。

高梯曰。雲莊集説。以其簡便而得列于學官。

雲濠謹案。先生雲莊禮記集説。經義考著録三十卷。四庫書目十卷。蓋通行本也。提要云。初。延祐科舉之制。易書詩春秋皆以宋儒新説與古注疏相參。惟禮記則專用古注疏。蓋其時老師宿儒猶有存者。知禮不可空言解也。是書在延祐之後。亦未爲儒者所稱。明初始定禮記用陳注。蓋説禮記者。漢唐莫善于鄭孔。而鄭注簡奥。孔疏典贍。皆不似陳注之淺顯。宋代莫善于衛湜。而卷帙繁富。亦不似陳注之簡便。又南宋寶慶以後。朱子之學大行。而陳氏之父大猷師饒魯。魯師黄榦。榦爲朱子之壻。遂藉考亭之餘蔭。得獨列學官。又言其書用爲訓蒙則有餘。求以經術則不足。朱氏經義考以兔園冊子詆之。固爲已甚。要其説亦必有由矣。

準軒門人

教授朱明所先生公遷詳下朱氏家學。

徽庵門人

補吴蘭皋先生錫疇

附録

四歲而孤。伯父破其家。或教之訟。先生泣曰。貧窶。命也。二祖以孝友名家。吾兄弟訟。不辱吾先乎。聞者賢之。

補文憲程雪樓先生鉅夫

雲濠謹案。先生所著。有玉堂類稾九卷。奏議一卷。詩文三十五卷。元史本傳云。其先自徽州徙鄞州京山。後家建昌。梓材謹案。先生年譜云。父師初命名曰櫄之。後字周翰。初從學于龍淵胡自明先生。後受業于徽庵。年二十八歲始更名字。又言。先生不能忘郢。故取郢之白雪樓以名所寓。而後學因稱雪樓先生。後賜地築室京師。又扁其齋曰遠。故又曰遠齋先生云。

程雪樓集

天地至神。非風雨霜露罔成其功。斯道至大。非聖君賢相罔致其化。人性至善。非詩書禮樂罔就其器。大元國學先聖廟碑。

教官有缺。必使廷臣推擇可以爲人表儀者條具聞奏。令有禄可養而不匱。職比親民而加優。視教化之廢興。爲考第之殿最。他日隨取隨足。無臨事乏材之歎。天下幸甚。學校奏議。

水必止乃可以滋物象。鏡必明乃可以別姸醜。故帝王貴清心。心清則四海之廣無不燭。萬幾之微無不察。光明洞徹。不言而信。讒諛不得施。邪僞不敢前。百官有司各安其職。無有撓格之患。則災變息而天下治矣。議災異奏。

爲詞章者。毋拘拘于科舉。而用力于詩書六藝之文。明理義者。毋嘐嘐于訓詁。而篤志于聖賢體用之學。孝弟忠信以養之。禮義廉恥以維之。則其才其德不至于古人不已。漳州路重建學記。

今儒無科舉之累。而或昧辭遜羞惡之端。間有志理義之實。而或欠經天緯地之略。平居講貫無半知解。異時臨事必錯路歧。故不患百年無善治。決不可一日無眞儒。台州路學講堂記。

詞章勝。德行微。先儒有憂之。歸而求之性命。大雅不作。假性命之説以媒利達。而世道與人心俱往矣。夫詞章性命之學猶不能無弊。則夫筦攝人心。扶植世道。必有攸在。福寧州學記。

知恥則學無不成。滅私則事無不集。重修南陽書院記。

慕其人不若師其心。居其居不若履其道。青田書院記。

陶唐氏。開聖治之初者也。夫子贊之。不過曰有文章。西伯周公。大聖人也。謚皆不過曰文。道德禮樂至周備矣。而言三代者。亦不過曰周尚文。然則士其可徒以詞章爲文乎哉。贈歐陽南陽序。

聖人之言如天。賢者之言如地。諸子百家如萬物。尊經閣序。

夫惟聖人耐以天下爲一家。故治天下之道。備于家人一卦。非已備也。所以爲治道之備者始于此也。家人經傳衍義後序。

器非人不行。用之則隨所施而無不中度。弗用則亦自守其尺寸之常。此君子所以有藏器之喻。

文矩名字説。

學之不講久矣。豈徒學者之罪。亦父兄師友之過也。夫子曰。君子以文會友。以友輔仁。蓋仁其表而文其景也。答何端奇書。

石者。泉之母也。密則清。土者。水之基也。厚則茂。書鄧中齋名謝氏三子説後。

仁義禮智。天之命也。而君子則曰有性。聲色安佚。人之性也。而君子則曰有命。然則脩吾之所當爲。而順天之所爲。斯可以謂之知命。跋知命堂記。

君子無幸而有不幸。小人有幸而無不幸。黄伯靈墓誌。

附録

改集賢直學士。入見帝。首乞興建國學。上卽命建國子監。行御史臺事。詔搜賢江南。上素聞趙孟藡葉李名。臨發。密諭必致二人。公至行臺。宣上德意。禮趙葉二公赴闕。同時薦者。若趙孟頫。萬一鶚。余任心。張伯淳。凌時中。胡夢魁。曾冲子。孔洙。包鑄。何夢桂。曾晞顔。楊應奎。范晞文。方逢振。楊伯大等二十餘人。上皆擢居清要之職。

以亢旱暴風星變。先生應詔陳弭災之策。其目有五。曰敬天。曰尊祖。曰清心。曰持體。曰更化。帝皆然之。

詔先生偕平章政事李孟參知政事。許師敬議行貢舉法。先生建言。經學當祖程朱傳注。文章宜革宋金宿弊。帝命先生草詔行之。揭傒斯狀其行實曰。公平生潛心聖賢之學。博聞强識。誠一端莊。融會貫通。窮極藴奥。而復躬踐力行。始終不怠。故其措諸事業。發爲文章。非他人所可及。

登仕吴先生德溥

吴德溥字時可。號友竹。金溪人。與季弟爲宗人後者可孫。學于臨汝精舍。師程徽庵而友程鉅夫。三人相得甚懽。先生姿敏甚。部使者郡守二千石而下咸期之深。偃然不以爲意。或以登仕告身强之出而已晚矣。程雪樓集。

梓材謹案。虞道園爲吴梅隱墓誌云。士亨生登仕郎德溥。其壯時。值常平使者方作學宫于郡城南。延徽庵程氏爲之師。程文憲鉅夫。吴文正澄。皆當時弟子員。與登仕爲同舍生。

教授吴先生可孫

吴可孫字聖可。號蘭林。友竹季弟也。從徽庵于臨川。中進士。得瑞州新昌縣尉。入元。擢建昌路儒學教授。少從友竹游郡中。博士程紹開每語人曰。二吴文行遠器也。掌教胡桂芳見之曰。長必有成。以女妻之。其師馮得一亦名士。愛而教之者十年。遂與同升。二公殁。先生經紀其家。無所顧愛云。程雪樓集。

雪樓講友

丁竹所先生應桂附子榮翁。

丁應桂字叔才。臨川人。父從龍。以其子有志于學。凡益友過從。應接不倦。先生所師。皆一時工進士業者。最後與翰林承旨程鉅夫同門。業成而科廢。不求聞于時。名書堂曰竹。所以勵其節。既隸儒籍。俯就鄉邑學諭之職。又游處臨汝書院。與郡中諸耆宿俊彦日相親密。子榮翁。克世其業。教道臨汝。先生就養焉。吴文正集。

揭氏先緒

鄉貢揭先生來成

揭來成。富州人。宋鄉貢進士。文安公傒斯之父也。父子自爲師友。姓譜。

可堂門人

鄉舉朱先生坦大父明普。

朱坦。鄱陽人。舉進士。大父明普。字升朝。自號止善。藏書數千卷。耽玩至忘寢食。鄉先生奚仲迂。程時登。吴存。並以所學教授。俾諸孫從之游。而往來叩擊焉。黄文獻集。

徐氏門人

純節胡石塘先生長孺詳見木鐘學案。

雷氏門人

詹先生天游

詹天游。

馮氏門人

吴先生德鴻

吴德鴻字儀可。金溪人。明毛氏詩。工文辭。又從馮先生孝揚學。試輒不偶。然能自樂。惟日事讀書談名理。程雪樓集。

吴先生可孫見上徽庵門人。

吴先生扆子

吴先生辰子並見友竹家學。

雙峯再傳

山長柴先生實翁

柴實翁。番陽人。南康白鹿洞書院長。其父師雙峯饒氏。不忘其世學。道園學古録。

朱氏家學

補 教授朱明所先生公遷

詩傳疏義自序

説詩之難久矣。自孔子説烝民懿德之旨。孟子説北山賢勞之意。而後世難其人。漢儒章句訓詁詳于詩則病甚。繼之者説愈煩。意愈窒。遼遠乎千四百年。至明道先生説雄雉二章。得孔孟説詩之法。又數十年得朱子而備焉。葢詩主詠歌。與文體不同。辭若重複。而意實相承也。意則委婉。而辭若甚倨也。是則説詩者之難也。朱子取法于孟子。又取法于程子。少以虚辭助字發之。而其脈絡較然自明。三百篇可以讀矣。然虚辭助字之閒。似輕而重。似汎而切。苟有鹵莽滅裂之心焉。未必不以易而視之也。是則讀詩者又當知其難也。

雲濠謹案。詩傳疏義。先生舊題詩經疏義。四庫書目著録二十卷。提要言。是書爲發明朱子集傳而作。如注有疏。故曰疏義。其後同里王逢。及逢之門人何英。又采衆説以補之。逢所補題曰輯録。英所補題曰增釋。雖遞相附益。其宗旨一也。

其説墨守朱子。不踰尺寸。而亦閒有所辯證云。又著録四書通旨六卷。提要云。是編取四書之文。條分縷析。以類相從。凡爲九十八門。每門之中。又以語意相近者聯綴列之。而一一辨别異同。各以右明某義云云。標立言之宗旨。蓋昔程子嘗以此法教學者。而朱氏推廣其意以成是書。其閒門目既多。閒涉冗碎。故經義考謂。讀者微嫌其繁。然于天人性命之微。道德學問之要。多能剖其疑似。詳其次序。使讀者因此證彼。涣然冰釋。要非融會貫通。不能言之成理如是也。所引諸家。獨稱饒雙峯爲饒子。其淵源蓋可知矣。

梓材謹案。江南通志流寓載。先生樂平人。文公裔也。至正閒。官金華學正。著有詩傳疏義。後同其長子僉還于瀔。樂平縣志載。先生以至正辛巳領浙江鄉試。教授婺州。改處州。嘗題其室曰陽明之所。學者稱陽所先生。陽所。與學案本傳云明所異。江西通志云。學于同郡吴中行。以遺逸徵授翰林直學士。章七上。力辭。乃出爲處州學正。豈其父子同師準軒耶。

朱先生可傳

朱可傳。克升之叔父。番陽人。四書輯釋引用姓氏。

朱先生□

朱□字充履。番陽人。克升之伯克。四書通義引用姓氏。

克升講友

汪先生國用

汪國用。番陽人。克升之友。四書通義引用姓氏。

劉先生晉昭

劉晉昭。番陽人。克升之友。同上。

操先生琬別見介軒學案補遺。

教授門人

鄉舉朱先生坦見上可堂門人。

雪樓門人

補文安揭曼碩先生傒斯

揭文安集

夫譜其譜者。尊祖之器也。道其道者。尊祖之實也。孔氏譜序。

附録

年十二三。讀書已能窺見古人爲學大意。涵濡既久。經史百氏無不貫通。發爲文辭。咸中矩度。同里年相埒者多敬畏。師事焉。

天曆二年。文宗始聚勳戚大臣之子孫于奎章閣而教之。命學士院擇可爲之師者。得十餘人。而無以易公。乃擢公授經郎。閣在興聖殿西。公蚤作。必徒步先諸侍臣而至。諸貴游來受業者。謀合錢爲貰馬。公微聞之。輒自置一馬。尋復鬻之。示不欲以己爲人累而已。

以年七十致其事而去。詔遣使追及于瀫南。上表力辭求去。不許。命丞相脱脱及諸執政面諭毋行。公曰。使揭傒斯有一得之獻。諸公用其言。而天下蒙其利。雖死于此不恨。不然。何益之有。丞相因問方今政治何先。公曰。儲才爲先。養之于位望未隆之時。而用之于周密庶務之後。則無乏財廢事之患矣。

有詔修遼金宋三史。以公等爲總裁官。而丞相爲都總裁。丞相問修史以何爲本。公曰。用人爲本。有學問文章而不知史事者不可與。有學問文章知史事而心術不正者不可與。用人之道。又當以心術爲本也。公既領史事。每與僚屬言。欲求作史之法。須求作史之意。古人作史。善雖小必録。惡雖小必記。不然。何以示勸戒乎。自是毅然以筆削自任。凡政事之得失。人才之賢否。一切律以是非之公。至于物論之不齊。必力與之辨。求歸于至當而止。

余忠宣跋揭侍講遺墨後曰。豫章揭先生好稱奬後學。人有片善。即誇道之不去口。況乎通家之好。故人之子。有可誇道者耶。故世稱先生爲忠厚先生。公子汯。亦克樹立。世其文行。此忠厚之報。書曰。人之有善。若己有之。以能保我子孫黎民。信哉。彼媢嫉者。聞先生之風。亦可媿矣。

補

文敏趙松雪先生孟頫

梓材謹案。先生宋太祖子秦王德芳之後也。爲太祖十一世孫。所著有尚書注。有琴原樂原。得律吕不傳之妙。

松雪文集

詩書禮樂春秋。皆經孔子删定筆削。後世尊之以爲經。以其爲天下之大經也。秦火之後。惟易僅全。而樂遂無復存。詩書禮春秋。由漢以來。諸儒有意復古。殷勤收拾。而作僞者出焉。在書爲尤甚。學者不察。尊僞爲眞。俾得並行于世。若張霸之膚陋二十四篇。亦以爲古文尚書。小序之舛訛。大悖經旨。亦以爲孔子所定。嗟乎。書之爲書。二帝三王之道于是乎在。不幸而至于亡。于不幸之中幸而有存者。忍使僞亂其閒耶。又幸而覺其僞。忍無述焉以明之。使天下後世常受其欺耶。孟頫覈其眞而爲之集注。越二十餘年。再一訂正。手録成書。可與知者道。難與俗人言也。噫。余恐是書之作。知之者寡。而不知者之衆也。昔子雲作法言。時無知者。曰。後世有子雲。必愛之矣。庸知今之世無與我同志者哉。但天下之知我者易。知書者難也。書之爲道誠邃。漢自伏生以下。鼂錯倪寬夏侯勝皆專治書而不得其旨。孔安國雖爲之注。多惑于僞序。而討論未精。蔡邕才堪釐正。而其説不盡傳。孔穎達之疏。曲暢附會。無所折衷。至宋。朱子留心雖久。未遑成書。蔡沈過謹而失之繁。亦爲才識之所限。金履祥懲之而失于簡。亦以精力之所拘。終不若他經之傳注審之熟而言之確也。昔文中子尚續書百五十篇。今正書止五十八篇。而傳注可使之不確乎。孟頫繙閲考摭自童時。今至于白首。得意處或至終夜不寢。嗟乎。惟精惟一。允執厥中者。書之道也。一毫之過。同于不及。安得天下之精一于中者而與之語書哉。書今古文集注自序。

大凡讀書不能無疑。讀書而無所疑。是蓋于心無得故也。無所思則一。所思不思矣。何疑之有。此讀書之大患也。善讀書者。必極其心思。一字不通。弗舍之。而求一句。一句不通。弗舍之。而求一章。一章不通。弗舍之。而求一篇。夫如是則思之深。思之深則必有疑。因其疑而極其心。思則有得也。凡書皆然。經爲甚。六經其來最古。傳之久而訛謬生焉。以今人而臆度古人。吾見其不能矣。則夫疑之多也何怪。通川葉氏經疑序。

附録

調眞州司户參軍。宋亡。家居。益自力于學。初。先生以程鉅夫薦。起家爲郎。及鉅夫爲翰林學士承旨。求致仕去。先生代之。先往拜其門而後入院。時人以爲衣冠盛事。

史官楊載稱。先生之才頗爲書畫所掩。知其書畫者不知其文章。知其文章者不知其經濟之學。人以爲知言。嘗曰。六經之爲文。一經之中。一章不可少。一字一句不可闕。蓋其謹嚴如此。故立千萬年爲世之經也。學文者當以六經爲師。舍六經無師矣。

吴草廬送趙子昂序曰。子昂昔以諸王孫負異材。丰度類李太白。資禀類張敬夫。心不挫于物而所養者完。其學又知通經爲本。與余論及書樂。識見夐出流俗之表。所養所學如此。必不變化于氣。不變化于氣而文不古者。未之有也。

文徵仲曰。文敏書洪範篇。并畫箕子武王授受之意。公以宋之公族。仕于維新之朝。議者每以爲恨。然武王伐紂。箕子爲至親。既受其封。而復授之以道。千載之下。不以爲非。然則公獨不得引以自蓋乎。公素精尚書。嘗爲之集注。今獨書此篇。不可謂無意也。

謝山鮚埼亭詩集題趙松雪賣桑買山卷子後云。王國黍離且漫傷。宋臣家事在園桑。未知毫社輸人價。孰與殘山估值昂。又題管夫人漁父詞卷子後云。悔逐王孫到上都。苕娘清夢日蕭疏。當年白馬朝周日。曾否牽衣勸遂初。

梓材謹案。謝山二詩蓋甚不足于松雪矣。第以正編有傳。故亦爲之補録言行云。

參政貢玩齋先生師泰別見草廬學案補遺。

教授王先生揆附見巽齋學案補遺。

友竹家學

隱君吴先生扆子

吴扆子字君載。時可之子也。其學有家傳。復從馮得一先生受詩。益邃于理。程鉅夫謂其遐瞰高蹈。泊然獨立。有隱君子之風。程雪樓集。

梅隱吴先生辰子附師傅陽鳳。謝元禮。

吴辰子字君明。金溪人。生咸淳丁卯。未十歲而臨川附元。學者多廢。而先生從儒先生馮得一傳陽鳳謝元禮卒業而後已。居家事親。與兄弟六人處。身任門户之責。不以貽親憂。羣從子有教有勉。既老。種梅爲圃。以爲歲寒之交。人以是稱之梅隱先生云。道園學古録。

熊氏家學

學正熊先生東附門人熊原。

熊東字季隆。南昌人。凱之子。雲濠案。姓譜作熊楝字季隆。溪邊先生子。以字核之。疑作楝是。嗣守家傳。從游者衆。其爲學堅苦篤信。以四書五經爲日用飲食。造詣高遠。踐履平實。後解臨川學正不就。

同邑熊原字孟和。受學于東。號端學先生。人物志。

汪氏再傳

補鄉舉汪環谷先生克寬

雲濠謹案。先生洪武二年聘修元史。事畢留任。先生力辭。給驛而還。

經禮補逸自序

自樂亡而經行于世惟五。易詩書春秋雖中不無殘闕。而未若禮經甚焉。然三百三千不傳。蓋十之八九矣。朱子嘗考四經。謂三禮體大。未易緒正。晚年惓惓是書。未就而没。遂爲萬世缺典。克寬伏讀而加惋惜焉。世之三禮。所傳曰周禮。曰儀禮。曰禮記。其實禮記乃儀禮之傳。儀禮乃周禮之節文。而三禮之要。則在乎吉凶軍賓嘉五禮之别也。何則。吉禮之别十有二。以禋祀祀昊天上帝。以實柴祀日月星辰。以槱燎祀司中司命飌師雨師。以血祭祭社稷五祀五嶽。以貍沈祭山林川澤。以疈辜祭四方百物。以肆獻祼享先王。以饋食享先王。以祠春享先王。以禴夏享先王。以嘗秋享先王。以烝冬享先王。凶禮之别有五。以喪禮哀死亡。以荒禮哀凶札。以弔禮哀禍烖。以襘禮哀圍敗。以恤禮哀寇亂。賓禮之别有八。春見曰朝。夏見曰宗。秋見曰覲。冬見曰遇。時見曰會。殷見曰同。時聘曰問。殷頫曰視。軍禮之别有五。以大師之禮用衆。以大均之禮恤衆。以大田之禮簡衆。以大役之禮任衆。以大封之禮合衆。嘉禮之别有六。以飲食之禮親宗族兄弟。以昏冠之禮親成男女。以賓射之禮親故舊朋友。以饗燕之禮親四方之賓客。以脤膰之禮親兄弟之國。以賀慶之禮親異姓之國。此其大較也。然儀禮十有七篇。吉禮之存。惟特牲饋食篇。乃諸侯國之士祭祖廟之禮。少牢饋食及有司徹篇。乃諸侯卿大夫祭祖禰廟之禮。凶禮之存。惟喪服篇。乃制尊卑親疏冠絰衣服之禮。士喪禮篇。乃士喪其親。自始死至既殯之禮。士虞禮篇。乃士既葬其親。迎精而反。日中而祭于殯宫之禮。賓禮之存。惟士相見禮篇。乃士以職位相親始承贄相見之禮。聘禮篇。乃諸侯相交久無事使相問之禮。覲禮篇。乃諸侯秋朝天子之禮。嘉禮之存。惟冠禮篇。乃士之子始加冠之禮。士昏禮篇。乃士娶妻之禮。鄉飲酒禮篇。乃鄉大夫賓興賢能飲酒之禮。鄉射禮篇。乃士爲州長會民射于州序之禮。燕禮篇。乃諸侯燕饗其臣之禮。大射儀篇。乃諸侯將有祭祀之事。與羣臣宴飲之禮。公食大夫禮篇。乃諸侯以禮食鄰國小聘大夫之禮。自此之外。如朝覲會同郊祀大饗帝大喪之禮。蓋皆亡逸。況軍禮無存。非關細故。此豈散軼已在于夫子正禮之前哉。是以當時吉禮之失。如魯君之郊僭天子之禮。孟獻子之禘七月而爲之。夏父弗綦躋僖公而逆祀。三桓大夫立公廟于私家。管仲鏤簋朱紘。晏平仲豚肩不掩豆。至于太廟説笏與燔柴于奧。諸侯宫縣而祭以白牡之類是也。凶禮之失。如伯魚喪出母期而猶哭。子路姊喪過而弗除。子上母死而不喪。成人兄死不爲衰。有爲慈母練冠爲妾齊衰者。有居喪沐浴佩玉與浴于爨室者。有朝祥而墓歌與既祥而絲屨組纓者。以至小殮而奠于西方。既祖而反柩受弔。有以大夫而遣車一乘。有葬其夫人而醯醢百甕之類是也。賓禮之失。如天子下堂而見諸侯。諸侯朝覲而私覿主國。王臣以私好而朝諸侯者有焉。諸侯以强大而盟天子之三公者有焉。庭燎之百侯國用之。繡黼丹朱中衣大夫用之者又有焉。嘉禮之失。如魯昭公娶于吴則不告天子。魯哀公爲重肆夏以饗賓。天子以喪賓燕者有之。夫人出境而饗諸侯者有之。大夫反坫與不識殽烝者又有之。軍禮之失。如齊桓公亟舉兵作僞主以行。魯莊公及宋戰以失御而敗。戰而復矢始于升陘。敗而髽弔始于臺駘。以至蒐田不時。邱甲始作之類可考也。又況出師專征。習視故常。爭地黷武。歲無虚日。使禮經舊典具存于當時。則五禮之失豈至如是之甚哉。由是知周之叔世。典禮已多散逸。蓋不特火于秦而亡于漢也。今考于儀禮周官大小戴記詩書春秋孝經家語及漢儒紀録。凡有合于禮者。多著其目。列爲五禮之篇。

名曰經禮補逸。是編也。于周公經世之典。雖未能極意象之微。然五禮之大體。蓋已包舉無遺。庶幾學者于此。俾由得失以觀其會通。而天之所秩與造化之運不容息者。卒歸于性命之正。則三代可復也。明時制作之盛或有擇焉。亦區區愛禮之一得云。

雲濠謹案。四庫全書著録經禮補逸九卷。提要稱其究心道學。于禮家度數非所深求。于著書體例亦不甚講。如每條必標出典是矣。王阮亭居易録載是書云。環谷之學受于雲峯胡文炳。可堂吴仲迂受春秋于嚴陵吴朝陽。其祖東山先生華受經于饒雙峯。雙峯爲黄勉齋高第弟子。勉齋朱子之門人。朱子修三禮。以喪祭二禮屬勉齋。其淵源授受如此。其説環谷學派頗詳。然以東山爲先生之祖。猶攷之未審。

附録

曾魯序經禮補逸曰。先生生朱子之鄉。嘗游番陽吴公可翁之門。篤志古學。老而彌厲者。著書滿家。眞古所謂鄉先生者也。

程篁墩曰。文公朱子一傳于勉齋黄氏。再傳于雙峯饒氏。三傳于東山汪氏。卽先生仲大父。而先生實嗣其傳。先生著述有易程朱傳義音考。詩集傳音義會通。春秋傳纂疏提要。左傳分記。經禮補逸。周禮類要。四書音證。綱目凡例考異諸書。惟纂疏傳學者。餘多散佚不存。

梓材謹案。先生所著詩集傳音義會通三十卷。危太樸序云。蓋其從大父東山受學于饒先生伯興。君之學得于吴先生可翁。宋景濂序云。其從大父東山君。嘗從雙峯饒子于浙。得黄文肅公之學。先生幼卽從之游。學遂大進。慨然以致君澤民爲己任云云。是先生先得家學。而後從學于可堂吴氏也。先生自序春秋胡傳附録纂疏則云。愚嘗佩服過庭之訓。自幼誦習。至治壬戌。從先師可堂吴先生受業于浮梁之學宫。朝夕玩繹。若有得焉。又云至元丁丑。嘗求訂定于宗公叔志先生。以爲足以羽翼乎經。畀之序。明年值鬱攸之變。斷簡煨燼。漫不復存。越三年辛巳。搜輯舊聞。往正是于邵庵虞先生。是先生又及道園之門。而其家學又不獨東山汪氏矣。叔志名澤民。其序稱。吾宗德輔。年妙而志强。學優而識敏云。

雲濠謹案。四庫全書著録春秋胡傳纂疏三十卷。提要云。是書前有自序稱。詳注諸國紀年謚號。可究事實之悉備。列經文同異。可求聖筆之眞。益以諸家之説。而裨胡氏之闕疑。附以辨疑權衡。而知三傳之得失。然其大旨終以胡傳爲宗。又云。能于胡傳之説。一一考其援引所自出。如注有疏。于一家之學亦可云詳盡矣。

環谷講友

隱君謝適齋先生俊民

謝俊民字章甫。號適齋。祁門人。值元季。隱居不仕。築雲深塢樂安莊書舍。與汪環谷克寬爲友。講明道學。所著文有玉泉集詩。有寓意稾。藏于家。姓譜。

明所門人

補縣令洪野谷先生初

附録

何梅谷序朱氏詩傳疏義後曰。先師杜塢先生嘗謂。野谷洪先生初。從遊先正朱氏公遷先生之聞。受讀三百五篇之詩。一日請説周頌維天之命一章之旨。先生于集傳下訓釋其義。發言外之意。瞭然明白。復請曰。于集傳皆得如此章。以發其所未發。以惠天下學者。豈非斯文之幸歟。時先生以特恩授校官。得正金華郡庠。日纂月注。以成其書。

助教朱先生維嘉

朱維嘉。縉雲人。爲盧龍丞。有政績。遷國子助教。早從鄱陽朱公遷。學有源委。爲時名儒。著有素履集十卷。括蒼彙記。

明經梅先生熙

梅熙字景和。縉雲人。通經有學行。少受業于番陽朱公遷。别餘二十年。千里聞訃。先生至番陽。爲服心喪三年。洪武初。舉博學明經。撫安永軍民。卒于官。兩浙名賢録。

揭氏家學

郎中揭先生汯

揭汯字伯防。荆楚人。文安公傒斯子。少淳樸苦學。年十八盡通六經大義。工古文辭。補太學生。端方有威儀。六館士敬憚之。以蔭補秘書郎。遷國史編修。歷官至肅政廉訪使守建寧。僞漢陳友諒兵寇松關。建寧受圍。吏民相繼出奔。先生與經略使普顔不花協謀禦賊。設方略。復延平等三州。改江西行省。未赴。以工部郎中召。時淮浙道不通。遂留家四明之慈谿。天啓慈谿志。

揭氏門人

主簿歐陽石户先生貞附師夏鎮。

歐陽貞字元春。分宜人。從學士揭傒斯鄉進士夏鎮學。工古文。元季。退不仕。洪武初。以易魁江西。授考城主簿。改扶溝。以老歸。所著有周易問辨三十卷。史提鉤七十卷。餘學初集。龍江叢稿。東齋寓録。貧樂集。自號石户農。姓譜。

附録

歐陽文公序先生周易問辨曰。吾宗巽齋先生爲曾大父冀郡公作經訓堂記。言歐陽氏經學。司馬氏史學。由三代而下。代有其人。蓋六經甫出孔氏之壁。歐陽氏卽㊀□㊁世傳㊂士世其學。其來豈一日哉。司馬氏史學。至君實復振。歐陽氏經學。我六一公易有童子問。詩有本義。凡宋儒以通經學古爲高。實公倡之。故余見貞是編。喜我歐陽氏經學亹亹其不絶乎。

教諭解筠澗先生開別見北山四先生學案補遺。

㊀「即」下脱「以」。
㊁「□」當作「八」。
㊂「傳」當爲「博」。

縣官燮元圃先生理普化

燮理普化字元溥。□□人。進士。爲樂安縣達魯花赤。政尚清簡。民用孚化。言色不動。患除利興。取其邑之廢弊而修補之。若官府學校。病涉之濟。醫師之宫。以次爲之。而先聖廟學爲最重。尤致意焉。虞道園爲作重修儒學記。道園學古録。

梓材謹案。學古録有爲燮元圃題鰲溪春曉圖。則先生一字元圃。

趙氏門人

承旨危太樸先生素詳見靜明寶峯學案。

賀先生太平附師吕弼。子均。

太平字元中。初姓賀氏。名惟一。後賜姓蒙古氏。名太平。仁傑之孫。勝之子也。先生資性開朗正大。雖在弱齡。儼然如老成人。嘗受業于趙孟頫。又師事雲中吕弼。始襲父職爲虎賁親軍都指揮使。尋擢爲陝西漢中道廉訪副使。至正四年。陞中書平章政事。遷宣徽使。拜御史大夫。故事臺端非國姓不以授。先生因辭。詔特賜姓而改其名。遷中書平章政事。拜左丞相。舉隱士完者篤。執禮哈郎。董立。張樞。李孝光。九年。罷爲翰林學士承旨。臥病不起。遷奉元。杜門謝客。以書史自適。河南盜起。十五年。詔爲淮南行省左丞相。兼知行樞密院事。總制諸軍。駐于濟寧。十六年。移鎮益都。未幾除遼陽行省左丞相。十七年。召爲中書左丞相。數以疾辭位。二十年。拜太保太傅。皇太子惡之。二十三年。詔悉拘所授宣命及所賜物。俾往陝西之西居焉。搠思監誣奏之。安置土蕃。遣使者逼令自殺。年六十三。子也先忽都名均。字公秉。少好學。有俊才。累知樞密院事。兼太子詹事。罷爲上都留守。尋改宣政院使。搠思監徇皇太子旨。搆成大獄。也先忽都當貶撒思嘉之地。道由朶思麻。行宣政院使極州閭素受知于其父。因留居其地。執政知其故。奏其違命。杖死之。年四十四。有詩集十卷。元史。

待制朔先生儔

朔儔。

梓材謹案。先生官待制。見北山四先生學案補遺端木員外傳。

林氏門人

補　教授徐始豐先生一夔

雲濠謹案。王阮亭居易録云。予于慈仁寺市得徐一夔始豐稿文十四卷。無詩。陳繼儒嘗稱。一夔宋行宮考。吴越國考。研檢精確。予觀集中。如歐史十國年譜備證錢塘鐵箭辨等篇。皆極精核。不獨二考也。

環谷門人

將軍任先生原父鼎。

將軍任先生序合傳。

任原字本初。弟序。字本立。休寧人。父鼎。築精舍于富川之上。延祁門汪環谷主師席。先生兄弟受業焉。環谷著春秋纂疏綱目考異。兄弟皆預有力。既又從學于趙東山。學成。明師下徽州。先生出助軍實。歷功至顯武將軍雄峯翼管軍萬户。卒。其弟代之。從鎮明越及閩中。兄弟皆有詩文集傳于世。姓譜。

吴先生國英

吴國英。從環谷受讀春秋于郡齋。嘗序環谷手編胡氏傳纂疏。環谷卒。又爲之行狀。經義考。

汪先生世賢

汪世賢。

環谷私淑

文憲宋潛溪先生濂詳見北山四先生學案。

洪氏門人

補徵君王松塢先生逢

雲濠謹案。先生著有詩經講説二十卷。經義考云佚。又有四書通義。經義考云未見。四庫全書存目于倪仲宏四書輯釋提要言。此本改題重訂輯釋章圖通義大成。末列鄱陽王逢訂定通義。則先生通義具在此本中也。樂平縣志云。鄉里稱曰松鳴先生。鳴卽塢之異文。

伯防門人

處士李先生孝謙

詳見北山四先生學案。

趙氏家學

趙先生彥亨

趙彥亨。吴興人。文敏從孫。通周易。侯彥良力舉教授郡庠。選爲楚府紀善。調同知和州事。宋文憲集。

朔氏門人

員外端木先生孝思

別見北山四先生學案補遺。

徐氏門人

逯先生宏

逯宏。

松塢門人

京先生況

劉先生剡合傳。

京況。劉剡。何梅谷英同門友也。梅谷足成先正朱氏詩傳疏義。詳釋發明。質諸二子。以卒其師松塢之志云。詩傳疏義後序。

宋元學案補遺卷八十四目録

宋元學案補遺卷八十四

存齋晦靜息庵學案補遺

後學 鄞 王梓材 慈谿 馮雲濠 同輯

湯氏先緒

補 湯臨齋先生德威附兄德成。

湯德威。佚其名。安仁人。與其兄德成俱以學行表于其鄉。而俱不偶。其平時學問一本于誠。嘗取上帝臨女之義而名其齋。朝夕居焉以自警。則其用力可知矣。有臨齋遺文。眞西山爲之序。眞西山集。

柴眞門人

補 通直湯存齋先生千

附録

君自爲書生。慨然有志于及物。其在武昌。疢心幕畫。酌情引義。參以活意。凡所剖決。人無異辭。

從游之士。望其眉睫已有所興起。不待繩以規矩而後聽服。諸弟各以學行聞。女兄弟中。類能涉書史閑壼。則皆君發之。開禧中。權臣將開兵釁。君爲書萬餘言。伏光範門以獻。不報。明年。師出不利。人服君先見。而更化後。卒未有爲之言者。沈淪下僚。每聞時事有不滿人意者。當時善類有不獲其所者。輒爲之竟日弗怡。

眞西山別湯升伯詩曰。二十年前忝舊遊。論交今日始從頭。我如潦盡寒潭水。君似天空明月秋。夜雨幾時重話舊。故山聞早共歸休。臨歧贈別無他祝。莫忘鄒陳爲國憂。

補郡守湯晦靜先生巾

附録

眞西山送先生之官繁昌序曰。仲能主簿爾。民之慼憂愉樂。非其所得專。然猶之玉焉。所韞之山。土木晶潤。況其職可以及人乎。吾知仲能必有所不苟也。

梓材謹案。西山誌安仁令葉子是墓。言寓士湯君仲能往哭其喪。見邑之人多痛悼至灑涕云者。湯爲安仁望族。此言寓士。未悉所云。

梓材又案。袁蒙齋重修白鹿書院記云。甫與元德張君同官于池。又與仲能湯君有同年好。二君從事晦庵先生之學。功深力久。遂延爲洞長。元德以年高先歸。仲能悉力振起。多士聞風來集。是先生嘗爲白鹿書院堂長矣。蒙齋又爲先生作白鹿書院君子堂記。又稱其剛直有學識。

蔡久軒祭晦靜文曰。惟公姿稟勁特。氣節豪邁。平居恂恂。和穆可掬。及其酬酢事變。截然義理了不可犯。憂時論事。感激動人。天之生公。公之于世。不可謂其無意矣。然而所至齟齬。落落不相合。立朝曾幾何時。而婆娑邱園。幾于半世。雖一麾出守。卒不得以大究其設施以殁。天之于公。何乃豐其培而嗇其用耶。始先君識公于南浦西山之門。一見卽稱其偉器。而公亦孳孳考德問業不少替。暨杭兄弟。則公又折節而與之交。書郵往復。辨析精微。彼此未嘗有阿說相徇之意。銀鉤鐵劃。手澤如新。嗚呼。世安得復有是人哉。

劉後村贈日者許澄之曰。横渠。大儒也。喜論命。了翁。遺直也。常與日者語。亡友晦靜湯君。學問節義人也。其贈許子之言。衛道爲嚴。然不能不惓惓于許子之流。蓋精詣不減于横渠。而樂易殆過于了翁矣。

劉後村祭湯仲能文曰。嗚呼。早絶存齋。中交晦靜。晚善遺公。珠璧輝映。四海所稀。一門而並。近參周朱。遠泝淵孟。粗而事物。妙而性命。先儒疑義。下語未瑩。前輩緒論。開卷未竟。審思明辨。博考精訂。餘力及文。上下馳騁。論事條達。析理確訒。森嚴之言。如造律令。痛快之作。若摧鋒陣。離騷之亂。國風之興。追還古雅。埽去哇鄭。詵詵逢掖。沾丐殘賸。蓄以深厚。持以誠敬。以行平實。發以剛勁。

補侍郎湯息庵先生中

梓材謹案。劉後村爲陳忠肅韡神道碑有云。抑齋湯侍郎中。論諸公互有短長。抑齋豈卽存齋之誤耶。

梓材又案。蔡氏九儒書。淳祐四年。薦覺軒者。爲右丞相范鍾。謝方叔。侍講湯中。又翁合爲覺軒墓志云。淳祐丙午。侍講湯中。丞相范鍾。薦其兄弟等世傳心學。可式多士。卽謂此事。又案。蔡氏九儒書載湯某贈久軒提刑江東詩二首云。淳祐辛亥正月。蔡久軒到弋陽訪湯。而湯作詩以贈別。又云。湯。弋陽人。逸名。號息庵。工部侍郎。不知其爲先生也。

附録

劉後村賀湯司諫曰。某官淵乎似道。浩然至剛。栖遲樂衡泌之閒。徵起遇風雲之會。公每抗論。幸明主可爲忠言。衆亦望風。意山人不樂名利。援禮以杜家臣之僭。奮筆以誅世卿之萌。謂君然後有反坫塞門。謂盜豈容竊大弓寶玉。鄭公所上百奏。莫不切心。陸生每著一篇。必蒙稱善。後宮敬憚于質肅。貴璫斂避于淳夫。乃冠伏蒲之清班。以旌折檻之直氣。有若仲山甫之補衮。方嘉賴之。欲如种明逸之拂衣。胡可得已。行陟大坡之峻。徑躋兩地之尊。

梓材謹案。趙章泉淳熙稿有寄湯司諫詩。又寄謝湯司諫二首。又寄贈司諫二首。未知卽先生否。

又寄湯季庸侍郎詩曰。粵從紫氣度函關。更十年中幾賜環。一葉身輕歸去易。六丁力盡拘來難。高情常寄紛華外。晚節全觀出處閒。別後有書無寄處。聊憑小阮問平安。

東澗先緒

湯考師中

湯師中字君錫。升伯仲能季庸之兄。伯紀之父也。苦學强記。既科第。遽棄官。亦不求岳廟以終其身。與趙昌甫友善。柴南溪序其文。人物高勝。劉後村集。

附録

劉後村詩話曰。許由事不見于經。故揚雄以爲疑。誠齋云。子雲到老不曉事。不信人間有許由。雖沈著痛快。終未有以折衷。鄱陽前輩湯君錫獨曰。堯始讓四岳。四岳舉舜。乃讓于舜。左傳云。夫許太岳之後。杜注云。堯四岳。然則太岳非由乎。他人遂有洗耳之説爾。援引切而説不鑿。可謂之善讀書矣。

徑畈師承

鄉貢張先生裕

張裕字好問。開化人。性孤介。樂道忘貧。貢于鄉。徐徑畈霖師事之。尤爲趙庸齋汝騰所重云。開化縣志。

晦靜家學

補 文清湯東澗先生漢

梓材謹案。四庫書目提要于眞西山讀書記云。乙記前有開慶元年西山門人湯漢序。稱讀書記惟甲乙丁爲成書。甲丁二記先刊行。乙記上卽太學衍義。久進于朝。其下未及繕寫而西山没。漢從其子仁夫鈔得。釐爲二十二卷。而刊之福州。據此。則先生固及眞氏之門矣。劉後村跋西山文章正宗云。旣成。以授湯巿仲能漢伯紀共書焉。于是益信。

西山讀書記綱目

性命者。義理之源。故以爲編之首。性之發爲情。而心則統于性情者也。故性之次曰心曰情。此三者。一編之綱領也。其目則曰仁義禮智信者。天命之性也。父子君臣夫婦長幼朋友者。率性之道也。故五常之次。五典繼之。人所共由之謂道。得之于己之謂德。其實非有二也。故五典之次。道德繼之。曰中曰一。曰極曰誠。胥是道也而異其名。故以次于道德之後。士之求道入德。將何所自始。亦曰學而已矣。敬者。學之本根。故列于學之首。其泛言學次之。曰師道曰教法又次之。曰小學曰大學又次之。以聖賢爲師。而辨君子小人之所以分。與吾道異端之所以異。皆學之事。故以次于大學之後。陰陽造化之理。其略已見前性命篇。其未修者復列于此。以爲編之終焉。

附録

眞西山在潭。致爲賓客。嘗造趙汝談。汝談曰。第一流也。

江東提刑趙汝騰薦于朝。詔免解差。充象山書院堂長。

淳祐十二年。差充史館校勘。改圖史實録院校勘。會大水。上封事曰。君心敬肆之分。實上天喜怒之由。一念之敬。上帝臨汝。祥風慶雲所從出也。一念之肆。上帝震怒。妖浸陰沴所從生也。火災。應詔上封事曰。任天下之大。立心不可不公。守天下之重。持心不可不敬。

皇太子冠。差充太常博士。引賓贊受命。進冠箴。詔令太子拜謝。

度宗卽位。召奏事。授太常少卿。遷起居郎兼侍讀。入奏言。陛下持一敬心。以正百度。則追養繼孝所以報先帝者必益致其隆。先意承志所以事太母者必益致其謹。其愛身也。必不以物欲撓其和平。其正家也。必不以私昵墮其法度。政事必出于朝廷。而預防于多門。人才必由于明揚。而深杜于邪徑。

蔡久軒薦先生章曰。迪功郎添差信州州學教授兼象山書院堂長湯漢。天資穎異之趣。孤高卓介之倫。聞見多而約以宗元。文墨富而根諸經術。操履端特。酬酢有方。其長象山也。規模寬洪。條理整肅。講明之際。氣象軒昂。言語勁截。從其遊者率皆奮厲。近世名卿如眞德秀柴中行趙汝談。皆目爲畏友。眞卓行之士也。

梓材謹案。先生有贈久軒提刑江東詩二首。在淳祐十一年。亦見蔡氏九儒書。

眞西山送伯紀歸安仁詩曰。交情世豈乏。道合在所難。自我得此友。清芬襲芝蘭。告語時見箴。微言獲同參。相從仁義林。超出名利關。此樂未渠央。忽告整征驂。索居可奈何。使我唱且歎。至危者人心。易汨惟善端。苟無直諒友。戒謹豈杅盤。重賢勿衍期。同盟有青山。聖經如杲日。羣月仰輝耀。利欲汨其中。雲霧隔清照。正須澄心源。乃許窺道妙。周程千載學。敬靜兩言要。幾微察毫芒。根本在奧竅。持此當弦韋。迂矣君莫誚。

王深寧困學紀聞曰。尹和靖云。君臣以義合者也。故君使臣以禮。則臣事君以忠。東澗謂。如言父慈子孝。加一則字。失本義矣。

又曰。城復于隍。其命亂也。湯伯紀云。亂如疾病則亂之亂。愚謂唐玄宗極熾。而豐泰之極也。以李林甫楊國忠爲周召。以安祿山哥舒翰爲方虎。非命亂而何。

袁清容曰。自武夷之說。其門人矜重自祕。皆株守拱立。不能親有所明辨。獨勉齋黄公奮然衛道。以其聞焉者析之。曲焉者直之。使後之人無以議。湯文清公後出。復以昔之所深疑者充廓之。是則武夷之忠臣矣。

虞道園題湯東澗與張文子手帖曰。湯文清公清節雅望超卓當時。風裁所厲。庸泥者無所容乎其前。今觀其與故人張君父子書。期之以科名。申之以繾綣。何其忠厚委曲也。此聖人德容所以有恂恂侃侃之異。學士君子所當觀感慕效者矣。

東澗講友

張先生一清附張英。□□。

張一清。安仁人。龍圖閣直學士燾五世孫也。中特科進士第一。與同邑湯文清公最相友善。推究經傳。反覆詰難。必得肯綮乃已。後有名英者。肥遯終身飲水著書以自樂。有春秋屬辭若干卷。其兄國學上舍某。當宋季。帥安仁義師。從謝疊山枋得勤王。宋文憲集。

徐先生子卿

徐子卿字奇仲。上饒人。忠愍公元杰。其族父也。嘉熙進士。授南昌尉。尉治左有南州高士冢。築思賢亭以見志。累改官。授臨川。至則興學。立黃勉齋先生祠。改嘉興守。除太常寺丞。丁母憂。去。家食。不通貴人書疏。婆娑東山下。自號東山翁。卒年五十三。先生宦學東西。師友益廣。如袁廣微兄弟。湯伯紀父子。徐景説。蔡仲節諸公。俱以剛介廉靜見交。在右司。當宁顧輔臣稱信有三徐可進用。謂先生與忠愍之子直諒台守宗仁也。戴剡源集。

晦靜門人

補著作徐徑畈先生霖

附録

年十三。有志聖人之道。取所作文焚之。研精六經之奥。探賾先儒心傳之要。擢祕書省正字。會日食。應詔上封事曰。日。陽類也。天理也。君子也。吾心之天理不能勝乎人欲。朝廷之君子不能勝乎小人。宮闈之私暱未屏。瑣闥之姦袞未辨。臺臣之討賊不決。精祲感浹。日爲之食。又數言建太子。兼國史編修實録檢討。上曰。今日所當言者。當備陳之。復以正太子名爲言。又奏萬化之本在心。存心之法在敬。

將終。語其長子心亨曰。有生必有死。自古聖賢皆然。吾復何憾。

趙庸齋汝騰贊徑畈使君柯山講席之盛。詩曰。立天地心鳴道鐸。開生靈眼識師儒。其推挹如此。

雲濠謹案。四庫書目載趙庸齋集。提要述周密癸辛雜志稱其爲從官。力薦三衢徐霖爲著作郎。至比之范文正公。而霖目汝騰爲大宗師。己爲小宗師。遞相汲引云云。提要又稱其贈詹生謁徑畈詩云。瞻彼徑畈。今之泗水。與贊徑畈此詩。謂其推挹之詞。殊爲誕謾無狀云。

王深寧困學紀聞曰。徐景説以書義冠南宮。上書言時宰姦深之狀曰。不與天下之公義爭。而與陛下之明德爲仇。每潛沮其發見之端。周防其增益之漸。使陛下之明德不得滋長廣充以窺見其姦。而或覺之也。其先也奪陛下之心。其次奪士大夫之心。而其甚也奪豪傑之心。景説由是著直聲。

崔君舉序王梅浦尚書纂傳曰。舜禹授受十六字。得徐景説演明之。立政任準牧三事。因陳行之而正釋者之誤。余猶及記長老言。渡江建太學百年閒。陳翰三上舍始發先儒之不及。

梓材謹案。宋徐霖有二。一玉山人。紹興初進士。著有易傳。春秋發微。

徑畈講友

婁先生建

婁建號良堂。臨川人。從政郎。知福州閩安鎮。以學行爲三衢徐霖廣信徐直方所器。爲忘年友。與同郡林實夫段信友浚趙崇擇章貢曾原一相友善。由是知名。有别業曰德厚莊。以奉祭祀。恤姻舊者。子四。南良。其長子也。程雪樓集。

徐先生子卿見上東澗講友。

徑畈同調

齊先生德勝

齊德勝。番士也。徐徑畈以科第道學負重名。初立朝便有氣概。歸柯山。創書院。講太極。

立説頗異。先生著太極辨。不遠數百里。訪而投之。盛如梓説。

張實齋先生道洽

張道洽字澤民。號實齋。開化人。端平己未進士第。西山眞先生。其座主也。嘗爲廣州理掾。咸淳戊辰。年六十四。考舉及格。班改。卒。先生既仕。鄉黨後進有挾高科由邪徑者。往往位執政從官。一不挂齒。惟于徑畈徐公之死。哭之甚哀。屢爲詩以悲之。方桐江集。

吴先生伯海

吴伯海。自號滄浪。爲徐徑畈所喜。文文山爲作滄浪歌曰。世混濁而不清兮。蟬翼爲重。千鈞爲輕。彼滄浪其無據兮。何纓非足。何足非纓。嗟靈均之好修兮。安能受物之汶汶。淈泥揚波以相從兮。羌不知漁父之用心。莞爾而歌。鼓枻而行。噫。漁父其何如兮。掉頭乎靈均。文文山集。

東澗門人

陳靜山先生應洪父麗。

陳應洪字恢叟。自號靜山居士。安仁人。父麗。甚賢而貧。有曠地數十畝。以樹桑爲業。凡喪祭冠昏衣食賓客之事皆仰焉。又計其贏。命先生從師問學。先生卽感憤自奮。與湯東澗吴道心諸老遊。非聖人之書弗敢著于心。非君子之行弗敢服于躬。蚤作夜思。期不負其親。學益明。行益高。近遠師之。有終先生之身弗改事者。程雪樓集。

徑畈門人

補文節謝疊山先生枋得

梓材謹案。宋登科録。先生小名鍾。小字君和。貫信州貴溪縣。見居弋陽新政鄉儒林里。寶祐四年二甲第一名。又案。先生一字仲直。袁清容序易三圖。首云。上録謝先生遊于建安。末云。謝先生名字今不著。其終也世能道之。梓材又案。先生行實所著有詩傳注疏。易説十三卦取象批點。陸宣公奏議并文章軌範。行于世。雲濠謹案。元李道源撰先生神道碑云。信之守將悉捕公妻子姪送建康。夫人李氏自經死。弟姪及一女二婢皆死獄中。史傳未載。又案。郭青螺言文節之謚。疊山集以爲私謚。鄭汝璧臣謚類鈔以爲景泰年謚。未知孰是云。

疊山文集

紂之亡也。以八百國之精兵不敢抗二子之正論。武王太公凜凜無所容。急以繼滅興絶謝天下。殷之後遂與周並立。使三監淮夷不叛。則武庚必不死。殷命必不黜。殷之位號必不奪。微子亦未必以宋代殷而降爲上公也。上留忠齋書。

梓材謹案。先生此説。本之先生之父。詳見清江學案補遺。

天地閒不可一日無公論。公論不明則人極不立。人極不立。天地之心無所寄。辛稼軒先生墓記。

人與天地並立爲三。才形氣有小大。人豈小于天地哉。衆人與聖人皆可爲堯。知覺有先後。衆人豈後于聖人哉。古之君子。學足以見天地聖人之大全。意一誠。天下國家與吾心爲一。誠一至。天地人物與吾性爲一。可言而不可行。爲其事而無其功。非儒道也。平山先生毋制機墓銘。

朱文公平生精神志願悉在四書。天下家藏其書。人學其道。與六經並行。惜乎知之者尚未致。行之者尚未力。四書何負人。人負四書亦多矣。大學解義跋。

附録

興國軍安置。因謫所山門。自命疊山。守令皆及門執弟子禮。

胡雙湖上先生書曰。斯文倚之爲命脈。衣冠賴之以綱維。義夫節婦得所標表以益堅。亂臣賊子有所觀望以羞愧。道德之興廢。關係于先生之一身。

魏梅野和先生初到建寧韻序曰。疊翁老師將有行。賦詩言別。綱常九鼎。生死一毛。慷慨激烈。高風凜然。眞可以廉頑立懦。

蔡蒙齋和韻序曰。疊翁老師因行賦詩。辭其辭而見其心。天地鬼神昭布森列。不可誣也。爲之感慨激烈。

柴瞻岵寄疊山謝年丈詩曰。幾人同抱杞天憂。戮力支樽不自由。都恨杜鵑啼血處。楚囚相對泣難收。其二曰。短劍悲歌浙水灣。疾風吹夢到西山。應知薇蕨同滋味。莫道匡時更轍環。

李仲東祭之曰。嗚呼疊山。峭崒巑岏。直不可撓。邪不可干。洋洋晁董。文亞孟韓。發策危切。指斥權姦。運去物改。忠憤裂肝。十年逋播。閩嶠閒關。翕翕訿訿。疾我謂頑。執拘北往。

摧辱萬端。絶粒自殞。愧夫厚顔。

周岳祭之曰。自商夷齊漢龔勝至先生。不食異姓之粟而死者僅四人。人但知先生文章之渾浩。學問之深醇。嗟乎。揚雄非無學問。班蔡非無文章。既大節之一失。又何他美之足云。當天地大變之始。法已斁而綱淪。先生奮不顧身。欲扶人道之倫。力雖不能救世。而心則常在乎君親。謝皋羽哭廣信謝公詩曰。自爾逃名姓。終喪哭水濱。海僧疑見貌。山鬼舊爲鄰。客死留衣物。囊空出告身。他年越鄉值。賣卜有斯人。

趙東山曰。邵庵虞公嘗得江東謝仲直氏傳授之説。以先天八卦圓圖九數而九位。方圖爲洛書十數而五位。爲五位相得之圖。心甚善之。

陳石士師重修謝文節祠正殿記曰。謝文節公後文信國七年而殉國。其絶粒實在愍忠寺。今所謂法源寺也。嘉慶初年。朱文正議建祠于寺中。以寺僧之沮。購得寺後隙地。閲十餘年而始成。道光七年。用光復購得祠旁地。乃謀改建正殿。十二年十月初成。其規模頗宏敞矣。夫文節之忠。無知愚皆知之。不待論著而始明。不以建祠而始著也。景致命遂志之烈。而建祠于絶粒之所。感俎豆馨香之報。而江右士大夫同展其桑梓之敬。蓋文正公第以抒其敬崇節義之心。而祠宇既立。祀事宜肅。吾鄉人實肩斯責焉。且豈獨吾鄉人而已。詩曰。民之秉彝。好是懿德。凡輸資以佐建祠者。皆海内士大夫彝德之好也。

梓材案。石士師又有謝文節祠後記。蓋以記姚秋農尚書之記之後也。憶歲甲午。梓材以優貢入都。石士師命與烏程沈子敎迮。錢塘鄒叔元志初。秀水萬杏江溯諸同年。同居文節祠。而飲食教誨之者四月。講讀之餘。實深景仰吾師之所以陶淑者至矣。謹附識于此。

補 憲使徐古爲先生直方

雲濠謹案。天地閒氣集有先生觀水詩云。滄江無盡水。夜夜隨潮去。若復作潮來。滄江止不住。

徐氏易說

虎屬金之一陰。故有虎象不咥人。亨。主九四言之。勿恤其孚。勿憂而孚矣。

謙㊀六三不中正。故有悔。又解之曰。以其遲。尚有悔。盱豫者。介于石之反遲者。見幾而作。不俟終日之反。

權輿以四簋□□□□□□□㊁。

求王明者。豈九三自求上哉。惻之者。爲之求矣。

甃在井壁。恐有井谷之處。因勉以井甃無咎。

㊀「謙」當爲「豫」。

㊁「□□□□□□□」當作「爲盛損以二簋爲約」。

史巫達其卑下之忱。不厭其忉怛之意。

附録

劉後村送古爲徐聘君詩曰。少君早有箕山志。昔者聞之西澗公。傾蓋無堪贈程子。式閭猶記弔林宗。老夫久已植其杖。此士孰能招以弓。耄矣心知難再面。亂山千疊暮雲濃。

黄東發日鈔曰。小畜卦西郊。程以西爲陰。方雲自西而東。不能成雨。朱以西郊爲文王。自指岐周。蔡節齋。朱學也。亦以西爲陰方。而近世徐古爲作易傳附説明。言岐周之説爲非。學者恐且合從程説。

補縣令曾平山先生子良

雲濠謹案。先生所著。有易雜説。中庸大學語孟解。聖宋頌。百行冠冕詩續。言行録。廣崇類稾。咸淳類稾。

附録

三歲不言。伯父容安教之誦詩。則點首應語。一夕見月。忽能成誦。及長。篤志性理之學。

方懋翁先生儀詳見南湖學案。

李先生炎子别見滄洲諸儒學案補遺。

徐先生琦

徐琦字子若。豫章人。治制檄抵秋浦張澤民和方桐江詩有云。詞林日相疏。生意不復新。愼勿大崛奇。崛奇驚世人。玉堂老仙坡。過海走一巡。非天實罰之。語言累其身。蓋見意以儆。謂不當揭所有以自標于世也。方桐江集。

雲濠謹案。方桐江送柯山山長黃正之序。甚詆徑畈。又言其學徒非徐直方一人。徐琦曾子良皆不學狂生云。又案。桐江作太學博徐君應鑣哀辭序。言其攜三子登樓縱火自焚不克。乃自沈公府之井。長男環。二十一。先生豈卽其人耶。特正節江山人。似非先生。

疊山講友

司業黎所寄先生立武詳見兼山學案。

周先生震一

周震一。建安人。家居不妄交一人。謝疊山客建寧。先生獨與相厚。疊山稱其忠厚篤敬。言不妄發。行不妄動。翛然塵埃之外。建寧府志。

邑博王先生奕附子介翁。

王奕號伯敬。玉山人。爲邑博。與其子介翁居玉琊峯。讀書其中。素與文文山謝疊山友善。及疊山就執北行。送之。有詩云。兩生無補秦興廢。一出仍關魯重輕。白首青山如得所。何須兒女哭清明。宋亡。建斗山書院居之。杜門不出。所著有東行稿。人物志。

黄先生六有

黄六有。三山人。在太學爲諸公貴人重客。逢世大亂。貧不能自活。稍降心屈道。爲路教。爲山長。爲訓導官。嚻嚻然不屑。攜二子行五百里教學以代耕。暇則歷訪先賢講習之所。借書吟誦。著述不休。聞有好善而遺世者。雖窮途巔崖邃谷。必杖屨求見。遇疊山于途。立談而莫逆交。疊山文集。

吴氏師承

甘東溪先生泳

甘泳字泳之。崇仁人。讀書不拘繩尺。尤工于詩。性剛正。不與世俗俯仰。平生不娶。如林和靖。所作甚富。號東溪集。人物志。

雲濠謹案。吴文正爲許白山墓誌云。同縣甘泳。不習舉子業。徧遊東南。交當代名人。人稱東溪先生。

楊氏師承

張先生卿弼

張卿弼字希契。弋陽人。宋時由太學登咸淳戊辰進士第。除福州司户。辟充教授。改官。仕至興化倅而宋亡。歸弋陽。隱居不出。門生弟子從受業者甚衆。僉提刑按察司事某強起之。至縣學以爲師。縣人士翕然從之。江東宣慰使某又迎至郡學以爲師。以教一郡六邑之人。其誨學者曰。聖學之學。載在六經。明于日月。漢魏以來。諸儒或以讖緯爲奥。或以老莊爲高。使異端百家之説。與六經參錯于天地之間千有餘年。自濂洛諸公之出。辭而闢之。廓如也。窮鄉晚進之士。或無良師友。己未有端識。而或驟遇舊説。見其汪洋恣睢。將無迷誘而陷溺者乎。偏取傳記百十家。擇其合于脩己之學。而不墜于清虚治人之方。而不雜于術數者。輯而録之。名曰六經精義。凡數百卷。未及成書而卒。道園學古録。

疊山同調

徐先生宗仁

徐宗仁字求心。永豐人。淳祐十年進士。歷官爲國子監主簿。開慶元年。伏闕上書。又極論邊事。謂惠褻而威不振。又請使有言責者皆得以盡其言。則國論伸而國威振。臣雖屏居山林。亦有生氣。遷國子監丞。歷考功郎官兼察㊀政殿説書。進讀敬天圖。累官權禮部尚書。兼益王府贊讀。衛益王走海上。厓山兵敗。死焉。宋史。

㊀「察」當爲「崇」。

陳石士師謝文節祠後記曰。余嘗求文節之事實于宋史。而惜其文章蕪雜。不足以發人志氣。昔太史公之合傳。不獨以見其事之本末。且舉其人之聲音笑貌。如相接于几席之閒。蓋義法存。而詞氣亦與之昭彰焉。今自劉應龍以下諸人。惟徐宗仁之死于厓山略近之。其餘雖賢。皆不當與文節合傳者。

陳五山先生堯龍

陳堯龍字繼臣。上饒人。上饒河溪之旁。有五山。晚居其閒。學者稱之爲五山先生。方先生少時。上饒多名士大夫。徐祭酒父子韓直院兄弟諸賢爲領袖。謝疊山林城山張藍山之徒爲羽翼。風采扇動東南。而先生以能㈠義氣招致。尋用詩賦充鄉貢。春官失之。恬不以介意。益廣問學。淳祐丙午。兵起。避孔道入深谷。茇舍相依者數百家。事定。起領邑校。掃燼地。立講廬。會廣信闕長。長廣信。州將部使者方議薦擢。而先生竟還五山。遂終身焉。大德五年。年八十卒。戴剡源集。

古爲同調

補 程月巖先生紹開

㈠「以能」當爲「能以」。

附録

黄東發答程教授請冬至講書劄曰。竊謂吾儕之所少者。非講説也。躬行也。問也。六經之旨。未大彰明。我朝諸儒。極力辨説。至文公而精切的當矣。吾儕何幸。獲享其成。入耳著心。以正躬行。此正今日緊事。又暇于文公脚下添注脚乎。來諭又言。文公在南康救荒後。每入學校與朋友講説。誠是也。然使其襲其迹而竊效之。是自比文公也。某其敢乎哉。

又特薦教授奏狀曰。撫州州學教授程某。天資端恪。學力深醇。初爲太學諸生。值故丞相丁大全之私人沈翥爲學官。欲招致之。某却其聘幣不就。月試終。丁大全當國之日。退而閉户家居。此足以占其操守。及其以舍法出身。又試中龍飛一科。法合注授職官差遣。某獨退就令官。恬然以讀書講誦爲樂。此足以占其恬退。及其在任三年。率以躬行。勤于講授。政教兼舉。士人無不悦服。此足以占其處事之才。家本儒酸。且無關郡政。而去年撫州飢歉。能捐俸傾囊。以賑其民。此足以占其及物之志。夫其操守有素。恬退不求。而又有才有志。使其獲用。必能有益。伏蒙聖慈特賜録用。

平山講友

雷空山先生思齊

雷思齊字齊賢。臨川人。幼棄家居烏石觀。晚講授廣信山中。曁終也。復歸烏石。治其窆而先表焉。表曰。空山雷道士之墓。其卒也。袁清容志之。稱其所爲書援據切至。感厲奮發。不蹈世俗繩墨。合神以窮變。盡變以翼道。申言廣指。其于力誠至矣。清容居士集。

雷空山語

文章于道。一技耳。人之爲學。將以明斯道也。不明斯道。不足以爲聖賢之學矣。

河圖之數。以八卦成列。相盪相錯。參天兩地。參伍以變。皆自然而然。其數實惟四十。而以其十五會通于中。

梓材謹案。先生著有易圖通變五卷。易筮通變三卷。揭文安傒斯序云。雷先生遭宋亡。獨居空山之中。著易圖筮通變義。老子本義。莊子旨義。凡數十卷。和陶詩三卷。去儒服。稱黄冠師。與淳安令曾公子良。今翰林學士吴公澄相友善。又案。先生道教之徒爲傳性眞。其徒孫爲周惟和。又吴令節嘗受學于先生。其序通變云。學者尊之曰空山先生。四庫書目提要云。所述河圖洛書參天兩地倚數之圖。錯綜會變等圖。及河圖遺論。大旨以天一爲坎。地二爲坤。天三爲震。地四爲巽。天七爲兑。地六爲乾。天九爲離。地八爲艮。而五十則爲虚數。其説雖與先儒不同。而按以出震齊巽之義。亦頗相脗合。林至易裨傳所謂。易道變化不窮。得其一端。皆足以爲説者也。

婁氏家學

婁先生南良附子志淳。

婁先生文輔合傳。

婁先生起莘合傳。

婁南良字德剛。臨川人。咸淳進士。授吉州法曹。調宜黄簿。時稱練達政治。與弟文輔起莘。子志淳。皆以德行聞。吴文正公稱。臨川家世。儒雅忠厚。惟婁氏饒氏焉。江西通志。

梓材謹案。文輔字道輿。程雪樓志其墓云。至元之末。余使閩。以德剛之弟道輿薦。授廣州濂泉書院山長。以疾辭。大德四年。余移節湖北。明年。道輿實來。復舉爲桂陽石林書院山長。會德剛之子志淳亦授南嶽書院山長。迺與偕行。蓋雪樓嘗與其弟兄遊云。志淳後爲信豐尹。

附録

虞道園志婁太和墓曰。信豐前主石城簿。時翰林學士吴公贈之以言曰。予以庚午舉鄉貢。與其叔父偕視簿。猶從子也。是時司法已殁。見其仲叔季氏鬚髮皓白。儀觀甚偉。如商山老人畫像。正至朔望。深衣巍冠。領羣子弟序列家庭。接見賓客。一如司馬文正公家範。士大夫家。能存承平時禮法之餘風。婁氏稱鄉邦第一。噫。何其盛也。

婁先生志冲父起南。

婁志冲字太和。其先自嘉興分居臨川。閩安有四子。仲起南。寶祐乙卯。舉鄉貢進士。先生其子也。資質謹敏而持重。幼而學之。不煩程督。家庭之間。敦睦嚴整。吴定翁述其行甚詳。道園學古録。

疊山家學

謝先生禹

謝禹。

梓材謹案。先生爲疊山之弟。嘗聞道子㊀疊山。疊山之走閩中也。信守將悉捕其妻子弟姪。先生不屈。于九江見疊山神道碑。又案。李奎褒崇忠節奏辭云。長弟禹在九江。以不屈斬于市。季弟君烈君澤俱死于國事。伯父徽明爲當陽尉。與元兵戰死。二子趨進抱父屍死。是皆當牽連書之者。盛星樓親家炳亦云。

疊山門人

補 虞先生舜臣

梓材謹案。方桐江集載先生字舜民。鉛山人。嘗師謝君直。父華甫往疊山。君爲㊁書耕隱二字云。

附録

鄧巴西序先生禮樂韻語曰。舜民嘗執業于廣信謝先生。尙氣伉直。守節不渝。舜民得于緒言者。不可以崖略旣。若韻語。固其微爾。

㊀「子」當作「于」。

㊁「爲」上脱「直」。

補李先生天勇

雲濠謹案。疊山文集與李養吾書。養吾當卽先生之字。然疊山謂其不屈受窮。官于陳宜中留夢炎劉黻柄國之時。與先生之無仕履者殊異。

補魏梅野先生天應

和疊山韻

萬疊青山只麽青。從容時止又時行。斯文未喪予何畏。舉世隨流我獨清。日月精忠今古在。丘山道義死生輕。吾翁鐵脊文翁似。無愧淵明與孔明。

補蔡蒙齋先生正孫

和疊山韻

山色愁予渺渺青。平生心事杜鵑行。霜饕雪虐天終定。歲晚江空水自清。肩上綱常千古重。眼前榮辱一毫輕。離明坤順文箕事。此是先生素講明。

補王先生濟淵

梓材謹案。先生嘗欲刊疊山交信録。熊勿軒爲之跋以序之。

送疊山北行詩

希夷何意出山中。心事當年漢臥龍。行止但憑天作主。别離初不淚沾胸。定知晚菊能存節。未必寒松肯受封。大義昭明千載事。前程儘更好從容。

張先生子惠

張子惠字叔仁。疊山門人。送疊山先生北行詩曰。打硬修行三十年。如今訂驗做儒仙。人皆屈膝甘爲下。公獨高聲罵向前。此去好憑三寸舌。再來不值一文錢。到頭畢竟全清節。留取芳名萬古傳。疊山文集附録。

鄭先生康仲

鄭康仲。疊山門人。疊山書院在上饒縣安輯鄉。疊山講學處也。有詠歸門明經堂先生與徐炎午輩裒田供費云。江西通志。

吴先生蟾

吴蟾。閩人。自言從謝疊山得異人所授河圖。黄文獻集附録。

雲濠謹案。王忠文公河圖辨有言。江東謝枋得以爲。嘗傳河圖于異人。其爲狀。依倣八卦以爲體。坎離中畫而相交焉。乃與方士抽坎塡離之術相彷彿。

附録

袁清容序三易圖曰。上饒謝先生遯于建安。番易吴生蟾往受易焉。後出其圖曰。建安之學爲彭翁。彭翁之傳爲武夷君。而莫知所授。或曰託以隱祕。故謂之武夷君焉。始晁以道紀傳易統緒。截立疆理。俾後無以僞。至荆州袁道潔始受于薛翁。而易復傳袁。乃以授永嘉薛士龍。始薛授袁時。嘗言洛遺學多在蜀漢閒。故士大夫聞是説者。爭陰購之。後有二張。曰行成。精象數。曰演㊀。通于玄。最後朱文公屬其友蔡季通如荆州。復入峽。始得其三圖焉。季通家武夷。今彭翁所圖。疑出蔡氏。惜彭不具本始。

程先生楚翁

程楚翁字□□。婺源人。元兵入臨安。江東皆下。楚翁結死士謀復郡城。事泄被執。脱去。投馬廷鸞。謝枋得在閩。遂往從之。及枋得被執北去。無所依。死逆旅中。姓譜。

周先生岳

周岳。

㊀「演」當爲「縯」。

古爲門人

文林楊先生應桂見上疊山門人。

教授陳先生萬里附師韓禾。子誼。天驥。敏學。

陳萬里字德甫。弋陽人。幼善屬文。長從韓侍郎禾學詞章。徐侍郎直可㊀受理學。謝公枋得張公卿弼植志節。咸淳癸酉薦于鄉。後起家廣信書院。大修燕居堂。面帶湖立。諸生論古今成敗道理。遺言微旨。文質損益。皆口授手畫。諸生不忍去。請于官。留帶湖凡十年。父南隱翁卒。學者咸會葬焉。家多書。讎校成善本。謂諸子孫。天佚吾老。吾遺爾書。守儒爲準。守身爲本。餘何言哉。戴剡源教授信州。言廣信多郡博士。獨陳博士温讓材智篤素愼行爲第一。子誼天驥皆爲郡學官。敏學字志仲。太常太祝袁清容稱其粹然以容。愼密不妄言。清容居士集。

平山家學

曾先生正言附子嚴卿。

曾正言。金溪人。淳安令子良之子也。國子進士。父子並以文字行義師表其鄉。子嚴卿字務

㊀「可」當爲「方」。

光。生于淳安。故名嚴。而字光。讀書日有常程。務求聖賢微言大旨。而不從事記覽。爲文主于理。未始與人較其短長。而一時負才氣者皆自以爲不及。同里以士名者無不受業焉。卒年五十三。門人相與私謚曰恭貞先生。遺文有南明齋稿三十卷。傳于學者。其長子堅。博學有文。能世其家。黄文獻集。

雲濠謹案。吴草廬贈曾德厚序云。平山曾先生。隱居金溪之陶原。詩文自娱。以終其身。子觀順。亦安貧自守。講授鄉里。薰其德而善者。總總也。觀順蓋卽正言之字。

學士曾先生堅別見草廬學案補遺。

平山門人

補隱君吴北齋先生定翁

附録

幼歲儼如成人。寒暑衣冠不少懈。清修文雅。與孫轍齊名。而最善爲詩。揭傒斯稱其幽茂疏澹。可比盧摯。

先生平日之言曰。士無求用于世。惟求無愧于世。蓋名言也。

補饒先生宗魯

饒宗魯字心道。臨川人。嘗輯所聞于平山曾子良者。爲周易輯説。別自撰易傳庸言。撫州府志。

附録

吴草廬序周易輯説曰。金溪曾先生。晚節隱居教授。以通經學古。能詩能文。爲後進師。臨川饒宗魯遊其門。每日授易。所聞皆能記憶。師既卒。乃祖述其意。撰著新辭。文口談之質俚。如傳注之純雅。名曰周易輯説。意或未安。不敢輒改。蓋有漢儒治經守家法之遺意焉。

俞先生應元

俞應元字景隆。撫州人。業儒博敏。嘗從曾子良學。復肄業于白鹿洞。受知江丞相及雙峯饒先生。乃升居洞學講席。久然後歸。程雪樓集。

張氏門人

文林楊先生應桂見上疊山門人。

申先生益章

申益章。弋陽人。與楊應桂皆張希契門人。至元十七年以來。學者之衆。無所息游也。規爲學舍以處之。名之曰藍山書院。道園學古録。

方先生回孫

方回孫。希契門人。登泰定丁卯進士第。同上。

疊山私淑

學士虞邵庵先生集詳見草廬學案。

張氏家學

張先生純仁

張先生顯忠合傳。

張純仁。希契之孫。登至治辛酉進士。官繁昌縣尹。希契始爲藍山書院長。買田以繼師弟子之食。後先生與弟顯忠。又以私田若干畝增其不足。希契没。學者祠諸講堂之東。使顯忠奉之。道園學古録。

宋元學案補遺卷八十五目録

宋元學案補遺卷八十五

後學 鄞 王梓材 慈谿 馮雲濠 同輯

深寧學案補遺

王徐門人

補 尚書王厚齋先生應麟

梓材謹案。宋史本傳。先生所著又有掖垣類稿二十二卷。

梓材又案。尚書孫遂初老人同谷賦云。貫三代漢唐之事備。闡朱張呂眞之道行。睠九原之儲孕。專一老于深寧。是先生亦爲張子私淑也。

深寧經說

連山首艮。艮。萬物之所終始也。八風始于不周。卦氣始于中孚。冬至爲曆元。黄鐘爲律本。太玄紀日于牛宿。紀氣于中首。而以罔冥爲元。艮之終始萬物也。越絶外傳。范子曰。道生氣。氣生陰。陰生陽。愚謂先陰後陽。卽歸藏先坤之意。闔而闢。靜而動也。

易十二篇。今易乾卦至用九。卽古易之本文。鄭康成始以彖象連經文。王輔嗣又以文言附乾坤二卦。至文辭連屬不可附卦爻。則仍其舊篇目㊀。自康成輔嗣合彖象文言于經。學者遂不見古本。以上易。

漢初去聖未遠。帝王遺書猶有存者。賈誼書修政語引黄帝曰。道若川谷之水。其出無已。其行無止。顓頊曰。至道不可過也。至義不可易也。功莫美于去惡而爲善。罪莫大于去善而爲惡。故非吾善善而已也。善緣善也。非惡惡而已也。惡緣惡也。吾日慎一日。帝嚳曰。緣巧者之事而學爲巧。行仁者之操而與爲仁也。故節仁之器以修其財。而身專其美矣。德莫高于博愛人。而政莫高于博利人。故政莫大于信。治莫大于慎。吾慎此而已矣。帝堯曰。吾存心于先古。加志于窮民。痛萬姓之罹罪。憂衆生之不遂也。故一民或饑。曰此吾饑之也。一民或寒。曰此我寒之也。一民有罪。曰此我陷之也。帝舜曰。吾盡吾敬而以事吾上。故見謂忠焉。吾盡吾敬以接吾敵。故見謂信也。吾盡吾敬以使吾下。故見謂仁焉。吾取之以敬也。吾得之以敬也。此帝王大訓之存于漢者。若高帝能除挾書之律。蕭相國能收秦博士官之書。則倚相所讀者必不墜矣。

二十九篇是計卷。若計篇則三十四。去泰誓猶有三十一。伏生所傳謂之今文。則歐陽夏侯三家所傳及蔡邕石經是也。

仲虺之誥。言仁之始也。湯誥。言性之始也。太甲。言誠之始也。説命。言學之始也。皆見

㊀「目」衍。

于商書。以上書。

逸詩篇名。若貍首驪駒祈招轡之柔矣皆有其辭。惟采薺河水新宮茅鴟鳩飛無辭。或謂河水沔水也。新宮斯干也。鳩飛小宛也。韓詩外傳引逸詩尤多。其孔筆所删歟。

白虎通諫諍篇。妻得諫夫者。夫婦榮恥共之。相鼠。妻諫夫之詩也。其齊魯韓之説歟。

韓詩序云。黍離。伯封作。陳思王植令禽惡鳥論曰。昔尹吉甫信後妻之説。而殺孝子伯奇。其弟伯封求而不得。作黍離之詩。其韓詩之説歟。

唐禮志云。讖緯亂經。鄭玄主其説。以禋祀祀昊天上帝。此天也。玄以爲天皇大帝者。北辰耀魄寶也。兆五帝于四郊。此五行精氣之神也。玄以爲靈威仰赤熛怒含樞紐白招拒汁光紀者。五天也。由是有六天之説。顯慶二年。禮官議六天出緯書。南郊圜丘一也。玄以爲二郊。及明堂祭天。而玄以爲祭太微五帝。啓蟄而郊。郊而後耕。而玄謂周祭感生帝靈威仰。配以后稷。因而祈穀。皆謬論也。以上詩。

韓文公讀儀禮。謂攷于今無所用。愚謂天秩有禮。小大由之。冠昏喪祭必于是稽焉。文公大儒。以爲無所用。何也。

大戴禮哀公問投壺二篇。與小戴無甚異。禮察篇首與經解同。曾子大孝篇與祭義相似。而曾子書十篇皆在焉。勸學禮三篇見于荀子。保傅篇則賈誼書之保傅傅職胎教容經四篇也。漢書謂之保傅傳。易本命篇與家語同。但家語謂子夏問于孔子。孔子曰。然。吾昔聞老聃。亦如汝之言。

子夏曰。商聞山書曰云云。大戴以子曰冠其首。疑此篇子夏所著。而大戴取以爲記也。踐阼篇載武王十七銘。蔡邕銘論謂武王踐阼。咨于太師。作席几楹杖器械之銘十有八章。按後漢朱穆傳注及太平御覽諸書引太公陰謀。崔駰傳注引太公金匱。以諸書參攷之。則又不止于十八章矣。記分三十一篇。今逸篇之名。可見者有三正記。別名記。親屬記。明堂記。曾子記。禮運記。五帝記。王度記。王霸記。瑞命記。辨名記。孔子三朝記。月令記。大學志。

考工記磬氏疏。按樂云。磬前長三律二尺七寸。後長二律尺八寸。朱文公問蔡季通。不知所謂樂云者是何書。今考三禮圖。以爲樂經。書大傳亦引樂曰。舟張辟雍。鶬鶬相從。八風回回。鳳凰喈喈。漢元始四年立樂經。續漢志鮑鄴引樂經。今其書無傳。以上三禮。

晉語。司馬侯曰。羊舌肸習于春秋。楚語。申叔時曰。教之春秋。皆在孔子前。所謂乘檮杌也。魯之春秋。韓起所見。公羊傳所云不修春秋也。

臣不討賊。非臣也。子不復讎。非子也。讎者無時焉。可與通。此三言者。君臣父子。天典民彝係焉。公羊子大有功于聖經。

九世猶可以復讎乎。雖百世可也。儒者多以公羊之説爲非。然朱子序戊午讜議曰。有天下者。承萬世無疆之統。則亦有萬世必報之讎。吁。何止百世哉。

穀梁言大祲之禮。與毛詩雲漢傳略同。言蒐狩之禮。與毛詩車攻傳相合。此古禮之存者。以上春秋三傳。

劉炫謂國語非邱明作。葉少蘊云。古有左氏。左邱氏。太史公稱左邱失明厥有國語。今春秋傳作左氏。而國語爲左邱氏。則不得爲一家。文體亦自不同。其非一家書明甚。左氏蓋左史之後。以官氏者。朱文公謂左氏乃左史倚相之後。故其書説楚事爲詳。司馬氏謂左氏欲傳春秋。先作國語。國語之文。不及傳之精也。國語。

古文孝經。漢志書序謂出孔壁。而許沖上其父説文曰。孝昭帝時。魯國三老所獻。其説不同。至唐玄宗時。議者排毀古文。以閨門一章爲鄙俗不可行。孝經。

論語終于堯曰篇。孟子終堯舜湯文孔子。而荀子亦終堯問。其意一也。孟子。

陸璣爲詩草木疏。劉杳爲離騷草木疏。王方慶有園亭草木疏。李文饒有山居草木記。君子所以貴乎多識也。然爾雅不釋蘇蔜。字書不見栮檻。學者恥一物之不知。其可忽諸。若終軍之對鼮鼠。虞若虛之辨鼨鼠。江南進上㊀之問天雞。劉原父之識六駮。可謂善讀爾雅矣。爾雅。

六經卽聖人之心。隨其所用。皆切至理。

漢世經先出者。不如後出盛傳于後世。費氏易。古文尚書。毛詩。小戴禮。左氏春秋是也。

㊀「上」當爲「士」。

困學紀聞

危者使平。易者使傾。易之道也。處憂患而求安平者。其惟危懼乎。故乾以惕无咎。震以恐致福。

下陽舉而虢亡。虎牢城而鄭懼。西河失而魏蹙。大峴度而燕危。故曰。設險以守其國。狄患攘而民怨結。宗藩弱而戚黨顓。柄臣揃而宦寺恣。寇叛平而方鎮强。故曰。思患而豫防之。

謝山三箋曰。姜維守漢樂諸城而魏得平行入蜀。梁武帝不守采石而臺城坐困。周德威失榆關而契丹取營平。金人過獨松而笑宋之無備。一也。

京氏謂二至四爲互體。三至五爲約象。儀禮疏云。二至四。三至五。兩體交互。各成一卦。先儒謂之互體。以上易。

謝山箋曰。深寧于集鄭氏易注。發明互體最精。

商之澤深矣。周旣翦商。歷三紀而民思商不衰。攷之周書。梓材謂之迷民。召誥謂之讎民。不敢有忿疾之心焉。蓋皆商之忠臣義士也。至畢命始謂之頑民。然猶曰邦之安危。惟茲殷士。兢兢不敢忽也。孔子删詩。存邶鄘于風。繫商于頌。吁。商之澤深矣。

謝山箋曰。厓山未平時。元人以告變之章。大捕四明遺老。以爲欲迎二王。深寧所以唏嘘而言此。

烹魚煩則碎。治民煩則亂。故以叢脞爲戒。器久不用則蠹。政不常修則壞。故以屢省爲戒。多事。非也。不事事。亦非也。以上書。

薄伐玁狁。至于太原。蓋自穆王遷戎于太原。而太原爲戎狄之居。宣王僅能驅之出竟而已。其後料民太原。而戎患亦深。驪山之禍。已兆于此。其端自穆王遷戎始。西周之亡。猶西晉也。

謝山箋曰。深寧此説。有感于燕雲之爲禍烈也。

皇父孔聖。自謂聖也。具曰予聖。君臣俱自謂聖也。自聖者。亂亡之原。光武詔上書者不得言聖。大哉言乎。

梓材謹案。此條深寧蓋有感于荆舒父子。與當時頌美之流。

既克有定。靡人弗勝。言天之勝人也。藐藐昊天。無不克鞏。言天之終定也。申包胥曰。人衆者勝天。人曷嘗能勝天哉。天定有遲速耳。詩所以明天理也。故不云人勝天。

謝山箋曰。厚齋惓惓包胥。其卽鄭所南盼望陳丞相自占城至之意耳。

君子在下位。猶足以美風俗。漢之清議是也。小人在下位。猶足以壞風俗。晉之放曠是也。詩云。君子是則是傚。爾土宇昄章。必曰。俾爾彌爾性。務廣地而不務廣德者。人君之深戒也。不務德而勤遠略。齊之霸所以衰。狄之廣莫。于晉爲都。晉之亂所以萌。

謝山三箋曰。晉雖世有赤翟白翟中山之禍。然不因此而亡國。深寧特有慨于宋室耳。

孔子于烝民加四字而意自明。于緡蠻曰。于止知其所止。可以人而不如鳥乎。此説詩之法。

韓子于菁菁者莪屑屑訓釋。蓋少作也。晚歲引詩言老成人重於刑典。簡而當矣。

羣臣進戒始以敬。三卿授策終以敬。此心學之原也。伊尹訓太甲曰。祇厥身。召畢告康王曰。今王敬之哉。皆以此爲告君第一義。

格物之學。莫近于詩。關關之雎。摯有別也。呦呦之鹿。食相呼也。德如鳲鳩。言均一也。德如羔羊。取純潔也。仁如騶虞。不嗜殺也。梓材案。仁如騶虞上疑闕二句。鴛鴦在梁。得所止也。桑扈啄粟。失其性也。倉庚。陽之候也。鳴鵙。陰之兆也。蒹葭霜露。變也。桃蟲拚飛。化也。鶴鳴于九皋。聲聞于野。誠不可掩也。鳶飛戾天。魚躍于淵。道無不在也。南有喬木。正女之操也。隰有荷華。君子之德也。匪鱣匪鮪。避危難也。匪兕匪虎。慨勞役也。蓼莪常棣。知孝友也。蘩蘋行葦。見忠信也。葛屨褊而羔裘怠也。蟋蟀儉而蜉蝣奢也。爰有樹檀。其下維穀。美必有惡也。周原膴膴。堇荼如飴。惡可爲美也。黍以爲稷。心眩于視也。蠅以爲雞。心惑于聽也。綠竹猗猗。文章著也。皎皎白駒。賢人隱也。贈以勺藥。貽我握椒。芳馨之辱也。焉得蘐草。言采其蝱。憂思之深也。柞棫斯拔。侯薪侯蒸。盛衰之象也。鳳凰于飛。雉離于羅。治亂之符也。相鼠碩鼠。疾惡也。采葛采苓。傷讒也。引而伸之。觸類而長之。有多識之益也。以上詩。

明天理。正人倫。莫深切于春秋。三忠臣書及而爲義者勸焉。三叛人書名而不義者懼焉。書克段許止而孝弟行矣。書仲子成風而綱常立矣。書郜鼎衛寶而義利辨矣。書遇于清會于稷而亂賊之黨沮矣。春秋。

宋人請猛獲于衛。衛人欲勿與。石祁子曰。天下之惡一也。名臣之言。可訓萬世。蓋祁子之學識。見于不沐浴佩玉之時。衛多君子。淵源有自來矣。

原縶曰。臣無二心。天之制也。此天下名言。萬世爲臣之大法。西山讀書記取之。博議貶縶。恐未爲篤論。

謝山箋曰。此有感于留王之輩。

楚有夏州。以夏變夷。衛有戎州。有夷變夏。

謝山三箋曰。深寧特有感言之耳。秦有夏聲。不必謂其變西戎之俗。

謂之鄭志。以明兄弟之倫。謂之宋志。以正君臣之分。

周之替也。自原伯魯之不説學。秦之亡也。自子楚之不習誦。

子周公之孫也。多饗大利。猶思不義。子贛之責公孫成也。劉歆亦少愧哉。

謝山箋曰。此爲趙孟傳輩殺袁鏞以降元而發。

公山不狃曰。君子違不適讎國。所託也則隱。斯言也。蓋有聞于君子矣。背君父以覆宗國者。不狃之罪人也。

謝山箋曰。斯言也。爲吕文煥劉整范文虎諸人言之。

齊人歌曰。惟其儒書。以爲二國憂。春秋之季。已輕儒矣。至戰國。而淳于髡有賢者無益之譏。秦昭王有儒無益之問。末流極于斯。

謝山三箋曰。斯言也。爲元之賤儒言之。

夫差之報越。其志壯矣。燕昭報齊似之。取其大節而略其成敗可也。慕容盛之討蘭汗。其言曰。免不同天之責。凡在臣民。皆得明目。當世君子。猶有取焉。況吴乎。

謝山箋曰。此爲天水諸宗子言之。

杜氏注云。仲尼之徒。皆忠于魯國。史記載夫子之言曰。夫魯。父母之國。國危如此。二三子何爲莫出。此夫子之訓也。以上左氏傳。

謝山箋曰。然則深寧之拜疏出關。豈得已哉。宋史不知本末。書之曰遯。使與曾淵子輩同科。當改正。

司徒掌教不言財。司馬掌政不言兵。鄉遂九畿。兵財在其中。井田封建。足食足兵之本也。周官之法不行。無善教善政。于是憂財用。畏夷狄矣。周禮。

謝山箋曰。古人原不言理財。本常賦而範以定式故也。大學言生財。以賦式之禮壞㊀也。古人原不言治兵。農卽兵也。論語言足兵。孟子言制梃以撻秦楚之堅甲利兵。以軍禮壞也。

君子欠伸一章。余在經筵進講。謂君以自彊不息爲剛。臣以陳善閉邪爲敬。講經理。討古今。有夜分日昃而不倦者。上無厭斁之心。下無顧望之意。是故學以聚之而德益進。問以辨之而理益

㊀「壞」當作「壞」。

明。蓋因以規諷云。禮記。

大戴禮盧辨注。非鄭氏。朱文公引明堂篇鄭氏注云。法龜文。未考北史也。大戴禮記。

劉盛不好讀書。唯讀孝經論語。曰。誦此能行足矣。安用多誦而不行乎。蘇綽戒子威云。讀孝經一卷。足以立身治國。何用多爲。愚謂梁元帝之萬卷。不如盛綽之一言。學不知要。猶不學也。孝經。

互鄉童子則進之。開其善也。闕黨童子則抑之。勉其學也。

不舍晝夜。釋文舍音捨。集註亦云上聲。而楚辭辨證云。洪引顏師古曰。舍。止息也。屋舍次舍皆此義。論語不舍晝夜。謂曉夕不息耳。今人或音捨者。非是。辨證乃朱子晚歲之書。當從之。

孔子受道。唯顏曾子貢。原註。子貢聞一以貫之之傳與曾子同。

夫子之割之席。曾子之簀。一于正而已。論學則曰正心。論政則曰正身。

以能問于不能。以多問于寡。有若無。實若虛。犯而不校。顏子和風慶雲之氣象也。富貴不能淫。貧賤不能移。威武不能屈。孟子泰山巖巖之氣象也。

四教以文爲先。自博而約。四科以文爲後。自本而末。

商爲起予。理明辭達也。回非助我。默識心通也。以上論語。

曹交。註謂曹君之弟。按左傳哀公八年。宋滅曹。至孟子時。曹亡久矣。曹交蓋以國爲氏者。

董仲舒云。以仁治人。以義治我。劉原父云。仁字從人。義字從我。豈造文之義邪。愚謂告子仁内義外之説。孟子非之。若以人我分仁義。是仁外義内。其流爲兼愛爲我矣。

謝山箋曰。深寧之説。蓋亦防附會如荆公者。

孟子。學伊尹者也。當今之世。舍我其誰也。是亦聖之任。以上孟子。

謝山箋曰。孟子只是伊尹一路上人。若顔子便近乎時。韓子氣象近孟。

吉日庚午。既差我馬。午爲馬之證也。季冬出土牛。丑爲牛之證也。歷數。

説齋云。人心思漢。王郎假之而有餘。人心去漢。孔明扶之而不足。

謝山箋曰。書中再引説齋此語。豈徒感季漢也。痛厓山耳。

袁宏以伏滔比肩爲辱。似知恥矣。而失節于桓温之九錫。恥安在哉。

謝山箋曰。此指葉李輩嘗立名節而不終。

君子其潛如龍。非迅雷烈風不起。其翔如鳳。非醴泉甘露不食。司馬德操諸葛孔明俱隱于耕稼而仕止殊。魏元成徐鴻客俱隱于黄冠而出處異。如用之。易地則皆然。

晉簡文詠庾闡詩云。志士痛朝危。忠臣憂主辱。東魏孝靜帝詠謝靈運詩曰。韓亡子房奮。秦帝魯連恥。本自江海人。忠義動君子。至今使人流涕。

謝山箋曰。傷德祐之北行也。

祖逖曰。晉室之亂。非上無道而下怨叛也。晉之德澤淺矣。姚弋仲曰。亟自歸于晉。王猛曰。

勿以晉爲圖。人心知義。非後世所及也。

謝山箋曰。亦以比宋之無失德。而致歎于姚弋仲王猛之不若。則隱指夏貴輩也。陳無淮。無荆襄。無蜀。而立國三十二年。江左猶有人也。

謝山箋曰。此有感于劉整之以蜀。吕文煥之以襄陽。夏貴之以淮西。並降于元。而當時中外諸臣遂不能自支也。

止齋曰。國初。以科舉誘致偏方之士。而聚之中都。由是家不尚譜牒。身不重鄉貫。

謝山箋曰。宋人多輕去其鄉。賢者不免。譜牒之學。亦至宋而衰。

先儒論本朝治體云。文治可觀。而武績未振。名勝相望。而幹略未優。然攷之史册。宋與契丹八十一戰。其一勝者。張齊賢太原之役也。非儒乎。一韓一范。使西賊骨寒膽破者。儒也。宗汝霖李伯紀不見阻于耿汪黄三姦。則中原可復。讐耻可雪。采石卻敵。乃眇然幅巾緩帶一參贊之功。儒豈無益于國哉。縉紳不知兵。介胄不知義。而天下之禍變極矣。

謝山箋曰。横渠弟子有种忠憲。南軒弟子有趙方。

胡文定公自登第逮休致凡四十年。實歷不登六載。朱文公五十年間。歷事四朝。仕於外者僅九考。立于朝者四十日。道義重而爵位輕。所以立言不朽。

歐陽子司馬公之貶馮道。春秋之法也。我朝太宗謂范質欠世宗一死。所以立萬世爲臣之訓。大觀八行。因周禮之六行。附以六德之忠和。姦臣不學如此。

程子曰。河北見鯀隄。無禹隄。鯀堙洪水故無功。禹則導之而已。以上攷史。

一叢深色花。十户中人賦。白樂天謂牡丹也。豈知兩片雲。戴卻數鄉稅。鄭雲叟謂珠翠也。侈靡之蠹甚矣。

有問心遠之義于胡文定者。公舉上蔡語曰。莫爲嬰兒之態。而有大人之器。莫爲一身之謀。而有天下之志。莫爲終身之計。而有後世之慮。此之謂心遠。以上評詩。

邱宗卿謂。場屋之文。如校人之魚。與濠上之得意異矣。評文。

梓材謹案。深寧引此語。與慈湖謂文士之文云云。並及之。謝山三箋云。引宗卿語。見場屋之文不足觀。引慈湖語。見凡爲詞章之學者無所得。是兩層。

化書曰。奢者富不足。儉者貧有餘。奢者心常貧。儉者心常富。季元衡儉說曰。貪饕以招辱。不若儉而守廉。干請以犯義。不若儉以全節。侵牟以聚仇。不若儉而養福。放肆以逐欲。不若儉而安性。皆要言也。

孝經言卿大夫之孝。引詩云。夙夜匪懈。言士之孝。引詩云。夙興夜寐。讒鼎之銘曰。昧旦丕顯。後世猶怠。叔向所以戒也。三晨晏起。一朝科頭。管幼安所以懼也。鷄鳴而起。決擇于善利之閒。爲舜而已矣。

尹和靜謂。動靜一理。伊川曰。試喻之。適聞寺鐘聲。曰。譬如此寺鐘。方其未撞時。聲固在也。伊川喜曰。且更涵養。朱文公在同安。夜聞鐘聲。聽其一聲未絶。而此心已自走作。因此警懼。乃知爲學須專心致志。先儒于鐘聲之入耳。體察如此。

善讀書者。或曰。此法當失。或曰。一卷足矣。奚以多爲。或不求甚解。或務知大義。不善讀者。蕭繹以萬卷自累。崔儦以五千卷自矜。房法乘之不治事。盧殷之資爲詩。

晁景迂曰。博之以五經。而約之以孝經論語。博之以太史公歐陽公史記。而約之以資治通鑑。

康節先生曰。二十歲之後。三十歲之前。朝經暮史。晝子夜集。學者當以此爲法。

夫子雅言詩書執禮。而性與天道。高第不得聞。程子教人大學中庸。而無極太極一語未嘗及。

以上雜識。

梓材謹案。謝山困學紀聞三箋。于易修辭條箋云。易以辭爲重。語意微有病。召平董公條箋云。此深寧有感于身世之言。據袁清容集言。深寧當元初。嘗爲俗吏所窘。其時甬上故公相家子弟。皆不免于折辱。惟杜門用晦而已。久之。始有稍稍致敬于深寧者。會修學宮。求深寧所記。然深寧杜門如故也。士不以秦賤經。不以秦亡俗。不以秦壞言。雖壯而心則痛。攷深寧序桃源世譜已有此數語。詩孝經引詩條箋云。陸文安公所云。六經皆我注脚之語。斯之謂也。觀深寧所云。而後知其不足駴。孟子水心條箋云。此亦因賤儒之世而鼓勵子弟耳。攷史曲禮少儀條箋云。明末陳繼儒弟子有此氣象。見黄梨洲思舊録。不知繼儒何以得此。攷史李微之條箋云。南軒受孝宗知遇最深。自不應以人言遽去。東萊則似不必。又微之條箋云。此以二公學術言之。謂吕學深穩而稍不同。陸學則自成其是也。觀鵝湖之會可見。評詩湯伯紀條箋云。深寧蓋以自儆。雜識吕成公條箋云。此名言也。深寧其有感于晦翁同甫黄中子靜之事乎。以上困學紀聞已見學案正編。故總録全箋于此。

深寧居士集

孝弟修于家而仁遜興。德齒尚于鄉而風俗厚。理義明于心而賢才盛。善信充于己而事業顯。慶元府學重建大成殿記。

自慶曆諸老模範後進。淳熙大儒闡明正學。惟聖賢是式。惟德性是爲。小而灑掃應對。大而格物致知。如耳濡目染。充然有得。慶元路重建儒學記。

古者士有常心。家無殊俗。八歲入小學。十年就外傅。二十五家爲閭。閭有左右塾。里中之老有道德者爲左右師。坐兩塾。灑掃應對是謹。詩書禮樂是習。孝弟忠信是修。蒙養豫教。薰陶涵濡。是以人有士君子之行。廣平書院記。

慶曆淳熙前後。九賢教行于一時。澤被于百世。郡學有祠。舊矣。因鬱攸而廢。復舊毖祀。其作新士習之機歟。覺有先後。道無古今。高山仰止。景行行止。匪徒慕之。亦允蹈之。將有聞風興起者。先賢祠堂記。

義理在人心。萬古不磨。綱常在宇宙。億世不泯。伏生申公高堂生之經學。士不以秦而賤。萬石君家之孝謹。魯兩生之節操。俗不以秦而薄。言良貴者不以人爵。言不朽者不以世禄脩。其在我而已。桃源世譜引。

古者蒙養豫教。罔不在初。六年教之數與方名。八歲學六甲五方書計之事。九年教之數日。十年請肄簡諒。循循有序。由是有名數之學。陶靖節所以録聖賢羣輔也。君子恥一物不知。譏五穀不分。七穆之對。以爲洽聞。束帛之誤。謂之寡學。其可不素習乎。小學紺珠序。

幼承義方。晚遇黼屯。炳燭之明。用志不紛。困而學之。庶自別于下民。開卷有益。述爲紀聞。困學紀聞序。

惟大學始教格物致知。萬物備于我。廣大精微。一草木皆可以類推。卓爾先覺。即物精思。體用相涵。本末靡遺。原註。先覺指下文周程邵朱四先生。水華庭草。玩生意以自怡。周。雞雛觀仁。乾坤具梅枝。程。鉅而苞萬。彙乎觀物。邵。纖而析衆。芳乎楚辭。朱。約不膚陋。博不支離。蓄德致用。一原同歸。爾雅翼後序。

以互體求易。左氏以來有之。凡卦爻二至四。三至五。兩體交互。各成一卦。是謂一卦含四卦。繫辭謂之中爻。所謂八卦相盪。六爻相雜。唯其時物。雜物撰德是也。惟乾坤無互體。蓋純乎陽。純乎陰也。餘六子之卦。皆有互體。坎之六畫。其互體含艮震。而艮震之互體亦含坎。離之六畫。其互體含兑巽。而兑巽之互體亦含離。三陽卦之體互自相含。三陰卦之體亦互自相含也。輯周易鄭註序。

雲濠謹案。四庫書經部著録先生所編周易鄭康成註一卷。提要稱其能于散佚之餘。蒐羅放失。以存漢易之一綫。可謂篤志遺經研心古義者矣。又謂。近時惠棟別有參訂之本。體例較密。然經營椒始。實自先生云。又著録詩考一卷。提要云。考三家之詩説者也。又詩地理考六卷。提要稱其書全録鄭氏詩譜。又旁採爾雅説文地志水經。以及先儒之言。凡涉於詩中地名者。薈萃成編。然皆採録遺文。案而不斷。故得失往往並存云。

聖人作經載道。學者因經明道。學博而不詳説。無以發羣獻之眇旨。説詳而不反約。無以析衆言之殽亂。故必泝正學之源。而後能通乎聖人之海。粤自木鐸聲寢。經與道榛塞。孟子闢邪距誠。羽翼孔道。七篇垂訓。法嚴義精。知性知天。易之奥也。以意達志。詩之綱也。言稱堯舜。書之要也。井田爵禄之制。可以知禮。王霸義禮㊀之辨。可以知春秋。儒者稱之曰通五經。噫。若孟氏。斯謂之通矣。擬劉向五經通義序。

太極肇分。天先成而地後定。天依形。地附氣。地囿于天者也。而言地理者。難于言天。何爲其難也。日月星辰之度。終古而不易。郡國山川之名。屢變而無窮。是故圖以經之。書以緯之。仰觀俯察。其用一也。地理通釋自跋。

雲濠謹案。四庫史部著録通鑑地利㊁通釋十四卷。提要稱。其中徵引浩博。考核明確。而敘列朝分據戰攻。尤一一得其要領。于史子最爲有功。原書無序。後人以書後自跋移冠于前。所云上章執徐。橘壯之月。乃元世祖至元十六年庚辰八月。是時宋亡已三年。蓋用陶潛但書甲子之義。書内稱梓愼爲梓謹。亦猶爲宋諱云。又著録先生通鑑答問五卷。提要云。書以通鑑答問爲名。而多涉于朱子綱目。蓋綱目本因通鑑而作。故其所論。出入于二書之閒。又言。其尊崇新例。似尹起莘之發明。刻覈古人。似胡寅之管見。如漢高祖過魯祀孔子。本無可貶。乃反譏漢無眞儒。文帝除盜鑄之令。本不可訓。乃反稱仁及天下。與其所著他書殊不相類。其眞贋蓋不可知。或伯厚孫刻玉海時僞作此編。以附其祖于道學歟。又著録漢制考四卷。提要稱。其大致精核。具有依據。又録漢藝文志考證十卷。提要謂。其捃摭舊文。各爲補註。不載漢志全文。惟以有所辨論者。摘録爲綱。略如經典釋文之例。其傳記有此書名。而漢志不載者。亦以類附入。凡二十六部。各疏其所註于下。而以不著録字别之云。

㊀「禮」當爲「利」。
㊁「利」當爲「理」。

書不云乎。汝丕惟商耇成人。宅心知訓。嗟爾後進。惟憲言是式。沈潛乎經術。貫穿乎史籍。外以致用。内以崇德。費隱一原。敬義俱立。應正學之不墜。尙前修之可及。䟦袁絜齋答舒和仲書。

梓材謹案。深寧之學。具在于斯。深寧之節。莫切于晚楊梅之説。互見絜齋學案補遺。

梓材又案。阮亭居易録載。陳庶常汝咸所遺厚齋文集寫本僅五卷。明鄭眞千之所輯。蓋四明文獻之一種。非先生專集也。

附録

遷國子録。進武學博士。疏言陛下閲理。多𩔗治久。當事勢之艱。輿圖蹙于外患。人才乏而民力殫。宜强爲善。增修德。無自沮怠。恢宏士氣。下情畢達。操綱紀而明委任。謹左右而防壅蔽。求哲人以輔後嗣。既對。帝問其父名。曰。爾父以陳善爲忠。可謂繼美。

守軍器少監。經筵值人日雪。帝問有何故事。先生以唐李嶠李乂等應制詩對。因奏春雪過多。民生飢寒。方寸仁愛。宜謹感召。

遷將作監。帝視朝。謂先生曰。爲學要灼見古人之心。先生對曰。嚴恭寅畏。不敢怠皇。克勤克儉。無自縱逸。强以馭下。制事以斷。此古人之心。然操舍易忽于渺綿。兢業每忘于游衍。帝嘉納之。

賈似道拜平章事。葉信公江益公各求去。似道亦求去。先生奏。孝宗朝闕相者亦逾年。帝亟取以喻之。似道聞先生言。大惡之。語包恢曰。我去朝士若王伯厚者多矣。但此人素著文學。不欲使天下謂我棄士。彼盍思少自貶。恢以告。先生笑曰。迕相之患小。負君之罪大。

黃東發謝先生舉著述科曰。蓋遇某官光明碩大之資。清修雅持㈠之操。符㈡衡旌別。衆弊冰消。簪筆論思。孤忠月㈢皎。適開中興躋太平之會。孰不謂安懷憂治世危。明主之心。我獨人告。偉矣講明之素。炳然議論之丹。此眞文章之正宗。益信國家之巨擘。本諸身而若是。于教人而可知。宜此狂愚。特蒙題品。

謝皋羽呈王尚書詩曰。寒風吹鬢影。客淚溼衣塵。千里見積水。滿城無故人。船歌甌雪盡。劍舞越花新。獨憶絲綸老。相從話所親。

袁清容上王尚書曰。伏惟內翰尚書先生。南州元老。故國重臣。望壓縉紳。聊復浮湛于閭里。文驚華夏。未妨談笑于江湖。恥申公之蒲輪。便管寧之紗帽。樹人爲急。奬士尤先。子誠齊人。侈以都邑之富。波及晉國。化其潢汙之卑。是用忘揣顓蒙。惠徼恩育。鉤玄提要。在明公爲壯歲之筌蹄。糾繆繩愆。于後生爲百世之模範。儻獲書傳于琬琰。尤當襲藏于巾箱。與汝共之。深議中郎之隘。非吾徒也。尚祈夫子之憐。欲報無從。未言先愧。

㈠「持」當爲「特」。

㈡「符」當爲「持」。

㈢「月」當爲「日」。

雲濠謹案。清容又謝王尚書。有言爲楷範。道藴經綸。化閭里之澆風。慇簪纓之弱息。至誠樂易。許傳新著之書。雅量恢宏。不棄一偏之士云云。

又祭王尚書曰。桷以蒙昧。請業門下。反復可教。授以端緒。有疑必開。有謬必舉。語其平生。載出載處。冀登斯堂。舉觴以祝。詎期須臾。望公以哭。

又序困學紀聞曰。先生年未五十。諸經皆有説。晚歲悉焚棄。而獨成是書。其語淵奥精實。非紬繹玩味不能解。

雲濠謹案。清容集有挽深寧詩。其二曰。晚歲艱難意。衡門老病身。蜀山迷望帝。楚澤痛靈均。皮弁終辭召。深衣晚任眞。蓋棺今論定。千載有遺民。其四曰。再世登龍舊。淵源可再窺。西山遺正緒。東澗結冥知。腹笥名空在。眉梨壽竟違。重歌妾薄命。寒淚滴塵甁。

牟隆山序困學紀聞曰。蓋九經諸子之旨趣。歷代史傳之事要。制度名物之原委。以至宗公鉅儒之詩文議論。皆後學所當知者。公作爲是書。各以類聚。考訂評論。皆出己意。發前人之所未發。辭約而明。理融而達。該邃淵綜。非讀書萬卷。何以能之。

黄晉卿曰。厚齋尚書。于書無不讀。記誦絶人。且練習臺閣故事。有不知必問焉。暮年深自晦匿。不與世接。而東南學者以爲宋三百年文獻所存。莫不翕然宗之。

貝清江曰。自厚齋尚書倡學者以考亭朱氏之説。一時從之而變。故今粹然皆出于正。無陸氏偏駮之弊。

又曰。四明之學。惟尚書之廣博精深。論者謂兼東萊西山二家之長。非袁楊所能及。鄭千之曰。誥命之體。南渡以來。龍溪汪公。平園周公。號爲冠冕。若厚齋王公。尤所謂傑然者也。咸熙德祐閒。社稷傾危。近在旦夕。而公四入中書。偏行諸房。詞命除目塡委。他舍人閣筆不下。公獨從容授之。若行雲流水。泠然悠然。而莫知紀極。蓋會集羣言。而以己意發之。信所謂博極羣書者也。

謝山困學紀聞三箋曰。千之跋深寧兩制文字之言如此。今讀困學紀聞第十九卷。足以見深寧平日從事于此者。果非一日矣。千之又云。公詞命激厲奮發。足以感泣三軍。按清容挽詩亦有丹詔三軍泣之語。然則深寧之忠。其寄之代言之文。思以挽既去之人心。而扶不支之天命者。良可傷矣。

黄南山先賢深寧王先生贊曰。春秋絶筆。瑞應在麟。宋祚訖籙。瑞應在人。尼父泣麟。先生自泣。出匪其時。吁嗟何及。

謝山句餘土音王尚書汲古堂詩。竹林沈沈天宇碧。汲古傳忠垂御畫。其中孕出雙靈烏。接翅飛來文五色。長公尤克昌其家。文獻淵涵苞八極。浙東學統遡明招。西山東澗遞正席。爰以大宗集大成。區區詞科乃餘力。稜稜風節遭殘宋。大聲疾呼終何益。從此扃户畢殘年。日聞空堂三太息。可憐困學紀中語。此志倔强固猶昔。商山四皓魯兩生。不以坑儒盡耆德。浮邱高堂濟南叟。不以焚書絶遺籍。石奮家風在躬行。不以崇詐泯舊澤。天留碩果繫孤陽。

由來霜雪不能食。莫謂玆堂僅百弓。足爲故國扶殘脈。遺文百卷歸羽陵。學案文案都剥蝕。流傳少作詞科書。猶爲弇陋資典册。孫枝一綫日就衰。錦里門庭無黯色。祇有東壁光瞳瞳。夜墮堂前震木石。原註云。尚書學術。世徒以博洽視之。其實則餘緒也。

又鮚埼亭詩集同谷覓深寧先生墓不得詩。逝者如可作。先生吾所歸。空吟遂初賦。莫覓浚儀碑。

深寧學侶

補常博王默齋先生應鳳

附録

劉後村懷王制參詩曰。因交明允知坡潁。喜少公文更雅醇。方幸儒林得吾子。奈何宰相失斯文。未揮潞國告廷制。久作河陽入幕賓。自古壎篪宜迭奏。開元張垍與張均。

深寧講友

文清湯東澗先生漢詳見存齋晦静息庵學案。

深寧同調

貞惠德齋先生伯行

伯行系出玉吕伯里氏。大父家西北部。父以積功。領南宿州軍。分鎮燕縣。後家于大名府之清豐縣焉。先生幼失怙。母徐氏躬牧蒔紉織以贍。稍長。從學里中。張蔡公尹大名。見而奇之。至元二十二年。授承事郎調金壇縣長。遷承直郎行省理問官。省中事急速。必命之詣御前。皆得允旨以歸。世祖曰。伯行。昔朕以黑髯使臣目之。今察其相貌。誠温暖絜正。俾以重任。宜無負。相桑哥方據政。寢命不下。授奉議大夫行省都鎮撫。二十九年。授慶元路治中。慶元多故宋公相家。時翰林學士王公應麟。閉門不納客。先生首尊禮開說。俾學者師事之。大德元年。遷浙東海右道肅政廉訪副使。復分治慶元縣。有慶㈠湖。總戎官久據。湮爲田。將輸官租以絶口。先生立決以溉民田。撫循瘡痍。磨刮驕亢者素所習知。而獨于鄉校諄切訓諭。謂爲宣化所宜急。擢工部侍郎。陞尚書。至大元年。加正議大夫。授兩浙都轉運使。力丐辭。再授資善大夫監㈡國院使。復辭不允。三年。奉旨過江南。具條所行事宜。卽得疾寓舍。四年卒。年六十有一。先生平居簡默。所至率招師訓諸子。晚自號德齋。延祐四年。特贈資政大夫。謚貞惠。清容居士集。

㈠「慶」當爲「廢」。
㈡「監」當爲「資」。

教授李先生夢登

李夢登字仲實。餘姚人。父早卒。與伯氏午發髫齔。能斬斬刻厲。至元丙子。鄉校燬。帥鄉人新之。提學趙孟至聞其才。檄充徽州月泉山長。不赴。授明學正。明之儒先如内翰深寧王公猶無恙。先生虚心事賢。直躬贊長。肅客合羣。有蔽通之。有忤調之。有危掖之。儀門書閣禮殿論堂齋廡諸役。有煩任之。錢穀會計。有籍公之。寮宷憒訟如潰河。而庠校賴之不廢。郡遂以學事委其㊀主攝。既而秩滿。扁舟賦歸。蒔花樹木爲休閒之計。所居之室曰雲心。並西一軒曰帶經。大德丁未。有命授瀏陽州教授。卒年六十四。戴剡源集。

深寧家學

補 王先生良學

梓材謹案。黎洲原本謂。先生嘗從三江李氏游。卽以屬之。李博士元白弟子。蓋仍寧波府志之誤。不知深寧爲博士孫壻。博士卒于紹定三年。深寧纔八歲。安得有子以從博士。惟博士從孫明新亦稱三江李先生。先生得而從之。

補 承務王靜學先生昌世

梓材謹案。先生晚自稱靜學居士。著靜學稿二十卷。

㊀「其」當爲「君」。

附録

尚書名重當世。諸公謂宜録其嗣人。以表盛德。薦章交上。先生力辭曰。士之大節。嗣守爲難。敬身所以敬親。肥遯所以無不利。矧以介直之資。與世寡諧。倘得讀父書。求己志。以畢此生足矣。不願乎外也。

嘗戒二子曰。務學以實。勿事虚文。持身以誠。勿循詭道。毋以貧忘古禮。毋以卑墜家聲。

補教授王遂初先生厚孫

附録

元延祐初。科制行。改治詩經。初。李國博元白授詩于舒文靖公。王與舒李世親。盡得其原委。

袁文清歸里第輒問所學。對曰。近於濂洛關輔建安西蜀諸書稍已通習。惟讀書記衍義正宗意有所得。以其明潔縝密。有成法。易知而可守也。

文清著四明志。命之分撰二考。且言。子家世太史。亦嘗究心否。曰。經與史同出異名。自有編年。司馬氏爲記傳。隋志始稱正史。非古也。作史必曰三長。年代協體統之會。人物萃品題之歸。敘事貴詳不爲繁。修詞有要不爲簡。彼謏聞寡見。雜出衆手。舛訛遺漏。欲以博信久遠。豈不難乎。因歷舉歷代高下得失甚備。文清大喜。復閱其文。作而歎曰。先師之道。兹不墜矣。

嘗爲郡庠訓導。演説明理。辨析疑難。諸生悦服。往時博士朔望講義。就章立題。卒一篇而止。先生病其拘。取四書五經關世教者。爲之直説。抑揚反覆。聞者竦然。

既老。嘗語人曰。天地生人之初。吾不得而知也。可知者。理而已。理之在人。初非不善。克遂其初。斯足矣。乃號遂初老人。

深寧門人

補 朝奉胡梅磵先生三省

梓材謹案。戴剡源題蕭子西詩卷後云。子西詩。經其姊丈王丞公達善校定。又自言。與丞公倡酬之日。惟避地天台時爲多。方其時。同遊佳朋友皆無恙。舒舜侯在馬嶴。劉正仲在雁蒼。胡元魯在峽石。元魯當亦先生之字。

雲濠謹案。台州府志。先生所著復有竹素稿一百卷。

附録

袁清容祭之曰。先生負淵海之學。執事物之樞。用功于青雲泱科之前。大究若訥。小得若愚。網羅搜抉。極竹素之祕。而其微細委瑣。猶不遺于初虞。襲釋例于杜氏。著履霜堅冰之旨。條分目舉。而牛李棄地之爭。黨子制父之議。前人之有疑者。雖取舍有在。以明迂叟當時之不得已。

至于孜孜衛翼。拾遺補誤。亦幾乎司馬氏之忠臣而無負。

謝山困學紀聞三箋曰。胡氏註通鑑。實成于吾寧之甬上。見袁清容集。不知何以不見深寧權史之書。是時宋室初亡。深寧蓋杜門不接後進也。

陳石士師答魯賓之書曰。胡身之不以文名。而其于通鑑之學則深且博。

梓材謹案。先生實出深寧之門。特其注通鑑地理。未嘗商榷于深寧。爲不可解耳。

雲濠謹案。四庫書目著録司馬温公資治通鑑元胡三省音注提要云。袁清容集載先友淵源。稱其乙酉歲留袁氏家塾。日鈔定注。自序稱乙酉徹漏。與袁所説正合。惟袁稱定注。而今本題作音注。疑出胡氏所自改。又云。通鑑文繁義博。貫穿最難。身之所釋。于象緯推測地形建置制度沿革諸大端極爲賅備。故唐紀開元十二年内注云。温公作通鑑。不特紀治亂之迹而已。至于禮樂曆數天文地理尤致其詳。讀者如飲河之鼠。各充其量。蓋本其命意所在。而于此特發其凡。可謂能見其大矣。至通鑑中或小有牴牾。亦必明著其故。能參證明確。而不附會以求其合。甚得注書之體。又著録胡氏資治通鑑釋文辨誤十二卷。提要稱其書援據精核。多足爲讀史者啓發之助。所云音訓之學。因文見義。各有攸當。不可滯于一隅。又云。晉宋齊梁陳之疆里不可以釋。唐之疆里。其言實足爲千古注書之法云。

補户部戴剡源先生表元

梓材謹案。剡源集先生自序云。自號曰剡源先生。因以名其集。或稱質野翁。充安老人。又案。袁清容誌先生墓云。一字曾伯。至大庚戌卒。年六十七。又案。清容述先大夫師友淵源言。先生有榆林集五十卷。

梓材又案。謝山鮚埼亭詩集榆林村中弔戴帥初詩首云。剡源老子詩傳盛。曾從巽齋復厚齋。攷剡源文集送曹士宏序云。歲壬戌。余初遊武林。識廬陵歐陽公權先生于祕書之署。又云。余時年少。自衒飾。每從其所歸。未嘗不發慚面汗也。是先生曾從巽齋之證。其序又云。以杭學博士弟子識拜劉先生會孟。會孟亦居廬陵。又云。余受劉公之愛。于文字間特厚。則先生又及劉氏之門矣。又案。方桐江序應翔孫經傳蒙求云。王伯厚尚書學極天下之博。長予四歲。予昔嘗事之。戴帥初博士學極天下之粹。少予十七歲。今予畏友也。稱之爲四明二先生。然剡源爲方桐江詩集序云。同游之士來謁。表元于于門牆衿佩中若知言者。則先生嘗及方氏之門矣。

雲濠謹案。袁清容祭戴先生。在至大四年三月丙申。蓋先生以是年卒。其師剡源在戊寅之秋亦見祭文。又案。剡源集有質野堂記。充安閣記。

雲濠又案。王阮亭居易録海寧刻戴剡源集四卷。餘姚黄太沖定本也。戴以古文名。延祐大德間。與柳貫齊名。袁桷師事之。阮亭又言。昔在京師。借鈔其集于陳赤衷葵獻云。

剡源講義

古之善處富貴而謙者。莫如舜禹周公。以大聖人而能取人爲善。能聞善言則拜。能小心恐懼流言。天下誦其功業。燁然至于今不衰。善處貧賤而謙者。莫如孔孟。孔子能困阨陳蔡而彈琴自如。孟子能不見諸侯而辭萬鍾之禄。天下後世誰得而並之。易謙尊而光。卑而不可踰。

大畜之卦。内乾外艮。乾者健也。艮者止也。人之學行。於内能健。則無間斷不一之病。于外能止。則無淺疏輕出之悔。其曰多識前言往行者。平時或得于考究。或聞于講明。耳濡目染。心領意會。今日積一善。明日積一善。日日積之。以至無所不通。無所不悟。如富人多藏貨物而不妄用。如深山大澤。草木生之。寶藏興焉。而不見其運動。一旦臨是非。據利害。剖析無不中節。施行無不合宜。此大畜之所以爲美也。人不多畜其學問德行。而速于欲行其志者。可不爲戒哉。大畜象曰。天在山中。君子以多識前言往行。

説命三篇中指實事多。引空言少。期其身必以伊尹。期其君必以堯舜。淵源氣象。上與禹稷臯陶。下與孔孟。初不相遠。書説命。

天下之藝。惟其辛苦力學而後能者。不如天性之自然。天性之自然發之于内。耳目之聰明接之于外。有不學。學必精矣。豈惟藝。人之學爲然㊀聖賢君子之事亦如此也。禮記良冶之子四句。

此三言豈但可宰季氏。蓋千萬世宰天下法也。聖道未明。人才日陋。爲學者未能治己而治人。爲政者不暇信人而信己。纖悉于小節。而鹵莽于大綱。牢籠于虚譽。而闊略于實德。聞仲弓之風。可不愧汗自省也哉。論語仲弓爲季氏宰問政章。

利。一也。孟子之所非。與周易之所取。何以異。命。一也。修身之所俟。與巖牆之所避。何以殊。仁。一也。司馬牛之所難。與管仲之所近。何以别。諸君子其求之。子罕言章。

當孔子時。周道雖衰。先王之禮猶有存者。可以訪問髣髴。若老聃萇宏師襄之類是也。然其人多隱逸放棄。故時論目之爲野人。至於威儀曲節。華飾過盛。則幾傷其本。而反以爲君子。仲尼感歎風俗之日移。自言吾不用禮樂則已耳。幸而用。則寧取前一輩質朴之人。而後一輩之過華

㊀「然」衍。

者在所損節。而亦不盡以爲非也。其立言之婉。寄意之切。學者正當玩味。先進于禮樂章。

中是不偏不倚。無過不及。庸是平常。此二字惟聖人能行之。若非聖人。決然有偏倚。決然有過不及。決然不能平常。故處事而無偏倚。無過。無不及。與夫合于平常者。天下之至理也。中庸。子曰。中庸其至矣乎。民鮮能久矣。

人未有不誠于父母兄弟者也。今有爲人子者曰。我誠孝於父母矣。而父母或不我悦。我誠恭于兄矣。而兄或不我友。是其理殆不然。誠患不能持久耳。使我能誠于爲孝而持久無閒斷。父母安有不我悦。使我能誠于爲恭而持久無閒斷。兄安有不我友。推而於夫婦誠其敬。推而于朋友誠其義。皆能持久無閒斷。而推而于鄉里。于邦國。誠其信。皆能持久無閒斷。而行愈力。其徵愈廣。又推而達于四方萬里之遠。而四方萬里之遠服之。質于鬼神而鬼神宜之。被于豚魚而豚魚孚之。其精神功用遂與天地同運。爲悠遠。爲博厚。爲高明。而中庸之能事畢矣。至誠無息節。

剡源文集

人嘗言有才不得位。及有位。何嘗見其才。顧其志何如耳。稼軒書院興造記

物之久莫如石。先秦以來。古文奇字載於石者必傳。然徒以久而不以賢。古之賢而能傳。傳而久者。則不賴於石。是故以石而傳人。不若以人而傳石也。當塗户曹掾續題名記。

亢宗之難。不如承宗之易。進趨之有餘。不如恬素之不及。清華堂記。

水無心。人之習于動者得之以爲心。雲無意。人之習于靜者得之以爲意。及乎淵停坎蓄。風起雨作。動者未嘗不靜。靜者未嘗無動。而二者卒不自知其然也。水心雲意樓記。

采色養目之昏。鄭衛養耳之聾。滋味服御養口體之衰。惟以學問養心者。無憂而常安。無辱而常貴。養心齋記。

象數者起于無而寄于有。理者妙于有而歸于無。寄于有者。其變可知可言。歸于無者。不可知不可言也。讀易蠡測序。

古之君子欲明道于天下者。不能使人無異。而嘗惡人之苟同。以爲異則道可因人而明。苟同之情雖一時懽然無失。而初不能以相發。王雙溪尚書小傳序。

人之精氣蘊之爲道德。發之爲事業。而達之於言語詞章。自夫子之徒没。言道者不必貴文。言文者不必兼道。如此幾二千年。迨新安子朱子出。學者始復不敢雜道于文。紫陽方使君文集序。

居是家而無以正其子弟。非良父兄也。居是鄉而無以正人之子弟。非良士也。陳氏三子字序。

仁始于不忍欺孩童。及其懋之也。至于爲堯舜之博濟。義始于恥穿窬。及其懋之也。至于可以爲夷齊之讓國。凌氏二子字序。

無必豐于名。必豐于其所可名。無必充于欲。必充于其所可欲。贈曹子貞編修序。

顔眞卿張巡之不得死于牖下。君子榮之。謂之考終命。李陵孔光之惜身顧蔭。君子慚之。謂之媮生。題京兆劉侯事後。

易以象爲書而理附焉。亦猶人之有是耳目口鼻四體。然後可以論其視聽言動云爾。而世之言理者先去象。不知去象則理于何所附而存哉。題王晦仲讀易筆記後。

君子之于書。爲其可以正人心。息邪説也。則存之。孔叢子者。矯矯然守其經生之學。試讀而行之。其心之于貧賤患難也。不苟辭之矣。此非孔氏子孫若其徒。孰能爲哉。讀孔叢子。

人性剛柔得于天。宜若不可以矯焉者。然有修之成德而爲君子。亦有陷之失中而爲小人。則不可徒委之天矣。佩韋辨。

言之未出。童子能然。言之既出。壯夫所難。端木費辨。季由傷勇。恂恂兖公。藏珍自重。徐行無驚。善養非鈍。亨心在坎。致命惟困。周氏彝軒銘。

附録

年十三卽加冠。入鄉校。從里師習詞賦。輒棄不肯學。諸父强之。乃遊臨安。

先生兩授徒于鄞。于宣。于杭。

陸子方寄戴帥初先生詩曰。詞章科目溯當年。璧水名流孰子先。杜甫生逢天寶末。陶潛空憶義熙前。明庭結綬懷新渥。暗壁移燈理舊編。約對青山談出處。一冬澗雪長新泉。

袁清容志其墓曰。自昔孔門。首分四科。歷代之士。悉不能兼。有尊德行者後文學。世嘗病焉。先生爲文。尤多于忠厚孝悌之語。後之纂言者。其必有所考。

又刻遺文疏曰。剡源子少負奇志。晚成大名。漱六藝之菁華。窮百世之源委。如得温璞。以成連城之璧。若裒吉金。以合四懸之鏞。世方尊崇。老益平實。夫既人慕其學。是宜家有其書。失今不圖。斯咎誰執。十年之計在木。庶得廣傳。同心其利斷金。允宜共贊。不在是舉。曷成斯文。

宋潛溪序先生文集曰。先生之文。新而不刊。清而不露。如青巒出雲。姿態橫逸。而連翩弗斷。如通川縈紆。十步九折。而無直瀉怒奔之失。豐城之劍。荆山之玉。縱埋没泉壤爲已久。神光上貫於霄漢者。終弗能掩也。其先生之謂乎。

黄南山先賢剡源戴先生贊曰。有宋遺老。避世投閒。先生穎出。薰陶其間。商鼎周彝。古雅清奇。規模後學。望重當時。

補王先生惟賢

春秋指要自序

世之釋春秋者不知幾家。集衆説。析諸聖。亦可謂多矣。然欲彼此專門。前後異户。卒無至當精一之歸者。未能大明聖人之心。猶爲三傳所惑也。欲明夫聖人之心。當上正天時。下測傳例。天時不正。近于誣僭。傳例不正。流于苛峻。聖人志在春秋。以尊王承天爲重。公平正大存心。

直書其事。善惡自見。寧有如後儒所言。其文則史。其義則竊取之。舊史自有義。因之不能廢也。三代所尚不同。皆以寅月起數。聖人所書周正。卽夏之正。文定胡氏知周不改夏月。于春秋反疑聖人改月。少潁林氏灼見春秋紀歲必用夏正。而弗知周不改夏正。欽若天時。自岷隱戴氏始。元年春正月公卽位。尚載事必皆庸焉。書王于春正之閒。亦因魯史之舊也。垂義詔後。朱子嘗謂。春秋正義明道。貴王賤霸。尊君抑臣。内夏外夷。以爵氏名字土地日月爲襃貶之例。若法家深刻。乃傳者鑿説。聖人于史册闕文。時月失次。弗敢私意增損。明矣。汲書已載晉曲沃莊伯十二年正月。魯隱公之元年正月也。皆用夏正建寅之月爲歲首。雖今文以晉正月作十一月。下以皆言上爲竹書傳寫之誤。甚明。傳周正月今十一月之釋。蓋祖漢儒三正之謬。長曆于僖五年春正月辛亥朔日南至。昭二十年春正月己丑日南至。遂曲爲之辭。夫日南至乃冬至也。安得謂之春。蓋不知行夏之時。見諸行事。有聖言在。習于改月之誤而弗察。況古人篆隸歷代相變。自然當有闕誤。三傳經書相異。二百四十餘年。亦豈聖人自爲異哉。後世以爲聖人之所存乃其所去。予習春秋。于志學之年。出入衆説久之。中更大祲。天誘其衷。蓋知易簡天下之理得。推明夏時。一以貫之。不亦易乎。屏退凡例。行所無事。不亦簡乎。就其如予言者。芟煩證異。務盡指要。歷十年甫獲成書。稍革支離之失。懋彰謹嚴之遺。此天下公言。非一人私言。庶後人咸知周未嘗改天時。孔子初非改周制。凡用春秋之義。苛刻繳繞。皆古史法。不逆詐。不億不信。述而不作。吾猶及史之闕文。聖心昭融。經訓表揭。不至窮年竟日。昧其淵源。顧世方懷恐見破之私意。無從善服義之公心。各護所師而不知經。政如魯家臣知有三家不知有公。誠能以經別傳之眞僞。不求同俗。而求同理。斯獲盡美于春秋。然不觀三傳。原始要終。則是非得失。罔知攸指。此以傳考經之事迹。當並行不相悖也。特不可拘褒貶凡例。蔽于夏時周正耳。吁。三傳作。春秋散。春秋之失也。棄經任傳。故君子于春秋。没身而已矣。

孔先生昭孫

孔昭孫字明遠。三衢人。孔子五十二世孫也。官慶元學正。時王尚書厚齋師表後進。門無雜賓。先生以通家子執經正譌。有教授某。恣睢自負。語侵尚書。先生乃憤然曰。吾不能與之共處。疏其謬誕十數事。鳴于憲府。人益奇其抗直。皇慶元年。授慈溪縣主簿。郡人咸曰。是斥故教授者。飭躬以廉。民莫敢病。終袁州知事。泰定元年卒。年六十二。清容居士集。

史先生晏卿

史晏卿。

梓材謹案。史氏譜。忠定次子彌正。彌正第六子宜之之季子晏卿。官朝議大夫。晏卿疑卽晏卿。傳寫之譌。

趙先生孟僕

趙孟僕。

雲濠謹案。宋史宗室世系表。太祖之裔與懽之子兄弟九人。長爲孟傳。四爲孟何。先生其季也。與懽謚清敏。樓迂齋高第。孟傳與謝昌元降元。則墮其家聲矣。

楊先生湲

楊湲。

梓材謹案。三先生並爲深寧門人。見深寧年譜。

剡源講友

吴先生化龍

吴化龍字伯秀。又遼漢翔。奉化人。著有左氏蒙求。戴剡源序之。稱其爲鄉校諸生時。與之寒同枕。饑同竈。比試于有司亦同業也。當是時。學徒如林。問疑請益者八面而坐。人人得所欲。又言。其于左氏傳又有筆記通纂。于毛氏詩又有集義等書。剡源文集。

林先生耕道附師虞仲威。

太學李先生明通合傳。

林耕道與剡源爲鄉友。剡源嘗送之往信州。因寄李明通云。余與林李皆遊故中書虞㊀公仲威之門。其詩曰。虞公全盛時。桃李何紛紛。冠蓋蔽白日。談笑起青雲。林翁我鄉曲。同業又同門。

㊀「虞」當爲「盧」。下同。

如何三十年。白頭始相聞。全家作楚鬼。隻影窮江源。起手問曲折。口澀不肯言。寧非衣食牽。猶賴齒頰存。歎此皆有數。吾書已云云。下盡浮世塵。上通先天根。事來即順受。不得勞悲欣。我老耕破硯。百錢混人羣。聽之如飲醇。油油至微醺。所恨各有役。東帆復西轅。平生李元禮。歸爲致寒暄。戴剡源集。

雲濠謹案。剡源送鉛山王亦詵歸鄉序云。余友李君明通。釋褐太學第一。清修博學。高文章。亦詵之鄉之龜鳳也。可以見李先生之概矣。又案。李先生。廣信人。

深寧私淑

巡檢曹先生毅

曹毅字士宏。□□人。官四明丈亭巡檢。方桐江送之以詩。并呈前尚書王公伯厚云。之子傳古今。妙年著儒冠。顧肯易戎服。屑爲游徼官。未喜弓刀武。尙愛虀鹽酸。紫面頰骨聳。赤心膽氣完。得非眞將種。終當拜漢壇。曰予俎豆學。素不夢糞棺。甬東富海物。稟鮮供烹餐。曰予豈嗜味。啖茹實所安。共惟伯厚父。三入專金鑾。萬古貯胸次。四溟涸毫端。今年七十五。兩紀歌考槃。舉世一影獨。晚進再拜難。庶幾因此行。摳衣趨門闌。幸不辭孺悲。晝夜勤仰鑽。列宿共辰極。衆羽朝祥鸞。萬物各從類。同心臭如蘭。去去不可追。着鞭駛征鞍。我亦意欲往。惜哉步蹣跚。方桐江集。

胡氏門人

文清袁清容先生桷詳下剡源門人。

廖先生□

梓材謹案。謝山爲梅磵藏書記云。延平廖公。禮致其家。俾以授其子弟。是梅磵之門有廖氏者矣。

剡源家學

戴先生彦季

戴彦季。帥初子邵復孺次韻謝先生云。曲江宴集義熙年。諸老風流競酒船。後世尙存金殿策。前修已化玉樓仙。日斜江燕春尋壘。月冷湘靈夜促絃。握手莫傷遲莫恨。一經猶得似韋賢。謂其父與先大父同登咸淳辛未榜。蟻術集。

剡源門人

補文清袁清容先生桷

梓材謹案。剡源爲清容齋記云。其所從游之賢者。台劉君正仲父爲反㊀。復于伯夷柳下惠清和以爲之銘。是先生故劉氏學侶

㊀「反」當爲「友」。

也。又案。先生誌劉隱君墓云。晚歲。先會稽郡公延入塾。教諸甥。桷相與論經旨。往復不避輩行云云。

梓材又案。先生爲承旨王公構請謚狀。自稱門生。是先生嘗及文肅之門。又案。先生述先大夫師友淵源。于王尚書應麟云。先子命桷受業門下十年。于戴教授表元云。後留塾中。于舒嶽祥云。俾桷往事之。蘇滋溪誌先生墓。亦言長從尚書王公講求典故制度之學。又從舒嶽祥習詞章。既又接見中原文獻之淵懿。故其學問核實而精深云云。

梓材又案。元史儒學戴表元傳。言其門人最知名者曰袁桷。桷之文。其體裁議論一取法于表元者也。是先生之于剡源特傳其文耳。又案。先生爲輔氏論孟答問總序。自言幼承父師。獨取黄輔二先生之書而讀之。則先生蓋私淑于勉齋潛庵矣。又案。先生爲司獄潘君墓誌云。元貞元年。桷掌吕成公麗澤祠。于時壽俊有數公能言乾道淳熙遺事。嘗曰。麗澤選不輕二潘君。眞名士子。繼二潘亦僅僅焉。是先生與二潘皆東萊私淑。

雲濠謹案。先生有易説。春秋説。又清容居士集五十卷。

袁清容説

漢武表章六經。興太學。至後漢尤盛。唐附益之。制愈詳密。今可考也。自宋末年。學者脣腐舌敝。止攻四書之註。凡刑獄簿書。金穀户口。靡密出入。皆以爲俗吏而鄙棄之。卒至國亡而莫可救。近者江南學校。教法止于四書。近于宋世之末尚。甚者知其學之不能通也。于是大言以蓋之。議禮止于誠敬。言樂止于中和。其不涉史者。謂自漢而下皆霸道。其不能辭章也。謂之玩物喪志。殊不知通達之儒。灌膏養根。非本于六經不可也。

清容居士集

載籍極博。莫嚴于五經。教人之法。莫詳於三物。揚子雲云。邱陵學山而不至于山。惡夫畫也。慶元路鄞縣學記。

醫之書作于上古乎。後人猶疑也。陰陽氣運之説與易書禮相脗合。蟲魚草木之精詳于詩。尤近之。然其辭義奥古。卒莫能通曉。非專治者不能也。慶元路醫學記。

事莫尚乎辭。辭非理不能以定人事吉凶。由妄而咎以興。先之以變占。是易殆卜筮之書矣。器由動成。動斯靜矣。取靜觀動。將于是乎則。斯其爲象也大矣。夫子于説卦焉。始彙之。彙以窮其變占。則變占者筮之始也。康節作方圓環中圖。合于天人。皆本説卦。若繫辭傳設卦之方。窮神之妙。其詳于爻者。毫釐不能以易。積數以成。變易以動。肇於方寸。散於六合。幽眇廣大。取而莫窮。應而莫遺。因卦以測。善算喻者不能窮也。舉世舍是。矛盾互持。雖百世莫能以解。吾故曰。非繫辭傳不能以知易。是説也。邵子之説。非僕之説也。紇石烈氏易集傳序。

在易之居業。則曰修辭立誠。而蓄德懿德。必在夫聞見之廣。旁曲通譬。是則經史之外。立凡舉例。屈指不能以遽盡也。揚雄氏作法言。其意亦有取夫是。王先生困學紀聞序。

爲學之道。用志不能不一。用力不能不專。農夫莽而廣種。不如狹墾之爲實也。工人泛而雜學。不如一藝之爲精也。往者書未模印時。爭傳寫授讀。校㊀余所藏之書不能十一。而士以三年通一經。其自得之實。皆足以傳世垂後。其視余之書多無成者。豈古人所謂沃土無善民之説歟。袁氏新書自序。

五經專門之説不一。旣定于石渠鴻都。嗣後學者。靡知有異同矣。易學以辭象變占爲主。得失可稽也。王輔嗣出。一切理喻。漢學幾于絶息。宋邵子朱震始申言之。後八百餘年而始興者也。春秋家劉歆尊左氏。杜預説行。公穀廢不講。啖趙出。聖人之旨微見。劉敞氏。葉夢得氏。吕大圭氏。其最有功者也。尊王褒貶則幾于贅。是千餘年而始著者也。書別于今文古文。晉世相傳。馴致後宋。時則有若吴棫氏。趙汝談氏。陳振孫氏。疑焉有考。過千百年而能獨明者也。詩本于大小序。諸家詩已成㊁。毛公説尊。獨蘇轍氏始删。鄭樵氏悉去之。朱子祖之。此又幾二千年而置議焉者。三禮守鄭玄氏。正義皆旁證曲附。唐趙匡氏始知其非。宋諸儒駁鄭。幾不能以立。甚者疑周官非聖人書。卓識獨見。雖逾千百世亘萬古而不泥。是則寧能以一時定論爲是哉。龔氏四書朱陸會同注釋序。

解經而括其義例。繫辭傳惟盡之。釋章句以盡旨意。記禮者得之。三傳例立。經之義乖矣。稽古萬言。書之旨微矣。昔之盛時。口相傳授。猶懼其臆度。玄言興。微旨不復有統緒。隱惕之

㊀「校」當爲「較」。
㊁「成」當爲「廢」。

立。是殆猶近古也。明經設而帖括煩。禮科設而義羅作。將安取士哉。書凌生功德㊀曆後。

嘗觀易而知乾坤之用焉。坤固順也。而承天者逆也。乾坤定而人行乎其中。仰觀乎天。七政繫焉。猶不得與天同。則人之所以法坤者。猶法天也。事生道㊁有爲。貧富夭壽。遵其自然。庸鉅知吾之所謂達㊂者非順也耶。故動心忍性者。逆之用。存心養性者。順之體也。書順堂記後。

仁。人心也。非性也。仁果靜乎。靜者仁之所獨。性之靜者。人之所同也。然則聖人之言靜壽。其果不可知乎。聖人與衆同。夫豈獨專其靜哉。養其心者。惟靜者爾矣。感物而靜。斯得之矣。感物而動。記禮者之失也。夫子之言曰。感而遂通天下之故。斯靜也。非動也。書眞定武仁夫靜壽堂記後。

存神內觀。形不能以久完。刻意外治。氣由是而彌衰。水煩土敝。維物之災。人爲物靈。其道安在。內不可穢。外不可悖。湛然長存。于物何纇。故操尺寸之智者。成尋丈之失。勤錙銖之功者。獲倍蓰之益。御天地之一氣。持陰陽之兩端。吾見其清而不介。絜而自全也。澄心齋銘。

一貫之旨。忠恕而已。其語簡而易明。大賢之教人。曰不妄語。聖人之教子。則曰立與言二字而已。過于文則漫不加省。切于近則易以自持。書孫參事訓子八字說。

㊀「德」當爲「課」。

㊁「道」當爲「於」。

㊂「達」當爲「逆」。

附録

先生自贊曰。幼承父師之準繩。壯緝文獻之淵懿。守先天之中爲初心。究三聖之易爲一致。氣弱而詞愈卑。學疏而用益疑。寥寥兩京。耳受目接者不能紹傳。吁何可言。

又自贊曰。訥文詞而三直承明之廬。拙騎射而五遊朔漠之域。居安以窮犧爻之變。比事以糾麟經之釋。至于見幾歸田。服恬淡而守貞白。識者謂爲知止而歸。而獨慊然猶以爲有形迹也。

戴剡源記清容齋曰。袁生生于萬石之家。而躬寒素之操。處未弱冠之年。而志丈夫之事。日取古聖賢之言味之。而學其道。而求其清焉。已乃有所不慊于語。而容人是圖。是何生之所聞于道者過耶。道未有清而不能容。亦未有不能容而得清者也。生歸而益治其學。懼不能清焉。苟爲能清。端居而家巷睦。徐行而州里遜。凡生所學于古聖賢人之道。與其所言。舉無閒然矣。

吳禮部上先生書曰。先生世鄞中大家聞人。於㈠呂子輩行言論風旨相及。先生漸漬其淵源。而博聞精藝之學。親從其徒而得其書。又嘗憩金華之下。坐麗澤之上。致其景行之思。而修其教育之方。得之于呂子者多矣。

王繼學題開平百首詩後曰。玉海雲生貝闕高。騎鯨人去採芝遨。深江一夕秋風到。瑟瑟珊瑚

㈠「於」當爲「與」。

湧翠濤。

蘇滋溪曰。袁氏自越公喜藏書。至今收覽益富。嘗曰。余少讀書有五失。泛觀而無擇。其失博而寡要。好古人言行。意常退縮。不敢望。其失懦而無立。纂録故實。一未終而屢更端。其失勞而無成。聞人之長。將疾趨從之。輒出其後。其失欲速而好高。喜學爲文。未能蓄其本。其失又甚者也。公之斯言。深中學者貪多苟且之弊。

黄南山先賢文清袁先生贊曰。四明文獻。宋斯唐虞。在元宦達。惟公一夔。祖孫勝賞。有堂有像。流水高山。吁嗟絶響。

太常博士王瓚議謚文清曰。故翰林侍講學士袁公。以清修雅重之資。濟之以博綜宏肆之學。漁獵經史。上下古今。蓄之厚。資之深。脩詞立誠。出爲世用。鏗鍧炳燿。大縱厥詞。等屈賈而上之。視六朝而下弗有也。兹非所謂文乎。自筮仕至于請歸。積三十年寵膺殊渥。踐歷清華。再入集賢。八登翰苑。柄文衡。掌帝制。與謀國論。藻飾太平。歸潔其身。始終一致。兹非所謂清乎。以言節惠。實曰稱情。

謝山困學紀聞三箋曰。清容絶不知學。其爲史靜清作墓志。竟不言其紹朱子之統。其論東發先生。亦但稱其清節而已。今其集中亦有説經文字。則裝點其固陋耳。其實清容依附正獻正肅以爲先型。又受業深寧門下。而以彌甥得登靜清之堂。乃懵然于此。可惜也。

又鮚琦㈠亭詩集新得袁伯長學士研試筆賦之其二曰。此地溯文獻。陽源最長雄。史存梅磵窖。經發竹林筒。呵護欣無恙。煙雲尚不窮。故應靈淑氣。長吐石田中。又配京和賦伯長學士研詩因借鈔其集其一曰。斯文應有寄。我老已將休。爲撫遺編在。寧從㈡一研留。膏肓箴五失。師友重千秋。此意沈吟久。無爲石丈羞。

梓材謹案。謝山句餘土音經袁文清公羅木堂址詩有云。攻媿不作深寧死。甬江作者歸領袖。先朝文獻貯滿胸。剡源梅磵迭指授。自註云。伯長初事戴剡源。長在深寧之門。復從舒嶽祥遊。故其學最有原本。據此文清又爲舒氏門人。案之本詩。是文清又爲胡氏門人也。

文肅柳先生貫

詳見北山四先生學案。

助教陳先生繹曾

陳繹曾字伯敷。處州人。口吃而精敏異常。諸經注疏多能成誦。文詞汪洋浩博。其氣煜如也。官至國子助教。元史。

教諭陳先生成

陳成字養晦。奉化人。戴帥初居剡源得之。時年二十許。而豐姿器識如四五十者。戴剡源集。

㈠「琦」當爲「埼」。
㈡「從」當爲「徒」。

雲濠謹案。剡源集有送陳養晦赴松陽校官詩。又送陳養晦教諭之象山詩。又送陳養晦謁閬風舒先生詩四首。是先生嘗及閬風之門矣。

陳先生規

陳規字養直。奉化人。從剡源遊。剡源先生嘗題其居曰。縮軒先生亦以潛窩扁其宴休之室。而黄晉卿爲之記。黄文獻集。

雲濠謹案。剡源集有陳養直字序。又鄰友陳養直請賦山心樓詩。

附録

剡源潛窩詩一歌曰。生誠潛于學兮。寧悃悃以行其朴兮。毋嘵嘵以爲覺兮。再歌曰。生誠潛于名兮。春華之英英兮。須風霜以成兮。三歌曰。生誠潛于德兮。薄處以厚吾宅兮。抑貸而不獲。姑耨而食兮。

凌先生愈

凌先生懋合傳。

凌愈字彦道。凌懋字彦德。安吉人。其父官宣城時。招剡源館中所教學徒也。戴剡源集。

雲濠謹案。剡源集有瓶城軒序云。吴興凌德庸規寢旁小軒爲習讀修身之所。而榜先賢法言。守口如瓶。防意如城者。名之瓶城。未知于二先生何屬也。

王先生亦詵

王亦詵。鉛山人。遠學于剡源。期月歸省親。請益。剡源書序以遺之。剡源文集。

梓材謹案。剡源有招王奕世。再招奕世二詩。其一云。聞説銅山下。書屏四面開。銅山蓋卽鉛山。

教官袁先生太初

舒先生叔恭合傳。

袁太初。舒叔恭。剡源之徒也。剡源嘗喜兩生至云。舒郎十八白眉長。四海龍門有明父。袁郎皎潔巧步趨。出語珠圓吾所許。人言風骨須晚秀。早慧譊譊天謾與。吾評此論殊未公。峻詆曾經孔文舉。剡源文集。

梓材謹案。剡源集有于杭州九月送袁太初赴寧海教官詩。

徐先生仁榮

徐仁榮。剡源之徒也。嘗送其侍親遊山詩云。蚤識梁松拜。居成潘岳游。一年歸雁雨。四月落花秋。溪味涼供酒。山聲盡入舟。歸來佇新語。莫但作吴謳。剡源文集。

謝先生仲潛

謝仲潛。金陵人。始剡源以文學掾遊金陵。每出經義策諸生。以觀其能占對與否。而鼓舞抑揚之。同時執簡數百人。先生常在鼎甲中。及爲吴江教官。能禮貌舊彥。自民伍起余太學。周孔明于庠校閒。待以賓客。不用官府法。剡源文集。

清容同調

紇石烈先生希元

紇石烈希元。著有易集傳。清容序之。稱其篤志嗜古。于易精思以求。搜摭疑義。私嘗歉然。莫能以對。卒能先予以成書。不鑿以求通。不拘以强附會。其粹精足以垂世云。清容居士集。

鄭氏家學

補教諭鄭求齋先生覺民

附録

戴九靈序先生求我齋文集曰。以道鄭先生之出。實與文清敬叔二公相先後。朝講夕辨。學日以肆。自經史傳記諸子。以及天文地理曆算兵刑食貨醫卜釋老之書。罔不悉究。其所爲文章。雖不盡守近世師儒繩尺。而規模議論。要不隨人之後。至其佳處。自可追配古人。

貝清江序求我集曰。蓋其學極該博。自袁楊而下。皆推公一人。而文特緒餘而已。雖然。達而在上以行道爲心。窮而在下以立言爲事。觀其言可以知其道也。孰得以優劣論之哉。

補 教授鄭先生眞

梓材謹案。貝清江序先生集。言其執書日眞。幸預門生之列。是先生嘗及貝氏之門。

鄭先生鳳

鄭鳳字千奇。千里駒千之眞之弟。修仁縣主簿。貝清江瓊銘其母墓云。實生三驥。亦顯于時。鄞縣志。

遂初門人

瞿先生佑

瞿佑字宗吉。錢塘人。洪武中。以薦歷仁和臨安宜陽訓導。陞周府右長史。永樂間下詔獄。謫戍保安。洪熙乙巳英國公奏請赦還。令主家塾。著有詩經正葩。經義考。

胡氏續傳

提舉胡先生世佐別見東發學案補遺。

清容家學

袁先生瓘

袁先生珖合傳。

袁瓘。袁珖。清容子。俱力學。程雪樓集。

雲濠謹案。瓘字敏存。請言于剡源。剡源爲之箴。見剡源集。先清容卒。清容集有其祔祭祔廟二文。後贈承事郎。

清容門人

郎中吴先生師道詳見北山四先生學案。

張先生純仁

張純仁。廣信人也。清容校文南宫得之。調鄞縣丞。清容居士集。

劉先生任時

劉任時。廣信人。從袁清容遊。入國學。將叙次。佐胄子講誦。歸省其母。試于鄉。清容序以送之。清容居士集。

高先生舜元

梓材謹案。清容居士集答問七條。皆答先生之問。則亦清容之徒也。

凌先生師德

凌師德。清容之徒也。試于國子。復類登于賓興。清容爲作功課曆引。清容居士集。

進士姚納軒先生應鳳

姚應鳳字時和。慈谿人。自幼習家學。即以文字爲業。頗自雄其才。爲文喜馳驟。每屬筆于廣衆中。詞鋒横逸。一座皆驚。後持以謁同郡袁清容。清容告之曰。子文不受束縛。然法度自不可廢也。先生領之。自是務爲莊重簡嚴。日益深邃。遂擢高第。所著有納軒稿若干卷。藏于家。姓譜。

王先生□

王生。金華人。清容作詩送之。清容居士集。

梓材謹案。清容觀眞文忠公畫像詩跋云。向遊學婺女。得拜端明公之次子。令尹道家世遺事。纚纚不絶口。今復見其孫申伯于鄞。申伯爲王忠簡公曾孫。清容贈詩者。未知即申伯否也。

別附

覺宗聖

覺宗聖。臨海人。内翰袁文清歸老四明。章甫搢紳與入佛老之徒無不登其門。蓋其學問之博洽。議論之源委。文章之雄深。蔚然師表一世。而宗聖實與及門。陳夷白集。

深寧續傳

王先生漢章

王漢章。會稽人。厚齋尚書之裔孫也。見世之巧于宦者。或至喪身而辱先。乃欲拙守其先業。而題其齋以示警。戴九靈繹其意而銘之。戴九靈集。

宋元學案補遺卷八十六目録

東發學案補遺

宋元學案補遺卷八十六

後學 鄞 王梓材 慈谿馮雲濠 同輯

東發學案補遺

東發先緒

黄先生得一

黄得一字仲清。慈溪人。官機察。號壺隱先生。東發叔祖。其卒也。東發祭其墓云。在昔先人。來從東嘉。富而好德。樸不務華。迨我叔祖。始以文振。幼未得師。起而自奮。又云。齎志莫售。爰俟來者。篤教猶子。彬彬儒雅。始余周晬。公賜之詩。匪徒言賀。以遠大期。既而稍長。受書吾父。俾繼先志。必稱叔祖。東發文集。

朝奉黄先生一鶚

黄一鶚。世居慈溪縣鳴鶴鄉。宗正少卿震之父。贈朝奉郎。清容居士集。

二王門人

補文潔黄於越先生震

梓材謹案。袁清容集戇庵記。稱彥實先大夫文節先生。豈先生私謚一作文節耶。

雲濠謹案。袁清容述先大夫師友淵源。言先生以清介聞。賈相知之守撫州兼本路提點刑獄。迄不能合。坐論去。又云。性不喜鄉里獨作書。以所爲日鈔一編寄贈。

梓材謹案。先生文集。先生嘗登葉西澗之門。蓋受知師也。又受知于王修齋。見與修齋書。獨受先生難兄難弟之知云云。又于麋省齋弇亦爲門下士。見所作大監行狀。

杜洲問答

易之首乾。意在剛德乎。

杜洲先生曰。不特此也。夫學忌乎雜。德完乎純。若乾之六爻。未雜乎陰。何其純也。孔子贊曰。大哉乾乎。剛健中正。純粹精也。良以此耳。故以命言卽於穆不已。以德言卽純亦不已。以學言卽自强不息。以治言卽時乘六龍。萬善備矣。孰居其右。

既云六龍。道固不一乎。

杜洲先生曰。卽一陽也。因時而見。易地而然。此龍所以有六也。聖人詳言純一中之變化也。詎謂不一。噫。乾之道。時而已矣。卦言元亨利貞時也。爻言潛見躍飛亦時也。得之者。其惟孔子乎。雖以夷惠之聖。而猶有歉焉者存。故孟子曰。君子不由。

果爾則無妄也。何以于此則曰。乾于彼天雷則曰无妄。

杜洲先生曰。上下皆乾。則乾之名不可易。若謂之无妄者。見妄而融之也。此純乎天者。

妄無可見。安得无妄名之乎。外乾内震者。是剛自外來。而爲主于内。此乃復也。復則不妄矣。較之純乎天者。似少異焉。是乾與无妄。名不苟立也。雖然。妄甚微矣。无妄亦至精矣。豈獨辱身垢行乃謂妄乎。卽非禮之禮。非義之義。皆妄也。卽禮矣義矣。而意必固我猶存。是亦妄也。故无妄者。必純乎天命而後已焉。故繫辭曰。元亨利貞見義同乎乾也。而更申戒之曰。匪正有眚。不利有攸往。益見无妄在純也。

无妄合天。何以言災。

杜洲先生曰。子不聞愠于羣小。孔子也。不殄厥愠。文王也。正惟无妄而後有災。亦惟有災而后可以試无妄者。故无妄災自外來也。卦言有眚見道當自盡。爻言有眚見遇當自盡。爻言有災見遇當自安。此聖人微旨也。

何謂易有太極。是生兩儀。兩儀生四象。四象生八卦。八卦定吉凶。

杜洲先生曰。道本一也。不能不分而爲兩。如以分言。有上有下。以情言。有親有疏。以德言。有仁有義。萬物皆然。又上中有下。下中有上。親中有疏。疏中有親。仁中有義。義中有仁。此兩不能不四也。引而申之。四又不能不八也。其中分淑分慝。則吉凶生于八矣。第曰二曰八。卽有方有體矣。神果如是乎。神無方也。易果如是乎。易無體也。故孔子于成象之外。乃言生于太極乎。蓋儀者。儀此極也。象者。象此極也。卦者。掛此極以示人也。吉者。順此極。凶者。逆此極也。夫既爲儀此極。則儀亦借設之名。是儀而無乎儀也。何儀之有。然則象也。卦也。何獨不然。故曰道不可見。道不可名。故曰易者象也。象者像也。

只一太極而已矣。

吾知易無方矣。道一貫矣。

東發日鈔

案。孝經一爾。古文今文特所傳微有不同。如首章。今文云。仲尼居曾子侍。古文則云。仲尼閒居曾子侍坐。今文云。子曰先王有至德要道。古文則曰。子曰參先王有至德要道。今文云。夫孝德之本也教之所由生也。古文則曰。夫孝德之本教之所由生。文之或增或減。不過如此。于大義固無不同。至于分章之多寡。今文三才章其政不嚴而治與先王見教之可以化民通爲一章。古文則分爲二章。今文聖治章第九其所因者本也與父子之道天性通爲一章。古文則分爲二章。不愛其親而愛他人者。古文又分爲一章。章句之分合。率不過如此。于大義亦無不同。古文又云。閨門之内具禮矣乎嚴父嚴兄妻子臣妾猶百姓徒役也。此二十二字。今文全無之。而古文自爲一章。與前之分章者三。共增爲二十二。所異者又不過如此。非今文與古文各爲一書也。讀孝經。

攻乎異端。斯害也已。孔子本意。似不過戒學者他用其心耳。後有孟子闢楊墨爲異端。而近世佛氏之害尤甚。世亦以異端目之。凡程門之爲佛學者。遂陰諱其説。而曲爲回護。至以攻爲攻擊。而以孔子爲不攻異端。然孔子時未有此議論。説者自不必以後世之事。反上釋古人之言。諸君子又何必因異端之字與今偶同。而回護至此耶。

聖人之道。泛應曲當。無非此理。故曰一以貫之。忠以盡己。恕以及人。則此道之所以泛應曲當。而能一以貫之者也。異端借一貫之字。以證不二之説。近或推之愈高。謂道本自一。不必言貫。此固非後學所敢言。諸儒疑一貫之道大。而忠恕不足以當之。至有天人體用等辨。恐亦不若平心只味本文也。

性與天道。子貢明言不可得而聞。諸儒反謂其得聞而歎美。豈本朝專言性與天道。故自主其説如此耶。要之子貢之言。正今日學者所當退而自省也。

他日使二三子盍各言爾志。此泛言所志。非指出仕之事也。今此四子侍坐。而告以如或知爾。則何以哉。此專指出仕之事。而非泛使之言志也。老安少懷之志。天覆地載之心也。適人之適者也。浴沂詠歸之樂。吟風弄月之趣也。自適其適者也。曾皙固未得與堯舜比。豈得與夫子比。而形容之過如此。亦合于其分量而審之矣。

性者。此理素具於此心。人得之於天以生者也。自一陰一陽之謂道。而繼之者善。于以賦予于萬物。人爲萬物之靈。其性之所自來。固無有不善。而既屬于人。則不能以盡同。故夫子一言以蔽之曰。性相近也。至孟子當人欲横流之時。特推其所本然者以曉當世。故專以性善爲説。自此言性者紛紛矣。由今觀之。謂性爲相近。則驗之身。稽之人。參之往古。攷之當今。上探之聖賢。下察之衆庶。無一不合。信乎其爲相近也。謂性爲皆善。則自己而人。自古而今。自聖賢而衆庶。皆不能不少殊。推禹湯文武之聖。亦未見其盡與堯舜爲一。孟子蓋獨推其所本然者以曉人也。言性之説。至本朝而精。以善者爲天地之性。以不能盡善者爲氣質之性。此説既出。始足以完孟子性善之説。世之學者。乃因此陰陋吾夫子之説。而不敢明言其爲非。則曰性相近是指氣質而言。若曲爲之回護者。然則孟子之言性何其精。而夫子之言性何其粗耶。竊意天命之謂性。所謂天地之性。是推天命流行之初而言也。推性之所從來也。所謂氣質之性。是指既屬諸人而言也。斯其謂之性者也。夫子之言性。亦指此而已耳。本朝之言性。特因孟子性善之説。揆之人而不能盡合。故推測其已上者以完其義耳。言性豈有加于夫子之一語哉。且天下之生。凡同類者無有不同。而纖悉則不能盡同。此其所以爲造化之妙。如桐梓之生一也。而枝條花葉之横斜疏密則無一同。然要其所以爲桐梓者終相若也。此相近之説也。而可以知人矣。人之形體一也。而耳目口鼻之位置美惡則無一同。然要其所以爲人者終相若也。此相近之説也。而可以知其無形者矣。人之能言一也。而其聲音之清濁高下則無一同。然要其所以爲人聲者終相若也。此相近之説也。而可以推人之性矣。其賦自天。何有不善。自陰陽雜揉。屬之人而謂之性。宜不能粹然而皆善。此相近之説也。奈何獨主性善之説。而遂廢性相近之説耶。故嘗謂夫子言性相近。惟指其實然者。故他日言中人以上。中人以下。生而知。學而知。人品節節不同。皆與相近之言無戾。孟子專言性善。惟推其本然者。故他日言二之中。四之下。性之反之。先覺後覺。人品亦各各不同。終歸于夫子相近之説。學者亦學夫子而已。夫子未嘗言性。言性止此一語。何今世學者言性之多也。無亦知其性之相近。而戒其習之相遠。可乎。原註。孟子言忍性。是性不能皆善也。忍亦習之義也。以上讀論語。

門人以有若言行氣象類孔子。而欲以所事孔子事之。有若之所學何如也。曾子以孔子非有若可繼而止之。孔子自生民以來未之有。宜非有若之所可繼。而非故貶有若也。有若雖不足以比孔子。而孔門之所推尚。一時皆無有若比可知。咸淳三年。升從祀以補十哲。衆議必有若也。祭酒爲書。力詆有若不當升而升子張。不知論語一書。孔子未嘗深許子張。據此章。則子張正欲事有若者也。子張之未能爲有若昭昭也。陸象山天資高明。指心頓悟。不欲人從事學問。故嘗斥有子孝弟之説爲支離。奈何習其説者不察。因刱攻之于千載之下耶。江漢秋陽之喻。曾子蓋甚言夫子道德盛大彰著灼然。非他人可擬之狀。而講象山之學者。又往往襲取以證精神之説。恐本旨亦不如此。

離婁下篇。多平居講貫之言。而欲其自得一章。功夫次第爲尤詳。蓋云功深力到。自然而得。故言欲其自得。晦庵于或問發明已備。而世乃有以自得爲己之獨得。至或傲然特立異論而不顧者。可深省矣。十九章言舜由仁義。二十章禹湯文武周公。二十一章言孔子作春秋。二十二章自謂未得爲孔子之徒而私淑諸人。蓋歷舉列聖之事而企焉自任。與承三聖意相近。特每更端而言之耳。當通爲一章而誦味之也。餘皆敘孟子之言行以繼之。末章乞墦之喻。警士大夫求富貴掩其苟求之迹。而反敢以富貴驕人者。最爲切至。

言性莫善于孟子。孟子言性。莫詳于告子上篇。然爲辯告子發也。非無故而言也。已而繼之以人心得養失養之分。齊王一暴十寒之喻。究詰于舍生取義本心之眞。反覆于宮室妻妾外誘之惑。辨析乎養其小體養其大體之孰重孰輕。無非歸之實踐履。以全其在我者也。性學之説。至本朝愈詳。而晦庵集其成。今觀孟子之言性如此。晦庵之發其旨趣又如此。學者宜熟誦而深思矣。尚騰口説者。何也。

中行之道。惟聖者能之。故顏子具體而微。其學猶無傳。傳者。必其剛毅有立。如曾子子思皆然。三傳而至孟子。遂能尊孔氏而闢楊墨。明王道而黜霸功。卓然有功萬世焉。嗚呼盛矣。而世猶或譏之。然李泰伯以富國强兵爲學。其譏孟子宜也。如司馬公大儒亦譏之。豈非孟子説誘時君。變化百出。温公守樸。意見所不合歟。吁。此可與權之難也。以上讀孟子。

騶虞。歐公之説甚明。而晦庵特于詩序兼存之者。以騶虞詩與麟趾相應。麟爲獸。則騶虞亦當爲獸。故詩傳以毛説爲主耳。華谷析騶虞爲二。恐未安。雖以禮記天子以騶虞爲節。樂官備也爲據。以騶與虞兩者爲備。然云樂官備者。不云以有騶有虞爲官備也。

管仲能一匡天下。功莫大焉。故夫子許之。其後孟子闢之者。蓋勸時君以行王道。爲萬世立訓耳。自春秋而降。惟漢高祖功在管仲之上。惟諸葛公義在管仲之上。惟周世宗行事在管仲之上。餘皆在其下。若管仲之可議者。聖賢寧不爲。仲則苟焉爲之耳。管仲救世之功。何可當也。而世以其救衛爲小惠。且罪其專封耶。

無衣之詩。晉武公簒逆。而賂周釐以成其奸者也。詩序以爲美晉武公。俗儒因爲之曲説。其所以黨惡右奸。開後世亂臣賊子之門。甚矣。惟朱文公之辨。足以植萬世之綱常。至嚴華谷之辨論。雖不若文公之激烈。而事情則悉矣。若詩中之詞。則戴岷隱得之。

華黍六詩。自劉原父案儀禮鄉飲與燕禮皆以笙入。與歌相閒。以爲笙者有聲無詞。詩非亡失。乃本無其詩。黄氏因之。雪山亦云。唐有上柱。鳳雛。平調。清調。瑟調。平持。命喙七曲。有聲無詞。至晦庵云。六詩曰笙曰樂曰奏而不言歌。則有聲而無詞明矣。其説尤著。今詩記詩緝。世所共用者。乃皆不從其説。蓋以亡其辭之亡。非有無之無也。愚案。古者亡卽無字。如夷狄之有君。不如諸夏之亡。是亡卽無也。亡其辭之説。云出于毛公。毛公漢人。漢世以亡爲無。王雪山云。西漢亡一人之獄是也。若詩記之辨。則曰國語叔孫穆子聘晉。伶簫詠歌鹿鳴之三。鹿鳴三篇既可與簫相和而歌。則南陔以下。豈不可與笙相和而歌乎。故亡爲失亡之亡。愚謂國語言歌。則鹿鳴三篇有辭之可歌也。儀禮不言歌。則南陔六詩無辭之可歌也。此不足疑也。又詩緝之辨則曰。本無其辭。則無由有其義。序本因其詞而知其義。後亡其辭。則惟有序所言之義存耳。愚謂古之樂章。今之琴譜類也。琴譜有操辭具存者。鹿鳴之詩之類也。有徒存其譜而無辭曲之可歌者。如長清短清與長側短側之類。雖無其辭。未嘗無其義也。此亦不足疑也。

劉元城嘗言。我藝祖不事虚文。至太宗朝。方用兵河東。羣臣已作詩歌。淮夷固魯積患也。僖公僅嘗從齊威公會諸侯于淮。反因此見止于齊。明年乃得歸。可羞之甚者也。魯臣反作詩歌以誇大其功。雖曰祈願之辭。然亦魯之所以不競歟。以上讀詩。

大禹謨人心惟危一章。卽堯嘗授舜之辭。舜申之以授禹而加詳焉耳。豈爲言心設哉。近世喜言心學。捨全章本旨。而獨論人心道心。甚者單摭道心二字。而直謂卽心是道。蓋陷于禪學而不自知。其去堯舜禹授受天下之本旨遠矣。蔡九峯之作書傳。嘗述朱文公之言曰。古之聖人將以天下與人。未嘗不以治之之法而并傳之。可謂深得此章之本旨者。九峯雖亦以是明帝王之心。而心者。治國平天下之本。其説固理之正也。其後進此書傳于朝者。乃因以三聖傳心爲説。世之學者遂指此書十六字爲傳心之要。而禪學者借以爲依據矣。愚案。心不待傳也。流行天地閒。貫徹古今而無不同者。理也。理具于吾心而驗于事物。心者。所以統宗此理。而别白其是非。人之賢否。事之得失。天下之治亂。皆于此乎判。此聖人所以致察于危微精一之閒。而相傳以執中之道。使無一事之不合乎理。而皆無過不及之偏者也。聖賢之學。由一心而達之天下國家之用。無非至理之流行。明白洞達。人人所同。歷千載。越宇宙。有不期而同。何傳之云。縱以舜之授禹有人心道心之説。可曰傳心。若堯之授舜止云執中。未嘗言及于心也。又安得以傳心言哉。

無逸。君子所㊀無逸。近世諸儒皆以所爲處所。謂君子以無逸爲所。説理雖精。愚恐讀得太重。于本文似立説生意。蓋無逸之書。最爲明白。終篇無一語埋意用字。如後世苦于作文者之爲。此語若曰。君子所能無逸者。以先知稼穡之艱難乃逸。則知小人之依故。雖身居安逸。而此心終不

㊀「所」下脱「其」。

敢自逸耳。所字疑只是虚字。平平説過。如繼自今嗣王則其無淫于觀。及時人否㈠則有愆。先儒多以則字訓法則之則。疑亦皆虚字。平心讀之。自見其無他也。又書中誕字。肆字。惟字。多是古語助辭。今誕必訓大。惟必訓思。多有不通。而自爲之説以形容之。惟肆字訓故字處多協。以上讀尚書。

王氏曰。序卦先後有偏。雜卦則糅雜衆卦以暢無窮之用。愚案。序卦之後有雜卦。猶既濟之後有未濟。所以昭易之無窮歟。

邵康節得陳希夷數學。創爲先天之圖。移易卦之離南坎北爲乾南坤北。曰。此取易之天地定位也。然易曰離者明也。南方之卦也。坎者水也。正北方之卦也。則離南坎北。經有明文矣。天地定位。於經未嘗明言其爲南北也。何以知其此爲先天之卦位言。徒以卦位言。或彼或此。猶固未可知。今以事理之實可見者考之。則風一從南卽盎然以温。風一從北卽泠然以寒。南方屬夏。其熱如此。北方屬冬。其凍如此。離南坎北。信乎其如今易經之言矣。康節移之以位乾坤。將何所驗以爲信耶。康節既移乾坤于南北。又移艮以居西北。移兌以居東南。曰此取易之山澤通氣也。然易曰艮東北之卦也。又曰兌正秋也。則艮居東北。兌居正西。經有明文矣。若山澤通氣。特言其通氣而已。於經未嘗明言艮爲西北。兌爲東南也。康節何所攷。而指此爲先天之卦位。若以事理之實而攷之。山必資乎澤。澤必出於山。其氣相通。無往不然。豈必卦位與之相對。而後氣可

㈠「否」當爲「丕」。

相通耶。康節既移東北之艮於西北。遂移震于東北。而移巽于西南。曰取易之雷風相薄也。然易曰震東方也。又曰巽東南也。則震居東北㊀。巽居東南。經有明文矣。若雷風相薄。特言其相薄而已。於經未嘗明言震爲東北。巽爲西南也。康節何所攷。而指此爲先天之卦位。若以事理之實攷之。震惟居正東。巽惟居東南。遇近而合。故言相薄。若遠而相對。安得相薄。而東北爲寅。時方正月。又豈雷發之時耶。康節既移離坎之位以位乾坤。乃移離于正東。移坎於正西。曰取易之水火不相射也。然南方爲離。北方爲坎。經文萬世不磨。若水火不相射。特言其性相反。而用則相資耳。于經未嘗明言離爲東方之卦。坎爲西方之卦也。康節又何所見。而指此爲先天之卦位。說者指火爲日。遂以離爲東。指水爲月。遂以坎爲西。然案說卦。先言離爲火。然後言離爲日。獨言坎爲水。而未嘗言坎爲月。蓋日乃太陽之精。非特可以離言。月乃太陰之精。非特可以坎言。月雖陰而其出必于東。日雖陽而其没必于西。周流運轉。晝夜不停。非若水火之定位于一方者比也。又可借日月以代水火爲言耶。易畫于伏羲。演于文王。繫于孔子。傳之天下萬世。惟此一易而已。未聞有先天後天之分也。雖曰未有天地已有此理。然而作易始于伏羲。不言先天。康節特託易以言數。諸儒未有以此而言易者也。以上讀易。

晦庵先生嘗云。聖人欲率天下以尊齊晉。且謂楚在春秋時。非桓文遏之。則周室爲其所并。

㊀「北」當爲「方」。

此尚論其世者也。聖人能與世推移。世變無窮。聖人之救其變者亦無窮。春秋之世。王室微。諸侯强。其始故抑諸侯以尊王室。及諸侯又微而夷狄强。則又抑夷狄而扶諸侯。尊王室固所以尊王也。扶諸侯亦所以爲尊王地也。聖人隨時救世之心如此。而世儒乃動以五帝三王之事律之。此議論所以繁多。聖人書法甚簡。隨字可以生説。此議論所以愈見其繁多。宜褒貶凡例之説得以肆行其間也。今惟以春秋之世。而求聖人之心。則思過半矣。

朱文公嘗謂。十二公各不同。隱桓時。王室新遷。號令不行。天下皆無所主。莊僖時。伯政自諸侯出。天下始有統一。宣公時。楚莊盛强。夷狄主盟。成公時。晉悼公出。楚始退聽。繼而吴楚又爭霸。定哀時。政自大夫出。終春秋之世。無如之何。愚案。此言十二公之時世變也。若十二公之交于世者。隱公初與宋伐鄭。後因齊之求。反受鄭賂而伐宋。此反覆以摟諸侯之始也。桓公成宋督之弒亂。助鄭突之篡奪。又不自量。亦求宋以平鄭。宋卒不許。復轉而仇宋。其所交于當世者。顛倒滋甚矣。莊公忘父事讎。以求昏于齊。致哀姜。復致㊀文姜之惡。身死國亂。二子殲焉。固無足道。閔公八歲而爲慶父所立。再歲而爲慶父所弒。眞可閔而無可議者也。僖公遭值齊桓晉文之霸。會盟征伐一惟霸主是從。文公昏怠。凡霸主之會。鄰國之好。皆委之大夫。魯于是始衰。宣公以公子遂賂齊。立己之私恩。終身事齊。絶不與諸侯交。成公以行父有歸父謀去

㊀「致」當爲「踵」。

三桓之私怨。大舉伐齊。盡反前人之事齊者以事晉。襄公困于齊與邾莒之師。晉悼公爲之伐齊執邾莒。晉平公與楚弭兵。魯又兩事晉楚。昭公伐季氏不克。如齊如晉。皆莫之救。卒死乾侯。定公用孔子會夾谷。用子路墮三都。盟伐皆親之。差强人意。惜其事之不克終。哀公時。楚衰吴强。魯又始改事吴。凡十二公之交于世者如此。而其强弱始終之變亦可考焉。

霸業惟齊爲盛。惟晉爲久。惟齊桓晉文爲可以言霸世。稱五霸者。非也。霸之爲言。王室既衰。方伯出而攘夷狄以安中國。齊桓晉文是也。宋襄狂愚。戕中國而結夷狄。霸之反也。秦穆楚莊。以夷狄而脅中國。霸之變也。皆不可言霸也。霸惟齊晉。安有五哉。故孔子于春秋。言其事則齊桓晉文。蓋春秋之世。主之者齊桓晉文耳。孟子勸時君行王道。其力詆桓文者。有爲之言也。後之讀春秋者弗察也。凡桓文之功。皆指以爲桓文之罪。嗚呼。獨不觀桓公未霸天下之亂爲如何。桓公霸而天下定矣。桓公甫没。天下之亂又如何。文公霸而天下又定矣。此春秋之世。生民倚之爲司命。周之宗社所恃以不泯不滅。而顧以爲罪。可乎。特其行事皆出智力。苟焉隨世以親㊀功名。而世習既漓。卿大夫之弑奪僭竊者終不可盡禁。故孔子作春秋。筆削以裁之曰。其義則某竊取之爾。以上讀春秋。

樂記。孔氏疏謂此書有樂本。有樂論。有樂施。有樂言。有樂禮。有樂情。有樂化。有樂象。

㊀「親」當爲「就」。

有賓牟賈。有師乙。有魏文侯。蓋十一篇合爲一篇。且謂漢武帝時河間獻王與諸生共采周官及諸子所作。愚案。此書間多精語。如曰人生而静。天之性也。感于物而動。性之欲也。如曰好樂㊀無節于内。知誘于外。不能反躬。天理滅矣。皆近世理學所據以爲淵源。如曰天高地下。萬物散殊。而禮制行矣。流而不息。合同而化。而樂興焉。又晦庵先生所深嘉而屢歎者也。

中庸。案家語子思所作。實得聖門之親傳。非漢儒所集其他記禮比也。晦庵以命世特出之才。任萬世道統之託。平生用力。盡在四書。四書歸宿卒于中庸。其該貫精備。何可當也。至若中庸章句序道學淵源。盡在此書。尤不容不朝夕吟誦。

程氏謂大學乃孔子遺書。初學入德之門。無如大學者。至晦庵先生表章四書。遂以大學爲稱首。然其銓次皆與記禮元書不同。謹先録記禮本文。以存古昔。然後抄章句于其後。以便誦習云。晦翁嘗云。大學章句次序皆明白易曉。不必或問。但致知格物與誠意較難理會。不得不明辨之耳。又云。或問乃注脚。亦不必深理會。今愚所抄。故全以章句。至或問則斟酌其説而間附之。然詳説將以反約也。由或問而反之章句。由章句而反之正文。此晦庵本心也。致知一章。則參用董丞相之説。移置本經元文以足之。以試觀其合與否爾。

當祭而告疾急則失之遽。不釋服而往襚則近乎褻。獻公爲之。君子不以爲非者。恕其有尊賢

㊀「樂」當爲「惡」。

之心也。

天子棺槨。未必待遠取諸百祀。不至。豈神之罪。而廢其祀。雖人之罪。亦何至于死。苟其行此。民將不勝擾。豈所謂死無害于人者耶。

天理卽指性而言。變性言理。理者。天之所賦。而具于性者也。知者。我之知。而曰誘于外者。我之心知誘于外物。非知在外也。

齊之爲言齊也。齊者。致一也。齊而一于思親。則外事絶矣。思親不害于爲齊也。若謂齊不可有思。恐淪于莊子心齊之説。後世竊之爲禪學者也。程氏講明正學。而門人多流于禪。往往多附益之。學者宜謹。孔子云。祭思敬。以上讀禮記。

周禮。實漢成帝時劉歆始列之七略。王莽時。劉歆始奏置博士爾。周禮始用于王莽大敗。再用于王安石又大敗。夾漈以爲用周禮者之過。非周禮之過。是固然矣。然未有用而效者。恐亦未可再以天下輕試哉。讀周禮。

太極之理至精。而太極之圖難狀。得晦翁剖析分明。令三尺童子皆可曉。遂獲聞性命之源。以爲脱去凡近之基本。卽盍反實修其在我者矣。或乃因其餘説。或演或辨。浸成風俗。不事躬行。惟言太極。嗚呼。周子亦不得已言之。孔子惟教人躬行耳。

程氏遺書乾坤六子之説。一以爲乾坤退處而用六子。一以爲六子之用卽乾坤。是甲之録不若乙之通。養生延年之説。一以爲人力可勝造化。一以爲天命不可損益。是前之録不若後之確。善惡之判曉然也。録者謂惡亦不可不謂性。又謂天下善惡皆天理。此雖窮極底蘊之辭。然恐不若直言擇善之爲徑。鬼神之事難明也。録者謂風肅然起于人心之怖畏。又謂雷擊人起于惡氣之相觸。此雖曉喻世俗之辭。然恐不若泯于忘言之爲得。洒掃應對與佛家默然處合。此殆言功夫之始。程子平日之言。本斥佛學之無用。而謂吾儒自灑掃以上。便是聖人事也。敬其心不接視聽。此殆指收斂之極耳。程子平日之言。本主視聽之以禮。而斥禪學之絶耳聞目見爲喪天眞也。大抵孔孟之學。大中至正之極。而二程之學。正以發明孔孟之言。不幸世之學者。借佛氏之名。售莊列之説。稍不加審。則動必陷入于彼。今欲辨程録之眞僞。無他。亦觀其于孔孟之説相合。或于莊列之言相似與否耳。

愚苦多忘。凡讀者必略記所見。至讀朱子語類。則如仰觀造化之大。莫知所措辭。然嘗詳之。夫子作六經。後來者溺于詁訓。未害也。濂洛言道學。後來者借以談禪。則其害深矣。此無他。凡近者猶可進而至于高明一流。于高空則恐無復可返之期。誤人未央也。乃今朱子解剥濂洛之圖象。哀列二程之遺書。以明道學之正傳者如此。窮極釋氏之作用爲性。辨詰諸老之流入禪學。以明其徒之似是而非者如彼。使道學之源不差。而夫子之道復明。此其有功天下萬世。較之施于用世者。撥亂反正。豈足喻勞烈之萬分一哉。至若謂易本卜筮。謂詩非美刺。謂春秋初不以一字爲褒貶。皆曠世未聞之高論。而實皆追復古始之正説。乍見駭然。熟輒心靡。卓識雄辨。萬古莫儔。而世俗猶以一時異論之士對言之。何耶。以上讀本朝諸儒理學書。

太史公不載茅茨土階之説。而古史增之。愚意茅茨土階。殆墨氏借以言儉。而形容浮實之言。恐非聖帝垂衣裳氣象。

夫子。天地也。若之何形容。夫子。日月也。若之何繪畫。若敘其出處以傳後世。則太史公爲庶幾。獨其信齊東野人之語。謂夫子由野合而生。爲可鄙耳。蘇子不能本家語顔氏擇壻之事以易之。而徒紛亂其不可易者。蓋蘇子雖假夫子之説以發身。而實則老子之學。故其失若此。

蘇子辨宰我無從叛之事。辨子貢無亂齊之事。皆有功聖門。至其贊子夏則曰。異哉。今世之教者。聞道不明而急于夸世。非性命道德不出于口。教者未必知。而學者未必信。務爲大言以相欺。天下之僞。由此而起。則陰詆程氏之學。而後來僞學之禁殆本此也。

戰國二百餘年間。惟魯仲連正名義。止帝秦。爲天下士。惟孟荀明王道。宗孔氏。爲萬世士。彼紛紛者。不足言士。以上讀雜史。

春秋繁露謂性有善姿而未能爲善。惟待教訓而後能爲善。謂性已善。幾于無教。孔子言善人吾不得而見之。而孟子言人性皆善。過矣。是未明乎本然之性也。漢世之儒。惟仲舒仁義三策。炳炳萬世。曾謂仲舒之繁露而有是乎。歐陽公讀繁露。不言其非眞。而譏其不能高其論以明聖人之道。且有惜哉惜哉之歎。夫仲舒純儒。歐公文人。此又學者所宜審也。

參同契乃方士煉丹之書。然必冒周易爲稱者。煉丹取子午時爲火候。是爲坎離。因用乾坤坎離四正卦于橐籥之外。其次言屯蒙六十卦。以見一月用功之早晚。又次言納甲六卦。以見一月用功之進退。又次言十二辟卦。以分納甲六卦而兩之。要皆附會周易以張大粉飾之。其實煉丹無符于易。易本無預于煉丹。而今世言火候者。因以三百八十四爻爲一周天。以一爻直一日。而爻多日少。終不相合。其妄可知。近世蔡季通學博而不免于雜。嘗留意此書。而晦翁與之游。因爲校正。其書頗行。然求其義則終無之。以上讀諸子。

原道曰。堯以是傳之舜。舜以是傳之禹。禹以是傳之湯。湯以是傳之文武周公。文武周公傳之孔子。孔子傳之孟子。軻之死。不得其傳焉。所謂傳者。前後相承之名也。所謂道者。即原道之書所謂其位君臣父子。其教禮樂刑政。其文詩書易春秋。以至絲麻宮室粟米蔬果魚肉。皆道之實也。故曰以是而傳。以是者。指原道之書所謂道者而言之。以明中國聖人皆以此道而爲治也。故他日論異端又曰。果孰爲而孰傳之耶。正言此之所謂道者無非實。而其傳具有自來。彼之所謂道者無非虛。而初無所自傳云爾。非他有所面相授受之密傳也。託附程録者。乃發爲異説。稱譽原道。以爲此必有所見。若無所見。所謂傳者。傳箇甚麽。嗚呼異哉。堯舜禹湯文武周公孔孟相傳之道。備見于原道一書。豈復他有陰怪歇後語。陰幽不可名言。如異端所謂不立文字。單傳心印之傳者哉。

東坡作韓文公廟碑。詞絢雲錦。氣矗霄漢。振古一奇絶也。然一言以蔽之。不過謂其間氣所生。不爲死生禍福奪。此殆坡公胷中所自得。因之而發歟。若文公之所以爲文者。則似未暇盡及也。蓋自孟子没而異端作。中國之不爲夷狄者幾希。公始出而排斥之。天地之所以位。人之所以異于禽獸。中國之所以異于夷狄。一一條晰明盡。而世始昭若發蒙。孔孟而後。所以扶植綱常者。文公一人而已。孟子没而邪説熾。性理之不蕩于空虚者幾希。公始出而指喜怒哀樂愛惡欲七者以爲情。指仁義禮知信五者以爲性。又獨于五者之要。指仁與義二者。謂由是而之焉則爲道。且謂舍是而言道者。非吾之所謂道。孔孟而後。所以辨析義理者。文公一人而已。夫性綱常。非徒禮樂刑政之可扶也。我朝是以復極其根于性命之源。性非徒三品之可盡也。我朝是以復析其微。于本然之性氣質之性之别。功有相因。理日以明。譬之事業。文公則撥亂世而反之正者也。我朝諸儒。則于反正之後。究極治要。制禮作樂。躋世太平者也。文公之所以爲文者。其大若此。豈曰文起八代之衰。止于文字之文而已哉。

臨川王氏嘗爲詩以譏昌黎曰。紛紛易盡百年身。舉世無人識道眞。力去陳言誇末俗。可憐無補費精神。然世未有以其言爲然者也。蓋人生一日。必盡一日之事。此卽造化生生不息之理。今謂百年易盡。而先自棄不爲者。偷也。異端之言也。人生未有一日不由于斯道。此卽盈天地間昭然著見之理。今謂道爲有眞。而人不能識者。誕也。異端之言也。世更八代。異端肆行。昌黎始出而斥異端。明聖道。以六經之文爲諸儒之倡。其有補斯世。論者謂功不在孟子下。今臨川譏其無補。枉費精神者。蓋其溺于異端之學。所見然也。不足疵昌黎也。且王氏雖習異端。初未嘗槁馘山林。恪守朴陋。求其所謂道之眞者。亦不過費竭精神。從事文墨。正欲學爲昌黎而特未至耳。奈何身自爲之。而反以譏人耶。

本論謂。堯舜三代時禮義明。佛不能入。善矣。復使當時其人已入。其法不行。則爲確論。今案。佛生西方。當周之衰。去中國極遠。不相通。至漢開西域而佛説久益盛。至後漢以漸入中國者。時勢則然。非昔不能入而今可入也。謂禮義者勝佛之本。當修其本以勝之。善矣。然人不爲佛之徒。屋不爲佛之居。徒有其虚文浮傳於世。如異説妖術之類。則可使人講明禮義。此之信不彼之信。是爲勝之。今案齊梁元魏以來。自萬乘以下尊事之。人民歸其陷誘。右祖夷狄。以攻吾中國之仁義。山川爲其吞併。立寨中國。以朘吾民生之膏血。雖有禮義。已無所施。顧反日講而修之。則佛無所施。奚必火其書。廬其居。又果何見也。且公之爲此説。特譬之善醫者。不攻其疾。務養其氣耳。獨不聞若藥不瞑眩。厥疾不瘳乎。客感外毒。深入心腹。而不攻之去。且立而視其死矣。何氣之可養。養氣之説。特可施之攻疾已去之後。疾已危劇。氣僅一縷。捨疾不攻而徒養氣。亦何氣之可養乎。甚矣。故佛法之害政。昌黎之説盡之。佛教之害人心。晦庵之説盡之。不能明言其所以害。而徒疾聲大呼以泄其憤。石徂徠之怪説盡之。歐陽公所謂上續昌黎。斯文之傳者。正以闢佛一事。然本論不過就昌黎改易新説。而謫以消剛爲柔。如閉關息兵。惟敵之縱。而自㊀我修政事者爾。嗚呼。殆所謂能言距楊墨者。皆聖人之徒歟。

歐公晚年之鬱鬱者。被陰私之謗也。時議之謗及陰私者。激于公主濮議之力也。而公之主濮

㊀ 「自」當爲「曰」。

議深苦。至集爲濮議者四卷。録其次第。又設爲或問以發明之。然滔滔數萬言。皆以禮記爲所生父母降服一語。爲未嘗因降服而不稱父母耳。然既明言所後者三年。而于所生者降服。則尊無二上明矣。謂所生父母者。蓋本其初而名之。非有兩父母也。未爲人之後。以生我者爲父母。已爲人之後。以命我者爲父母。立言者于既命之後而指本生之稱。自宜因其舊以父母稱。未必其人同此一時並稱兩父母也。公亦何苦力辨而至于困辱危身哉。況帝王正統相傳有自。又非可常人比耶。

蘇子謂武王非聖人。孔子所不敢言也。謂孔氏之家法孟軻始亂之。儒者所不忍言也。謂荀文若爲聖人之徒。自昔立議論者無此言也。于武王孟子何損。于荀文若何益焉。可爲蘇子惜耳。

南豐爲人後議。謂不當絶本生父母之名。豈爲濮議發耶。然亦正論也。要必存本生之名可也。

范石湖謂。原道論一出。則儒術益明。二氏不廢。此殆公佛學中自有所見。然史越王亦學佛者。嘗以此諫壽皇。何石湖之異耶。

水心外集士學二篇。謂孔孟守三代之説于春秋戰國之世。迂闊之名自此始。今必得眞迂闊者而用之。其庶乎。古者養士而後取。今不養而取之。當因今之學以取士。而務養其心。愚案。此乾淳閒議論也。然不知養其心者當何如耶。若近年以來。士習實壞于學。縣有學。則無恥者分其糧。公府終歲無炊煙。郡有學。則强狹者多取市井子之資。聚食其中。以庇門户。匕箸聲歇。輒雲散無踪。國有學。則爭圖分數。乞免解免省者千歧萬轍。上亦屈法從之。甚至受金叩閽。助權勢去異己者。士習之壞。反皆學校之爲。鬪之于勝負之場。而誘之于利禄之區。曰可以養其心。

有是理否乎。果欲養其心。必也因今之學。而用古之道。州縣學盡除職俸。太學盡除校分。無勝負之爭。無利禄之誘。而後士得自有其心而自養之。水心雖乾淳之論。而其時學法已行。不明言其非。疑有遺論。且天下何嘗無賢士之自養者。何世無有學校科舉之較程文。如博奕偶勝。于士之賢否何預。要在謹簡于入仕之後。幸而得賢者能者。則必用之。不幸而得愚不肖者。雖自學校科舉中來。必終斥之。用舍不于學校。不于科舉。而于其人。庶幾士習稍知趨向。若夫轉移變化。又自在本原之地。若曰因今之學以取士。而欲養其心。愚未之能信。以上讀文集。

東發文集

國之所與立者以士大夫。士大夫所能爲國之與立者以氣節。使氣節消靡而爲和平。則賢者幾無益于人國。此世道命脈之所繫。社稷安危之所關也。臣願陛下恢張聖聽。表厲直言。以洗濯其晶明之質。以養成其剛大之氣。使視人閒之富貴如浮雲。而以天下之利害爲切己。社稷靈長終必賴此。漢人有言。士修于家。壞于天子之庭。今世之士未及修于家。而陛下之法先已壞之矣。此亦士習根本之所係也。人才雖有次第先後之殊。陛下皆當致其涵養作成之力。否則士大夫之風俗既壞。天下事豈不愈趨于壞。而甚可慮也哉。戊辰輪對劄子。

理學至本朝而大明。先帝心契朱某大中至正之説。陛下力究先帝心傳面命之旨。凡陰陽造化之原。性命心情之别。儒生學士皓首窮經而未能舉其要者。陛下一一剖析曲當。領會無遺。眞足以上繼堯舜禹湯文武之傳矣。然此其講明也。非其施行也。自昔帝王之學。始于格物致知。正將推而極之於治國平天下爾。陛下上繼堯舜禹湯文武之學。而未能遠復堯舜禹湯文武之治者。獨何歟。夫天下之説。有眞有僞。有正有邪。邪者未能洞照則正者非實得。僞者未能盡絶則眞者尙雜糅。請爲陛下别白言之。夫自有天地。而凡流行于其閒者無非實理。自聖人出而輔贊天地。而凡推行于其閒者無非實用。天地所賦之性。我有之。人亦有之。我是以順而導之。以能化草木鹿豖之羣。爲仁義禮樂之懿。是之謂教。天地所生之物。我資之。人亦資之。我是以財而成之。以能變茹毛飲血之俗。爲宫室衣食之安。是之謂政。二帝三王躬踐其精粹以淑天下。其見之紀載者。是之謂書。先聖孔子條列其本末以詔後世。其見之傳授者。是之謂大學。陛下深攷其閒。果有一事之詭異否。果有一字之空言否。人生果能外此而一日以有立否。此其所謂正者也。此其所謂眞者也。夫何世變如輪。無暫停息。成之極卽壞之漸。治之餘卽亂之初。時則有忘吾聖人之恩。出而肆其胸臆。創爲邪僞者。心者。人之所能與天地參。二帝三五㊀之治天下。先聖孔子述二帝三王之治以詔後世。皆本此心。而彼乃曰。心不可有。當禁滅之如死灰。此欲以力排正大之説。而不知初無此理也。老子本一隱士。死于中國。事載莊周之書。甚明也。邪僞者乃誣老子度關西去。留道德五千言。黄帝本上古聖人。葬于橋山。漢武帝嘗過而祭之。事載司馬遷之史。可覆也。邪

㊀「五」當爲「王」。

僞者并誣黄帝乘龍上天。名之爲道家始祖。陛下試觀嘗有此事否也。其源不過如此。其後附之爲神怪者益不足辯。是天下本無所謂道教也。邪僞者架空也。佛本西域國王之子。厭世俗而求寂滅。刻苦深山。老病以死。本無他異也。中國邪僞之流。乃緣之而繆爲譯書。誣佛爲有丈六金身。備極豪侈。謂能使盜賊小人之囑我者皆可轉而生天。下至達磨。本佛氏破戒之徒。嘗入中國。不遇故去。亦無他異也。邪僞者又緣之而謬稱教外别傳。誣達磨爲能三蘆東渡。隻履西歸。而肆爲幻妄。壞佛本説。至謂淫坊酒肆。無非道場。陛下試思果有此理否也。其源不過如此。其後假之而肆兼并者。益不足道。是天下本無所謂佛教也。邪僞者架空也。惟其本無是教。而皆邪僞者爲之也。故其傳雖歷千載之久。而其説終無一毫之驗。如漢武帝之未嘗長生。如梁武帝之莫能延祚。滔滔皆是。不勝舉也。人惟生長習熟于其中。信服既深。致遠成泥。愈不驗。信愈篤。如禱晴而益雨。禱雨而益晴。則諱之而不言。及晴久而自雨。雨久而自晴。即貪之以爲功。大凡天人之感通。止由至誠之一念。豈有他術哉。此其事之至顯而易見者。猶且甘于自欺若此。其餘乞福渺茫。祈佑將來者。益無可證。厥今流弊之極。棄父母而爲之者半天下。竭膏血而奉之者偏天下。家不可以爲家。國不可以爲國。舉世紛紛。不知何事。陛下深攷其閒。果有一事之非詭異否。果有一字之非空言否。人生或如其説。不婚不嫁。不田不蠶。人之類滅已久。果能一日以有立否。此其所謂邪者也。此其所謂僞者也。陛下究心于先帝心傳面命之學。以繼堯舜禹湯文武相傳之統。必了然于彼邪者僞者之架空。而後能粹然于此正者眞者之切實。于此正與眞者快如沃心。則去其邪與僞者易于反掌。而致知格物之學。眞可達之治國平天下之效。惟陛下果斷而力行之。第二劄。

大率二書發明先儒未及處極多。眞是有功後學。知仁勇三節。經旨本自分曉。文公獨以三近者勇之次。正未曉何謂。執事與之條列剖析。卻一一與經文正合。君子誠之爲貴。誠之正是用工處。前輩止以之字作助語。執事改其説。而以孟子思誠爲證。至如既稟之如字。親新之通用。索隱之作素。本因古字之從宜。此雖字學中來。亦皆足爲前輩之拾遺。其他大義。不暇偏舉。惟以蒲蘆爲蜾蠃。雖本爾雅。然蜾蠃蟲類。恐與地道敏樹不相應。以周公追王二祖爲改葬。雖以下文葬祭爲證。然二祖之葬既久。恐改葬亦是重事。如謂葬時以諸侯之禮。則改時以天子之禮。若棺外之物猶可改也。棺内切身之冠冕亦可改之。而易七章爲九章之類乎。切身者不可改。改外物。孰重輕。況下文明言父爲士。子爲大夫。葬以士。祭以大夫。則葬禮合因在日之舊。祭方用今日之新。二祖之生爲諸侯。葬以諸侯。爲已合禮。周公祭以天子之禮足矣。正不必改葬也。還戴縣丞中庸大學要義書。

讀晦翁四書者。多有辨説。以爲自得。且謂若無自得之功。而徒信紙上語。非學也。愚謂若止挑剔一兩語便謂自得新意。則世之自得者多矣。講説已備于前。體行正屬于我輩。苟不思自做人如何。而惟騰口説。恐今世所少者。正不在言語閒也。答唐仲華。

士大夫居上位。必待下之求而後舉。將何以息天下奔競。而下之忍其羞而求舉者。將何爲耶。某嘗妄謂學校本以養士。今士習反壞于學校。選舉本以銓士大夫。今士大夫心術反壞于選舉。立法之弊。一至此甚。與葉中嶽。

某聞君子居其官。必思行其道。又聞古之仕者。去之時猶如至之日。蓋一日居其官。必使一日無愧于其官可也。安有低回竊禄。苟偷歲月。而可以爲官者哉。某之官尉也。尉者慰安其民之名也。世乃以其去民最近。悉委之文牒。豪民黠吏因得借以爲嗾使毒民之具。豈惟尉失其職。其爲世之非道事也大矣。某今願盡爲百姓大鳴其不平。用敢于攬轡諏咨之始。首條一二以聞。通新憲使余主一書。

自古惟孔子爲大中至正之極。據實平説。參之愚夫愚婦亦無不合。自孟子出來。便是立議論。但其所以立論之心。無非欲教人爲善爾。只如孔子言。性相近。習相遠。此六箇字。參之聖人。稽之衆庶。求之往古。驗之當今。無人不然。無往不合。此平實語也。孟子道性善。人皆可爲堯舜。人性固本善。而不能人人皆善。人固可爲堯舜。而未嘗見有能爲堯舜者。此立爲議論。以誘人爲善。而非復孔子平實之比也。至伊洛説出天地之性。氣質之性。亦不過爲孟子解性善之説。人生而有性。已是氣質之性。其中天地之性。已自然付與。所謂天地之性。原非未生以前虛空中别可言性。則亦不逃乎性相近之説也。自此以後。諸儒翻倒得一新説。一方便歸之爲宗師。孔夫子言語反成堂前太公説古老言語。無復顧之者矣。若各師其師。而不以孔子爲師。流弊安有窮已哉。回陳總領。

邑之以餘姚名。以其爲帝舜舊地也。設學校以教人。自帝舜命契爲司徒始也。舜之教人也。

使父子有親。君臣有義。夫婦有别。長幼有序。朋友有信。人之所以異于禽獸。中國之所以異于夷狄。家之所以和。國之所以治。皆不越此五者。今之學。古之學也。今之教。即古之教也。今之不古若者。何也。古無利禄之誘。今利禄誘之也。然利禄何足以誘我也。人之窮達制于天。而利禄之有無繫于命。不以求而得。不以不求而喪。吾惟即父子而父子在所親。即君臣而君臣在所敬。即夫婦。即長幼。即朋友。而各盡其所當然者。于以從容乎義理之常而安行乎㊀。吾㊁生之素。苟能此道。而大者立矣。則課試可也。科舉可也。亦帝舜敷納以言之遺意。未害其爲教也。否則謂讀書爲鉤致利禄之具。疲其神于陂辟之學。窮其力于聲病之文。父子君臣夫婦長幼朋友五者之大倫反不知實踐而無愧。則雖游于斯。息于斯。弦誦于斯。口談義理。皆非其實。亦胡取乎學校之教。舜之所以始爲虞庠者。豈若是其然也。餘姚重修學記。

余友吾㊂子雲處其弟甚和。作一堂。日相團欒其間。名之曰怡如。而俾余誌其意。蓋欲朝夕觀省。使怡怡之樂久而弗失也。余謂此以聖人之訓。維持本心之良。目擊斯存。無動弗契。尚何余言之待哉。然余聞善事父母者有怡色。有怡聲。由其父母之愛而流行于兄弟之間。則怡怡其如。

㊀「乎」衍。
㊁「吾」下脱「平」。
㊂「吾」當爲「吳」。

自然而然。所謂原于父母之天者也。苟其天也。孰得而渝。自妻子之言日入則非天矣。自日與少年者詡詡笑語游戲徵逐則非天矣。一閒言之行。一異好之奪。天者或不免有時而渝矣。然則可不反觀而痛省之乎。詩曰。此令兄弟。綽綽有裕。不令兄弟。交相爲瘉。此言各盡其在我。而無責其在彼也。兄或不友。弟自不可以不恭。弟或不恭。兄自不可以不友。苟能此道矣。雖睽必合。雖失必還。此則全其天之要者。昔横渠先生嘗釋斯干之詩。以式相好矣。無相猶矣。爲但知相愛。無相效尤。其旨深矣。怡如堂記。

人之所得于天以爲人者。理也。人事之既盡而感應之不可必者。數也。理者。君子之所安行。數者。非君子之所與知。古之君子。修其在我。本非責報于天。顔子雖夭。原憲雖貧。從容乎天理之常。去之萬世有餘榮。盜蹠雖壽。慶封雖富。顛倒于物欲之私。在當時已狗彘不啻。如以數言。孰得孰失。是天下亦無理外之數。故君子之學。惟知有理而已。是理也。惟孟子見之明而守之剛。故曰。人之所以異于禽獸者。以其有仁義也。又曰。仁者人也。又曰。仁之于父子也。義之于君臣也。有性焉。君子不謂命也。孟子之所以卓然爲大丈夫。富貴不能淫。貧賤不能移。亦惟知有天之理。而數非其所問焉爾。今而後。燕居乎天理之堂。而深味乎孟子之言。則君此心豈不休哉。李氏天理堂記。

道原于天。闡于伏羲。傳于堯舜禹湯文武周公。而集大成于孔子。苟有異于孔子者。皆非吾之所謂道矣。戰國時。楊墨嘗害此道。孟子闢之而道以明。漢魏以降。佛老嘗亂此道。韓文公闢之而道又明。唐中世以後。佛氏始改說心學以蕩此道。濂洛諸儒講性理之學以闢之而道益明。伊川既没。講濂洛性理之學者。反又浸淫于佛氏心學之說。晦庵先生復出。而加之是正。歸之平實。而道益大明。其說雖根柢于無極太極。實則歸宿于仁義中正。雖探原於陰陽性命。實則體驗于躬行踐履。雖亦未嘗不主於心。實則欲正此心。以達之天下國家之用。非其他所謂即心是道。絶物而立于獨。棄實而流于虚也。撫州臨汝書院山長廳記。

夫人心與造化流通。尤于其始初而興起。一候蟲時鳥之應。一春花秋月之新。猶使人之意也消。況日爲太陽之精。而朝爲日出之初。劃如天開萬象。昭蘇人于斯時。以旦氣之方清。對大明之東生。天光内發。靈臺虚明。陰濁有不期而自清。善念有不期而自興。倘能由此念念而續。日日而新。人亦何天之間哉。繆存齋朝陽書院記。

古者養非飲食之謂。在優游以成其器。教非文字之謂。在切磨以進其德。士今得日游于學矣。苟尚惟飲食以爲養。師今得日講于學矣。苟尚惟文字以爲教。視前日亦何能大相過。且六經之說具在。諸儒之說愈詳。夫人能言之。而人才反不古若者。其故果安在。良由利禄之途既開。卑陋之習以成。有隙必投。見利必動。其本既非。雖學無益。或反滋其欺耳。夫亦反而求其大者。使小者不得奪乎。天生萬物。何物非天。人爲最靈。實與天一宇宙。吾廣大日月。吾精明風雲。吾變化飛潛動植。吾仁心流動。陰陽代謝。吾窮達有定。士苟以此而爲心。以此心而爲學。則亦何卑陋之能溺。而實德之不充耶。撫州重建教授廳記。

孔子之教人。多以孝弟忠信。而未嘗言及性與天道。孟子生人欲横流之時。始出而言心與性。周子生傳註訓詁之後。始出而言陰陽性命之源。皆發明其所自來。使人歸宿于所實用。人知此身之所主者心。此心之所具者性。此性之所本者天。造化流行。純一不雜。此身雖小。造化雖大。而此身實與造化參。則超然獨立于萬物之表。利欲不得而昏。卑陋不得而入。凡吾孝弟忠信之行。自然無玷無缺。故凡孟子周子之説。無非隨時救弊。警夫人心。以翊吾孔子之教。非故外立一説。而求爲過高也。今世之士。置孝弟忠信而不言。而想造化陰陽之莫測。躬行講説。判爲二途。苟如是而自以爲得焉。果實得乎否耶。江堂賓得齋記。

仁義禮智之性具在人心。所以開而明之者則存乎教。詩書禮樂之教具在方册。所以講而行之者則繫乎師。故師必明聖經而後可以淑人心。必淑人心而後可以轉移風俗。自世教不明。經術道微。上之試于我者。本以性命道德。本以古今治亂。而我之應于上者。自以其穿鑿。自以其浮靡。今日之試于上者。尙能言及天理。尙能言及仁政。他日之施于民者。自或流于人欲。自或流于貪刻。言行相違。窮達異趨。國負士乎。士負國乎。法弊人乎。人弊法乎。程君之教人以經也。固不離乎文也。而文卽理之寓。言卽行之副。窮卽達之占也。君子教人。豈必他求。亦惟因其文。使各踐其實而已。撫州新建增差教授廳記。

縣之有學。于教養爲最切。蓋士方少長閭里。聞見未雜。父詔其子。兄率其弟。必先使挾策遊縣學。于斯時也。蚤正而素定之。是水方出而澄其源。木初生而培其本。關係異日之成就。夫豈小小。我朝如明道之宰扶溝。如晦翁之仕同安。休風善教。至今聞者興起。曾謂今人而不之若乎。忠肅公五世孫嘉興陳君巖昉爲居是官者刊列姓氏。求余記其説。余聞司馬公記諫院題名。謂某也忠。某也邪。讀者爲之凜然。今縣學官題名忠邪。固未易見。惟曰某善教養。某不善教養。亦懼觀者之指摘爾。然諫官雖尊。風采止于一時。縣學官雖卑。教養垂乎長久。是尤不可不深究其心也。長興縣主學廳題名記。

天地初賦之善。雖聖神何能加毫末。而此善一入于氣質之稟。往往易溺而流于柔。變化氣質。以盡復其天地本然之善。是又存乎其人焉。故人而用心不剛。則見善雖明。與無識同。安爲人子孫而繼志不力。則襲其爲善之慶。鮮亦不淫于富貴。爲善之不可一日不勇固如此。實善堂記。

蓋嘗乘旦氣之方清。對晨光之熹微。顧瞻庭竹。露葉珠垂。下視其本。微濕環之。狀若連筒灌畦之爲。因而潛心探索。有以窺天地相與流通之機矣。向使地惟隤然塊處。非有廣川大谷以脈絡其閒。則流通之無所。造化亦幾乎息。萬物將安從生。今海周匝于地勢之四垂。朝夕吐納。無一息停。長江大河。復統衆流。以相與渾灝流轉其内。雖鑿地得泉。爲沼爲井。氣亦蒸蒸上騰。與海之茫茫。江之浩浩。升而爲雲。浮而爲漢者。同一暢達。則造化之勞乎坎亦明矣。水竹村記。

此心齊一之謂齋。士大夫謂所居曰齋。蓋所以維持此心者已一字該之矣。夫心者。吾身之主宰。靈明廣大。與造化相流通。所以治事而非治于事。惟隨事謹省。則心自存正。不待治之而後齊一也。危微精一之語。萬世道學之原。要不過求所謂中者而執之。故自數聖人而傳之孔子。惟曰居處恭。執事敬。與人忠。則心不待言而自貫通于動静之閒。曾子親得孔子之傳。亦惟曰謀不忠乎。交不信乎。傳不習乎。則心不待言而自昭徹于流行之際。孟子嘗言。君子以仁存心。則心有所主。非虛空以治心可知。今果善學曾子。雖不一一襲步邯鄲焉可也。省齋記。

蘧伯玉欲寡其過而未能。此恥之始事也。切己者也。至其後恥獨爲君子。此恥之終事也。推己者也。余嘗讀書。見古人心與天地同。固慨然恥其不及矣。未幾掩卷而倏忘之。依然故吾。無恥也。又嘗筮仕。見州縣或以非道加其民。固勃然恥于力不能救矣。未幾因循苟禄。非甚不可者。亦或奉行之。依然故吾。無恥也。己未能自恥。而暇爲人恥乎。孟子曰。恥之于人大矣。周子曰。人大不幸無恥。今而後。痛切自恥。庶幾獲爲君子之歸。恥獨記。

人生而知愛其親。是良心莫先于孝也。親親而後能仁民。仁民而後能愛物。是百行莫先于孝也。孩提之童。即授之以孝經之書。是講學莫先于孝也。孝無一日而可忘。則孝經亦豈容一日忘。劉養晦孝經解序。

千枝一本耳。萬派一源耳。林林總總者徧天下。其初皆一人之身耳。然木有幹。水有脈。次第之來可尋也。人之序烏乎尋。曰。在古有小宗大宗。在後世以名字爲行耳。姜山族譜序。

古者風俗淳厚。能行者未必能言。往往或暗合于道而不自知。近世道學大明。性與天道之妙。敏如子貢所親炙夫子而不得聞者。今童子亦類能誦習其辭而不差。然議論日工。躬行日慊。夫乃徒知擇之云爾而已乎。故中庸之言擇善。必言固執。言擇乎中庸。必以不能朞月守爲戒。言擇乎中庸得一善。必以拳拳服膺而弗失爲勸。蓋擇之者。致察于人心道心危微之閒。書所稱惟精者也。既擇矣。執之守之而弗失。始道心常爲之主而人心聽命。書所謂惟一者也。精矣一矣。始于能擇。終于無可擇。傳不云乎。口無擇言。身無擇行。書所謂執中者也。學問之道。達乎上下一也。要在實用吾心而已。書擇軒集後。

詩本情。情本性。性本天。張史院詩跋。

蠶方浴而桑生。兒方產而乳生。果孰使之然者。天之生斯物。必有以養此物。理固然爾。書曹氏作鳴鶴氏還珠頌後。

不敢毁傷。聖人爲不孝其親者解。豈爲孝其親者戒耶。孝子毁傷辨。

歇後鄭五作宰相。搖頭不敢當。自知蓋審也。使人人如鄭五。則居其官者皆其人。豈有欺君誤國貪權固寵之患。愚故三歎三詠于五而贊之曰。自知其必能相而相之者。古今一伊尹也。自知其必不能相而不相之者。古今一鄭五也。人皆曰必不能相。己獨曰必能相。而汲汲于相者滔滔。皆鄭五罪人也。嗚呼。伊尹吾不得而見之矣。得見鄭五者斯可矣。歇後鄭五辨。

米價低昂。今權在富室也。富室若曰。不抑價者。太守待我厚也。官不我抑。而我自抑之者。我自待厚也。均此人也。小民終歲勤動以有此粟。我何修何爲。乃安坐而奄有此粟。靜言思之。愧也。平時而奄有此粟。已不免愧。今勤動而有此粟者。反不得食此粟而死矣。我安坐而奄有此粟者。猶忍靳此粟而不之發。又宜何如其愧也。蠶方浴而桑生。兒方產而乳生。人民徧育于天下而五穀生。五穀爲民設也。民生饑死矣。而五穀尚忍爲我私。是猶奪之桑而不以飼蠶。奪之乳而不以哺兒。其有愧于天何如也。生吾鄉而長于我者。吾父吾兄行也。生吾鄉而幼于我者。吾子吾孫比也。雞犬相聞。守望相助。疾病相扶持。少長嬉戲。平居詡詡。笑語一家。均也。一旦艱食。不思分己以予之。而反騰價以困之。平日之情何在。鄉黨之義何取。其有愧于人何如也。再喻上户榜。

咸淳四年五月一日任史館檢閲繳申慈湖壽張行實狀

某鄉之先賢。有慈湖先生閣學楊公諱簡。壽張先生侍郎張公諱慮。慈湖爲時儒宗。壽張亦文行表表。皆先帝朝名法從。皆足垂示將來。法合立傳。又有吴公從龍。紹定四年。逆全之變。提孤軍爲先鋒。策應轉戰無前。賊益兵圍之數重。不幸所乘馬中流矢。遂爲賊擒。賊載其名旗。僞稱援兵。紿泰州開城。從龍至城下大呼曰。建康右軍統制吴從龍。馬傷被執。非降賊者。揚州初不破。泰州可死守。賊不勝忿怒。刃交下。猶罵賊不絶口。竟寸臠以死。先帝矜之。詔爲立廟。官其後。方逆全猖獗時。維揚閉守。未知爲計。但始得泰州城一開。即賊之窟穴多。而揚州孤。事未可知。從龍從容就義。以一死爲國忠謀。視解揚事殆過之。又非尋常死節比。若不爲之立傳。何以勵臣子之節。某生晚。雖不及登三君子之門。而聞風興起。公議所在。有不容遏。謹於鄉里訪求。先求到慈湖封志一軸。壽張行狀一册。吴統制子孫未知所在。先録到淳祐十年應參政陳請褒寵劄子一本見到。又聞有觀文趙公彦逾之子篋夫。世傳清德。先帝初年。西山眞公德秀嘗薦其爲廉吏第一。亦未知曾不附傳。所合具申。乞賜臺判送始㊀。先將見到志狀。委官修成附傳。附入理宗實録。其篋夫事。併下契勘。以憑搜訪。

咸淳八年正旦曉諭敬天説

一日月星辰風雷雨露皆是天。凡皆顯然在目。名曰造化。以長我育我。又生五穀蔬果以活我性命。若使有一欠闕。我便無以爲生。於此無一不敬。方爲敬天。若拜祭塔廟。迎引社會。枉費財物等事。皆是信邪造罪。即非敬天。

一朝廷是天。天生太祖皇帝。以仁立國。今我皇上。恭儉厚下。凡前代嚴刑重斂遊幸土木調遣征行干戈爭戰擾民之事。一毫無之。上自堯舜。方見本朝。我生何幸。得在今日。此等恩德。將何以報。又其行事。皆是代天。如立條法。是禁姦戢暴。使我歸善。如取官賦。是養軍衛邊。使我安樂。于此知慚知愧。依公服理。以上體朝廷。使天下長長如此太平。方爲敬天。若自逞雄豪。不有官法。皆非敬天。

㊀「始」當爲「館」。

一父母是天。天生萬民。生生不息。故父母之氣。便是天之氣。父母生我。父母便是天。自父母又分爲兄弟。宗族内外姻眷。無非此一氣。于此能備盡恩愛。方爲敬天。若爲財物所昏。爲血氣所使。一有違忤。皆非敬天。

一自身亦是天。人身四肢百骸。皆從鼻息取天之清氣以能生活。如魚在水。以水而活。其理一般。故凡我之舉動言語。非我自能之也。皆天也。至于人之一心。又爲一身之主。虚明知覺。名曰天君。我舉一念。人雖未知。此心先知。卽是天知。人必先使此心端正。方爲敬天。若起念害物。或欺心瞞人。皆非敬天。

咸淳八年歲終特薦州縣官申省狀

通判如隆興府熊震龍之通暢精明。羅大椿之老成純厚。滕巖瞻之開爽温雅。吉州余東之清介練歷。何夢桂之明暢廉靜。撫州黄與仁之端重明練。吕圻之學行端方。贛州曾大發之操修嚴正有守。建昌軍涂演之勤敏多惠。皆貳郡而有其實者也。

教授如袁州李漸之士論歸重。吉州程申之之操修端謹。瑞州林永年之端凝和粹。南安軍黄明豐之素行純實。臨江軍余世昌之醇茂有文。建昌軍周三異之端重粹明。章又新之簡重朴實。皆分教而有其實者也。

判官如瑞州邱富國之詳明正直。臨江軍陳琥之明練勤敏。撫州李龍金之端靖詳明。江州陶應元之端方公正。皆贊畫而有其實者也。

録參如瑞州邢桐孫之明練有才。隆興軍熊應申之詳明得譽。江州張杲之惻怛詳審。瑞州楊承翁之通暢辦事。臨江軍張自之敏捷文華。皆治獄而有其實者也。

司户如瑞州劉應桂之勤敏適用。司法如南安黄壄之公廉有守。皆爲郡僚而有其實者也。

豐城。凋邑也。黄吴老爲之踰年。賦役俱平。紀綱大振。吉水。劇邑也。鄭聞孫爲之踰年。政役備修。精采頓異。興國。荒邑也。窮鄉頑拒。不受政役。何時爲之數月。聲聞立起。于素不率化之鄉。立之師以教其子弟。民知向化。瑞金。窮邑也。流民搶掠。謂之出甲。田子鎮爲之數月。勸誘有方。有罪以種桑聽贖。爭役以種桑多寡分爲先後。民知務本。南豐。頑民嘗殘燬之邑也。楊休撫定其亂。再造此邑。四年之久。一方慴服。如楊眉孫宰高安。公介清勤。徐思訦宰上高。廉勤平易。翁仲德宰永新。不畏彊禦。黄桂宰南康。才略優裕。張鉉宰靖安。廉整有條。汪塾宰萬安。和平安靖。胡巖如宰進賢。正直安詳。陳自然宰奉新。嚴肅整齊。黄公立之宰雩都。詳明振職。洪汸之宰安遠。詳重得體。凡皆作邑有聲。尤不容不薦。

縣丞則進賢有吴君房。分寧有郭巨用。皆究心水利。措置有方。樂安有黄申。明潔無私。廬陵有羅鈞。端實有才。主簿則危順吉在豐城。以材華稱。董殊在吉水。以賢廉稱。趙崇灼在崇仁。以和平稱。趙崇煉在宜黄。以廉謹稱。趙時夫在南城。以廉靖歷練稱。縣尉則王應龍在進賢。以才幹稱。趙必琮在大冶。以廉明稱。羅可權在寧都。以才美稱。羅應新在清江。以俊拔稱。袁端祥在湖口。以才廉稱。陳子升在南城。以清俊稱。喻元在高安。以才諝稱。何晉在上高。以廉能稱。婁南良在萬載。莫雷顯在通山。皆以廉靜有志稱。凡皆筮仕有立。不容于不薦。

梓材謹案。東發嘗特薦撫州州學教授程紹開。有奏狀在集中。詳見雙峯學案補遺。又案。是年撫州舉官告天文二。前篇保舉知崇仁事周汝同。以其勤于政事。臨汝書院山長黃翔龍。以其恬于進取。撫州教授鄭濟。以其安于樸素。後篇保舉知樂安縣事於享祖。居官詳謹。撫州録事參軍張龍應。居官廉明。宜黃縣尉段世忠。居官勤敏。又是年兼江西提舉舉官告天文。常平司舉本司幹辦公事趙必趯。德性吏事皆有過人。隆興府司法晏世□㊀。有文墨且明吏事。茶鹽司舉贛州教授徐龍雲。謂其廉靖。惟盡職業。又常平司舉臨川縣主簿趙良球。茶鹽司舉廣昌縣尉趙時埾。吉善廉謹。孤寒無援。又常平司舉永新知縣翁仲德。茶鹽司舉豐城知縣黃吴老。上高知縣徐思訦。常平司舉南豐知縣楊休。皆作邑有聲。又明年。撫州及提舉司舉官告天文。提舉茶鹽司舉本司幹公事韓伯高寬平。常平司舉吉州判官趙孟必明敏。茶鹽司舉臨江軍教授趙孟逌有文有才。崇仁主簿趙崇敳不苛不刻。常平司舉豐城主簿危順吉。南城縣尉陳子升。皆以才識表見。本州舉司法謝公竑廉靖無求。宜黃主簿趙崇熑寬慈不擾。內與申省狀複者五人。皆可見先生之好賢而愛材矣。

附録

出判廣德軍。初孝宗頒朱子社倉法于天下。而廣德則官置此倉。民困于納息。至以息爲本。

㊀「晏世□」當爲「晏垚」。

而息皆橫取。民窮至自經。人以爲朱子之法。不敢議。先生曰。不然。法出于堯舜三代。聖人猶有變通。安有先儒爲法。不思捄其弊耶。況朱子之法。社倉歸之于民。而官不得與。官雖不與。而終有納息之患。乃爲別置田六百畝。以其租代社倉息。約非凶年不貸。而貸者不取息。

知撫州。補刻六經儀禮。修復朱子祠。樹晏元獻里門曰舊學坊。制祭社稷器。復風雷祀。勸民種麥。禁競渡船。焚千三百餘艘。用其丁鐵刱軍營五百間。

其回靖安張知縣書曰。蒙以慈溪爲說。而賜之褒號。夫慈溪者。某所居之邑名。非某所以自名也。朝廷以慈溪而名其邑。非某以慈而名其溪也。宰是邑則可以居是名。如陶彭澤是也。執事宰靖安名靖安則可。某居慈溪而名慈溪。則慈溪生齒何啻十萬計。爭此名者當幾人。豈因流俗之言。誤認以爲道號之類歟。

戴剡源贈黃彥實序曰。余少壯時。州之慈溪有黃東發先生。以經術行誼政業爲江南名卿。緣桑梓故。每與余評覈古近人物。以爲士之生世。誠不可無材。蓋當時方以閥閱科舉取士。幸而有父兄之素。場屋之目。卽扳援而試之。試之以文墨記覽錢穀獄訟之類。俱不可。則名之曰道德。展臂雅揖。垂紳緩趨。浮沈談笑羣衆中。不失繩墨。則咎任不加而品級馴致。惟先生輩起寒素。實用所長取知于人。寸量尺敘然後至。故其語執之良堅。後生晚學化之。亦皆矯然有自勵之色。而先生歸而私督其家庭子弟者。尤嚴于他人。

黃晉卿送慈溪沈教諭詩序曰。臨川陸氏與朱子並以性理爲學。而其爲説莫適相通。雖鵝湖之會。終不能挈而合之也。言陸氏之學者。以慈溪楊文元公。鄞袁正獻公父子爲巨擘。士生其鄉。知有陸氏而已。宗正少卿黄公亦慈溪人。始以朱子之學倡于其閒。而務以躬行爲本。其大意謂陸氏以簡自高。而以支離病朱子。是徒見其窮探極討爲説之詳似乎支離。而不知眞修實踐所守之約固未嘗不簡易也。使宗卿與文元同時。寧不足發鵝湖所未決之餘論乎。

沈逵序黄氏日鈔曰。學以孔孟爲師。師者。道之所存。其文則六經之書也。講習以窮理。躬行以達用。斷乎不可易者。宋儒標榜角立。互有異同。而象山陸氏始倡爲高遠驚世之論。謂此心本明。不假言議。惟當自求以得之。凡講學卽是異端。六經皆吾注脚。一時聞人風靡從之。獨慈溪黄東發氏。篤行周程朱子之説。以上探孔孟六經之旨。一切反之躬行。以爲實用。于士必以操行自立。于官必以職業自見。至讀論語。而于孝弟忠信。文公所以教人者。蓋佩服終身焉。故自强仕。用明經家法取科第。積州縣吏能。歷監司郡守。所至有異政。仁民厚俗。一本之禮義。立朝謇謇。敷對無隱情。雖遭讒去國。未究其設施。而言論氣節。千載有光。斯可謂不負所學者矣。

又曰。予惟科目利誘之弊。至趙宋而極。其以道學云者。又皆從事空言。而于躬行大業。或未之能。然彼其立異矯時。固爲賢知之過。望而可知其非。百餘年閒。未有以折衷。猶賴先生詳辨力詆。著之方册。俾孔孟周程朱子正大之學。燦然復明。如杲日行空。沈陰積靄。廓焉爲之一清。有目者皆可覩也。方陸學盛行。慈湖楊氏。宗陸者也。于公爲鄉人。公未嘗苟從末俗。波蕩中卓見定力。一人而已。

梓材謹案。四庫全書著録黄氏日鈔九十五卷。提要云。是書本九十七卷。其中八十一卷八十九卷原本竝缺。其存者實九十五卷也。黄氏與楊慈湖同鄉貫。慈湖爲陸氏學。黄氏則自爲朱氏學。不相附和。是編以所讀諸書隨筆劄記而斷以已意。有僅摘切要數語者。有不摘一語而但存標目者。併有不存標目而采録一兩字者。大旨于學問排佛老。由陸象山張横浦以上溯龜山上蔡。皆議其雜禪。雖朱子校正陰符經參同契。亦不能無疑于治術。排功利。詆王介甫甚力。雖朱子謂周禮可致太平。亦不敢遽信。其解説經義。或引諸家以翼朱子。或舍朱子而取諸家。亦不堅持門户之見。蓋黄氏之學朱。一如朱之學程。反復發明。務求其是。非中無所得。而徒假借聲價者也。

梓材又案。經義考載先生讀詩一得一卷。存。蓋卽讀詩日鈔也。其自序推原東萊以下諸家。爲讀詩之本説。則未嘗不私淑東萊矣。

黄南山先賢文潔黄先生贊曰。仰惟宗人。生值宋季。程朱是師。今古畢記。尊其所聞。行其所知。逢時孔艱。厥德普施。

姚世昌曰。五經。朱子于春秋禮記無成書。東發取二經爲之集解。其義甚精。蓋有志補朱子之未備者。且不欲顯。故附于日抄中。其後程端學有春秋本義。陳澔有禮記集説。皆不能過之。

謝山句餘土音南湖賦黄文潔先生寓亭詩。古窯斥鹵區。天挺蓋世豪。不傳之秘自遺經。乃以露纂兼雪鈔。諸儒墜言肉貫弗。獨奉建安爲斗杓。霜松風柏凜歲寒。肯爲宰相兄子撓。歸田來湖上。暫將老衡茅。會逢厄運丁陽九。渡江北騎驚飛濤。行都廟社且塗地。何況區區一寓寮。圖書法物成敝屣。如醉如囈謌黍苗。南遷杖錫東同谷。一枝何處奠山鷦。出門輒有碍。誰復謂天高。日惟一餐祈速死。誰其知者閩謝翱。當年湖上早雲散。其既于今益已遥。

誰知百世後。有客茫茫賦大招。原註云。文潔避地杖錫。見剡源所作墓表。避地同谷。見皋羽詩。其寓月湖。見延祐慶元志。

雲濠謹案。謝山鮚埼亭集。配京借鈔東發史稿列傳十篇。予家所勵有也。詩云。抱遺老子趨庭日。賣馬曾聞購日鈔。一卷遺文參宋史。問君何以報瓊瑤。配京卽盧外翰月船先生也。

東發學侶

知州陳本堂先生著 補

梓材謹案。先生字子微。本堂其號也。著有希本堂集九十五卷。别撰歷代統紀。以淑子弟。可知學士桱之史學。固其家學也。

雲濠謹案。任松鄉重建文公書院記云。先是。前朝請大夫趙公崇𡸣有志改築。卒不就。其猶子必慕㊀圖實㊁鹿山以進。其壻前太學博士陳先生著規示之。又云。或曰州刺史之功。刺史不有。曰。是惟陳君之力。陳君力足以任斯文之寄。而不屈于貳道。足以起學者之慕。而不閒于欲。故創置書院凡九云云。是先生之于學事尤爲有力焉。

舒文靖公書堂講義

序卦曰。剥者剥也。物不可以終盡剥。窮上反下。故受之以復。易之義奧矣哉。季秋之月。

㊀「慕」當爲「摹」。
㊁「實」當爲「寶」。

寒氣總至。天地始肅。草木黄落。萬物就枯。配以易卦。是之謂剥。剥于上九曰碩果不食。蓋剥爛矣。而有不爛者存。剥落矣。而有不落者在。一爻之陽。生生所脈也。一實之妙。蓁蓁所根也。然獨陽在上。五陰在下。變則陰極。其機甚危。而水冰地凍之既滅。所以固吾之陽氣。上騰下降之不通。所以安吾之陽體。静者其動之府。終者其始之機。故至七日則來復。伊川先生所謂。變于上則生于下。無閒可容息者。是也。碩果。陽也。君子也。君子者。道之寄也。然不觀此卦之上九。不足以見碩果。不觀變之極。不足以見君子。夏道既衰。君子幾無所容。而伊尹爲碩果。商受肆虐。君子類罹僇辱。而箕子爲碩果。春秋爲何如。吾夫子爲碩果。戰國爲何如。吾孟子爲碩果。孤秦之暴。儒術滅于焚坑。而齊魯兩生。招之不至。卓然自全。獨能見禮樂本意。非碩果而何。兩漢之末。人物盡于黨錮。既而諸葛孔明。南陽高臥。志復漢室。非先主不輔。先儒以爲庶幾禮樂。非碩果而何。八代更禪。紛紛籍籍。以至于隋。而汾亭獨以古學淑諸生。是碩果在文中子。唐之中葉。佛骨之來。滿庭阿佞。而昌黎忘身闢佛。是碩果在韓愈氏。五季大亂之後。五星聚奎之朝。諸賢方爲之交泰。既而黨碑一立。善類爲空。元城了齋相繼淪没。而劫灰不燼者。尹和靖爲碩果。抱道巋然者。楊龜山爲碩果。不問其所成之大小。不問其所詣之淺深。不問其所得之疵而未純。不問其所入之偏而未全。凡可以與斯文。凡可以衛吾道。凡可以詔來世。凡可以激高風。由是焉。以道德師表一世。以事業照耀千古。以忠言直氣見之周行。以清標粹行見之鄉國。胥此焉。出而各隨所復。不必計其人之存與亡。不必計其世之久與暫。行聖人之道則聖人之復。行賢人之道則賢人之復也。所謂剥復之義。豈不昭昭然可見哉。

附録

宋亡。避兵遷徙。流離困頓。晚隱居奉化。感慨君國。時時見之詩文。而氣體雄深。詞旨悱惻。一洗晚宋之陋。

東發講友

劉先生養晦

劉養晦。東發之友也。東發稱爲粹德之士。嘗序其孝經解云。博取諸書之嘗及于孝者。萃而爲孝經解。寧多而毋敢略。寧淺而毋敢深。雖爲童子設。而關其終身也。雖爲家庭設。而關乎天下也。繼自今人。皆以養晦之心爲心。而暢然自反。無一日而忘孝經。亦將無一日而忘孝。世道其庶矣乎。東發文集。

東發家學

補處士黄先生叔雅

附録

袁清容祭之曰。世儒謏聞。昧焉求容。天命罔知。曳裾幢幢。迄莫有成。衹尤其逢。惟我仲正甫。自韜其躬。退讓益卑。殖學若農。謙兮虚谷。訥兮太沖。恭不近卑。衷不失中。又曰。惟歲壬辰。盛名日起。泮宫舒遲。不泄其美。維我先子。一見驚喟曰。姿宇儀觀。先大夫是似。大夫令名。士有定誄。謂君嗣之克踵。厥孅奉于家塾。羣幼漸被。彼幼困蒙。迄莫有技。僕實與君。針芥密投。窮元蒼根。探源渠搜。比律爲均。擣珍爲羞。彼昧不知。議莫與酬。

補教授黄戇庵先生叔英

附録

袁清容爲作戇庵記曰。古之君子。事至而名隨。人棄我取。自謙之道也。聞彦實居山中。閉門讀書。益不妄交。求古聖賢摧折困踣之本。發而不可犯者。養之至也。

黄晉卿誌其墓曰。文潔先生三子。俱克治其家學。而彦實最少。介然特立。不務爲苟同。尤酷肖焉。

補隱君黄尙絅先生正孫

附録

先生履行端粹。爲學者所尊慕。雅不喜記誦辭章之習。

東發門人

户曹陳先生若

陳若。東發之壻也。謝皋羽寶幢山尋黄提刑舊避地處詩曰。甬東寺裏逢陳若。雙袖龍鍾行帶索。問知黄公舊避逃。寶幢山下生㈠叢薄。日惟一食禱先靈。不願拾得不死藥。似天呼號得正終。一往不復知㈡城郭。公初著書女立旁。公死母亡家濩落。子爲户曹取公女。欲敘因由來與語。得與子行林莽間。月落山空識其處。謝晞髪集。

梓材謹案。是詩原本作子爲户曹取公女。似皋羽自爲東發壻者。然皋羽傳任松鄉所作。言其嘗布衣杖策。參人軍事。蓋參文丞相軍。非爲户曹。又言。其疾革。語其妻劉。並非黄氏。故知户曹取女皆謂陳若。非自謂也。傳寫之訛無疑。

岑氏先緒

岑先生翔龍

岑翔龍字雲起。餘姚人。踰弱冠。即起家爲高節書院長。調和州教授。又調江陵教授。幼警敏。

㈠「生」當爲「坐」。

㈡「知」當爲「至」。

能文辭。注㊀慕高潔。以禮自持。植廢舉缺。罔有怠事。鄉里稱孝謹。事大府。能使貴盛者咸愛重之。大德九年卒。年四十有五。未一紀。兄子良卿登進士。又三年。子士貴亦登進士。清容居士集。

本堂家學

縣尉陳先生觀附子漢。

陳觀字國秀。奉化人。咸淳甲戌進士。調臨安府新城縣尉。太學博士著。于先生爲兄。博士倅貳臨安。嘗館于其家。晚歲足不入城。府州爭迎致。率諸生以請業。先生一至即謝去。徜徉巖壑。侍博士窮幽抉奇。連唱屬和。有帙曰棣華集。其自爲詩文曰竅蚓集。蒿里集。延祐五年三月。疾忽作。猶力書中庸一章。以授其子漢。漢復能以儒自守云。清容居士集。

補教授陳先生深

雲濠謹案。方桐江續集月泉銘序云。四明陳汝資爲婺州月泉書院山長。將行。紫陽方萬里爲言月泉之義以送之。是先生不獨爲教授也。

補學士陳先生桱

㊀「注」當爲「性」。

附録

黄南山先賢奉川陳先生樫賛曰。煌煌列祖。繩繩進士。風節蟬聯。卓冠宋史。先生父子。家學有傳。千載直筆。通鑑續編。

雲濠謹案。四庫全書著録先生通鑑續編二十四卷。提要稱其首述盤古至高辛氏。以補金氏所未備。爲第一卷。次摭契丹在唐及五代時事。以志其得國之故。爲第二卷。其二十二卷皆宋事。始自太祖。終于二王。以繼通鑑之後。故以續編爲名。然大書分注全仿綱目之例。當名之曰續綱目。仍襲通鑑之名。非其實也。沈周客座新聞載其著此書時。書宋太祖云。匡胤自立而還。未輟筆。忽迅雷擊其案。樫端坐不懾曰。霆雖擊。吾手終不爲之改易也。此雖小説附會之談。亦足以見其以褒貶自任。乃造作此説云。

梓材謹案。先生手録賦題備忘十五卷。阮亭居易録云。蓋備場屋之用者。有嘉靖十六年丁亥石東居士跋。略云。子經㊀無子。其遺書皆歸外孫古氏。古氏自四明徙居餘姚。

黄氏續傳

黄先生炳文

黄炳文。東發之孫也。戴九靈以詩寄之。有云。四明朱學有誰傳。爾祖淵源已百年。世澤豈

㊀「經」當爲「樫」。

徒遺簡在。家風親覩遠孫賢。戴九靈集。

戇庵門人

岑先生良卿

岑良卿。餘姚人。黄彦實壻。岑氏館其家。以詩書授子弟。彬彬于于。鉤深纂玄。融液品節。各就條貫。掉鞅于詞場者尤宜焉。延祐五年。先生以詩義上禮部第一。七年。其弟士貴亦貢于鄉云。清容居士集。

雲濠謹案。宋庸庵集有岑氏聯桂東樓詩。蓋爲先生兄弟也。

陳氏門人

提舉胡先生世佐

胡世佐字伯衡。寧海人。梅磵先生三省之孫。梅磵嘗注資治通鑑。以儒業傳家。先生從學于舅氏陳本堂。梓材案。梅磵子幼文爲本堂壻。先生其子也。則本堂乃先生外祖。當是從學本堂之子。通五經。累舉不第。慶元路總管阿般圖知其賢。招致郡庠。爲五經師。以淑後進。遂家于鄞。至正二十二年。中書參政危素薦。授江浙儒學副提舉。不赴。文學德行爲時所重云。寧波府志。

胡氏門人

縣令胡先生廣

胡廣字文剛。鄞人。從鄉先生胡世佐授毛詩。討論校讐。問學淵博。敦行誼。遺紛華。爲文沖澹純雅。工律詩。文士過從無虛日。洪武中。司訓邑庠。後調四川之安岳縣。歸里。優游山水。寓物寫意。自謂乾坤腐儒。所著有雲屋集。成化四明志。

王先生藹

王藹字用吉。鄞縣人。工詩文。能琴。善寫梅竹。從胡世佐受毛氏詩。中洪武五年鄉試。以祖母老歸侍。既終養。再薦舉明經。授太原盂縣令。廉而有爲。越三年入覲。疏便民事。歸至宿州。以疾卒。成化四明志。

宋元學案補遺卷八十七目録

宋元學案補遺卷八十七

後學 鄞 王梓材 慈谿馮雲濠 同輯

靜清學案補遺

陽王門人

補 教授史果齋先生蒙卿

雲濠謹案。戴剡源爲先生字序云。甬東史君蒙卿。其族昆弟之字皆别以景。既有字君景召者矣。年長學成而疑之。以書來剡源。曰。是不慊吾志。願有易也。遂爲易字曰景正。而告之以其說。

雲濠又案。先生有文集二十卷。易說十卷。

史果齋語

書自有當熟讀者。自有當玩讀者。自有當看者。自有當編鈔者。惟經要熟讀。非同他書。皆讀二百遍也。至看通鑑。則朱子已令只一遍。便要作濟河焚舟計。蓋可知也。讀書如銷銅。聚銅入爐。大鞴扇之。不銷不止。極用費力。作文如鑄器。銅既銷矣。隨模鑄器。一冶即成。全不費力。所謂勞于讀書。逸于作文者。此也。

附録

果齋先生常於座間大書靜存動察四字。以自檢點。讀書分年日程。

先生嘗授平江首郡博士。皆不果仕。家貧無資。門弟子執業者屨交户外。

先生于諸經窮探微旨。證墜緝缺。不溺于謏聞。剖釋正大。而折衷一歸于前哲。論古今得失。必探情僞。以暴其罪。正色憤悱。若造庭而受其責也。

其詩文多感憤自喻。王尚書厚齋嘗勉曰。思深辭悲。學陶靖節其得之。

天台多名山。心樂之。僑居者八年。

嘗以書貽袁清容曰。斯文剥喪餘數十年。師表郡縣。學者應格則得。未嘗干其人。後生不説學。亦未嘗知學。剔僞務實而挽之古。子宜勉焉。

黄晉卿曰。四明之學。祖陸氏而宗楊袁。其言朱子之學者。自黄氏震史氏蒙卿始。黄氏主于躬行。而史氏務明體以達用。

鄧巴西序先生文集曰。先生蚤知覃思六經。長益雋永關洛之緒言。以推窮化幾。探索理奥。故其言精覈雅贍。可規古作者之林。譬之美麯蘖以爲酒醴。均律吕以中琴瑟。有本者固如是。

又曰。先生有易究。未及見。然所論河圖洛書。足以抉先儒未發之藴。又以見學者踵襲固滯。寧使先聖王之旨鬱而不彰者。可悲也。

史氏家學

史先生芳卿

史芳卿字季敷。句東人。嗜古學。作夏小正經傳攷。句證以山陰傅氏本及采儀禮集解。參究同異。附以釋音。復以先儒解經所引小正語及事相附。近可以考訂者。隨事疏于傳文之下。脱衍者。列敘于後。危太樸集。

梓材謹案。先生爲果齋先生季弟。夏小正經傳攷三卷。經義攷云存。

史先生壁孫

史先生堥孫合傳。

史先生𡊮孫合傳。

史壁孫。堥孫。𡊮孫。皆靜清子。袁清容銘靜清墓云。生爲完人。歸藏于邱。有子繼學。曷怨以尤。清容居士集。

史氏門人

補教授程畏齋先生端禮

雲濠謹案。元史儒學傳言。先生獨從史氏游。以傳朱氏明體適用之指。學者及門甚衆。仕爲衢州路儒學教授。卒年七十五。

讀書分年日程

雲濠謹案。是書原本八歲未入學之前讀性理字訓原註云。程逢原增廣者下文小學書畢讀。程氏增廣字訓綱原註云。此書鈐定性理。語約而義備。如醫家脈訣。最便初學。案。逢原號勿齋。名若庸。見雙峯學案。

雲濠又案。次讀近思録。原註云。看葉氏解。續近思録註云。蔡氏編見性理羣書。又小學讀經習字演文必須分日條。原註云。假如小學簿紙百張。以七十五張印讀書日程。以二十五張印習字演文。日程可用二百日。又四書本經既明之後條。原註云。爲學之法。自合接續明經。今以其學文不可過遲。遂讀史。次讀韓文。次讀離騷。次學作文。然後以序明諸經。覽者詳焉。又看通鑑條。原註云。四書既明。胸中已有權度。自此何書不可看。又讀楚辭條。朱子井田譜後。又有夏氏井田譜。

刊印日程空眼簿式

讀經日程詳見工程。專治一書。　　年　　月　　日　　生員

一早令倍讀册首已讀書至昨日書一徧。太長則分。　起。止。

一面授本日書。計字數以約大段。　起。止。
每細段。面令讀正過句。讀字音。面説正過文義。
數足。排試倍讀倍説過。面墨銷。朱記後段。

一挑試夜間已玩索書。　起。止。

一面試倍讀昨日書。
面以大段分細段。令朱記段數。

一令每細段先讀百徧。卽又倍讀百徧。
段足。令通作大段倍讀試過。　起。止。

一面授説已讀書。就令反復説大義。面試過。起。止。

一隻日之夜。玩索已讀書。 起。止。 又玩索性理書。 起。止。

一隻日之夜。以序倍讀凡平日已讀書一徧。 起。止。 又温讀性理書。 起。止。

一凡書忘誤處。朱記。即補熟。墨銷。 起。止。

令假日倣定本點句讀。圈發字音。

思勉齋

讀看史日程五日一周。詳見工程。

年 月 日 生員

一日以序倍讀四書經注或問一徧。 以序倍讀經正文。 夜讀看性理書并温。

一日以序倍讀本經傳注一徧。 以序倍讀經正文。 夜讀看性理書并温。

一日看讀説記通鑑。 參合看史。 夜倣點史。攷釋文。

一日看讀説記通鑑。 參合看史。 夜温記史。

一日看讀説記通鑑。 參合看史。 夜温記史。

日塡起止。

思勉齋

讀看文日程

年 月 日 生員

一日以序倍讀四書經注或問一徧。 以序倍讀經正文。 夜考索制度治道書。

一日以序倍讀本經傳注一徧。 以序倍讀經正文。 夜考索制度治道書。

一日温記通鑑。 以序倍讀經正文。 夜考索制度治道書。

一日讀看玩記文法。 温記文法。 夜鈔點抹截文。

一日讀看玩記文法。　溫記文法。　夜鈔點抹截文。

一日讀看玩記文法。　溫記文法。　夜鈔點抹截文。

日填起止及所考所鈔。　思勉齋

讀作舉業日程十日一周旋。九日讀看。一日作增作文日。　年　月　日　生員

一日以六日之早。　以九日之飯　以九日之夜。

一日以序倍讀四　後。讀看頭場　隨三場四類

一日書本傳注或　文字。以性理　編鈔格料批

一日問。　制度治道故　點抹截。

一日　事周而復始。

一日

一日三日之早。溫

一日經騷韓文。

一日

一日以全日作頭場文。　夜改所作。

日填起止及所讀看鈔點。詳見工程。　思勉齋

小學習字演文。日程讀經。四日内分一日。詳見工程。　年　月　日　生員

一早令倍讀册首已讀書至昨日書一徧。太長則分。

一令影寫智永千文楷書約一二十紙。寫五七日一易様。

一以已讀説小學書作口義。

一説認記字門類平仄虛實動静等。

一漸長。學切韻。攷字始音偏傍音義假借等。

一夜以序倍讀已讀書一徧。

日填起止所看所作。

呈　改　簿

思勉齋

附録

先生歸後。郡守王元恭踵門禮請先生爲學者師。帥閫及旁郡廣行鄉飲酒禮。皆俟先生討論而後定。

謂諸生曰。學問之道。具在聖經賢傳。吾嘗述之矣。眞知實踐。則存乎其人。尙懋之哉。

戴剡源送程敬叔教諭赴建平詩曰。爾之王父東諸侯。朱門行馬高修修。嚴君家學又繼美。年少鄉書推上游。我生苦晚百無益。猶及步趨陳太邱。飄零不死見三世。爾復預此能言流。風神清羸談炙轂。生理蕭條書汗牛。今年别我忽遠役。天馬放靶難停留。問渠何官縣博士。横山之西江東陬。此邦固是吴楚會。風淳土樸衣冠稠。亦聞巖谷多古跡。最喜道途稀使騶。公堂講罷看山坐。

香鼎茶鐺相勸酬。熱官千騎豈不好。白日公庭悉督郵。飲冰茹蘗善自愛。歲晚相期釣滄洲。

黄晉卿跋讀書工程曰。易曰。君子進德修業。欲及時也。記誦辭章云乎哉。記誦辭章末矣。後生小子猶有廢而弗事者。程君敬叔排年工程之書所爲作也。敬叔以文學行誼高一時。其傳蓋本于考亭門人戛氏。進修之功不必盡出是書。夫亦度中人以下所可企及。姑爲是以誘掖之云爾。古者。大學之道。比年入學。中年考校。一年視離經辨志。三年視敬業樂羣。五年視博習親師。七年視論學取友。謂之小成。九年知類通達。强立而不反。謂之大成。卽其排年之工程也。學者苟能因今人之所可及。而求古人之所必致。敬叔將于是書之外。有私淑艾焉。行遠自邇。登高自卑。在乎勉之而已。

黄南山先賢畏齋先生贊曰。考亭嗚道。先生有傳。塤倡箎和。伯仲後先。佐王之才。希聖之學。四方仰之。二程出洛。

陸桴亭曰。四明程端禮有家塾分年讀書法。教童子讀四書五經。先令讀正文既畢。然後讀註亦可。蓋子弟讀書。大約十歲前有記性。以後漸否。若令先讀正文。雖子弟至愚。未有不于十歲前完過者。此亦讀書之一法。

陳石士師重訂讀書分年日程序曰。元程畏齋先生。本朱子意。作讀書分年日程一編。以示學者。俾知誦數講貫之法。其事甚易。而其效甚大且速。非爲科舉之士言之也。然而爲科舉之學者。循其法以行之。固足以免荒經蔑古之失。而漸以趨夫博聞强識之途。乾隆年間。

特詔天下郡縣學校頒發此書。以勵學者。嘉惠儒林之意。豈非至優極渥。而爲士子者所當敬謹遵奉勿替者歟。

梓材謹案。四庫全書著録先生讀書分年日程三卷。提要云。是書有延祐二年自序。謂一本輔漢卿所萃朱子讀書法修之。史稱所著有讀書工程。國子監以頒示郡縣。卽此書也。然書末又有程氏自跋。歷敘崇德吴氏。平江陸氏。池州馮氏。及江浙諸處鈔刊各本。而不及國子監頒示事。則本傳所云。或其身後之事歟。

補編修程積齋先生端學

梓材謹案。先生泰定甲子進士。元史本傳作至治辛酉進士第。又云遷太常博士。命未下而卒。

春秋本義自序

孔子何爲修春秋。明禮義。正名分。辨王霸。定夷夏。防微慎始。斷疑誅意。其意皆天下國家之事。其要使人克己復禮而已。三代盛時。禮義明。名分正。上明下順。内修外附。民志既安。奸僞不作。孔子生於此時。春秋無作也。周綱墮。諸侯縱。大夫專。陪臣竊命。四夷内侵。人道悖于下。天運錯于上。災異薦臻。民生不遂。孔子既不得出而正之。則定詩書。正禮樂。贊周易。而常道著矣。復修春秋。卽事以立教。而其所書。皆非常之事。人知其事之非常。則常道有在。夫知非常。則知己之所當克。知常道有在。則知禮之所可復。故春秋不書常事。屬辭比事。使人自見其義而已。孟子曰。其文則史。孔子曰。其義則丘竊取之。此之謂也。若邵子謂録實事而善惡形于其中。朱子謂直書其事而善惡自見者。蓋有以識夫筆削之意。若董子謂正其誼不謀其利。明其道不計其功者。又此經之大旨也。三傳者之作。固不可謂無補于經也。然而攻其細而捐其大。泥一字而遺一事之義。以日月爵氏名字爲褒貶。以抑揚予奪誅賞爲大用。執彼以例此。持此以方彼。少不合則輾轉生意。穿鑿附會。何范杜氏又從而附益之。聖人經世之志泯矣。後此諸儒。雖多訓釋。大抵不出三家之緒。積習生常。同然一辭。使聖人明白正大之經。反若晦昧譎怪之說。可歎也已。幸而啖叔佐。趙伯循。陸伯沖。孫泰山。劉原父。葉石林。陳岳氏者出。而有以辨三傳之非。至其所自爲說。又不免褒貶凡例之弊。復得吕居仁。鄭夾漈。吕樸鄉。李秀巖。戴岷隱。趙木訥。黄東發。趙浚南諸儒。傑然欲掃陋習。而未暇致詳也。端學之愚。病此久矣。竊嘗採輯諸傳之合于經者曰本義。而閒附己意于其末。復作辨疑以訂三傳之疑似。作或問以較諸儒之異同。廿年始就。猶未敢取正于人。蓋以此經之大。積敝之久。非淺見末學所能究也。嘗謂。讀春秋者。但取經文。平易其心。研窮其歸。則二百四十二年之事之義。大小相維。首尾相應。支離破碎刻巧變詐之説。自不能惑。聖人惻怛之誠。克己復禮之旨。粲然具見。而鑒戒昭矣。則是編也。雖于經濟心法不敢窺測。然知本君子。或有取焉耳。

梓材謹案。先生春秋三書。張天祐序以爲。本程朱之論。殫平生心力。輯諸説之合經旨者。爲本義以發之。訂三傳之不合於經者。爲辨疑以正之。又推本所以去取諸家之説者。作或問以明之。張氏萱内閣書目則謂。本程子之學。折衷百家而爲之説。四庫全書著録春秋本義。提要云。是書乃其在國學時所作。所採自三傳而下。凡一百七十六家。卷首具列其目。寧波府志及千頃堂書目均稱。所採一百三十家。未喻其故也。首爲通論一篇。問答一篇。綱領一篇。其下依經附說。類次羣言。間亦綴以案語。左傳事迹。即參錯之衆說之中。體例頗爲糅雜。其大旨仍主常事不書。有貶無褒之義。故所徵引。大抵孫復以後之說。往往繳繞支離。横加推衍。事事求其所以貶。又稱其頗能糾正胡傳。又著録春秋或問。提要稱其與本義相輔而行。論説轉勝本義。又本永樂大典校補春秋三傳辨疑二十卷。提要云。不信三傳之説創于啖助趙匡。其後析爲三派。孫復尊王發微以下。棄傳而不駁傳者也。劉敞春秋權衡以下。駁三傳之義例者也。葉夢得春秋讞以下。駁三傳之典故者也。至于程氏。乃兼三派而用之。且併以左傳爲僞撰。變本加厲。罔顧其安。至是而横流極矣。又言此書于研求書法。糾正是非。亦千慮不無一得云。

謝山句餘土音二程學舍詩。楊李宗槐堂。心學于斯在。其時獨善翁。師友實一輩。文孫有靜清。别紹考亭派。乃授之二程。連舟得津逮。敬叔談春秋。經學良精粹。時叔分年程。蒙求亦攸賴。當年横舍中。絃歌發清籟。太白莊高東湖深。杖履到處有清音。如何尚書忘家學。屈身異代玷故林。原注云。大程之學。不如小程。未可以並稱也。又云。時叔子徐。以元尚書爲明侍郎。然卒不得令終。喪其家聲爲可惜。

文清袁清容先生桷詳見深寧學案。

畏齋講友

帥幕張先生天祐

張天祐。□□人。四明程時叔春秋本義三傳辨疑或問書成而卒。翰苑諸公欲進于朝。移文浙東憲司。俾鋟梓以傳。至正五年。委自監郡與先生提督刊梓。先生嘗爲帥府幕。與時叔之兄敬叔父交且久云。程氏春秋本義序。

畏齋同調

補縣尹王起巖先生起宗

王起宗號起巖。乃吴草廬門人。江東名士也。常招程敬叔教其子弟。建江東書院以處之。學徒如雲。衣食或不充。咸資于先生。敬叔喪偶。有孤女。如己出。豐其匳具以遣之。東園友聞。

梓材謹案。東園友聞原書未舉起巖之名。合之正編王楚鼇傳。蓋即其父起宗也。因以實之。

附録

無名氏東園友聞曰。曩余遊學金陵。日與同門二三輩謁見起巖王先生。起巖曰。新學切當以禮義廉恥四者存心涵養得熟。家業不患不成。功名不患不至。學問不患不精。上而天子。下而庶人。何莫不本於四者乎。余旦旦而思之。四者根于心。内有所主。則揖讓進退合其節。動用制作得其宜。取予得其當。剛介有所守矣。内無所主。則傲縱自肆。譸張貪暴。不可勝言矣。驗諸行事。觀諸人。亦于是言而益信。

蔣氏師承

翁先生伯章

翁伯章。天台人。

積齋講友

孫先生友仁

孫友仁。

積齋同調

史蓬廬先生公珽

史公珽字搢叟。鄞縣人。家居教授。程積齋端學薦主甬東書院。棄去。自號蓬廬居士。著有學易衍義。象數發揮。寧波府志。

畏齋門人

補 蔣敬之先生宗簡

梓材謹案。先生所著。有易集義。詩答問。春秋三傳要義若干卷。文集十卷。

附録

郡庠延先生爲小學師。尋挈其徒寓湖心僧寺。聚易春秋諸家之説而折衷焉。

補教諭樂仲本先生良

附録

王忠文送先生序曰。仲本受業于敬叔程先生。承師之所傳。因時之所尙。朱氏之學。仲本蓋已致其力矣。陸氏之學。向之所以祖而宗之者。承傳之自。故未泯也。仲本可不兼致其力耶。

教諭鄭求齋先生覺民詳見深寧學案。

蔣氏講友

教授王遂初先生厚孫詳見深寧學案。

蔣氏同調

山長吴先生夢炎别見鶴山學案補遺。

積齋家學

程先生徐

程徐字仲能。端學子。仕元爲兵部尚書。入明爲吏部侍郎。洪武二年。上詔孔子釋奠止行于曲阜孔林。天下不必通祀。先生上疏極言。其略曰。發揮三綱五常之道。載之于經。儀範百王。師表萬世。人極不墜者。孔子之力也。天下不可一日無孔子之道。則教不可一日廢。天下不可一日無孔子之教。則祀不可一日廢。今使天下之人。讀其書。由其教。行其道。而不得通祀焉。非所以崇本始。報功德也。帝允其奏。改刑部侍郎。尋陞尚書。寧波府志。

謝山鮚埼亭詩集古井歎爲程尚書金夫人作云。尚書大儒子。不死非所期。尚書且不死。而反得之妻。妻挈女俱死。古井生香泥。長虹夜半覆古井。光與余闕李黻祠堂齊。吁嗟乎。尚書不死非所期。尚書究竟死東市。發歎噫。失身早不決。應悔負扆扆。國史既舛謬。地志復漏遺。我歌古井神淒迷。原注。明史作尚書傳。謂其病卒。謬也。尚書以不良死。見聞中今古録。至夫人殉國。府志闕然。益爲可歎。

積齋私淑

助教王先生受益附師楊澄原。

王受益字子謙。山陰人。受春秋于楊先生澄原。元至正壬寅。中浙江鄉試。省臣版授仁和縣學教諭。病春秋傳注多而局于事例。聖人作經之旨因以不明。乃取汪克寬纂疏。李廉會通。程端學本義三書。折衷其是非。務在明經。不爲科舉道地。名之曰春秋集説。凡五十餘萬言。復病其言之多。而學者不能悉記。欲定從簡。未克。故不及行于世。洪武八年。舉本縣學教諭。歷冀滁陝三州學正。官止國子助教。卒。而王鈍志其墓。經義考。

宋元學案補遺卷八十八目録

宋元學案補遺卷八十八

後學 鄞 王梓材 慈谿馮雲濠 同輯

巽齋學案補遺

劉氏門人

補 著作歐陽巽齋先生守道

雲濠謹案。先生一字迂父。

巽齋遺文

國之存亡。民之死生。寄於士。士之人品高下。即與世道爲重輕。志士仁人。儻自任。必自養。挾書游學。皆當端居。深念之矣。州學三賢祠堂記。

天不能逸人。勞逸無壯老。逸老堂記。

山之腰曰翠微。謂自下望高。蒼然一色。至此而所見微也。百圍之木在上。平地以爲不盈拱把。鴻鵠高舉。卑飛之雀自疑過之。君子抗志浮雲之表。不求合乎卑凡之見。彼不我見。則我尊矣。雖然。君子何容心。不能揮手謝衆人。亦不能人人引其手而使與己俱也。翠微亭記。

學仕非二事。理法非二物。法吏不知學。固不足道。學士大夫不讀法。亦豈可哉。書朱文公與趙忠定公帖。

附録

里人聘爲子弟師。主人瞰其每食舍肉。密歸遺母。爲設二器馳送。乃肯肉食。

舉進士。廷對言。國事成敗在宰相。人才消長在臺諫。昔者當國惡箴規。言者疑觸迕。及其去位。共謂非才。或有迎合時宰。自效殷勤。亦有疾惡乖方。苟求疵纇。以致思邪不辨。黜陟無章。唱名徐儼夫爲第一。儼夫握先生起曰。吾愧出君上矣。君文未嘗不在我上也。

遷著作佐郎。兼崇政殿説書。兼權都官郎中。經筵所進。皆切於當世務。

先生與文山辨承心制曰。君所處。變之又變。而或者於無過中求有過。援經引古皆不類。而又録木摹紙。流傳四方。莫曉用意所在。君於國於家。公私得失。自了然於心。雖不必較。畢竟此於世教人倫有關係。不可以流俗誤方來。所以咈然不能自已於言也。

梓材謹案。此語見文山答歐陽祕書承心制説。蓋文山先人卒。生母改適劉氏。及其卒。而人議文山當服齊衰三年。文山以爲當承心制。故先生有是辨説。文山通廟堂書傳論承心制事云。龍溪友議。板行天下。一時聞者爲之疑惑。後巽齋歐陽祕書守道爲或問。衢州曾添教鳳爲詳目。謂二先生發此精義。禮意昭然。曾亦文山師也。

劉後村答歐陽祕書書曰。某歸老故山。禄賜之餘。生事粗足。宰物者嘗因舍問所欲。僕云。

千足萬足。實無所求。諸公貴後罕通書。古心道誼交。其召也。某以巽齋託之。亦及一二背時朋友。不知其力能推轂天下士否。因一健者之故。使翹館不敢揖客。館閣不敢儲材。此何理哉。

文文山賀巽齋先生遷居詩云。先生挾策當菑畬。不待辛勤有屋廬。宅樣只還齊里舊。鄉風好似潁川居。鏡湖今日賀外監。瀛館前年虞祕書。天下經綸猶一室。時人尙敢説吾迂。

又挽先生詩曰。徘徊西河上。月落衆星稀。哲人萎中道。雨絶將安之。昔者麗鴻藻。玉振含清暉。名理軼晉魏。雅言襲軻思。連鴐覲馳道。並坐侍端闈。及門懷燕婉。升堂接逶迤。方期黄鵠翔。忽作朝露晞。黔婁不蓋體。延陵有遺悲。層阿翳塞樹。平楚曖希微。帷幬衣廣柳。縞冠涕如縻。水從章江去。雲遶楚山飛。已矣如有聞。斯文不在兹。

又爲像贊曰。歐陽巽齋。望宗六一。辛丑掇科。親老謝職。色難愉婉。思報親恩。學通經史。有本有根。司户處州。化被蠻貊。別鴐建昌。益樹名節。轉官祕著。不爲苟諛。説書崇政。講貫唐虞。都官刑曹。讞獄詳備。考文成均。濟濟多士。疏抗龍顔。宜絶嗜好。欲心一萌。良心隨耗。天子嘉納。年高與祠。横經論道。一世宗師。及門之徒。不將卽相。河汾王通。雲龍下上。名齋以巽。殊非過情。六一之學。實傳先生。

吴草廬題宏齋巽齋遺墨後曰。玉谿翁嘗登盱江宏齋先生廬陵巽齋先生之門。予于二先生皆聞其風而不及識。今見翁所藏六詩一書。如見其人焉。得包之卓偉。則於道可以進取。得歐陽之醇厚。則於非道有所不爲。觀者因是踴躍奮迅。以希前修可也。

巽齋講友

録參胡先生敬之

胡敬之。吉水人。與歐陽巽齋講學白鷺書院。歷任修職郎。沅州録事參軍。除淫祠。釋冤獄。後以論史彌遠被斥。人物志。

鄉舉羅松野先生希揚

羅希揚字士鼎。晚號松野先生。正甫從子。淳祐癸卯。與兄希晏並舉神童。及再舉漕司。皆第一。每與歐陽巽齋劉須溪講明道學。造端高遠。解春雨集。

文氏先緒

太師文革齋先生儀

文儀字士表。廬陵人。丞相文山父也。氣質端重。進止有尺寸。讀書夜以繼日。每有所鈔録。揮汗呵凍弗輟。故學博而文多可傳。人稱爲篤志君子。吉安府志。

梓材謹案。文山述事實云。遺墨有室藏三十卷。隨意録三十卷。其指南別録有告先太師墓文。是先生贈至太師云。

附録

嘗言滯學守固。化學來新。以一革字志韋佩。人皆稱革齋。

書警語徧窗壁。如三尺在目。嘗謂宗族一本。誼不得不恤。愛范文正公義田記規模次第。曰。吾得志。當放此行之。及卒。誄者曰。我公之德。言矩行規。世智黄閒。我心坦夷。市利血刃。我範驅馳。生平所爲事。皆可質鬼神而無疑。是得其概矣。

文山師承

知州朱約齋先生渙

朱渙字約齋。廬陵人。文信國受業師。嘉定中進士。任大理寺丞。知衡州。文章政事名重一時。人物志。

梓材謹案。先生亦號約山。文山集有和朱衡守約山韻。下四句云。競言汲戇猶須復。或謂顔愚亦可如。把酒對花姑勿論。春行後長莫妨徐。又闢山寄朱約山云。先生曾有空同約。那裏江山未是奇。又壽朱約山八十三歲八十韻。又回朱約山賀生日云。鄉有達尊。獲在嫡孫之行。我生初度。誤蒙大老之知。是先生於文山爲鄉前輩。未見其爲受業師也。

監丞曾秀峯先生鳳

曾鳳字朝陽。號秀峯。文山之師也。太學釋褐。累遷監丞。會京師亂。走衢。衢尋陷。及景炎登極。衢添倅蕭霄龍首倡返正。先生自衢至劍。隨行府之汀。丁丑春。以梅州添差通判。將行。會行府移屯。先生避地于汀之鄉落。六月以病卒。文文山集。

梓材謹案：先生嘗典衢教，文山回其書言：「某數月於師門極閒闊。顧山水荒唐，不自知年歲之遲遲。闕禮多矣。尚庶幾先生索之於形骸之外云。」

胡觀洲先生季從

胡季從，號觀洲。文山童子師也。後與之書曰：「某童而習之，受業解惑，有所自來。惟今父族母族衿佩而立，受道者七人焉。將同堂合席以私淑之，輒恃鉗鎚之舊，爲此數字以北面請云。」文山文集。

王東廬先生國望

王國望，號東廬先生。文山之師也。官從政郎、袁州軍事推官。景定三禩，進士策御前，文山覆校殿廬。一日，初考官舉一卷擬上乙覽，會一字近廟中嫌名，文山以才難白詳定官，請所以處。臨軒之日，賜出身。文山銘其母墓曰：「事孰爲大，事親爲大；守孰爲大，守身爲大。使先生失身爲親憂，雖高科如之何。先生雖不得高科，爲臣忠，爲子孝，身在焉，親固榮也。」諗先生曰然。文文山集。

通判陳鳳岡先生堯舉

陳堯舉，南豐人。淳祐中進士。官至通判臨江軍。嘗承江西運司檄，考試廬陵士子，拔擢文山。咸謂其知人。居官甘澹泊，無一毫妄取。學者尊爲鳳岡先生。姓譜。

附録

文文山與書曰。先生聞多而學廣。事熟而心精。古人重師友。至有塗竄片言隻字。以冀萬分益者。鳴絃千室中。有老門生在焉。知公不能用。其愬然矣。

須溪師承

王太初先生泰來

王泰來字太初。廬陵人。劉會孟之師也。父兄俱仕宋。延賞弗及。試藝屢屈。晚值世變。既貧且病。而詩愈工。會孟每稱其詩爲廬陵八邑之冠。吴草廬文集。

曾先生子淵

曾子淵字深甫。薌城人。劉辰翁年七八。與西家二三兒其受書屬對於先生。見其垂髫映墨。黑盡口。樹筆髫間。俯首鈔六經。他解附注傍。每葉字如蟻。計平生若此。何啻百餘萬字云。劉須溪集。

附傳

縣令周衡齋先生焱

周焱。吉水人。寶祐進士。官南昌知縣。宋亡。誓不復仕。閉門著書以娱老。有通鑑論斷四書衍義行於世。吉安府志。

附録

王義山序四書衍義曰。衡齋先生取宋高第。不特史學精。於理學尤精也。近世眞西山作中庸大學衍義而不及論孟。非若衡齋所衍爲全書也。

巽齋家學

布衣歐陽先生洝

歐陽洝字資深。巽齋先生之子。世先生之學。頹然布衣。文文山集。

進士歐陽先生致遠

歐陽致遠。不知其名。巽齋先生從子也。國子進士。嘗與信公友善。柳待制集。

巽齋門人

補 忠烈文文山先生天祥

雲濠謹案。先生本字天祥。其紀年録正文云。理宗端平三年。予以五月二日子時生。大父夢予騰紫雲而上。命名雲孫。既長。朋友字曰天祥。後以字貢於鄉。字之者改曰履善。理宗覽對策。見其名曰。此天之祥。乃宋之瑞也。朋友遂又字之曰宋瑞而通稱之。

雲濠又案。先生元初謚忠武。明景泰中改謚忠烈。國朝道光二十三年從祀孔廟。

梓材謹案。先生自幼卽慕歐陽修楊邦乂胡銓之爲人。則固文忠忠簡之私淑也。又案。顧問序正節李侯褒忠録云。由唐宋而來。仗節取義之士衆矣。從學問中來者二人。侯與文山公是也。侯從東萊呂先生遊。東萊嘗亟稱之。與文山之學淵源同也。豈先生之學亦出於東萊耶。

梓材又案。文山壽江古心詩題云。古心江先生以舊弼出鎭長沙。癸酉十月乙亥。是爲七十六歲。門人文某以一節趨走部内。謹擬古體一首爲壽。是先生嘗及江氏之門。又通江丞相書謂。某在門牆諸孫輩行中。則先及江氏弟子之門。而後及江氏之門也。又案。先生祭胡石壁文有云。登門何晚。哭野何遽。胡都承當是先生受知師。

文山文集

聖人之作經也。本以該天下無窮之理。而常足以擬天下無窮之變。天地無倪。陰陽無始。人情無極。世故無涯。千萬世在後。聖人亦安能預窺逆觀。事事而計之。物物而察之。然後世興衰治亂之故。往往皆六經之所已有。凡六經垂監戒以爲不可者。少犯之則關安危。大犯之則決存亡。是何哉。聖人知有理而已。

每誦一義。善可以爲法。卽驗之身曰。吾嘗有是乎。無則勉之。每說一事。惡可以爲監。卽揣之心曰。吾嘗有是乎。有則改之。言則慮其所終。行則稽其所敝。豈惟制治於未亂。保邦於未危。充道學之用。經綸天下之大經。範圍天地之化而不過。以上輪對劄子。

且夫奸人之入相也。使非此人者與之相爲表裏。以擠陛下之聰明。密爲游揚。以開陛下之信用。則賢者必不以好名中傷。言者必不以譁競逐去。學校之持公論者。必不以誼横得禍。士大夫之秉直節者。必不以貪贓加罪。朝廷清一。言路光明。邪人何自而赫張。民瘼何自而壅隔。人離而陛下何以不覺。寇至而陛下何以不知。彼其憑陛下恩寵。以爲奸人奥主。故顛倒宇宙。濁亂世界。而得以無忌憚。使陛下今日訟過於天地。負媿於祖宗。結怨於人民。受侮於夷狄。則豈獨一奸人爲之哉。原情定罪。莫重於奥主。而奸人次之。己未上皇帝書。

天命人事常判然不相侔。而前言往傳動必以天爲訓者。人雖藐。然萬物備於我。苟爲凡民則已。大之爲聖賢。秀之爲士。天地民物。孰非一己之責。任重致遠。皆性命之當然也。上丞相書。

某聞古者家有塾。黨有庠。士生其時而爲師者。非其家之父兄。則其鄉之所與也。是以不獨屑屑於言語文字之末。而聖賢誠正脩齊之學蓋在所法焉。與孫子載書。

今天下大勢所以削弱不支。實坐於文物制度之密。區區直欲割去繚繞。使内外手輕腳便。如此而後可以立國中。回聶吉甫。

非有志念不足以洗寃澤物。非有力量不足以懲暴詰姦。賀翁丹山兼憲。

取士於天下。將以爲天下用。人之常情。其窮也不爲利疚。則其達也不可以非義屈。後之臨大節。斷大事。決非異時簞食豆羹見於色者之所能也。吉州州學貢士莊記。

夫在上有師道。則在下有善人。脩於家有正學。則天子之庭有眞儒。衡州耒陽縣進士題名記。

爲臣忠。爲子孝。出於夫人之心。内有不待學而知勉而行者。古之人行乎忠孝之實。而不必以名知於人。此人道之自然也。若夫處時之變。遭事之不幸。始有不得已而忠孝之名歸焉。則亦有可憫者矣。忠孝提綱序。

陰陽大化。絪縕磅礴。人得之以生。其爲性不出乎剛柔。而變化氣質則在學力。送彭叔英序。

凡道各有入處。凡學各有悟處。程氏以敬。張氏以禮。示人以從入也。而游於程張氏之門者。或得於靜坐。或得於主一。或得於去一矜字。悟之不必同也。凡入皆以悟。凡悟皆可入。題賈端老不忘室。

天下危莫危者心。天下樂莫樂者心。操而存之防其危。優而柔之會其樂。題張德從畏心堂。

乾稱進德者三。而象曰。天行健。君子以自强不息。聖人復申之曰。終日乾乾行事也。君子之所以進者無他。法天行而已矣。進者行之驗。行者進之事。進百里者吉行三日。進千里者吉行一月。地有遠。行無有不至。不至焉者。不行也。非遠罪也。題戴行可進學齋。

易象雲者二。一以爲君子用世之象。一以爲君子樂天之象。易於進退行藏之義。各有攸當。跋番陽徐應明梯雲帙。

命者令也。天下之事至於不得不然。若天實使我爲之。此之謂令。而自然之命也。自古忠臣志士立大功業於當世。往往適相解后。而計其平生。有非夢想所及。蓋不幸而國有大災大患。不容不出身扞禦。天實驅之。而非夫人之所欲爲也。當天下無事。仕於是時者。不見兵端。豈非命之至順。蓋至於不得已而用兵。犯危涉險。以身當之。則命之參差爲可閔矣。士大夫喜言兵。非也。諱言兵。亦非也。如以爲諱。則均是臣子也。彼有王事鞅掌。不遑啓居。至於殺身而不得避。是果何辜。吾獨何爲而取其便。如以爲喜。則是以功業爲可願。鰓鰓然利天下之有變。是誠何心哉。是故士大夫不當以爲諱。亦不當以爲喜。委質於君。惟君命所使。君命卽天命。惟無所苟而已。跋彭叔英談命録。

夫川之水。道之體也。山之泉。性之象也。故善盡道者。以敬而操存之。則猶之川而不息焉。善盡性者。以敬而涵育之。則猶之泉而不雜焉。蓋有欲則息。惟敬爲能不息。有欲則雜。惟敬爲能不雜。

川上之事。純亦不已。誠者之天也。泉猶性也。泉動而出。猶性動而爲情也。是則有幾焉。誠無爲。幾善惡。始以敬而持此幾。終以幾而達此誠。則山泉其川水之源。川水其山泉之流。會而通之。混然一貫。故曰。敬者。聖學成始而成終者也。以上吴郎中山泉説。

自漢儒以大中訓極。而極之流遂爲苟容。至先儒以極爲四外標準。而學者始知極。自唐儒以博愛謂仁。而仁之道遂爲小惠。至先儒以仁爲包四德。而學者始識仁。自漢晉以來。有恕己恕人之説。而恕之弊遂爲姑息。至先儒以恕爲如心。而學者始明恕。聖人浸遠。道學無傳。於是漢人之中庸。唐人之模稜。皆足以自附於此三字之義。天下之不見聖久矣。尙賴伊洛諸君子出。而抉聖經千載之祕。而後之學者。遂得襲其遺餘。以求進於道。

案傳專言恕者。其事有二。子曰。己所不欲。勿施於人。大學言。上下前後左右有絜矩之道。

此言如愛己之心而愛人者也。大學言。有諸己而後求諸人。無諸己而後非諸人。此言如治己之心而治人者也。然而如愛己之心而愛人。則先儒必歸之窮理正心。如治己之心而治人。則先儒必以强於自治爲本。蓋未能窮理正心。則吾之愛惡取舍未必得正。而推己及物亦必不得其當。然未能强於自治。則是以不正之身爲標的。將使天下之人皆如吾之不正。而淪胥以陷。則吾之爲恕者。豈不相遠。而吾夫子所謂終身可行者。豈若是哉。故夫論語一貫之恕。中庸違道不遠之恕。又必以忠並言。蓋惟忠而後所如之心無往非正。而凡窮理正心。强於自治。皆求以不悖乎忠而已也。抑予聞之。論語之忠恕。至誠無息而萬物之各得其所也。聖人之事中。中庸之忠恕。盡己之心而推以及人也。學者之事也。吾儕小人。由前之所以用力者。求以進於中庸之忠恕。則聖人忠恕之天。豈曰己之非薄。而無足以進諸曾子之唯哉。以上徐應明恕齋説。

百聖在天。六經行世。譬之五穀。皆美種也。錢鎛必庤。茶蓼必薅。既堅既好。實穎實栗。不然署閩蜀之蹲鴟。拾燕趙之棗栗。而吾未嘗不飽也。嗚呼。此豈樂饑常法哉。勉耘説。

聖賢豈别一等天。人爲之。苟有六尺之軀。皆道之體。不可以其不可能。而遂自暴自棄也。徐晞程名説。

其以深衣爲吉服。則今之緇冠爲不必易也。如其以爲凶服。則受弔者固當以檀弓練冠爲法。而往弔者亦須如之。玄冠不以弔故也。深衣吉凶通服説。

天文者。人君之一鏡也。觀鏡可以察妍媸。觀天文可以察善否。熙朝殿講周易賁卦。

爵禄之石。厲世磨鈍。頑夫奔走。廉隅蕩盡。中流之柱。障山回瀾。巖巖具瞻。千古如山。嗟今之人。模稜義利。金銀銅鐵。攬爲一器。淬去穢濁。刮出光明。他山之石。有如斯銘。彭叔英砥齋銘。

附録

自爲童子時。見學宫所祠鄉先生歐陽修楊邦乂胡銓像皆謚忠。即欣然慕之曰。没不俎豆其間。非夫也。

除祕書省正字。劉後村行誥辭云。掄魁登瀛。故事也。然始進大率以虚名。既久乃知其實踐。爾則異於是。初以遠士奉董生之對。繼以卑官上梅福之書。天下誦其言。高其風。知爾素志不在温飽。麟臺之召。其來何遲。語有云。居大名難。又云。保晚節難。爾其厚養而審發之。使輿論翕然。曰。朕所親擢敢言之士可。

文山即事詩云。宇宙風煙闊。山林日月長。開灘通燕尾。伐石割羊腸。盤谷堪居李。廬山偶姓康。知名總閒事。一醉棹滄浪。

由循州駐南嶺。元將張宏範兵奄至。衆不及戰。丞相倉皇出走。爲千户王惟義所執。厓山破。軍中置酒大會。宏範勸之降。丞相泣曰。國亡不能救。死有餘罪。况敢有二心乎。宏範義之。遣使護送入燕。拘兵馬司者四年。

過零丁洋詩云。辛苦遭逢起一經。干戈落落四周星。山河破碎風拋絮。身世飄搖雨打萍。皇恐灘頭説皇恐。零丁洋裏歎零丁。人生自古誰無死。留取丹心照汗青。

又憶太夫人詩云。三生命孤苦。萬里路酸辛。屢險不一險。無身復有身。不忘聖天子。幾負太夫人。定省今何處。新來夢寐頻。

又先太師忌日詩云。萬里先人忌。呼號痛不天。遺孤餘二紀。曠祀忽三年。永恨邱園隔。遥憐弟妹圓。義方如昨日。地下想興然。

又哭妻文云。烈女不嫁二夫。忠臣不事二主。天上地下。惟我與汝。嗚呼哀哉。

雲濠謹案。仁和錢越訂正先生紀年録。載歐陽夫人得疾。問浣婢索衣上舊香囊曰。此伴吾未嘗須臾離也。落齒時得之父母。祭文云云得之丞相。吾死。必仍懸吾心前。將以見吾父母。見吾夫于地下。而無媿也。

自序指南録後曰。嗚呼。予之及於死者。不知其幾。詆大酋當死。駡逆賊當死。與貴酋處二十日。爭曲直。屢當死。去京口。挾匕首以備不測。幾自剄死。經北艦十餘里。爲巡船所物色。幾從魚腹死。眞州逐之城門外。幾徬徨死。如揚州。過瓜州揚子橋。竟使遇哨。無不死。揚州城下。進退不由。殆例送死。坐桂公橋土圍中。騎數千過其門。幾落賊手死。賈家莊幾爲巡徼所陵迫死。夜趨高郵。迷失道。幾陷死。質明避哨竹林中。邏者數十騎。幾無所逃死。至高郵。制府檄下。幾以捕係死。行城子河。出入亂屍中。舟與哨相後先。幾邂逅死。至海陵。如高沙。常恐無辜死。道海安如皋凡三百里。北與寇往來其閒。無日而非可死。至通州。幾以不納死。以小舟涉。鯨波出。無可奈何。而死固付之度外矣。嗚呼。死生晝夜事也。死而死矣。而境界危惡。層見錯出。非人世所堪。痛定思痛。痛何如哉。

又曰。嗚呼。予之生也幸。而幸生也何爲。所求乎爲臣主辱。臣死有餘僇。所求乎爲子。以父母之遺體行殆而死有餘責。將請罪於君。君不許。請罪於母。母不許。請罪於先人之墓。生無以救國難。死猶爲厲鬼以擊賊。義也。賴天之靈。宗廟之福。修我戈矛。從王於師。以爲前驅。雪九廟之恥。復高祖之業。所謂誓不與賊俱生。所謂鞠躬盡力。死而後已。亦義也。嗟夫。若予者。將無往而不得死所矣。向也使予委首於草莽。予雖浩然無所愧怍。然微以自文於君親。君親其謂予。何誠不自意。返吾衣冠。重見日月。使旦夕得正邱首。復何憾哉。復何憾哉。

自序集杜詩曰。昔人評杜詩爲詩史。蓋其以詠歌之辭。寓紀載之實也。而抑揚褒貶之意。燦然於其中。雖謂之史。可也。予所集杜詩。自予顛沛以來。世變人事。概見於此矣。是非有意於爲詩者也。後之良史。尙庶幾有攷焉。

王深寧困學紀聞曰。文宋瑞指南録爲或人賦云。悠悠成敗百年中。笑看柯山局未終。金馬勝遊成舊雨。銅駝遺恨付西風。黑頭爾自誇江總。冷齒人能説褚公。龍首黄扉眞一夢。夢回何面見江東。原注。南齊樂預謂徐孝嗣曰。人笑褚公至今齒冷。謂褚淵也。

鄭所南文丞相敘曰。藝祖曰。宰相須用讀書人。大哉王言。直驗於三百年後。

又文丞相贊曰。忠烈之氣。上屬於天。日月晶明。天地無慾。忠烈之氣。下蟠於地。草木光潤。地道咸利。人道差忒。天亂地惑。通之爲夜。一氣悽惻。公之大名。與國一德。乾坤或毁。大宋無極。

徐世隆挽文丞相曰。大元不殺文丞相。君義臣忠兩得之。義似漢皇封齒日。忠於蜀將斫頭時。乾坤日月華夷見。海嶺風霜草木知。只恐史官編不盡。老夫和淚寫新詩。

鄧中齋文丞相贊曰。目煌煌兮疏星曉寒。氣英英兮晴雷殷山。頭碎柱兮璧完。血化碧兮心丹。嗚呼。孰謂斯人不在世間。

謝皋羽書文山卷後詩曰。魂飛萬里程。天地隔幽明。死不從公死。生如無此生。丹心渾未化。碧血已先成。無處堪揮淚。吾今變姓名。

林霽山讀文山集詩曰。黑風夜撼天柱折。萬里風塵九溟竭。誰欲扶之兩腕絶。英淚浪浪滿頸血。龍庭戈鋋爛如雪。孤臣生死早已決。綱常萬古懸日月。百年身世輕一髮。苦寒尚握蘇武節。垂盡猶存杲卿舌。膝不可下頸可截。白日不照吾忠切。哀鴻上訴天欲裂。一編千載虹光發。書生倚劍歌激烈。萬壑松聲助幽咽。世間淚灑兒女别。大丈夫心一寸鐵。

楊仲宏題文丞相書梅堂詩曰。大廈就傾覆。難以一木支。惟公抱忠義。挺然出天姿。死既得所處。自顧乃不疑。惻愴大江南。名與日月垂。我行見遺墨。再拜墮涕洟。名堂有深意。亦惟歲寒枝。可知平昔心。慷慨非一時。峩峩著棟宇。昭昭示民知。勿使風雨敗。永慰千古思。

許圭塘序文丞相傳曰。丞相文公。少年趋厲。有經濟之志。中爲賈沮。徊翔外僚。其以兵入援也。大事去矣。其付以鈞軸也。降表具矣。其往而議和也。冀萬一有濟爾。平生定力。萬變不渝。父母有疾。雖不可爲。無不用醫藥之理。公之語。公之心也。是以當死不死。可爲卽爲。逸於淮。振於海。眞不可爲矣。則惟有死爾。可死矣而又不死。非有它也。等一死爾。昔則在己。今則在天。一旦就義。視如歸焉。光明俊偉。俯視一世。顧膚敏祼將之士。不知爲何物也。推此志也。雖與嵩華增高可也。

王忠文記丞相畫像曰。自古人臣。秉忠執節。以身死國者有之矣。然未有盛於公者也。觀其從容蹈道。慷慨就義。天地可易而志不改。金石可變而操愈堅。其視死如歸。誠有非苟然者。人孰無死。惟死得其所。故雖死而不泯。公之死。有繫於三綱五常爲甚重。是可謂能處死矣。豈非死得其所者歟。

謝山鮚埼亭詩集揚州石刻文信公畫像歌序云。正德十年。壽光劉侍郎御徵甫所勒。其序云。得之揚州文公苗裔也。乾隆八年。揚人陸君鍾輝乞予作歌。歌曰。西湖天水盡冥冥。白雁飛過無堅城。盧陵相公脱虎口。來向淮南謀集兵。可憐吴會少淨土。剩餘揚州眞州雙柱撐。李公苗公雙忠貞。揮戈欲挽虞淵旋。相公此來會逢適。合從或可緩頬成。兩淮全力足恢復。所仗元老爲主盟。此策果成事難料。三宫未必向北平。豈知反閒忽横生。李公旣心動。苗公空淚零。相公變作劉洙行。參從寥寥杜大卿。天教孤臣不遽死。蘆中丈人艤舟迎。將無岷江之神靈。神靈幸脱相公死。兩淮從此莫扶傾。李公頸血碧。苗公寨火青。夏貴老奴竟輸誠。

神傷閒關出百死。再入甌閩開行營。空坑戰敗五坡縶。燕市三年目未瞑。魂隨陽鳥返沙汀。李公苗公迓九京。一慟褰裳朝穆陵。百年潦盡寒潭清。匡山哀歌滿祠亭。淮南俎豆亦爭馨。壽光柱史扶世教。繪圖勒石昭精英。孫枝一葉尚足徵。定是惠州太守老雲礽。相公自具大光明。那須異人傳慧燈。不是神夢告髮繩。至今須眉還崢嶸。我歌足當廟碑銘。

附録

補 博士劉須溪先生辰翁

梓材謹案。先生嘗登江丞相之門。見程雪樓集致樂堂記。

陳定宇曰。須溪江古心之愛友。文字有好議論。惜無全篇純雅者。其學不自朱子來。是其天資高。後來漸漸迂僻。如註杜詩。多説得迂晦。教人費力解説。可怒。其人好怪。父喪七年不除。以此釣名。

補 侍郎鄧中齋先生光薦

梓材謹案。先生本名剡。字光薦。見辟疆園宋文選。

附録

文文山爲作東海集序曰。東海序者。友人客海南以來詩也。海南詩而曰東海集者何。魯仲連天下士。友人之志也。友人自爲舉子時。已大肆力於詩。於諸大家皆嘗登其門而涉其流。其本贍。其養鋭。故所詣特深到。余嘗評其詩。渾涵有英氣。鍛鍊如自然。美則美矣。猶未免有意於爲詩也。自喪亂後。友人挈其家。避地遊宦嶺海。而全家燬於盜。孤窮流落。困屯萬狀。然後厓山除禮部侍郎。中且權直學士矣。會南風不競。御舟漂散。友人倉卒蹈海者再。爲北軍所鈎致。遂不獲死。以至於今。凡十數年間。可驚可愕可悲可憤可痛可悶之事。友人備嘗。無所不至。其慘戚感慨之氣結而不信。皆於詩乎發之。蓋至是動乎情性。自不能不詩。杜子美夔柳子厚柳州以後文字也。

縣令王先生義端

王義端字元剛。富州人。受經於廬陵歐陽巽齋。與兄義山俱有名。以恩監江陵白水鎭。遷武岡綏寧令。文丞相起兵江西。辟與幕議。曰。事已至此。去將安歸。涕泣謝之。自是終其身不出。或勸之仕。曰。我不能死。可復仕乎。程雪樓集。

聶先生□

聶□字吉甫。號心遠先生。□□人。與解莊山文文山同師歐陽巽齋。文山家居時。先生主其家爲西塾師。解春雨集。

解莊山先生夢斗別見清江學案補遺。

趙先生孟僴

趙孟僴。黄巖人。宋宗室。嘗遊廬陵歐陽守道劉辰翁之門。文丞相開浙西閫。以從事辟之。偕行僅五十日而宋亡。先生遂隱爲道士。又爲僧。因自號爲三教遺逸。所著有湖山汗漫集。姓譜。

附録

文文山卒。爲文祭之。慟絶復蘇。臨終口占曰。王室之裔。文山之客。千古忠赤。拱手而逝。

户部戴剡源先生表元詳見深寧學案。

□玉谿先生□别見槐堂諸儒學案補遺。

文山講友

補張先生千載

梓材謹案。屈氏習是編載。先生名一鶚。云。文山遇刑日。即竊其首。藏之他所。繼收其骸骨。火化而歸。先一日。文山之子夢父言。吾之體骨。感一鶚帶還矣。已而果至。後人謂。生死交情。千載一鶚。先生之名。殆因是而互異耶。

王自觀先生幼孫别見象山學案補遺。

文山同調

侍郎鄒先生渢

鄒渢字鳳叔。吉水人。後徙永豐。少慷慨有大志。從文文山勤王。補武資至將軍。益王立。領江西招諭副使。聚兵寧都。復興國永豐二縣。進兵部侍郎兼江東西處置副使。及永豐敗。從文山間關嶺道。未幾。復出開督府。分司永豐興國境上。北兵驟至。脱身走潮州。及文山被執。亦自殺。當是時。從文山勤王死事者。渢與劉子俊等凡十有九人。宋史。

機宜劉先生子俊

劉子俊字民章。廬陵人。嘗中漕試。少與文山同里。相友善。文山開督府興國。先生詣府計事。補宣教郎。帶行軍器監簿。兼督府機宜。空坑兵敗。先生收兵保洞源。接應郡縣。尋入廣。與元兵遇。戰敗。復招集散亡。與鄒渢同趨潮州。文山兵敗。被執。自詭爲文山。意使元兵不窮追。文山可間走也。未幾。別隊執文山至。相遇於途。各爭眞贋。至大將至。始得其實。乃烹先生。宋史。

府簿劉先生沐

劉沐字淵伯。廬陵人。文山隣曲也。文山好奕。與之對奕。窮思忘日夜以爲常。及起兵。辟補宣教郎。督府機宜。文山出使。領兵還。文山歸。開府南劒。先生收部曲來會。改授太府寺主簿。專將一軍。爲督府親衛。會空坑兵敗。被執至豫章。父子同日死焉。生性沈實而圜機。晝夜應酬。亹亹不倦云。宋史。

縣令孫先生㮚

孫㮚字實甫。吉州龍泉人。獻簡公抃之後。文山長妹壻也。雲濠案。文山長妹名懿孫。文山起兵。檄先生招忠義士。補宣教郎。帶行監官告院。知龍泉縣。文山擁兵出贛。里人奉先生復龍泉。拒守不下。尋爲叛者所陷。宋史。

縣令彭先生震龍

彭震龍字雷可。永新人。文山次妹壻也。雲濠案。文山次妹名淑孫。文山起兵。補宣教郎。帶行大社令。知永新縣。會文山出使被執。先生遁歸。吉州已失。乃結峒獠起兵。文山兵出嶺。先生接應。復永新。元兵至。爲親黨所執。至帥府。要斬之。宋史。

忠節陳先生繼周附子楶。

陳繼周字碩卿。寧都人。淳祐三年貢於鄉。以捕盜功行。未奏名。授廉州司法。歷知永豐高安衡陽縣。咸淳十年。詔徵勤王。文山方守贛州。即日舉兵。造先生問計。先生慨然爲具言閭里豪傑子弟與凡起兵之處。其爲方略甚詳。於是留先生幕中。晝夜調度。授先生江西安撫司準備差遣。率贛士以從。先生雖弱不勝衣。而年德有以服人。士視爲父兄。進止疾徐惟指呼。無敢先後。

詔改先生合入官。帶行監文思院。差充江淛制置司主管機宜。及元兵已下贛。先生挈兵於農。將以有爲。贛州總管先事襲先生父子。殺之。贈敷文閣待制。謚忠節。次子棨。從文山攻江西。病死。宋史。

少卿陳先生龍復

陳龍復。泉州人。與文文山同登第。歷官太府少卿。文山開府南劍。分司潮州。積糧治兵。文山賴之。及移屯。爲元兵所襲。死焉。姓譜。

梓材謹案。先生號清陂。文山集杜詩稱其沈厚朴茂。有前輩風流。平生所歷州縣。皆以清儉著名。蓋其不免時年七十三云。

朝奏張先生唐詳見南軒學案。

敢勇張先生雲

張雲。吉州人。嘗爲敢勇將。文山師入衛。嘗隸麾下。及文山以使命被執。乃引兵自婺建劒汀取道歸。時吉州已降。謀興復。夜襲元兵。質明猶戰。渴赴水死。明一統志。

修撰張先生汴別見槐堂諸儒學案補遺。

環衛呂先生武

呂武。太平洲步卒也。文山出使。應募從行。偕脱鎮江之難。沿淮東走海道。賴其力爲多。

文山開府南劒。以前功補官。遣之結約州縣起兵相應。道阻。復崎嶇數千里卽文山於汀梅。挺身患難。化賊爲兵。以環衛官將數千人出江西。以遇士大夫無禮。死於横逆。一軍揮涕而葬之。蓋其忠鯁出天性。不避强禦。而好面折人過。多觸忌諱。故及於禍云。宋史。

承宣鞏先生信

鞏信。安豐軍人。爲荆湖都統。沈勇有謀。本隸蘇劉義部曲。文山開督府。劉義以之請文山。官至團練使。同督府都統制。江西招討使。初至都府。文山以義士千人付之。則曰。此輩徒累人爾。乃招淮士數千自隨。文山自興國趨永豐。元兵追其後。戰於方石嶺。中數矢。傷重不能戰。自投厓石而死。土人葬之。顏色如生。贈清遠軍承宣使。立廟旌之。宋史。

督幹蕭先生明哲

蕭明哲字元甫。泰和人。性剛有膽氣。明大節。少舉進士。文山開府汀州。辟充督幹架閣監軍。師出嶺。先生以贛縣義民復萬安。連結諸砦拒守。兵敗。被執不屈。死於隆興。宋史。

司農杜先生滸別見南湖學案補遺。

檢院林先生琦

林琦。閩人也。德祐二年。元兵既迫臨安。先生於赭山結集忠義數千人。捍禦海道。以功補宣教郎。督府主管機宜文字。充檢院。文山開府南劒。佐其幕。先生外文采。内忠實。數涉患難。

無怨懟辭。及潮州移屯。俱被執。至建康。以憂憤死。宋史。

幕書蕭先生資

蕭資。吉水人。丞相幕下書吏。通文墨。丞相入廣。於患難中扶持甚至。及空坑兵敗。護衛太夫人全督府印有功。潮陽移屯。與元兵遇。死之。吉州正氣録。

典樞徐先生臻

徐臻。温州人。父官河南。德祐元年春。往省。以道阻。會文山勤王。往依之。以筆札典機密。小心精練。文山被執。先生脱難復來。願從文山北行。扶持患難。備殫忠款。至隆興病死。宋史。

梓材謹案。文山全集集杜詩卷作正將徐榛。

都監金先生應

金應。吉水人。以筆札往來文丞相門下二十年。從丞相勤王。授兵馬都監。丞相被執。左右皆散。先生上下相隨。更歷險難。奔波數千里。及脱走鎮江。以憂憤死。吉州正氣録。

梓材謹案。文山指南録稱其性烈而知義。

附録

文山哭金路分詩曰。明朝吾渡海。汝魄在他鄉。六七年華短。三千客路長。招魂情黯黯。歸首事茫茫。有子應年長。平生不汝忘。

縣令何堅白先生時

何時字了翁。樂安人。文信公同年進士也。入江西轉運司幕。遷臨江軍司理參軍。改知興國縣。信公起兵。辟署帥府機宜。帶行監文思院。信公入衛。先生留司。吉州下。先生脱身歸鄉里。益王立。信公開府南劍。先生起兵趨興國接引。聚兵復崇仁縣。未幾。元軍奄至。兵敗。削髮爲僧。竄迹嶺南。賣卜自給。自號堅白道人。宋史。

鄉貢劉先生欽附鞠華叔。顔斯立。顔起巖。

劉欽字敬德。吉水人。鄉貢士。有風節。上下古今。健於議論。行府至汀。先生來就招諭使鄒渢。北軍奄至。死於亂兵。同死者鞠華叔。顔斯立。顔起巖。皆吉之豪傑。吉州正氣録。

梓材謹案。先生號絜維。文山集有賀劉敬德補入太學書。又文山答歐陽祕書承心制説云。此母適劉。生男曰欽。出繼於黄塘劉氏。未知其別一人否。

右科劉先生伯文

劉伯文字政平。吉水人。以武舉賜第。從文丞相勤王。景炎二年。督府駐興國。先生受檄。結約遠近。至袁州仰山廟。爲巡兵所執。搜其行李。得文書甚多。先生慷慨自引。一不以累人。獨斬於市。家屬徙燕。吉州正氣録。

安撫易先生相

易相。廬陵人。官直學士。安撫使。從勤王。復吉贛。駐師廬陵。旬日閒敗於方固石下。死之。吉安府志。

鍾先生寅

鍾寅。廬陵人。文丞相空坑兵敗。與劉欽等合戰死之。吉安府志。

義士梁先生和叔

梁和叔。龍泉人。咸淳盜起。集義兵保障鄉里。後文丞相領兵討賊。先生傾貲運餉。賊平。丞相曰。此非吾之能。乃汝之功也。吉安府志。

縣尉陳先生應乙

陳應乙。吉水人。公安縣尉。因忤賈似道。乞歸。後從文丞相勤王有功。吉安府志。

計議劉先生鉻

劉鉻。永豐人。咸淳進士。素以節義自許。元兵入臨安。三宮北遷。先生撫膺大慟。既聞益王即位於福州。乃徒步至行在。從文丞相勤王。授軍前計議。後與元兵戰歿於陣。邑志。

招討方先生興

方興字義軒。臨湘人。宋亡。與張世傑文天祥共圖恢復。以功加招討使。死厓山之難。一統志。

義士張先生瑛

義士張先生珩合傳。

張瑛。張珩。皆吉水人。周貧三十餘年。丞相募義士勤王。先生兄弟從募。俱死於兵。吉安府志。

招討錢先生申叟附弟翔龍。

錢申叟名淵龍。吉水人。文丞相勤王。以先生爲招討副使。率兵復泰和。會元帥李恒遣偏師至。力戰鍾步。與弟翔龍同日死之。丞相被執北行。過戰場。爲文祭之。吉安府志。

忠義吴先生希奭

吴希奭。安福人。梓材案。督府忠義傳作攸人。云其先世積善急義。鄉里德之。文丞相起兵。自以名通於督府。聚衆數千。復袁州萍鄉。與北兵會。據險待命。以衆寡不敵。一門三十口俱死。吉州正氣録。

參謀胡先生文可附弟文静。

胡文可字可山。泰和人。有謀略。便騎射。文丞相起兵。先生從之參謀。禮爲上賓。先一夕。

丞相夢火。爲更名夢炎。丞相敗。先生亦被執。脱歸後。集兵赴難而死。其弟文靜。先授提督。時無敢拒北兵者。拒卽屠。而泰和已下。乃招致。文靜不屈曰。寧死不負趙氏。竟死之。而一家屠。吉安府志。

通判熊先生桂

熊桂。湘潭人。咸淳十年進士。通判贛州。年七十餘。與趙璠張唐同起兵復衡山等縣。明年。督府文丞相兵敗。人心失望。元行省兵復陷所復諸縣。先生被害。并屠其家。督府忠義傳。

縣尉王先生夢應

王夢應字聖與。攸人。咸淳甲戌進士。調廬陵尉。與陳子全等通於督府。文丞相復萍鄉縣。袁州總管遣來萬户舉兵來爭。先生率數百人遇於明州嶺。戰數合。北軍敗。走未幾。益兵再大戰。北軍又遁。餘兵奔袁州。會傳永新兵敗。督府師潰。其衆亦潰。先生竄歸。收淮潭散遺舊兵。己卯春。匡山已亡。乃率數百人閒行入永新境。依顏明叔。後其衆復散。先生母妻兒女皆歿。惟一身存。督府忠義傳。

譚先生端伯

譚端伯字應元。茶陵人。文山舉兵勤王。先生率族衆應之。文山與之劄曰。湖南九郡。爾實統之。後爲元兵所獲。令其供狀。先生書曰。兩手撥開南浦雲。人誰似我。一口吸盡西江水。我自擔當。竟不屈而死。楚紀。

縣尉梅裕堂先生寬夫別見滄洲諸儒學案補遺。

成忠桂先生子恭

桂子恭字伯允。貴溪人。以破蔡功。授瑞州都監。謝疊山貽書文山曰。子恭忠鋭沈鷙。許國馳驅。志大而任不稱。尋從孟洪朝陵寢。洪閲其行槖。惟習氣説一帙。洪入朝奏其忠潔。遷洪吉臨三府都延使。授成忠郎。卒。江西通志。

邑博王先生奕別見存齋晦靜息庵學案補遺。

架閣吴先生名揚

吴名揚字叔瞻。金溪人。咸淳進士。文信公勤王。拔置賓幕。奏除禮兵二部架閣。踴躍赴義。意氣傾動一時。江西通志。

縣令薛先生魁祥附顧近仁。

薛魁祥字壯行。平陽人。有文行。登咸淳進士。授淳安尉。宋革命。遂棄官。在汀著書。辟連江宰。不就。每與文文山言及宋祚。輒欷歔流涕。其忠憤見於詩辭。有河渚詠史等作。同郡顧近仁字力行。才器雋邁。亦以革命不仕。學者尊之曰江南先生。有詩萬餘首。名小慚集。温州舊志。

侍郎徐先生卿孫

徐卿孫字麒仲。梓材案。文山集作麟仲。清江人。在宋起身儒科。即以治縣最當時升朝。一再遷爲御史。爲諫官。垂三年。初見。即以勵人才。飭軍政。結民心三事爲告。繼是累十百疏。反覆諄切。無非論邊之日取足謀帥。而拔李芾於久廢。薦文天祥於列郡以襄事。而陳李庭芝之決不可用。卽責時宰陳宜中循行故事如坐而待亡。官至尚書兵部侍郎。元文類。

張哲齋先生和孫

張和孫號哲齋。臨海人。文丞相自通州泛海過其家。爲題綠漪堂。有清風隨地到。直節與天通之句。且約其舉義。先生欣然聚海艘。移檄召募。後張宏範至。見壁閒檄。捕得之。先生曰。吾生爲宋民。死爲宋鬼。遂遇害。台州府志。

都將牟北藜先生大昌附從子天與。

牟大昌字逢明。號北藜。黄巖人。性忠義。驍勇絶倫。宋末。應文信公義檄。與姪天與聚兵勤王。浙東提刑杜淵聞其賢。辟爲都將。天與副之。未幾。元陷台州。率衆禦之。題其幟曰。大宋忠臣牟大昌義兵。今起應天祥等語。遇於黄土嶺。力戰而死。元兵屠其家。台州府志。

趙先生時賞

趙時賞字宗白。和州宗室也。居太平州。咸淳元年進士第。知旌德縣。德祐元年。北軍至境。

先生擁民兵捍戰有功。升直寶章閣軍器太監。從二王入閩中。益王卽位。擢知邵武軍。未幾。言者以棄城論罷之。文丞相開都督府於南劍。奏辟參議軍事江西招討副使。與宗室孟濚提兵趣贛州。取道石城。復寧都縣。數以偏師當一面。戰比有勝。先生風神明俊。議論慷慨。有策謀。尤爲丞相所知。及空坑之役。兵敗走吴溪。爲追兵所執。不屈。死之。宋史。

吴先生文煥

林先生楝合傳。

吴文煥。官督府架閣。林楝。官督遣。皆閩士。有幹實。宣勞幕府。空坑之敗。被執。尋遇害。文山全集。

謝先生杞

許先生由合傳。

李先生幼節合傳。

謝杞。官督機祕書。許由。李幼節。並官督幹架閣。閩士之秀。皆登科祕書太學名士。空坑之敗。不知所終。文山全集。

僉書蔡先生蒙吉附師侯安國。

蔡蒙吉。程鄉人。生而穎悟。八歲能背誦五經。從福建鄉貢進士侯安國學春秋。了其大義。登寶祐四年進士第。授從政郎。韶州司户兼司法。未上而値世變。郡守湯執中檄權梅州僉書事義兵總督。德祐二年冬。元招討使易正陷梅州。先生被執。正大舉兵趨潮州。羈先生於興寧。使其下陳一元權知興寧。守之。先生駡曰。吾知盡忠報國耳。詎肯苟生耶。爲一元所殺。暴其尸三日。顔色不變。一元異而瘗之。時年三十有二。明年三月。文信國復梅州。嘉其忠。爲文祭之。收骸骨歸葬其鄉。廣東戴志。

樞密陳蓮峯先生肅

陳肅字文端。海陽人。宋末。避亂鮀江。教授蓮花山下。講明正學。文文山過潮。召見。與語。奇之。檄爲參謀。不就。至元初。以賢良應聘賜第。舉署總管府事。累遷樞密同知。卒。所著有蓮峯集。廣東黄志。

附傳　張先生履翁

顏先生斯理合傳。

張履翁。顏斯理。俱永新人。與彭震龍同舉義兵。歃血城守。值元兵突至。有劉磐者爲内應。城遂破。三人被執不屈。同時死之。里人稱三姓爲勤王忠義之家。吉安府志。

上舍鍾先生克俊

鍾克俊。龍南人。轉運使仲之後也。國學上舍生。聞三宫北遷。糾集義旅。知勢不可爲。登馬祖巖。遥望中原。悲歌賦詩。有自許有身埋漢土。終憐無淚哭秦庭之句。遂赴龍頭江而死。人物志。

教授杜帶溪先生抑之附師李梅亭。

杜抑之字伯陽。號帶溪。崇仁人。李梅亭高第。嘗官教授。文山之弟之師也。文山與書云。吾弟一出。幸無他。微執事教訓。何以臻此。文山文集。

劉鄧講友

奉訓楊先生壯行

楊壯行字伯學。眉山人。參知政事棟之曾孫。自父南安路總管公畿居廬陵。先生倜儻。好學問。喜交游。一時名人若鄧中齋劉辰翁皆忘年與之游。以父廕除修武校尉。至廣西慶遠南丹安撫司經歷。以疾告老。授奉訓大夫。衡州路管府判官。致仕。道園學古録。

文氏家學

教諭文先生天禎

文天禎。廬陵人。丞相兄也。寶祐間。鄉舉署廣濟學教諭。造士有方。士風丕變。宋亡。丞相死節。先生不仕。寓廣濟之五里橋東。家世業儒。湖廣流寓志。

元剛學侶

提學王稼村先生義山

王義山字元高。富州人。學工詞賦。宋景定進士。知新喻縣。歷永州户曹。湘潭縣豪與李氏爭田不遂。獻之學。先生引春秋齊人來歸汶陽之田。書來歸者。心悦而歸者也。李非心服。先聖其肯受乎。以還李姓。入元。提舉江西學事。退老東湖之上。環所居皆種蓮。名其堂曰君子。又於先廬之側。扁其所曰稼村。學者稱稼村先生。所著有稼村類稿。江西通志。

稼村遺文

生初古歟。古則三代有之矣。非古也。三代以前。吏皆循。不循吏名。吏皆良。不良吏名。班固稱堯舜文武循吏之效。固自言耳。皆尚書所無有。漢傳循。唐傳良。已不古。傳而祠。又不古。臨江章侯心祠記。

文山家學

隱君文先生應麟附子起東。起南。

文應麟。吉州人。丞相諸孫。倜儻尚志節。景定中。丞相弟璧守惠州。先生與之偕。屢勸璧修城堞。建樓櫓。積蒭蕘糧儲。以嚴守備。璧易其言。及元兵至。竟以城降。先生恥之。攜二子起東起南。遁於東莞之東渚。遂家焉。今其子孫日蕃。爲名族。廣東黄志。

梓材謹案。廣州志云。璧以城降。先生哭曰。城亡與亡。職也。奈何隳家聲。挈其二子。遯於東渚。以事隴畝。深自引匿。終身不至城市云。

文山門人

補上舍王梅邊先生炎午

吾汶稿

臣子之於君父。臨大節。決大難。事可爲則屈意忍死以就義。必不幸則仗大節以明分。故身執而勇於就義。當以杲卿張巡諸子爲正。丞相不死。當有死丞相者矣。死於勢。死於人。以怒罵爲烈。死於怒罵。則肝腦腎腸有不忍言者矣。雖湯鑊刀鋸。烈士不辭。苟可就義以歸全。豈不因忠而成孝。以上並生祭文丞相文。

禮非孔子不議。然漢立原廟。原重也。且廟於所嘗幸郡國。至宣帝時。合一百六十七所。諸陵不與焉。漢不必論也。周公。制禮者也。魯公。周公之後也。周公祀文武於洛邑。魯建公別廟於許田。非耶。此禮之變而厚者也。朱文公以洛祀文武爲得禮之意。漢明帝遺詔無起廟。今文武官之私廟。此有其祀。有其時。有其財者。王珪以寢廟被劾。下至豪門富室。貯聲伎。藏貨賄。列棟連甍。猶以爲隘。誰能爲先人専掃一室者。此禮之變而薄者也。禮以義起。觀過知仁。過而薄。行道之人猶或非之。過而厚。聖人復起。不能禁也。張縣尉舊祠堂記。

附録

揭曼碩書王鼎翁文集後曰。文丞相之死國。必不係於王鼎翁之文。其文見不見又不可知。而鼎翁之志則甚可悲矣。

歐陽原功序吾汶稿曰。王鼎翁。宇宙奇士也。士之趣人以自裁切者。惟朱雲於其師蕭望之。然望之特一身計耳。鼎翁之爲言。爲天下萬世之爲人臣者計也。嗚呼雄哉。

教授趙先生文

趙先生彊合傳。

趙文字惟恭。又字儀可。廬陵人。三貢於鄉。仕南雄府教授。與弟彊同出文丞相之門。嘗從勤王。於軍政多所參決。彊死於軍中。先生請歸養。所著有青山集。江西通志。

梓材謹案。辟疆園宋文選載先生汪泉雲詩序。自稱廬陵青山趙文儀可。

張先生慶之

張慶之字子善。其祖從建康徙吳。先生少有志操。爲舉子業。逮長。棄不習。出入經史百氏。精思績學。擬太玄作測靈。又撰孔孟衍語。絶意仕進。初。文文山知平江。先生齒諸生之列。洎宋亡。集杜詩備述文山平生大節。姓譜。

陳先生子敬

陳子敬。贛州人。以貲雄鄉里。嘗從文文山遊。文山闔汀洲。先生募集民兵。屯皁口據下流。及文山攻贛。先生與合謀。忠效甚著。後不知所終。宋史。

知州繆先生朝宗

繆朝宗。淮陰人。環衛官。知梅州。有忠義。嘗從文文山於平江。文山歸福安。又自婺閒道以從。姓譜。

從仕蕭先生燾夫

蕭先生敬夫合傳。

蕭燾夫。永新人。與兄敬夫俱文山客。先生爲詩。有豪俊氣。文山起兵。補從仕郎。及彭震龍謀復其縣。先生贊之。縣受屠。兄弟俱死之。宋史。

梓材謹案。文山集杜詩。稱先生工詩與字。從余出力久。其兄詩尤豪傑。亦嘗客吾門。是先生兄弟皆文山門人。又文山觀大水記云。時館中有臨川杜伯揚。義山蕭敬天。是敬夫爲文山門人之證。

梅邊講友

簽判劉先生應鳳

劉應鳳字堯舉。梓材案。元作應鳳字克舉。兹從王梅邊生祭文丞相文序語改正。安福人。咸淳癸酉鄉試。明年對大廷。以言忤時相。寘第五。授簽判。元兵逼江南。嘗署建昌軍事。以時事日非。遂隱去。以文自娱。然好尚莊子戰國策。故人謂其文有霸氣。文丞相被執。先生過王鼎翁。對牀賦詩憫之。有天留中子墳孤竹。誰向西山飯伯夷之句。吉州人文紀略。

彭先生逢達

彭逢達字元觀。□□人。王炎午之友也。授徒其里。嘗悵惘如有所失。旦日以卻酒肉告神明爲事。問之則曰。余九歲喪父。而母復失明。居危地。遭厄運。扶擕保抱。教養冠昏。使能挾策四方。皆母廢目中所爲者。今且十二年矣。初謹醫治。望其愈。今不可治。無復望矣。每言罷輒悽斷。一日告炎午曰。日收家報。母鼻左患衂而左目明。未幾。右亦如之。君每爲余有母喜。且爲吾母失明惜。敢不以告。炎午曰。盛彦蠐螬感泣。劉元棄官歸養。而二母廢目爲之瞭然。今子無二子之遭。而母目自開。其必佑於神明。有自來矣。雖然。目本於肝氣。而養於腎水。今以七袠之年。腎水必衰。十二年喪明。其疾已痼。以痼遇衰。明恐其暫。何不亟歸。使母識子。遂取果餌納之袖而亟之歸。又四年而其母卒。吾汶稿。

梅邊同調

文學方存雅先生鳳

縣丞吴全歸先生思齊並詳龍川學案。

隱君嚴高節先生侶詳見木鐘學案。

文山私淑

信先生世昌

信世昌字雲父。東平人。公子無忌之後。嘗爲太常丞。北方之儒也。隸唆都。唆都使伴文山。文山稱其知古今。識道理。中原遺黎。甚惓惓於本朝。作詩見贈云。宗廟有靈賢相出。黔黎無害大皇明。京師爲之傳誦。其大意以爲。高麗地方數千里。昨喪其半遂稱藩。大元喜其不拒。并侵疆歸之。今傳如故。大宋衣冠正統非高麗比。北必不敢無禮於吾社稷也。文山指南録。

龔先生開

龔開字聖子。淮陰人。少負才氣。博學好古。尤邃經術。宋亡。節操孤峻。嘗作文天祥陸秀夫傳。吴萊稱其不減遷固。詩老蒼有骨肉。姓譜。

滕先生塛

滕塛字仲復。婺源人。生宋末。入元。義不仕。嘗求文丞相遺墨。得所書過金陵驛詩。日懸於堂。焚香拜泣。過西湖。拜岳將軍墓。賦詩以攄憤鬱。時稱其學會朱陸而得其同云。姓譜。

須溪門人

户部戴剡源先生表元詳見深寧學案。

攝令劉先生元父□。

劉元字仲元。吉水人。父大庾尉。饒財仗義。建義塾於吉水故城。延四方學者。聘劉須溪先生爲之師。先生爲高弟子。元初。辟爲掾。累攝吉水令而邑大治。日以其暇講學於鄉先生周衡齋。聶心遠。曾古澗。劉介軒。夏靖軒。梁奎峯。解莊山。造詣高明。辭官卒業。解伯中觀我。其壻也。解春雨集。

縣佐易先生立中

易立中字中甫。太和人。少登劉大博先生之門。薰漬膏馥。呻畢弄翰。往往度越流輩。既而以才選從事古豫章郡。調臨川宜春。例陞縣府史之長。得章貢雩都。至縣未及上。以疾卒。吴文正集。

鄧氏門人

補承旨張澮庵先生珪

附録

虞道園誌其墓曰。公資本高明。又輔以學力。積世勳崇。期世其家。以經濟自任。臨事決議。侃侃正色。勇於敢言。千剉萬折。人所不堪。公志不爲少變。而氣益昌。雖貴倖臨之。姦黠侮之。公一以誠慤自處。久之而各失其所恃者多矣。究而論之。蓋古所謂社稷之臣者乎。

徐果齋先生□附子舜輯。

徐□號果齋。出入信庵中齋之門。子舜輯。陸子方送之詩曰。彦霖父子魏公客。持國之兄招不得。豪華落盡漳水流。主人石眠扃醉白。天傾地坼古今愁。浣花窮殺老參謀。窗寒雪壓燈昏夜。門靜蟲吟葉落秋。平生故人渺江浦。誰往省之遺宗武。惜哉赤白兩洪崖。敢道交情棄如土。回舟蘋浦思依依。窗憶桃花鱭鱠肥。竹西騎鶴不可去。西州萬里將安歸。南山之陽木已老。南山之陰木已槁。不信春風吹不蘇。珍重歲寒宜自保。牆東類稿。

梓材謹案。信庵未知何人。豈即信國耶。

聶氏門人

文先生璋

文先生□合傳。

文璋。文山季弟。又從弟佚其名。文山與聶吉甫書云。先人季子生二十年矣。號曰學文。實未知方。有從弟一人。同堂而習。年相若而學相似也。閤下屑與之盟。豈惟二子得以受教云。文山集。

梓材謹案。文山集又有與孫子載書。註云。季弟與從弟從學。又與周德甫云。爲季弟從弟聘。

何氏家學

縣尉何竹洲先生天聲

何天聲字德載。樂安人。了翁時之弟也。舉進士得官。先生夙悟。十二而孤。母兄束之於學。以遂有成。是爲竹洲先生。初尉曲江。干掫有聲。蚤緣伯氏獲識文信公。及在兵間。因相上下。志與事異。幡然來歸。餐英枕石者二十三年而後卒。程雪樓集。

徐氏家學

主簿徐先生必茂附子鑑。

徐必茂字幼學。南昌人。宋侍郎卿孫之子。侍郎自官衡山。居朝所從師皆名當世士。講授經學。涉知源委。家庭因事設教。雖酧接萬變。必本深厚。先生服行唯謹。嘗輯其語。作家傳遺事。以誡子孫。丁侍郎憂。葬祭禮無違者。每之墓所。輒孺慕如初。侍郎有文稿若干卷。燼於火。先生購求百艱。卒校讎爲定本。思弗泯先德。得侑祠於學宮。待侍郎之師友。己所從師子弟。必曲盡恩意。季妹適文丞相之子陞。館屋西偏。情義款洽。研訂經史。日書一事。取切於進修者。夜聚羣從講習。及所著談叢。多要語也。嘗受命尉潭之長沙。主汀洲上杭簿。以母老。不肯晨昏離左右。最後遣其子鑑從師王某。遊京師。得廣交道。益見聞云。鄧巴西集。

鍾氏家學

學正鍾一峯先生柔附師劉震。

鍾柔字元剛。龍南人。宋忠義克俊之子也。生甫一歲。宋初改物。兵燹猶未息。祖母吴氏。母劉氏。挾之走南雄。既長。歸。從鄉先達雷州推官劉震游。融貫經史子集諸家。握筆頃刻千餘言。廣東帥閫及海北廉訪使者交薦之。署雷州學正。辭歸講授。從者數百人。共推尊之。號曰一峯先生。所著書有諸經纂説。易書詩衍義。敝帚集。宋文憲集。

山長鍾先生恕

鍾恕字以行。柔子。至正鄉貢進士。署濂溪書院山長。不赴。篤學勵行。不墜家聲。人物志。

稼村門人

何先生異孫

何異孫。□□人。著有十一經問答五卷。楊東里云。此書爲小學設。所謂十一經者。書詩春秋儀禮周禮禮記論語孝經大學中庸孟子。不及於易者。非小學所及也。經義考。

梓材謹案。四庫全書著録十一經問答。提要舉其第一卷中論論語莫春者。稱王稼村先生於杭州府學講此章。稼村爲王義山之號。義山。宋進士。入元。官江西儒學提舉。何氏及見其講經。則當在元初。據此則先生嘗在稼村講席下矣。

仲元家學

劉先生仕先

劉仕先。仲元子。學於家。解春雨集。

隱君劉章江先生珣附子同。孫均。

劉珣字道章。仕先子。學者稱章江先生。平生未嘗發一非禮之言。鰥居四十年如一日。讀書絶欲。一榻蕭然。君子咸以爲難。少時學易。冬不附爐。夏不揮扇。造次顛沛。書册未嘗去手。

奉親避亂。所至遇盜賊。不忍肆。皆曰。此劉孝子也。誠敬之積。感動人如此。洪武辛亥。有司强舉至京師。以聵辭還。杜門不出。門人子孫受學者教之。子同。克肖隱德。孫均字宗平。嘗夜誦習諸經史性命道德之説。先生亦自誦以助其勤。每至達旦。因命爲縣學生。曰。其以行吾所學焉耳。必勉之。宗平官翰林檢討。解春雨集。

仲元門人

鄉舉解先生觀詳見草廬學案。

蓮峯家學

廉訪陳先生元龍

陳元龍字仲章。文端孫。以經明行修。授福建廉訪使。政聲洋溢。以疾歸隱龜山。闡明濂洛之道。戴希文嘗從學云。廣東黄志。

陳氏門人

隱君戴野民先生希文

戴希文。名昌。以字行。海陽人。博通經史。不樂仕進。自號野民。敦行誼。鄉人宗之。至正間。總管王翰治潮。值寇賊搶攘。學校廢弛。乃聘先生主教事。著有航録行世。廣東戴志。

宋元學案補遺卷八十九目録

宋元學案補遺卷八十九

介軒學案補遺

後學 鄞 王梓材 慈谿馮雲濠 同輯

考水先緒

補 胡易簡先生師夔 父允濟。

胡師夔。婺源人。本出江南李氏。金陵圍急。逃來寄姓爲胡。其子昌義。遂以明經中科。九世至國子司業仲。與汪内翰藻齊名。弟侃亦著書。有棣華集。又三世至先生。父允濟。徙考水。以學行推擇爲鄉校正。先生通五經。尤精易。撰史纂。是爲易簡居士。一門十餘葉緗素相傳。號明經胡氏。戴剡源集。

曹氏先緒

朝奉曹敬齋先生□

曹□號敬齋。清父涇之父。方桐江祭曹朝奉文。稱其有才甚高。有學甚奥。于國可斷。于王可謀。謂科第九世。在其子矣。復塲屋其焉求。身立四朝。田野昇平而閒暇。年登九袠。歲時康健以優游。視太公而過之。與四皓乎爲儔。彼當世之士。勢燄薰天。而聲名掃地。曾未若此之無愧而心休。方桐江集。

黄程門人

補 州判董介軒先生夢程

梓材謹案。元史胡庭芳傳云。初。饒州德興沈貴珤受易于董夢程。夢程受朱熹之易于黄榦。是介軒之得傳于勉齋者。易學也。

附録

張純愚答陳定宇書曰。吾鄉自式車董介軒先生開其源。式車吴菊園先生貢士沈毅齋先生浚其流。提幹許山屋先生。考亭山長朱小翁先生。式車齊怡堂先生兄弟。太常簿汪溪陽先生。主簿胡餘學先生。數老先後相續。不但文辭古雅。而以近思録爲四子之階梯。以四子爲六經之階梯。必使人人習之。邇來雖有較競病弄平仄者。彼自彼。此自此。不相侔也。

槃澗門人

補 董復齋先生琮

雲濠謹案。萬姓統譜言。先生號復齋。慶元間進士。任龍陽簿。明程朱之學。

補 程古山先生正則

梓材謹案。許氏狀程先生時登云。德興槃澗董先生銖。得考亭夫子之傳。其鄉隣有程正則先生。亦私淑考亭之學。似先生別有師承。非卽槃澗弟子也。

附傳

余先生木

余木。德興人。少孤。與弟季芳。力學事母。饒州府志。

張先生葆舒

張葆舒號虛緣。德興人。著有書蔡傳訂誤。江西通志。

胡氏家學

孝善胡先生斗元

詳下朱氏門人。

朱子私淑

補 主簿曹宏齋先生涇

宏齋遺文

徽士自淳祐壬子歲。魏公靜齋克愚來爲守。始知服深衣。蓋由特製賜紫陽生。涇在列焉。靜齋之先君子鶴山先生精于經。是必合法。自是同儕轉相倣慕。人具一通。學校期集。用準襴襆。

以爲簡便。然習而不察。一仰成于縫人。行之且五十年。而予亦六十七歲。耄矣。其不察猶夫人也。陳君壽翁以舊説見教。訓故敘次。若出于其自爲言。而未嘗不本之先儒。要其歸于經意。卒無背也。其爲説字字研審。其大節目則曲裾圓袂之辨。衣裳幅數連屬之當。令人一見渙然。至于以兩句十四字爲續衽鉤邊之訓。酷似孟子説詩。例比呂氏。尤爲峻潔。而鄭氏之云。亦可因是推之。以還本旨。然微壽翁。鄭意晦矣。嗚呼。古大人格物之學也。人人于讀書遇事。平心而玩。觸類而長。如此亦何經之不可窮。何理之不可通。而何事之不可處哉。跋陳壽翁深衣説。

附録

至元中。授紫陽書院山長。招致生徒。創闢學宮。及歸養。不復出。州里士林宗之。

陳定宇曰。宏齋每歸休寧。其族人爭相留款。公曰。喫無錢之酒食。害有益之光陰。遂亟去。

又雲萍小録曰。櫟于先生。自少景慕。不啻水之江。星之斗也。丙申二月入泮。道過長林橋。因納拜謁館下。先生欣然與進。降屈年德。如平生歡。自此相奬借訓誨者甚至。雖慈父哲兄之我愛。良不是過。自丙申至庚子。無歲不見。無月不書。愛之有加焉。無替也。

又祭先生文曰。吾郡鉅儒。方公萬里。疇其亞之。曰曹夫子。三百餘年。沚莪豐芑。長育涵濡。或克有此。止齋之大。晦庵之理。萬選萬中。刃游肯綮。己未别闈。以次名擬。官題小誤。暫尼芳趾。戊辰高科。筮仕方始。使早十年。明堂杞梓。豈近鼎革。句稽而止。此何足言。言聊爾爾。倦仕養親。蘭膳嘉旨。僅長紫陽。爰淑多士。元祐全人。無瑕可指。方之方公。節尤奇偉。不爲公惜。翻爲公喜。學者宗師。斯文統紀。永棟孔堂。願何窮已。忽乃風傳。公疾不起。驚呼失聲。吾願已矣。

曹氏學侶

漕舉鮑先生壽孫

鮑壽孫字子壽。歙縣人。宗巖子。先生早慧。中咸淳漕解第一。時年甫十八。至元丙子。郡將李世達軍叛。郡賊竊發。富者皆不能免。或拽先生父子至賊所。父子爭代死。賊心憐之。顧求索不已。忽大風起叢林間。疑有騎軍至。遂散。父子俱免。歙縣志。

梓材謹案。歙縣志。學校西疇書院在棠樾。宋鮑壽孫。元曹涇。方回。皆講學其中。是先生亦講學者。而獨以宋別之。則先生之節高于曹方矣。

雲濠謹案。先生號雲松。方桐江爲鮑子壽詩集序云。鄉先達丞相程公元鳳奏補君門客。登仕郎前浙東提刑汪公應元。丞相表弟。君祖母夫人乃其姊。教君業童子科。君母吳夫人。乃耨齋鄉先生吳公之女孫。早誨以外家之傳。其文獻所自如此。而加以世德積善云云。可以見其淵源矣。

知州方虛谷回別見西山眞氏學案補遺。

鄉舉陳定宇先生櫟詳見滄洲諸儒學案。

竹洲先緒

丞相馬玩芳先生廷鸞

馬廷鸞字翔仲。樂平人。甘貧力學。里人聘爲童子師。遇有酒食饋。則念母藜藿不給。爲之食不下咽。淳祐進士。調池州教授。以禮帥諸生。累遷太學録。召試館職。時外戚謝堂厲文翁。内侍盧允升董宋臣用事。先生試策。言彊君德。重相權。收直臣。防近習。大與時迕。遷祕書省正字。丁大全雅慕先生。欲鉤致之。先生不爲動。試策稍及大全。及當輪對。大全私謂王持扆往瞯焉。先生素厚持扆。密露大意。持扆紿曰。君猶未改秩。姑託疾爲後圖乎。先生曰。此微臣千一之遭。其何敢不力。持扆以告大全。乃俟對殿門。格不得見。翼日劾罷。宋臣遣八厢貌士索奏稿。稿雖焚。聞者浸廣。忌者愈深。而先生之名重天下。開慶元年。吴潛入相。召爲校書郎。景定元年。兼沂靖惠王府教授。權樞密院編修官。時賈似道自江上還。位望赫奕。先生未嘗親之。遷編修。擢起居舍人。薦士二十人。進中書舍人。歷遷禮部侍郎。咸淳元年。進端明殿學士。三年。同知樞密院事。五年。參知政事。進右丞相。八年。九疏乞罷政。九年。知紹興府。浙江安撫大使。度宗初年。詔詢故老。專以修攘大計叩之趙葵。葵極意指陳。似道作色。先生辭相位。帝惻怛久之。曰。丞相勉爲朕留。先生言。臣死亡無日。恐不得再見君父。然國事方殷。疆圉孔棘。天下安危。人主不知。國家利害。羣臣不知。軍前勝負。列閫不知。陛下與元老大臣惟懷永圖。臣死且瞑目。頓首涕泣而退。自罷相歸。又十七年而卒。所著六經集傳。語孟會編。楚辭補記。洙泗裔編。讀莊筆記。張氏祝氏皇極觀物外篇諸書。宋史。

雲濠謹案。先生著有尚書蔡傳會編。又儀禮本經疏會九卷。經義考並云佚。

碧梧經説

書序自爲一編。故以昔在帝堯起于篇首。後接舜典則曰。虞舜側微。接禹謨則曰。皋陶矢厥謨。禹成厥功。益足證古序自爲一篇。而相續之辭如此。蓋史氏舊文也。今史記序傳。亦自爲一篇。

儀禮爲書。于奇辭奥旨中。有精義妙道焉。于纖悉曲折中。有明辨等級焉。不惟欲人之善其生。且欲人之善其死。不惟致嚴于冠昏朝聘鄉射。而尤致嚴于喪祭。後世徒以其推士禮。而達之天子。以爲殘闕不可考之書。徐而觀之。一士也。天子之士與諸侯之士不同。上大夫與下大夫不同。等而上之。固有可得而詳者矣。周公之經。何制之備也。子夏之傳。何文之奇也。康成之注。公彦之疏。何學之博也。

梓材謹案。前條蓋蔡傳會編中語。後條則先生序儀禮本經疏會也。

愚按。記不隨經。注疏各爲一書。讀者不能遽曉。此猶古易之彖象文言繫辭各自爲書。鄭康成所以欲省學者兩讀而爲今易也。文公于禮書之離者合之。于易書之合者離之。亦學者所當知也。

附録

方桐江丞相大觀文馬公先生挽詞曰。四載咸淳相。艱哉去國情。極知幾事密。或遂好謀成。董卓徵荀爽。陳桓免晏嬰。爲公翻左漢。尙覺寸丹明。

又曰。病篤辭台席。明年遂失襄。少容公展布。豈遽國危亡。此老爲微子。吾君類偃王。欺孤木綿鬼。寸斬亦何傷。

周公謹浩然齋視聽鈔曰。留有餘不盡之巧以還造物。留有餘不盡之意以還朝廷。留有餘不盡之財以還百姓。留有餘不盡之福以還子孫。馬碧梧常題于壁。不知誰語也。

介軒家學

補董深山先生鼎

梓材謹案。明一統志言。先生受業于黃榦。得其端緒。

讀尚書語

一書之中。其于明德新民之綱。修齊治平之目。卽堯典已盡其要。而危微精一四言。所以開知行之端。主善協一四言。所以示博約之義。務學則説命其入道之門。爲治則洪範其經世之要也。

他如齊天運則有羲和之曆。定地理則有禹貢之篇。正官僚則有周官之制度。修己任人則有無逸立政諸書。煨燼壞爛之餘。百篇僅存其半。而宏綱實用尚如此。故嘗謂六經莫古于書。易雖始于伏羲。然有卦未有辭。辭始于文王爾。六經莫備于書。五經各主一事而作耳。易主卜筮。卽洪範之稽疑也。禮主節文。卽虞書之五禮也。詩主詠歌。卽后夔之樂教也。周禮設官。卽周官六卿率屬之事也。春秋褒貶。卽皋陶命德討罪之權也。帝王修齊治平之規模事業盡在此書。學者其可不盡心焉。

梓材謹案。先生子眞卿跋尚書輯録纂注云。先世以來。多習書經。先君子克承家學。復私淑朱子緒論。于蔡氏傳尤用力焉。吴草廬序云。季亨父篤行信于鄉里。年六十八而終。四庫書目著録是書。提要云。是編雖以朱子語録及他書所載朱子語謂之輯録。又采諸説之相發明者附列于末。謂之纂注。自序稱集傳既爲朱子所訂定。則與自著無異。又稱薈萃成朱子之一經。則仍以朱子爲主也。吴序稱其作是書有同有異。俱有所裨。如解西伯戡黎則從吴棫。解多士則從陳櫟。解金縢則兼存鄭孔二義。不以蔡傳之從鄭爲然云云。然則董氏于集傳不免有所未愜。恐人以源出朱子爲疑。故特引朱子之説。補其闕失。其舉集傳歸之朱子。猶曰以朱翼朱。則不以異蔡爲嫌耳。四庫又著録孝經大義八卷。

附録

熊勿軒序先生孝經大義曰。其書爲初學設。故其詞皆明白易曉。熟玩之。則其間義趣精深。又有非淺見謏聞所能窺者。輒爲刊之鼇峯書塾。以廣其傳。此豈惟學者修身齊家之要。而有國有天下者。亦豈能外是而他有化民成俗之道哉。

介軒門人

補 沈敬齋先生貴珤

梓材謹案。先生嘗增廣程蒙齋小學字說。

雲濠謹案。貝清江爲瀫峯祠堂記云。毅齋先生爲正蒙解。以備朱子之未備。而王褅樂器乾稱猶缺。元德興丞上饒鄭復初補其三篇。新安胡雲峯序之。

補 胡玉齋先生方平

雲濠謹案。徽州府志載。先生字師魯。受易于董夢程。夢程受于黄榦。故得朱子之眞傳。合本義啓蒙。注通釋一書。又爲外翼四卷。與易餘閒記行于世。

玉齋河圖洛書説

河圖以生成分陰陽。以五生數之陽。統五成數之陰。而同處其方。陽内陰外。生成相合。對待以立其體而道其常。交泰之道也。

洛書以奇偶分陰陽。以五奇數之陽。統四偶數之陰。而各居其所。陽正陰偏。奇偶既分。流行以致其用而肇其變。尊卑之位也。

附録

熊勿軒跋先生易學啓蒙通釋曰。其窮象數也精深。其析義理也明白。且其閒有言先後天方位暗與圖書數合者。不符而同。然後知天下之公理。非但一人之私論也。

梓材謹案。四庫書目著録易學啓蒙通釋二卷。提要云。此書發明朱子易學啓蒙之旨。蓋易之爲道。理數並存。不可滯于一説。朱子因程傳專主明理。故兼取邵子之數以補其偏。非脱略易理。惟著此書以言數也。後人置本義不道。惟假借此書以轉相推衍。至于支離轇轕而不已。是豈朱子之本旨乎。方平此書。雖亦闡數學。而根據朱子之書。反覆詮釋。所採諸書。凡黄幹董銖劉爚陳埴蔡淵蔡沈六家。皆朱子門人。又蔡模徐幾翁詠三家。模。蔡淵子。幾詠皆淵之門人。故所衍説。尚不至如他家之竟離其宗。是亦讀啓蒙者所當考矣。又案。謝山學案劄記云。補雙湖父子遺書。先生。雙湖之父也。

補 提舉許山屋先生月卿

雲濠謹案。一統志。先生後字宋士。父大寧。有學行。先生登第時。徐元杰力攻史嵩之。史陰酖之。先生率三學諸生伏闕訟冤。宋亡。衰絰終身。

玉齋講友

汪先生深

汪深字所性。鄱陽人。胡玉齋私淑之友也。嘗作周易占例。自爲之序。足以發朱子之所未發。胡雙湖説。

周易占例自序

易之初。其以六十四卦示人以占之例。亦已廣矣。求君父之道于乾。求臣子道于坤。婚姻于咸恒漸歸妹。待于需。進于晉。行師于師。爭訟于訟。聚于萃。散于渙。以至退于遯。守于困。安于泰鼎。危于明夷蹇。盈于豐大有。壞于損蠱。家人之在室。旅之在塗。既未濟損益大小過大小畜得失進退之義。雖卦名之爲七十九字。文義明白。條例具足。亦可決矣。此未有文王卦辭之前。已可占而斷者。況又三百八十四爻而示之以變乎。

文王于蒙。嘗起其占筮之教矣。其言曰。匪我求童蒙。童蒙求我。初筮告。再三瀆。瀆則不告。利貞。周子曰。筮者。叩神也。再三瀆。瀆則不告矣。此文王之所以起其例也。夫占而揲蓍。積十有八變必成一卦。卦必有卦辭。爻必有爻辭。何以言其告不告也。蓋誠意專一而筮。則神之告之。卦辭爻辭應合所問。如占婚姻與之咸恒。曰納婦吉。曰勿用取女。曰歸妹。征凶。無攸利。占征伐。曰利用侵伐。曰在師中吉。曰不利行師。曰勿用師。占田獵。曰田獲三狐。曰田獲三品。曰卽鹿無虞。曰田無禽。若此者。皆所謂告也。若夫卦辭爻辭不應所占之事。此則誠意不至。二三之瀆。而所謂不告者也。此卽文王之所謂不告也。不然則得卦爻必有辭以告之。又何以有不告之云。

山屋講友

縣令齊先生魯瞻補

梓材謹案。戴剡源誌項玉林天覺墓云。徽婺源與饒樂平德興多明經士。如吴君遇龍。許君月卿。沈君貴珤。李君睦。齊君興龍夢龍之倫。皆喜從君遊。許沈諸君皆舉其名。則先生當名興龍。字魯瞻。夢龍蓋其兄弟行也。又案。陳定宇答吴仲文甥有云。齊魯瞻。沈毅齋高第。名興龍。寶祐丙辰文榜。則興龍果其名。而實沈氏門人矣。張純愚答定宇書有云。式車齊怡堂先生兄弟。怡堂蓋先生别字。

附録

官蒲圻令。值元兵下江南。先生義不食粟。佩印綬以歸。曰。全吾印以還吾君。全吾身以還吾親。遂溺死。

山屋同調

太學孫艮山先生嵩附弟巖。

孫嵩字元京。休寧人。以薦入太學。宋亡。歸隱。自號艮山以示意。時許月卿壻江愷。及汪炎昶。皆絶意當世。俱從之遊。其詩悲壯激烈。弟巖。字次皋。亦不仕。著爽山集。安徽通志。

梓材謹案。宋文憲爲汪茂遠墓銘言。元既滅宋。先生悲哀不自勝。歸隱休寧山中。誓不與接。發爲賦詠。以寄其無窮之思。同時進士許月卿。亦入婺源山中。製齊衰服之。以識其終身哀宋之意。二公皆新安之節義士也。

附録

方桐江贈孫元京近以詩見示曰。道豈與身窮。相逢兩禿翁。高懷眞悃悃。薄藝媿空空。同谷吟山雪。愚溪感候蟲。斯人何可作。尚獲見餘風。又曰。舉世無高見。斯文有正音。稍工仍要拙。寧古不爲今。末俗難容喙。空言苦用心。未妨全瘦勁。卻恐太幽深。

項玉林先生天覺

項天覺字希聖。婺源人。躬帥二弟。承師稟學。日記千餘言。援筆爲文。俊氣奕煜不肯休。時徽婺源與饒樂平德興相犬牙。號多明經生。如吴遇龍。許月卿。沈貴珤。李睦。齊興龍。夢龍之倫。皆負場屋重價。皆喜從之游。增創玉林精舍。益延師聚書講學云。戴剡源集。

怡堂學侶

進士齊節初先生夢龍

齊夢龍字覺翁。號節初。德興人。與兄興龍先後登宋寶祐景定年第。著有周易附説卦變圖。董季眞説。

古山門人

補太學程先生時登

太學遺文

深衣成書。司馬氏最先出。王氏祖司馬。時有異同。而皆不能不爲唐孔氏所惑。子朱子蓋嘗病之。是以晩歲所服有與家禮異。如續衽鈎邊之類者。惜家禮爲初年本。旣失而不及訂定也。信齋楊氏旣以所聞于節齋蔡氏者。附注于家禮之後矣。然先生于諸法之所去取折衷。不但此一條也。時登因不自揆。以傳爲綱。註之足以發傳者。列于傳之左。疏之足以釋註者。附于注之下。參次諸家。而斷之朱子。名曰補疏。而附冠巾屨之屬。總而名之曰深衣翼。其質之經傳而無所見。求之他書而不知其左驗者。閒以愚意。妄述其說。以俟來者正焉。本篇自司馬氏王氏外。有曹易者。頗取朱子之書以詆其說。然其因先生而正之者。旣不明言其所自。若自以爲得。有先生所引而未發。又不能參合考訂以求其義。復不自知其所失。且重複。不瑩視兩家。若詳而實略。若醇而實疵也。黄氏説本朱子。楊氏早學于朱子。晩受稿于黄。故附注特詳焉。深衣翼自序。

大學曰。物有本末。其本亂而末治者否矣。以是考之。堯舜之所以帝。禹湯文武之所以王。漢唐之所以僅治而旋亂。秦隋之所以大亂而遂亡者。效蓋可見也。宋受天命。以道治天下。于是河南二程子出。始取是書而推明之。崇正數劄。叔子豈徒託之空言哉。自是厥後。朱子有章句。西山有衍義。雖至治之澤未溥。而大道之要已明矣。歷代指掌。舊嘗有圖。顧綱目有圖。義例多舛。因復爲此。以備觀覽。名曰大學本末圖。起春秋。迄五季。凡若干年。君德之修否。治體之醇疵。國祚之短長。世道之否泰。井然易見。歲月舉而天時明。正閏分而君道立。災異記而人事驗。君子小人内外之位定。而盜賊僭亂消長之勢分。唐虞三代之君。其本正而末隨之。故修身而下四者之目詳。天下國家事既簡而治亦隆。漢唐以來之君。不反其本而求其末。故修身以下四者之目略。天下國家事徒煩而治愈寡。人知大學之道有時而不彰。而不知大學之道無時而可易也。嗚呼。我之爲是圖也。可以感矣。事及帝王而圖始春秋。大學帝王心法治法。春秋之法外意也。歐陽子修五代史曰。此亂世之書也。吾用春秋之法。師其意不襲其文。故述本紀以法治而正亂君。嗚呼。本之大學之道。繩之以春秋之法。後之觀是圖者。其必有所感矣。大學本末圖説自序。

附録

往師程古山。搜探幽微。會博于約。登太學明年。而宋鼎移。歸。杜門謝遊客。四方請益之士嘗輻輳盈席。一時名流多出其門。元訪遺才。每物色之。輒謝去。

許瑤狀其行曰。先生博極經傳之奧。探賾性命之原。斟酌羣言。一以其歸。于易則確守程朱傳義。而不惑于玄虛之論。書則備讀諸家。而求其疏通知遠之實。詩則要性情之發。而驗其興觀羣怨之機。禮則審于節文度數之宜。而略其繁文縟節之末。樂則考于蔡氏之書。而求夫聲氣之允。春秋則厭夫括例之拘。而直探夫聖人筆削之旨。著大學本末圖說。自堯即位甲辰。迄周顯德乙未。貫穿經史于綱條之内。著中庸中和說。述朱子論述答問之語。審未發已發之機。而探索性情體用之全。太極圖通書西銘則錯綜爲之互解。諸葛武侯八陣圖則解駁而爲之通釋。

桃谷家學

補 余息齋先生芑舒

雲濠謹案。先生字德新。董季眞跋其父尚書輯録纂註言。眞卿仰遵先訓。求正于當世儒先與先君之舊交。如葵初王先生希旦。雙湖胡先生一桂。定宇陳先生櫟。息齋余先生芑舒。多得所討論。于朱蔡。此書似爲大備云。

桃谷門人

補 隱君王葵初先生希旦

雲濠謹案。先生字愈明。見陳定宇别集。

王葵初説

善讀易者。要識聖人畫卦作易來處。無非太極河圖理數自然之妙。則繫辭啓蒙是其機括。又須分别四聖之易。通卦名義。然後以本義程傳相參考。沿流泝源。由組探精。分合看之。遠近取之。則數存象列。言盡理得。上極天地自然之易。于是始信易與天地準。窮理盡性。開物成務。内聖外王之學備于斯。易何止五經之原。其天地鬼神之奥。豈欺我哉。

余氏門人

鄉貢徐雨軒先生子鄧附師舒成大。

徐子鄧字志禹。德興人。學尚書。以鄉先輩舒成大與余本爲師。宗人節甫爲友。未弱冠。以尚書應鄉貢進士舉。晚歲學成行尊。世念疏落。而故相集賢馬公退休于家。時時相過。訪道德之遺言。考古今之故實。所居西偏。有齋曰化龍。至是改名雨軒。嘗謂子弟曰。孔孟之道。昭如星日。學之者可以修身繕性。可以康時濟物。秦漢以還。異説朋興。其愼所習。勿爲虚誕蹇淺者所咻。庶幾有益于世間。戴剡源集。

朱氏門人

補孝善胡先生斗元

雲濠謹案。先生精于易。從遊者三百人。

附録

少孤。師朱文公從孫小翁。受書説。年十四。始從小翁聞易簡居士所授易學。刻意探述。日玩一爻。至七日則通玩六爻。循環習之無窮。白首以爲常。亦以此教其徒。

尤以不逮養爲終身憾。春秋朔望拜祀像。涕泗不能已。塋壠親躬拜掃。老不避勞。人謂年彌高而慕彌深者。于先生見之。

曹氏門人

補 教授馬竹洲先生端臨

馬氏經籍考

秦燔經籍。而獨存醫藥卜筮種樹之書。學者抱恨終古。然以今考之。易與春秋二經本末具存。詩亡其六篇。或以爲笙詩元無其辭。是詩亦未嘗亡也。禮本無成書。戴記雜出漢儒所編。儀禮十七篇及六典最晚出。六典僅亡冬官。然其書純駁相半。其存亡未足爲經之疵也。獨虞夏商周之書亡其四十六篇爾。然則嬴秦所燔。除書之外。俱未嘗亡也。若醫藥卜筮種樹之書。當時雖未嘗廢錮。而並無一卷流傳至今者。以此見聖經賢傳終古不朽。而小道異端雖存必亡。初不以世主之好惡爲之興廢也。

連山歸藏。乃夏商之易。本在周易之前。然歸藏漢志無之。蓋二書至晉隋閒始出。而連山出于劉炫僞作者。史明言之。度歸藏之爲書。亦此類爾。

夫子所定之書。其亡于秦火。而漢世所不復見者。蓋杳不知其爲何語矣。況三墳已見削于夫子。而謂其書忽出于元豐閒。其爲繆妄可知。夾漈好奇而尊信之。過矣。況又詳孔安國書序所言。則墳典。書也。蓋百篇之類也。八索。易也。蓋彖象文言之類也。今所謂三墳者。曰山墳。氣墳。形墳。而以爲連山歸藏坤乾之所由作。而又各有所謂大象六十四卦。則亦是易書。而與百篇之義不類矣。豈得與五典並稱乎。

漢儒林傳言。孔氏有古文尚書。孔安國以今文讀之。唐藝文志有今文尚書十三卷。注言。玄宗詔集賢學士衛包改古文從今文。然則漢之所謂古文者。科斗書。今文者。隸書也。唐之所謂古文者。隸書。今文者。世所通用之俗字也。隸書秦漢閒通行。至唐則久變而爲俗書矣。何尚書猶存古文乎。蓋安國所得孔壁之書。雖爲之傳。而未得立于學官。東京而後。雖名儒亦未嘗傳習。至隋唐閒方顯。人往往猶以僻書奥傳視之。繕寫傳授者少。故所存者皆古物。尚是安國所定之隸書。而未嘗改以從俗字也。噫。百篇之書。遭秦火而亡其半。所存者五十八篇。而其閒二十五篇者。書雖傳而字實不諧于俗。傳于漢者爲科斗書。傳于唐者爲隸書。皆當時之人所罕習。蓋出自孔壁之後。又復晦昧數百年。而學者始得以家傳人誦也。

詩書之序。自史傳不能明其爲何人所作。而先儒多疑之。至朱文公之解經。則依古今文析而二之。而備論其得失。而于詩國風諸篇之序詆斥尤多。以愚觀之。書序可廢。而詩序不可廢。就詩而論之。雅頌之序可廢。而十五國風之序不可廢。何也。書直陳其事而已。序者後人之作。藉令其注得經意。亦不過能發明其所已言之事而已。不作可也。詩則異于書矣。然雅頌之作。其辭易知。其意易明。故讀文王者。深味文王在上以下之七章。則文王受命作周之語贅矣。蓋作者之意已明。則序者之辭可略。而敷衍附會之閒。一語稍煩。則祇見其贅疣而已。至于讀國風諸篇。而後知詩之不可無序。而序之有功于詩也。蓋風之爲體。比興之辭多于敘述。風諭之意浮于指斥。蓋有反覆詠歎。聯章累句。而無一言敘作之之意者。而敘者乃一言以蔽之曰。爲某事也。苟非其傳授之有源。探索之無舛。則孰能臆料當時指意之所歸。以示千載乎。而文公深詆之。且于桑中溱洧諸篇。辨析尤至。以爲安有刺人之惡而自爲彼人之辭。以陷于所刺之地而不自知者哉。其意蓋謂詩之辭如彼。而序之説如此。則以詩求詩可也。烏有捨明白可見之詩。而必欲曲從臆度難信之序説乎。其説固善矣。然愚以爲。必若此則詩之難讀者多矣。豈直鄭衛諸篇哉。夫芣苢之序。以婦人樂有子爲后妃之美也。而其詩語不過形容采掇芣苢之情狀而已。黍離之序。以爲閔周室宫廟之顛覆也。而其詩語不過慨歎禾黍之苗穗而已。此詩之不言所作之意。而賴序以明者也。若捨序以求之。則其所以采掇者爲何事。而慨歎者爲何説乎。叔於田之二詩。序以爲刺鄭莊公也。而其詩語則鄭人愛叔段之辭耳。揚之水椒聊二詩。序以爲刺晉昭公也。而其詩語則晉人愛桓叔之辭耳。此詩之序其事以諷。初不言刺之之意。而賴序以明者也。若舍序以求之。則知四詩也。非子雲美新之賦。則袁宏九錫之文耳。是豈可以訓。而夫子不删之乎。鴇羽陟岵之詩見於變風。序以爲征役者不堪命而作也。四牡采薇之詩見於正雅。序以爲勞使臣遣戍役而作也。而深味四詩之旨。則歎行役之勞苦。敘饑渴之情狀。憂孝養之不遂。悼歸休之無期。其辭語一耳。此詩之辭同意異。而賴序以明者也。若捨序以求之。則文王之臣民亦怨其上。而四牡采薇不得爲正雅矣。即是數端而觀之。則知序之不可廢。序不可廢。則桑中溱洧何嫌其爲刺奔乎。蓋嘗論之。均一勞苦之詞也。出於敘情閔勞者之口則爲正雅。而出於困役傷財者之口則爲變風也。均一淫泆之詞也。出於奔者之口則可删。而出於刺奔者之口則可録也。均一愛戴之辭也。出於愛叔段桓叔者之口則可删。而出於刺鄭莊晉昭者之口則可録也。夫芣苢黍離之不言所謂。叔於田揚之水之反辭以諷。四牡采薇之辭同變風。文公胡不翫索詩辭。别自爲説。而卒如序者之舊説。求作詩之意於詩辭之外矣。何獨於鄭衛諸篇。而必以爲奔者所自作。而使聖經爲録淫辭之具乎。且夫子嘗删詩矣。其所取於關雎者。謂其樂而不淫耳。則夫詩之可删。孰有大於淫者。今以文公詩傳考之。則指以爲男女淫佚奔誘而自作詩以敘其事者。凡二十有四。如桑中。東門之墠。溱洧。東方之日。東門之池。東門之楊。月出。則序以爲刺淫。而文公以爲淫者所自作也。如静女。木瓜。采葛。邱中有麻。將仲子。遵大路。有女同車。山有扶蘇。籜兮。狡童。褰裳。丰。風雨。子衿。揚之水。出其東門。野有蔓草。則序本别指他事。而文公亦以爲淫者所自作也。夫以淫昏不檢之人。發而爲放蕩無恥之辭。而其詩篇之煩多如此。夫子猶存之。則不知所删何等一篇也。或曰。文公之説。謂春秋所記無非亂臣賊子之事。蓋不如是無以見當時事變之實。而垂鑒於後世。故不得已而存之。所謂並行而不相悖也。愚以爲未然。夫春秋。史也。詩。文詞也。史所以紀事。世之有治。不能無亂。則固不容存禹湯而廢桀紂。録文武而棄幽厲也。至于文辭。則其淫哇不經者。直爲削之而已。而夫子猶存之。則必其意不出於此。而序者之説是也。或又曰。文公又嘗云。此等之人。安於爲惡。其於此等之詩。計其平日。固已自其口出而無慚矣。又何待吾之鋪陳。而後始知其如此。亦復畏吾之憫惜。而遂幡然遽有懲創之心耶。愚又以爲不然。夫羞惡之心。人皆有之。而況淫佚之行。所謂不可對人言者。市井小人。至不才也。今有與之語者。能道其宣淫之狀。指其行淫之地。則未有不面頸發赤。且慙且諱者。未聞其揚言於人曰。我能奸。我善淫也。且夫人之爲惡也。禁之使不得爲。不若愧之而使之自知其不可爲。此鋪張揄揚之中。所以爲閔惜懲創之至也。或曰。序者之序詩。與文公之釋詩。俱非得於作詩之人親傳面命也。序求詩意於辭之外。文公求詩意於辭之中。而子何以定其是非乎。曰。愚非敢苟同序説。而妄擬先儒也。蓋嘗以孔子孟子之所以説詩者讀詩。而後知序説之不謬。而文公之説多可疑也。孔子之説曰。誦詩三百。一言以蔽之曰。思無邪。孟子之説曰。説詩者。不以文害辭。不以辭害意。以意逆志。是爲得之。夫經非所以誨邪也。而戒其無邪。辭所以達意也。而戒其害意。何也。詩發乎情者也。而情之所發。其辭不能無過。故其於男女夫婦之閒。多憂思感傷之意。而君臣上下之閒。不能無怨懟激發之辭。十五國風。

爲詩百五十有七篇。而其爲婦人而作者。男女相悦之辭幾及其半。雖以二南之詩如關雎桃夭諸篇爲正風之首。然其所反復詠歎者。不過情慾燕私之事耳。漢儒嘗以關雎爲刺詩矣。此皆昧於無邪之訓。而以辭害意之過也。而況邶鄘之末流乎。故其怨曠之悲。遇合之喜。雖有人心者所不能免。而其志切。其辭哀。習其讀而不知其旨。易以動盪人之邪情泆志。而況以鋪張揄揚之辭。而序淫泆流蕩之行乎。然詩人之意。則非以爲是而勸之也。蓋知詩人之意者。莫如孔孟。慮學者讀詩而不得其意者。亦莫如孔孟。是以有無邪之訓焉。則以其辭之不能不鄭乎邪也。使篇篇如文王大明。則奚邪之可言乎。是以有害意之戒焉。則以其辭之不能不戾其意也。使章章如清廟臣工。則奚意之難明乎。以是觀之。則知刺奔果出於作詩者之本意。而夫子所不删者。其詩決非淫泆之人所自賦也。或又曰。文公嘗言。雅者。二雅是也。鄭者。緇衣以下二十一篇是也。衛者。邶鄘衛三十九篇是也。桑閒。衛之一篇。桑中是也。二南雅頌。祭祀朝聘之所用也。鄭衛桑濮。里巷狹邪之所作也。夫子於鄭衛。蓋深絶其聲於樂以爲法。而嚴立其詞於詩以爲戒。今乃欲爲之諱其鄭衛桑濮之實。而文以雅樂之名。又欲從而奏之宗廟之中。朝廷之上。則未知其將以薦之於何等之鬼神。用之於何等之賓客乎。愚又以爲未然。夫左傳言。季札來聘。請觀周樂。而所歌者。邶鄘衛鄭皆在焉。則諸詩固雅樂矣。使其爲里巷狹邪所用。則周樂安得有之。而魯之樂工亦安能歌異國淫邪之詩乎。然愚之所論。不過求其文意之指歸。而知其得於性情之正耳。至於被之絃歌。合之音樂。則儀禮左傳所載古人歌詩合樂之意。蓋有不可曉者。夫關雎鵲巢。閨門之事。后妃夫人之詩也。

而鄉飲酒燕禮歌之。采蘋采蘩。夫人大夫妻能主祭之詩也。而射禮歌之。肆夏繁遏渠。宗廟配天之詩也。而天子享元侯歌之。文王大明緜。文王興周之詩也。而兩君相見歌之。以是觀之。其歌詩之用。與詩人作詩之本意。蓋有判然不相合者。不可强通也。則烏知鄭衛諸詩不可用之於燕享之際乎。左傳載列國聘享賦詩。固多斷章取義。然其太不倫者。亦以來譏誚。如鄭伯有賦鶉之奔奔。令尹子圍賦大明。及穆叔不拜肆夏。甯武子不拜彤弓之類是也。然鄭伯如晉。子展賦將仲子。鄭伯享趙孟。子太叔賦野有蔓草。鄭六卿餞韓宣子。子齹賦野有蔓草。子太叔賦褰裳。子游賦風雨。子旗賦有女同車。子柳賦籜兮。此六詩。皆文公所斥。以爲淫奔之人所作也。然所賦皆見善於叔向。趙武韓起不聞被譏。乃知鄭衛之詩未嘗不施之於燕享。而此六詩之旨意訓詁。當如序者之説。不當如文公之説也。或曰。序者之辭。固有鄙淺附會居然可見者。先儒疵議之非一人矣。而子信之。何邪。曰。愚之所謂不可廢者。謂詩之所不言而賴序以明者耳。至詩之所已言。則序語雖工。不讀可也。況其鄙淺附會者乎。蓋作序之人。或以爲孔子。或以爲子夏。或以爲國史。皆無明文可考。然鄭氏謂毛公始以置諸詩之首。則自漢以前。經師傳授。其去作詩之時。蓋未甚遠也。千載而下。學者所當遵守體認。以求詩人之意。而得其庶幾。固不宜因其一語之贅疣。片辭之淺陋。而欲一切廢之。鑿空探索而爲之訓釋也。夫關雎。韓詩以爲衰周之刺詩。賓之初筵。韓詩以爲衛武公飲酒悔過之詩。皆與毛序反者也。而韓詩説關雎。則違夫子不淫不傷之訓。是決不可從者也。初筵之詩。夫子未有論説也。則詆毛而從韓。夫一韓詩也。初筵之序可信。而關雎之序獨不可信乎。郕柏舟。毛序以爲仁人不遇而作。文公以爲婦人之作。而引列女傳爲證。非臆説矣。然列女傳出於劉向。向上封事。論恭顯傾陷正人。引是詩憂心悄悄。愠於羣小之語。而繼之曰。小人成羣。亦足愠也。則正毛序之意矣。夫一劉向也。列女傳之説可信。而封事之説獨不可信乎。此愚所以疑文公惡序之意太過。而引援指摘似爲未當。此類是也。夫本之以孔孟説詩之旨。參之以詩中諸序之例。而後究極夫古今詩人所以諷詠之意。則詩序之不可廢也審矣。愚豈好爲異論哉。

昔夫子之言曰。述而不作。又曰。蓋有不知而作之者。我無是也。又曰。多聞闕疑。異時嘗舉史闕文之語。而歎世道之不古。存夏五郭公之書。而不欲遽正前史之缺誤。然則聖人之意蓋可見矣。蓋詩之見録者。必其序説之明白。而旨意之可考者也。其軼而不傳者。必其序説之無傳。旨意之難考。而不欲臆説者也。或曰。今三百五篇之序。世以爲衛宏毛公所作耳。如子所言。則已出於夫子之前乎。曰。其説雖自毛衛諸公而傳。其意旨則自有此詩而已有之矣。鴟鴞之序見於尚書。碩人載馳清人之序見於左傳。所紀皆與作詩者同時。非後人之臆説也。若序説之意不出於當時作詩者之口。則鴟鴞諸章初不言成王疑周公之意。清人終章亦不見鄭伯惡高克之迹。後人讀之。當不能曉其爲何語矣。蓋嘗妄爲之説曰。作詩之人可考。其意可尋。則夫子録之。殆述而不作之意也。其人不可考。其意不可尋。則夫子删之。殆多聞闕疑之意也。是以於其可知者。雖比興深遠。詞旨迂晦者。亦所不廢。如芣苢。鶴鳴。蒹葭之類是也。於其所不可知者。雖直陳其事。

文義明白者。亦不果録。如翹翹車乘。招我以弓。豈不欲往。畏我友朋之類是也。於其可知者。雖詞意流泆。不能不類於狹邪者。亦所不删。如桑中。溱洧。野有蔓草。出其東門之類是也。於其所不可知者。雖詞意莊重。一出於義理者。亦不果録。如周道挺挺。我心扃扃。禮義不愆。何恤於人言之類是也。然則其所可知者何。則三百五篇之序意是也。其所不可知者何。則諸逸詩之不以序行於世者是也。歐陽公詩譜補亡後序曰。後之學者。因迹前世之所傳。而較其得失。或有之矣。若使徒抱焚餘殘脱之經。倀倀然於去聖千百年之後。不見先儒中間之説。而欲特立一家之論。果有能哉。此説得之。

周禮一書。先儒信者半。疑者半。其所以疑之者。特不過病其官冗事多。瑣碎而煩擾耳。然愚嘗論之。經制至周而詳。文物至周而備。有一事必有一官。毋足怪者。有如閽閽卜祝各設命官。衣膳泉貨俱有司屬。自漢以來。其規模之瑣碎。經制之煩密。亦復如此。特官名不襲六典之舊耳。固未見其爲行周禮。而亦未見其異於周禮也。獨與百姓交涉之事。則後世惟以簡易闊略爲便。而以周禮之法行之。必至於厲民而階亂。王莽之王田市易。介甫之青苗均輸是也。後之儒者。見其效驗如此。於是疑其爲歆莽之僞書而不可行。或以爲無關雎麟趾之意則不能行。愚俱以爲未然。蓋周禮者。三代之法也。三代之時。則非直周公之聖可行。雖一凡夫亦能行之。三代而後。則非直王莽之矯詐介甫之執愎不可行。而雖賢哲亦不能行。其故何也。蓋三代之時。寰宇悉以封建。天子所治不過千里。公侯則自百里以至五十里。而卿大夫又各有世食禄邑。分土而治。家傳世守。

民之服食日用。悉仰給於公上。而上之人所以治其民者。不啻如祖父之於其子孫。家主之於其臧獲。田土則少而授。老而收。於是乎有鄉遂之官。又從而視其田業之肥瘠。食指之衆寡。而爲之斟酌區畫。俾之均平。貨財則盈而斂。乏而散。於是乎有泉府之官。又從而補其不足。助其不給。或賒或貸。而俾之足用。所以養之者如此。司徒之任。則鄉大夫州長。以至閭胥比長。自遂大夫縣正。以至里宰隣長。歲終正歲。四時孟月。皆徵召其民。考其德藝。糾其過惡。而加以勸懲。司馬之任。則軍有將。師有帥。卒有長。四時仲月。則有振旅治兵茇舍大閱之法。以旗致民。行其禁令。而加以誅賞。所以教之者如此。上下蓋察察焉。幾無寧日矣。然其事雖似煩擾。而不見其爲法之弊者。蓋以私土子人。痛痒常相關。脈絡常相屬。雖其時所謂諸侯卿大夫者未必皆賢。然既世守其地。世撫其民。則自不容不視爲一體。既視爲一體。則姦弊無由生。而良法可以世守矣。自封建變而爲郡縣。爲人君者宰制六合。穹然於其上。而所以治其民者。則諉之百官有司郡守縣令。爲守令者率三歲而終更。雖有龔黄之慈良。王趙之明敏。其始至也。茫然如入異境。積日累月。方能諳其土俗。而施於政令。往往期月之後。其善政方可紀。纔再期而已及瓜矣。其有疲懦貪鄙之人。則視其官如逆旅傳舍。視其民如飛鴻土梗。發政施令不過受成於吏手。既受成於吏手。而欲以周官之法行之。則事煩而政必擾。政擾而民必病。教養之恩意未孚。而追呼之苛嬈已極矣。是以後之言善政者。必曰事簡。夫以周禮一書觀之。成周之制。未嘗簡也。自土不分胙。官不世守。爲吏者不過年除歲遷。多爲便文自營之計。於是國家之法制。率以簡易爲便。愼無擾獄市之説。治道去太甚之説。遂爲經國庇民之遠猷。所以臨乎其民者。未嘗有以養之也。苟使之自無失其養。斯可矣。未嘗有以教之也。苟使之自無失其教。斯可矣。蓋壤土既廣。則志慮有所不能周。長吏數易。則設施有所不及竟。於是法立而姦生。令下而詐起。處以簡靖。猶或庶幾。稍涉繁夥。則不勝其瀆亂矣。昔子產聽鄭國之政。其所施爲者曰。都鄙有章。上下有服。田有封洫。廬井有伍。此俱周官之法也。然一年而輿人謗之曰。孰殺子產。吾其與之。三年而誦之曰。子產而死。誰其嗣之。按鄭國土地褊小。其在後世則一郡耳。夫以子產之賢智。而當一郡守之任。其精神必足以周知情僞。其念慮必足以洞究得失。決不如後世承流宣化者之以苟且從事也。而周制在當時亦未至盡隳。但未能悉復先王之舊耳。然稍欲更張。則亦未能遽當於人心。必俟歷以歲月。然後昔之謗讟者轉而爲謳歌耳。況賢不及子產。所涖不止一郡。且生乎千載之後。先王之制久廢。而其遺書僅存。乃不察時宜。不恤人言。而必欲行之乎。王介甫是也。介甫所行。變常平而爲青苗。諉曰。此周官泉府之法也。當時諸賢極力爭之。蘇長公之言曰。青苗雖云不許抑配。然其間願請之户。必皆孤貧不濟之人家。若自贏餘。何至與官交易。此等鞭撻已急則繼之逃亡。逃亡之餘則均之鄰保。蘇少公之言曰。出納之際。吏緣爲姦。法不能禁。錢入民手。雖良民不免非理費用。及其納錢。雖富民不免違限受責。如此則鞭箠必用。而州縣多事矣。是皆言官與民賒貸之非便也。蓋常平者。糴糶之法也。青苗者。賒貸之法也。糴糶之法。以錢與粟兩相交易。似未嘗有以利民。而以官法行之。則反爲簡便。賒貸之法。捐錢以與民。而以時計息取之。似實有以濟民。而以官法行之。則反爲繁擾。然糶糴之説始於魏文侯。常平之法始於漢宣帝。三代之時。未嘗有此。而賖貸之法。則周官泉府明言之。豈周公經制。願㊀不爲其簡易者。而欲爲其煩擾者耶。謂周禮爲不可信之書。則左氏傳言。鄭饑。子皮以子展之命。餼國人粟。户一鍾。宋饑。司城子罕請於平公。出公粟以貸。使大夫皆貸。司城氏貸而不書。爲大夫之無者貸。宋無饑人。齊陳氏以家量貸。而以公量收之。則春秋之時。官之於民。固有賖貸之事。雖當時未嘗取二分之息。如青苗之爲。然熙寧諸賢皆言。非病其取息之多也。蓋以爲貧者願貸。貸予之而不能償則虧官。富者不願貸。抑配予之。而責令保任貧者代償所逋。則損民而無所益。固不若常平之交手相付。聽從民便之爲簡易兩得之。然左氏所述鄭宋齊之事。謂之善政。以爲美談。未嘗見其有熙豐之弊。何也。蓋鄭宋齊。列國也。其所任者。罕氏樂氏陳氏。則皆有世食禄邑。與之分土而治者也。介甫所宰者。天下也。其所任者。六七少年。使者四十餘輩。與夫州縣小吏。則皆干進徇時之徒也。介然非鄭宋齊之大夫盡賢。而介甫之黨盡不肖也。蓋累世之私土子人者。與民情常親。親則利病可以周知。故法雖繁而亦足以利民。暫焉之承流宣化者。與民情常疏。疏則情僞不能洞究。故法雖簡而猶懼其病民也。以青苗賖貸一事觀之。則知周禮所載。凡法制之瑣碎煩密者。可行之於封建之時。而不可行之於郡縣之後。必知時識變者。而後可以語通經學古之説也。

㊀「願」當爲「顧」。

春秋古經。雖漢藝文志有之。然夫子所修之春秋。其本文世所不見。而自漢以來所編古經。則俱自三傳中取出經文。名之曰正經耳。然三傳所載經文多有異同。則學者何所折衷。如公及邾儀父盟於蔑。左氏以爲蔑。公穀以爲昧。則不知夫子所書者曰蔑乎。曰昧乎。築郿。左氏以爲郿。公穀以爲微。則不知夫子所書曰郿乎。曰微乎。會於厥慭。公穀以爲屈銀。則不知夫子所書曰厥慭乎。曰屈銀乎。若是者。殆不可勝數。蓋不特亥豕魯魚之偶誤其一二而已。然此特名字之訛耳。其事未嘗背馳。於大義尚無所關也。至於君氏卒。則以爲聲子。魯之夫人也。尹氏卒。則以爲師尹。周之卿士也。然則夫子所書。隱三年夏四月辛卯之死者。竟爲何人乎。不寧惟是。公羊穀梁於襄公二十一年皆書孔子生。按春秋。惟國君世子生則書之。子同生是也。其餘雖世擅國政。如季氏之徒。其生亦未嘗書之於册。夫子萬世帝王之師。然其始生。乃鄹邑大夫之子耳。魯史未必書也。魯史所不書。而謂夫子自紀其生之年於所修之經。決無是理也。而左於哀十四年獲麟之後又復引經。以至十六年四月書仲尼卒。杜征南亦以爲近誣。然則春秋本文。其附見於三傳者。不特乖異。未可盡信。而三子以其意增損者有之矣。蓋襄二十一年所書者。公穀尊其師授而增書之也。哀十六年所書者。左氏痛其師亡而增書之也。俱非春秋之本文也。三子者。以當時口耳所傳授者各自爲傳。又以其意之所欲增入者攙入之。後世諸儒。復據其見於三子之書者互有所左右而發明之。而以爲得聖人筆削之意於千載之上。吾未之能信也。

齊論多於魯論二篇。曰問王。知道。史稱爲張禹所刪。以此遂無傳。且夫子之言。禹何人而敢删之。然古論語與古文尚書同自孔壁出者。章句與魯論不異。惟分堯曰子張問以下爲一篇。共二十一篇。則問王知道二篇。亦孔壁中所無。度必後儒依倣而作。非聖經之本眞。此所以不傳。非禹所能删也。

前史藝文志俱以論語入經類。孟子入儒家類。直齋陳氏書録解題始以語孟同入經類。其説曰。自韓文公稱孔子傳之孟軻。軻死不得其傳。天下學者咸曰孔孟。孟子之書。固非荀揚以降所可同日語也。今國家設科。語孟並列於經。而程氏諸儒訓解二書常相表裏。故合爲一類。今從之。

文獻通考小序

竊意古之諸侯者。雖曰受封於天子。然亦由其行義德化足以孚信於一方。人心翕然歸之。故其子孫因之。遂君其地。或有災否。則轉徙他之。而人心歸之。不能釋去。故隨其所居。皆成都邑。蓋古之帝王。未嘗以天下爲己私。而古之諸侯。亦未嘗視封内爲己物。上下之際。均一至公。非如後世分疆畫土。爭城爭地。必若是其截然也。

昔湯武雖以征伐取天下。然商惟十一征。周惟滅國者五十。其餘諸侯。皆襲前代所封。未聞盡以宇内易置而封其私人。周雖大封同姓。然文昭武穆之邦與國咸休。亦未聞成康而後。復畏文武之族偪。而必欲夷滅之。以盡置己之子孫也。愚嘗謂必有公天下之心。而後可以行封建。自其出於公心。則選賢與能。而小大相維之勢足以綿千載。自其出於私心。則忌疏畏偪。而上下相猜之形不能以一朝居矣。以上封建考序。

竊嘗以爲。物之反常者。異也。其祥則爲鳳凰麒麟甘露醴泉慶雲芝草。其妖則山崩川竭水湧地震豕禍魚孽。妖祥不同。然皆反常而罕見者。均謂之異可也。物異考序。

馬先生端復

馬端復。丞相廷鸞子。曹弘齋研窮經學。尤精講朱晦翁書。爲文典故有法。丞相招置賓塾。教先生兄弟。歙縣志。

沈氏門人

補 隱君范求邇先生啓

雲濠謹案。江南通志載先生云。理宗時。三徵不起。賜號風月處士。

縣令齊怡堂先生魯瞻詳上山屋講友。

玉齋家學

補 鄉舉胡雙湖先生一桂

雲濠謹案。元史。先生著有周易本義附録纂疏十五卷。及啓蒙易傳三篇。又作十七史纂。朱子詩傳附録纂疏。及人倫事鑒。歷代編年諸書。

梓材謹案。熊勿軒序董深山孝經大義云。余友人新安胡庭芳。挈其高第番陽董眞卿。訪余雲谷山中。是先生特熊氏講友。後人輯元儒言行録。於熊去非謂學者翕然歸之。胡一桂其最著者。儒林宗派遂以先生爲熊氏弟子。誤矣。

附録

陳定宇祭先生文曰。嗚呼。儒者明經。莫難於易。先生家學。易乃世習。易百十家。不輕所宗。啓蒙本義。獨宗晦翁。晦翁十八。以易薦鶚。先生亦然。可覘家學。晦翁著書。以身之退。先生著書。以身之贅。大肆其力。幾絶韋編。附録纂註。海内廣傳。玉齋爲父。雙湖爲子。啓蒙通釋。並傳濟美。景伯父子。俱註左氏。名傳書亡。豈公家比。又以餘力。晦翁明詩。雖未拜讀。以易可知。晦翁忠臣。先生其一。以儒明經。功孰與匹。方壽斯文。棟孔子堂。訃音勿傳。有淚其滂。

梓材謹案。四庫書目著録先生易本義附録纂疏十五卷。又易學啓蒙翼傳四卷。提要云。一桂之父方平。嘗作易學啓蒙通釋。一桂更推闡而辨明之。故曰翼傳。凡爲内篇者三。一曰舉要。以發詞變象占之義。二曰明筮。以考史傳卜筮卦占之法。三曰辨疑。以辨河圖洛書之同異。皆發明朱子之説者也。爲外篇者一。則易緯候諸書。以及京房飛候。焦贛易林。揚雄太玄。司馬光潛虚。以至邵子皇極經世諸法。亦附録其概。以其皆易之支流。故别之曰外。大致與其父之書互相出入。而方平主於明本旨。一桂主於辨異學。故體例各殊焉。

山屋門人

補 江雪矼先生凱

雲濠謹案。江南通志作江愷。字伯成。稱其潛隱耽著述。時婺貢楮絲。民甚病之。先生以書白部使者。貢得蠲。程旬軒嘗稱之曰。欲知隱不爲徒隱。須看當時免貢書。徽州府志稱其貢禮闈。宋亡。衣齊衰隱居。學者稱雪江先生。

補 提舉程先生榮秀

附録

調嘉興教授。爲教率先行義後課試。錢穀有餘。以整濂洛之書。補其梓木。又嘗復新范文正陸宣公祠。訂正其遺文。哀其祀典。爲景行録。

以家禮出朱文公歿後。中多未之禮㈠。復取文公言行有涉於禮者。爲翼禮以傳。

薦授浙江儒學副提舉。自以年邁。舉婺源胡雙湖一桂四明程畏齋端禮自代。

先生爲學一以治心爲主。所至必揭四箴及敬齋箴於壁以自警。

汪古逸先生炎昶詳下孫氏門人。

㈠「未之禮」當爲「未定之論」。

程前村先生直方別見張祝諸儒學案補遺。

孫氏門人

補汪古逸先生炎昶

汪炎昶字懋遠。婺源人。幼能詩。長而淵源六經。發揮朱子之微旨而疏之曰。四書集疏。其教人必使循序漸進。其文奇而有法。江南通志。

梓材謹案。南宋文範作者考載先生云。許月卿之壻。趙汸之師也。

附録

趙東山狀其行曰。先生幼有奇志。然短於記誦。常以堅苦自勵。至忘飡寐。遂於書無所不讀。鉤深探賾。洞極淵奥。雖素號博學者蔑能加也。

又曰。先生雖老。不廢講學。時海寧有陳壽翁先生方家居著書。嘗請先生所註四書觀之。先生與陳公初不相識。卽盡送其書陳公所。且告之曰。平生無他技能。唯不護疾忌醫。是其所長。千萬不必致疑於直言也。

宋潛溪誌其墓曰。先生壯時。元有天下已久。宋之遺俗變且盡矣。而先生衣冠動作語言禮度猶宋人也。後生小子見之。咸以爲前代之遺賢。而先生亦曰。吾古逸民也。學者因稱之爲古逸云。

江雪矼先生凱詳上山屋門人。

節初家學

山長齊易巖先生琦別見張祝諸儒學案補遺。

登庸門人

學録操先生琬

操琬字公琰。樂平人。少博學有才氣。從程時登學。一時朋友如朱公遷董彝。皆邃義理。汎博古今。先生摩礪其間。所造益深。元至正四年。舉於鄉。歷池州學録。洪武初。詔起山林遺逸之士預修元史。先生年七十餘入館閣。帝命儒臣與談論。酬答如響。舉事無所遺。尋以疾歸田里。饒州府志。

鄉舉朱先生坦別見雙峯學案補遺。

考水家學

補山長胡雲峯先生炳文

梓材謹案。四庫書目著録先生周易本義通釋十二卷。提要謂。先生。程敏政新安文獻志所謂篤志朱子之學者也。是書據朱子本義折衷是正。復採諸家易解。互相發明。序題延祐丙辰。蓋仁宗之三年。初名精義。後病其繁冗。删而約之。改名通釋。所著雲峯集中。有與吴草廬書曰。本義通釋。郭文卿守浮梁時爲刊其半。出之太早。今悔之無及也。刊本今以呈似。中有謬戾。閤下削之繩之。幸甚云云。考雲峯生於宋理宗淳祐十年。其與草廬書時稱年七十。則當在延祐七年庚申。在作序之後三年。其所悔者改正與否。則不可考矣。又著録四書通二十六卷。提要云。是編以趙順孫四書纂疏。吴眞子四書集成。皆闡朱子之緒論。而尙有與朱子相戾者。因重爲刊削。附以己説。以成此書。凡朱子以前之説。嫌於補朱子之遺。皆斥不録。故所取於纂疏集成者僅十四家。二書之外。又增入四十五家。則皆恪守考亭之學者也。又稱章句集註所引凡五十四家。今多不甚可考。蔡模集疏閒有所註。亦不甚詳。是書尙一一載其名字。頗足以資訂證云。

考水門人

俞先生洪

俞洪。□□人。考水胡公門人弟子也。考水卒。先生等一百十五人相與考次平生言德。用古隱君子私諡例。尊稱之爲孝善先生。戴剡源集。

雲峯講友

程蛟塘先生琰

程琰字伯圭。德興人。父龍斗。宋咸淳進士。官上饒主簿。先生因先塋在邑之蛟塘。自署曰蛟塘子。讀書務臻實踐。與胡雲峯鄒季友徐廷玉往還講習。著有易經注義。書經注義。豫章書。

雲峯同調

補胡先生淀

胡淀字□□。婺源人。事繼母孝。兄弟同居終其身。嘗建明經書院以延學者。又輸田三百畝充膳費。善事不可勝紀。徽州府志。

曹氏門人

夏先生達才附師宋士嘉。子宏毅。

夏達才字行可。休寧人。幼聰敏嗜學。師鄉先生宋士嘉曹提幹。雲濠案。提幹恐卽希文。每夜讀書。殘燈達曙。大德丙午。中浙省第一。授徒於家。以聖賢之學爲本。四方從學者衆。子宏毅。能文。有放翁集。姓譜。

深山家學

補董先生眞卿

梓材謹案。大德甲辰。深山命先生從師雙湖。讀易武夷山中。

附録

周易會通自序曰。以四聖人之易。各標經傳於其首以别之。雖不分卷。而先後之序已明。程朱傳義。夾註其下。名曰集解。而以程子朱子曰别之。既不異書。則理象之旨咸在。繫辭以後。程子無傳。姑以經説補之。天台本程朱子皆有語録。今朱語則兼取先師所編。采其精詳而有緒者。各益其未備。續於傳義之後。名曰附録。而以程子朱子語别之。諸家之説。唯音訓以吕氏爲主。悉附經文。他可互相發明者。全用先師纂疏。各廣以聞見之所及。翼於語録之次。名曰纂註。而以某氏曰别之。管窺一得之愚。亦閒附於其末。合而命之曰周易經傳集程朱解附録纂註。此愚編集是書之凡例綱目也。

楊士奇曰。易會通。鄱陽董季眞輯。五經先儒所論著者易最多。而精義悉具此書。至於經傳古今之辨。先儒傳授之詳。披卷瞭然。可爲易書集大成者也。

雲濠謹案。四庫書目提要云。眞卿嘗受學於胡一桂。斯編實本一桂之纂疏而廣及諸家。初名周易經傳集程朱解附録纂注。其後定名會通者。則以程傳用王弼本。本義用吕祖謙本。次第既不同。而或主義理。或主象占。本旨復殊。先儒諸説。亦復見智見仁。各明一義。齗齗爲門户之爭。眞卿以爲諸家之易途雖殊而歸則同。故兼搜博採。不一其説。務持象數義理二家之平。即蘇軾朱震林栗之書爲朱子所不取者。亦並録焉。視胡一桂排斥楊萬里易傳。不肯録其一字者。所見之廣狹。謂之青出於藍可也。

汪氏門人

隱君趙東山先生汸詳見草廬學案。

息齋家學

補徵君余静學先生仲敬

附録

孩時便識日月字。長讀書。過目成誦。爲文操筆立就。曾赴浙闈。與同輩詣望江亭觀濤。遂成吴山賦。雄壯跌宕。衆皆歎服。試不偶。退而潛心周程之學。大有所得。

讀書先六經及子史。至相卜地理亦造閫奥。

雲峯家學

胡先生醇父

胡醇父字清父。雲峯族弟。從雲峯學七年而遇革命。雲峯稱其醇而敏。讀書多。察理密。制行亦無可非云。陳定宇别集。

雲峯門人

補程先生仲文

附録

雲峯序大學釋旨曰。予沈潛讀四書六十年。近爲纂疏集成。有訛舛處。不得已爲通。友朋得之。則鋟之梓。予悔之早。程仲文舊從予遊。予以其嗜學。極愛之。今所著大學釋旨。辭簡嚴密。圖明該貫。視章句有所發揮。於予通有所傳授。識者表章之。薦剡交□㈠。將以上聞。仲文年方壯。學者方進未已。此書之出。視予得毋又早乎。雖然。知人易。受知難。自知尤難。大學誠意章言自知之眞也。仲文其益務自知。庶不負識者之知乎。仲文勉之。雖然予年八十。亦不敢不自勉也。

補王先生偁

梓材謹案。先生號牧莽。雙溪六世孫。纂天文地輿禮樂制度百家之言爲格物誌。嘗爲雙溪刊其文集。見雙溪集後序。

程孝則先生可紹

程可紹字致和。婺源人。號孝則居士。幼從伯父林隱先生復心與雲峯胡先生學。修身謹行。

㈠「□」當作「飛」。

克自樹立。中年由高安鎮西徙。居里中市溪北。築亭水濱。曰觀瀾。爲延師教子之所。居之左起屋立龕。奉先世神主。取大雅詩語。題曰孝則堂。刻朱子孝經刊誤。以勵後學。鄉先生汪仲魯王伯武爲之序。嘗與趙東山遊師山鄭先生之門。情好深厚云。東山存稿。

教授姚先生璉

姚璉一名廷用。字叔器。歙縣人。弱冠從胡雲峯先生遊。吕仲實嘗問曰。論語說心幾處。對曰。不踰矩。聖人之心。三月不違。賢人之心。飽食終日。衆人之心。有心哉。隱士之心。仲實稱善。授紫陽書院學官。旋授松江青龍鎮教諭。又改諭杭州錢塘縣。又改太平教授。時參政董摶霄初復杭州。賊大侵。徽饒行省假公與參政討賊。因上十策。參政大奇之。無何還歙。諸帥防歙者交章薦。授本郡推官領帥幕事。又大帥樞密院判某。移書起鎮睦。俱不就。日與宋景濂孫道安輩結社論文。講學賦詩。自署雲山一嬾翁。於世泊如也。明太祖至徽。延訪耆碩。守臣鄧愈以名聞。與唐仲實等同被召見。事具載御製五倫書。所著有鳳池山房集。及書文若干卷。學者稱鳳池先生。歙縣志。

張先生存中

張存中字伯庸。梓材案。胡雲峯集作德庸。經義考云新安人。雲峯門人。與雲峯同郡。著四書通證。雲峯極稱之。以附於四書通之後。江南通志。

四書通證自述

四書集註明理用事。簡明爲尚。至集成而理愈晦矣。雲峯胡先生去其晦而取其明。則理通矣。今趙氏箋義出而事益繁。存中不揆僭越。去其繁而存其簡。則事亦通矣。

附録

胡雲峯序四書通證曰。學者於余之通。知四書用意之深。於通證。知四書用事之審。

梓材謹案。四庫書目著録先生四書通證六卷。

吴先生性初

吴性初。羅田人。胡敬存高第。亦嘗從游於雲峯。陳定宇別集。

鄉舉汪環谷先生克寬詳見雙峯學案。

雲峯私淑

顧靖夷先生權父達卿。

顧權字用衡。其先自蘭溪徙居崑山。父達卿。與胡雲峯同里友善。期有子當使爲士。及得先生。篤意教之。先生力學。博通羣典。尤究心於易。爲文刻意有古作者矩度。遭時多艱。隱居不仕。爲鄉校師。卒。門人私謚靖夷先生。姑蘇志。

雙湖續傳

縣令董先生養性

董養性字邁公。樂陵人。至正中。嘗官昭化令攝劍州事。入明不仕。終於家。所著有高閒雲集。撰周易訂疑十五卷。序例一卷。易學啓蒙訂疑四卷。周易本義原本十二卷。自序謂。用力三十餘年乃成。其説皆以朱子爲宗。蓋胡一桂陳櫟之末派也。四庫書目提要。

宋元學案補遺卷九十目録

宋元學案補遺卷九十

後學 鄞 王梓材 慈谿馮雲濠 同輯

魯齋學案補遺

魯齋師承

補 隱君趙江漢先生復

梓材謹案。郝文忠公與先生論性書云。先生及朱子之門而得其傳。亰然傳道于北方之人。則亦韓子周子之徒。蓋謂私淑朱子耳。非親及晦翁之門也。

雲濠謹案。先生國朝雍正二年從祀孔廟。

江漢遺文

君子之學。至于王道而止。學不至于王道。未有不受變于流俗也。三代聖人以心學傳天下。後世見于伊尹傅説之訓。君子將終身焉。明王不興。諸子各以其意而言學。學者不幸而不得見古人之全體。蓋桓文功利之説興。而羲堯舜文之意泯矣。

凜然正氣。惟諸葛孔明王景略諸人。不爲流俗之所回奪。然而隨世就功。周旋于散微之末。己又不能無偏。而不起之患。大抵君相造命之地。既已曖昧不明。而瞽宗米廩教養之法。因以廢格不舉。故雖有命世絶異之材。卒亦不能邇也。非其不能邇也。而其故則可知已。以上楊紫陽文集序。

附録

別著伊洛發揮。以標其宗旨。朱子門人散在四方。則以見諸登載與得諸傳聞者。共五十有三人。作師友圖。以寓私淑之志。

又取伊尹顔淵言行。作希賢録。學者知所嚮慕。

與人交尤篤分誼。元遺山文名擅一時。其南歸也。先生贈之言。以博溺心末喪本爲戒。以自修讀易。求文王孔子之用心爲勉。

郝陵川送漢上趙先生序曰。窮先生者。此行也。達先生者。亦此行也。先生嘗蹈夫常矣。而未蹈乎變也。嘗行夫一國矣。而未行乎天下也。天其或者欲由常以達變。由一國以達天下歟。又曰。昔之所學者。富一身而已。今也。傳正脈于異俗。衍正脈于異域。指吾民心術之迂。開吾民耳目之蔽。削蕪蔓。斷邪枉。破昏塞。俾六經之義。聖人之道。沛如河海。巍如泰華。充溢旁魄。大放于北方。如是則先生之道非窮也。達也。

又與漢上先生論性書曰。自伊洛入于江漢。自江漢入于閩越。百有餘年之間。蟬聯荆楚。蔓衍巴蜀。鼇湧旁魄。彌亘嶺海。如冬之日。至南而極。極則復北矣。蓋天之道也。于是近歲以來。吴楚巴蜀之儒與其書浸淫而北至于秦雍。復入于伊洛。泛入三晉齊魯。遂至燕雲遼海之間。而先生巍然以師道自處。學者雲從景附。又爲伊洛發揮一書。布散天下。使孔孟不傳之緒。家至日見。則道之復北。雖存乎運數。其昌明指示。心傳口授。則自先生始。嗚呼。先生之有功于吾道德。于北方學者抑何厚耶。而經牽制于時。不能奉杖履弟子之列。抑又何不幸耶。不能親炙而以書。先生其忍棄之哉。

姚牧庵序江漢先生行實曰。古之人爲知己死者有之。無有爲知己而生者。先生以古人所不爲者報之先公。而先公所受先生也已多矣。奚德哉。

吴淵穎序胡氏春秋通旨後曰。自宋季德安之潰。有趙先生者。北至燕。燕趙之間。學徒從者殆百人。嘗手書經傳及春秋胡氏傳。故今胡氏之説特盛行。

又曰。先正有云。世之去聖日遠。故學者惟傳經最難。仁甫當天下擾攘之際。乃能盡發先儒傳疏而傳之。不亦難乎。

附傳

忠肅楊先生惟中

楊惟中。宏州人。知讀書。有膽略。事元太祖。從伐宋。凡得名士數十人。收伊洛諸書送燕都。建太極書院。延儒講授。慨然欲以道濟天下。拜中書令。累遷江淮京湖安撫使。卒謚忠肅。姓譜。

提學侍其先生軸

侍其軸。汴人。汴陷時。龍虎衛將軍董俊以先生爲賢。禮請歸教子。後官眞定提學。袁清河集。

文康先緒

運判楊先生天德

楊天德字君美。其先美原人。徙同官高陵。其父雅好儒。而仲兄茂寔克家厚資之。使游學。登興定二年進士第。歷補尚書都省掾。遷轉運司度支判官。京城不守。流寓宋魯間十年而歸長安。自讀書入仕。至于晚歲。風節矯矯。始終不少變。晚讀大學解。沿及伊洛諸書。大嗜愛之。常語人曰。吾少時精力奪于課試。殊不省有此。今而後知吾道之傳爲有在也。埋没篆刻中。幾不復見天日。目昏不能視書。猶使其子講誦。而朝夕聽之。以是自樂。及有疾。親友往問之。談笑歌詠不衰。曰。吾晚年幸聞道死。無恨矣。子恭懿孝廉篤寔。克紹先志。又能行古道。其治喪一從先生遺命。用司馬氏朱氏考訂古禮云。許魯齋遺文。

陵川師承

御史高先生嶷

高嶷字士美。遂州人。以才幹精絶。拔爲樞密院都事。學術純正。轉監察御史。金亡入燕。

喪子感疾而卒。居順天。嘗語郝伯常以讀書作文法。故其卒。賦詩以哭之。郝陵川集自注。

江漢所傳

補 文正許魯齋先生衡

雲濠謹案。先生大德二年追贈司徒。至大二年封魏國公。

梓材謹案。蘇滋溪爲耶律文正有尚神道碑云。初公受學于許文正。于文正言行默而識之。其後考次年譜。筆之于書。凡日用纖悉。取以爲師法焉。而文正德業學術之微。因以表見于世。是卽魯齋遺書所附載考歲略者也。

小學大義

古者民生八歲。上至王公下至庶人之子弟。皆令入小學。教之以洒掃應對進退之節。禮樂射御書數之文。及其十有五歲。自天子之元子衆子。公卿大夫元士之適子。與凡民之俊秀者。皆入大學。教之以窮理正心修己治人之道。此小學大學之所以分也。當其幼時。若不先習之于小學。則無以收其放心。養其德性。及其年長。若不進之于大學。則無以察夫義理。措諸事業。先之以小學者。所以立大學之基本。進之于大學者。所以收小學之成功也。三代盛時。賢才輩出。風俗醇厚。蓋由盡此道也。自秦始皇焚書以後。聖人經籍不全。無由可考古人爲學之次第。班孟堅漢史。雖說小學大學規模大略。然亦不見其間節目之詳。千有餘年。學者各以己意爲學。其高者入于空虛。下者流于功利。雖苦心極志。博識多聞。要之不悖于古人者鮮矣。至唐韓文公。始引大學節目。以爲爲治之序。及前宋伊洛諸先生。又表章大學一篇。發明古者大學教人之法。近世新安朱文公。以孔門聖賢爲教爲學之遺意。參以曲禮少儀弟子職諸篇。輯爲小學之書四卷。其綱目則有三。曰立教。明倫。敬身。

立教者。明三代聖王所以教人之法也。蓋人之良心本無不善。由有生之後。氣稟所拘。物欲所蔽。私意妄作。始有不善。聖人設教。使養其良心之本善。去其私意之不善。其上者可以入聖。其次者可以爲賢。又其次者不失爲善人。此先王之時所以民用和睦。上下無怨。而比屋可封也。然所謂教者。非出于先王之私意。蓋天有是理。先王使順其理。天有是道。先王使行其道。因天命之自然。爲人事之當然。迺所謂教也。故引中庸天命之謂性。率性之謂道。修道之謂教數語爲説。蓋爲教而不本于道。則非教也。爲學而不本于道。則非學也。道者何。父子也。君臣也。夫婦也。長幼也。朋友也。此天之性也。人之道也。知此則爲師者知所以教人之道。爲弟子者知所以進學之方矣。

明倫。明者明之也。倫者倫理也。人之賦命于天。莫不各有當然之則。如父子之有親。君臣之有義。夫婦之有別。長幼之有序。朋友之有信。乃所謂天倫也。三代聖王設爲庠序學校以教天下者。無他。明此而已。蓋人而不能明人之倫理。則尊卑上下輕重厚薄淆亂而不可統理。其甚者至于父不父。子不子。君不君。臣不臣。夫婦長幼朋友各不居其夫婦長幼朋友之分。豈止淆亂而不可統理。將見禍亂相尋。淪于禽獸而後已。此所以古之教者必以明倫爲教。而學者必以明倫爲學。

敬身序引孔子言。君子無不敬也。敬身爲大。身也者。親之枝也。敢不敬乎。不能敬其身是傷其親。傷其親是傷其本。傷其本。枝從而亡。聖人以此垂戒。則知凡爲人者。不可一日離乎敬也。況人之一身。實萬事萬物之所本。于此有差。則萬事萬物亦從而差焉。豈可不敬乎。敬身之目。其則有四。心術。威儀。衣服。飲食。心術正乎內。威儀正乎外。則敬身之大體得矣。其衣服飲食二者。所以奉身也。苟不制之以義。節之以禮。將見其所以養人者。反害于人也。分而言之。心術威儀。修德之事也。衣服飲食。克己之事也。統而言之。皆敬身之要也。蓋惟敬身。故于父子君臣夫婦長幼朋友之間。無施不可。此古人修身必本于敬也。

稽古載三代時聖人賢者已行之迹。其綱亦有三。立教。明倫。敬身。用此事跡。以實前言。其外篇嘉言善行。皆載漢以來賢者所言之嘉言。所行之善行。其綱目亦各有三。立教。明倫。敬身。此外篇也。衍内篇之言以合外篇。則知外篇者小學之支流。約外篇之言以合内篇。則知内篇者小學之本源。合内外而兩觀之。則小學之規模節目無所不備。朱文公集小學之書大意如此。

讀易私言

初。初位之下。事之始也。以陽居之。才可以有爲矣。或恐其不安于分也。以陰居之。不患其過越矣。或恐其愞弱昏滯。未足以趨時也。四之應否。亦類此義。無應則或困于弱。有應則或傷于躁。

坎無應而凶。頤有應而凶之類是也。大抵柔弱則難濟。剛健則易行。故諸卦柔弱而致凶者。其數居多。豫。剝。坎。恒。困。井。旅。小過。未濟。剛健而致凶者。惟頤大壯夬而已。若總言之。居初者易貞。居上者難貞。易貞者。由其所適之道多。難貞者。以其所處之位極。故六十四卦。初爻多得免咎。而上每有不可救者。始終之際。其難易之不同。蓋如此。

艮六居初者凡八。陰柔處下。而其性好止。故在謙則合時義而得吉。在咸則感未深而不足進也。以是才居遯。則後于人而有厲。然位卑力弱。反不若不往之爲愈也。蹇之時。險在前也。止而不往。自有知幾之譽。勉于進則陷乎險也。艮以止于初爲義。故但戒以利永貞。漸之才宜若此也。雖小子有言。于義何咎。旅雖有應。而不足援也。斯其所以瑣瑣乎。小過宜下。而反應于上。斯其有飛鳥之凶乎。柔止之才。大率不宜動而有應。動而有應。則應反爲之累矣。謙最吉。小過最凶。

坤六居初者凡八。坤柔順處下。其初甚微。而其積甚著。故其處比與否之初也。皆能獲吉。豫有應在上。是動于欲而不安于分也。凶亦宜乎。

二。二與四皆陰位也。四雖得正。而猶有不中之累。況不得其正乎。二雖不正。而猶有得中之美。況正而得中者乎。四。近君之臣也。二。遠君之臣也。其勢有不同。此二之所以多譽。四之所以多懼也。二中位。陰陽處之。皆爲得中。中者。不偏不倚。無過不及之謂。其才若此。故于時義爲易合。時義既合。則吉凶可斷矣。究而言之。凡爲陽者。本吉也。陽雖本吉。不得其正。則有害乎。其吉矣。雖得正矣。不及其中。亦未可保其吉也。必也。當位居中。能趨時義。然後其吉乃定。凡爲陰者。本凶也。陰雖本凶。不失其正。則有緩乎。其凶矣。雖失正矣。苟居中。猶可以免其凶也。不正不中。悖于時義。然後其凶乃定。故陽得位得中者。其吉多焉。陰失位失中者。其凶多焉。要其終也。合于時義則無不吉。悖于時義則無不凶也。大矣哉。時之義乎。

乾九二。九。剛健之才也。而承乘又剛健。是剛健之至也。處陰得中。有溥博淵泉時出之義。臣才若此。其于職位。蓋綽綽然有餘裕矣。夫剛健則有可久之義。得中則有適時之義。兼二者而得。雖無應。可也。況六五虛中以待己者乎。此八卦所以皆無悔吝。而有應者尤爲美也。

兑九二。兑之九二。剛而得中也。雖上承于柔邪。不足爲累。此以得中之義爲勝也。獨節之爲卦。自有中義。所不足者。正而已。今既不正矣。其何以免于凶乎。

巽九二。兑之中以剛爲説。巽之中以剛爲入。皆有才適用之臣也。然兑務于上。上一陰爲主。巽務于下。下一陰爲主。其勢有所不同。如井之義。貴于上行也。而九二無應。徇己才而下之。違時拂義。人莫肯與。以谷射甕敝取象。其亦宜乎。

坎九二。下。陰柔之始也。上。陰柔之極也。而己以陽剛之才。獨居中焉。是己無賴于彼。而彼有待于己也。加以至尊應之。則險道大行。不爾則幾于困矣。大率有應而道行。則以貞幹之義爲重。無應而處中。則以須守之義爲重。錯舉而言。則卦之才皆備焉。

坤六二。否之時。不爲窮厄所動。豫之時。不爲逸欲所牽。非安于義分者莫能也。坤之六二。居中履正。且又靜而順焉。宜其處此而無敗也。雖然。創物兼人。陽之爲也。柔順貞靜。陰之德也。以陰之德而遇剥觀。則剥傷于柔。而觀失于固矣。夫何故。時既不同。義亦隨異。此六爻所以貴中正。而中正之中有隨時之義也。

震六二。六二陰柔而在動體。雖居中履正。然下乘陽剛成卦之主。其勢不得安而處也。非惟其勢不得安而處。揆其至性。亦不肯安而處也。或上應。或下依。有失得之辨焉。復無應而下仁。吉之道也。過此則違道而非正矣。頤。隨。益之方受彼也。上下之來。又何患焉。无妄之世。方存誠也。或應或依。祇足爲累。他卦皆以乘剛之義爲重也。屯。震。噬嗑。大率處則乘剛。動有得失。非坤二柔中之比也。

艮六二。以剛處上。以柔處下。尊卑之勢順也。艮之大體既備此象矣。而六二又承剛履柔。居中得正。宜其處諸卦而無過也。雖然。柔止之才。動拘禮制。若當大有爲之時。則有不可必者。故在蹇未能濟。處艮莫能止。究其用心忠義正直。終不可以事之成否爲累也。

離六二。初與三剛而得正。皆有爲之才也。然其明照各滯一偏。惟六二中正見義理之當然。而其才幹有不逮其明善者甚矣。才智之難齊也。得有應于上。則明有所附矣。然非剛之善用明。實明之能自用也。大抵以剛用明。不若以明用剛之爲順。故八卦應五附三。其勢略等。而離之六五。有應于下者。爲最美也。

三。卦爻六位。惟三爲難處。蓋上下之交。内外之際。非平易安和之所也。故在乾則失于剛暴。在坤則傷于柔邪。震動而無恒。巽躁而或屈。離與艮明止係于一偏。坎與兑險説至于過極。

皆凶之道也。然乾之健。雖不中也。猶可勝任。坤之順。雖不正也。猶能下人。二者之凶。比他爻爲少緩。若夫坎之與兑。以陰處陽。以柔乘剛。不中不正。悖時忤義。其爲凶切矣。是知乾坤爲輕。坎兑爲重。總而論之。亦曰多凶而已矣。

乾九三。過剛而不中。難與義適。然以其有才也。故諄諄焉戒命之曰夕惕。曰敬慎。曰艱貞。庶或有可免者。不然則用所偏而違乎義矣。凶其可逃乎。

四。四之位近君。多懼之地也。以柔居之。則有順從之美。以剛居之。則有僭逼之嫌。然又須問居五者陰邪。陽邪。以陰承陽則得于君而勢順。以陽承陰則得于君而勢逆。勢順則無不可也。勢逆則尤忌上行。上行則凶咎必至。離之諸四皆是也。震則四爲成卦之主。才幹之臣也。且能動而知戒。是以有補過之道。以陽承陽。以陰承陰。皆不得于君也。然陽以不正而有才。陰以得正而無才。故其勢不同。有才而不正。則貴于寡欲。故乾之諸四例得免咎。而隨之四。夬之四。有凶悔之辭焉。無才而得正。則貴乎有應。故艮之諸四。皆以有應爲優。無應爲劣。獨坤之諸四。能以柔順處之。雖無應援。亦皆免咎。此又隨時之義也。

乾九四。九而居四。勢本不順。然以其健而有才焉。故不難于趨義。又上卦之初。未至過極。故多爲以剛用柔之義。以剛而用柔。是有才而能戒懼也。有才而能戒懼。雖不正猶吉也。兑九四。處下而説則有樂天之美。處上而説則有慕爵之嫌。初九雖無應。猶可也。九四雖有應。尚多戒辭也。然以剛説之才。易得勝任。故有應者無不吉。而無應者亦有免之之道云。

離九四。陽處近君而能保其吉者。以其有才而敬慎故也。火性上炎。動成躁急。非惟不順君之所用。且反爲君之所忌也。恣横專偪。鮮有不及禍。惟噬嗑之去間。睽離之相保。與羈旅而親寡之時。取君義爲甚輕。故其所失。亦比他爻爲甚緩。究而言之。固非本善之才也。

震九四。離之成卦在乎中。故以中爲美。震之成卦在乎下。故以下爲貴。若是則震之九四乃才幹之臣也。君之動由之。師之動亦由之。其功且大矣。其位已逼矣。然而卒保其無禍者。何哉。蓋震而近君。有戒慎恐懼之義。以陽處陰。有體剛用柔之義。持其術以往。其多功而寡過也宜乎。雖然。功大位逼。而不正不可以久居其所也。久居其所。則勳德反下。此恒之所以戒于田無禽歟。

巽六四。陰柔之質。自多懼也。順入之才。能承君也。以是而處。每堪其任。故八卦皆無凶悔之辭。

坎六四。其以陰柔得位。而上承乎中正之君。略與巽同。然又有以險之性焉。以此處多懼之地則宜矣。故八卦亦無凶悔吝之辭。

艮六四。以柔止之才。承柔止之君。雖己身得正。而于君事則有不能自濟者。必藉陽剛之才。而後可以成功。故離九應之。則終得昏媾。震九應之。則顛頤獲吉。至于止乾之健。納兑之説。皆可成功而有喜。不爾。處剥見凶。處蒙蠱見吝矣。艮以能止爲義。能止其身。則无咎可也。

坤六四。坤之六四。不問有應與否。皆無凶咎。蓋爲臣之道。大體主順。不順則無以事君也。五。五上卦之中。乃人君之位也。諸爻之德莫精于此。故在乾則剛健而斷。在坤則重厚而順。

未或有先之者。至于坎險之孚誠。離麗之文明。巽順于理。艮篤于實。皆能首出乎庶物。不問何時克濟大事。傳謂五多功者。此也。獨震忌强輔。兑比小人于君道爲未善。觀其戒之之辭。則可知矣。

乾九五。剛健中正。得處君位。不問何時。皆無悔吝。惟履之剛決。同人之私暱。不合君道。故有厲有號咷也。

兑九五。下履不正之强輔。上比柔邪之小人。非君之善道也。然以其中正也。故下有忌而可勝。上有説而可決。大哉中正之爲德乎。

離六五。强輔强師。而六以文明柔中之才而麗之。悔可亡也。事可濟也。然更得九二應之爲貴。故大有睽鼎未濟皆吉。而他卦止以得位得中而免也。

震六五。九四陽剛不正之臣爲動之主。而六五以柔中乘之。其勢可慊也。得九二剛中應之。其勢頗張。故恒大壯解歸妹比他卦爲優。而豐之二五以明動相資。故其辭亦異焉。

巽九五。以巽順處中正。以君臣相得。而剛柔相濟。相得則無内難。相濟則有成功。不待于應。自可無咎。應則尤爲美也。

坎九五。以剛陽之才。處極尊之位。中而且正。可以有爲也。然適在險中。未能遽出。故諸卦皆有須待之幾。夫能爲者才也。得爲者位也。可爲者時也。有才位而無其時。不緩待之。則有咎矣。

艮六五。君輔皆柔。且無相得之義。本不可有爲也。以六有静止得中之才。上依而下任也。故僅能成功。然非可大有爲也。更或無應。則獨依剛傅于君。道爲愈下矣。

坤六五。坤六居五。雖不當位。然柔順重厚。合于時中。有君人之度焉。得九二剛中應之。則事乃有濟。故師泰臨升或吉或无咎。而他卦則戒之之辭爲尤重。蓋陰柔之才。不克大事。且鮮能永貞故也。

上。上事之終。時之極也。其才之剛柔。内之應否。雖或取義。然終莫及上與終之重也。是故難之將出者則指其可由之方。否。解。困。渙。未濟。事之既成者則示以可保之道。蠱。无妄。頤。家人。革。漸。才適時甚足貴也。隨。離。臨。艮。時過適則難與行也。乾。坤。小畜。泰。大過。恒。益。巽。兑。節。中孚。小過。既濟。義之善或不必勸。則直云其吉可也。大有。剥。大畜。遯。睽。鼎。勢之惡或不可解。則但言其凶也。屯。訟。比。噬嗑。復。坎。明夷。夬。歸妹。豐。旅。巽。小過。既濟。有始不得志。而終無悔吝者。同人。姤。有始饜其欲。而終有禍敗者。萃。旅。因其偏而用者。才尚可也。蒙。晉。升。反其常而動者。事已窮也。師。謙。賁。損。質雖不美而冀其或改焉。則猶告之。豫。大壯。益。震。節。位雖處極而見其可行焉。則亦諭之。需。蹇。艮有成終之義。故八卦皆善。蒙。蠱。賁。剥。大畜。頤。損。艮。履係于所履。觀係于所生。吉凶不敢主言也。大抵積微而盛。過盛而衰。有不可變者。有不能不變者。六爻教戒之辭。惟此爲最少。大傳謂其上易知。豈非事之已成乎。

論陰陽消長

凡陰陽消長。皆始于下。故得下則長。失下則消。自始長而至長極凡八消。自始消而至消盡凡八長。蓋消之中復有長焉。長之中復有消焉。長中之消。其消也漸微。消中之長。其長也亦漸微。故一復。長而至三。益。三復消而爲二。震。二長而至四。无妄。四復消而爲二。明夷。二長而至四。家人。四復消而爲三。豐。三長而至五。同人。五復消而爲二。臨。二長而至四。中孚。四復消而爲三。歸妹。三長而至五。履。五復消而爲三。泰。三長而至五。小畜。五復消而爲四。大壯。四長而不消。遂至于極也。雖然。此姑論六畫者然也。積而至于九。至于十二。以至于無窮。則所謂純陽純陰者。正猶一尺之箠。日取其半。萬世不竭。其細微之極。非特不可取而得。亦不可視而見也。是知天下古今未有無陽之陰。亦未有無陰之陽。此一物各具一太極。一身還有一乾坤也。孟子謂萬物皆備于我者。是已。第未得一元之數。沿而下之。以見吾生亦未得。吾生之數。泝而上之。以見其元。安得如康節邵先生者。從而問之。

長	一三	二四	二四	三五
消	二四	三五	三五	四極

五三　四二　四二　三一
四二　三一　三一　二盡

梓材謹案。四庫書目著録先生讀易私言一卷。提要言。其書論六爻之德位。大旨多發明繫辭傳。同功異位。柔危剛勝之義。而又類聚各卦畫之居于六位者。分别觀之。蓋健順動止。入説陷麗。其吉凶悔吝。又視乎所值之時。而必以正且得中爲上。孔子彖象傳。每以當位不當位。得中行中爲言。衡所發明。蓋本斯旨云。四庫又著録魯齋遺書八卷。附録二卷。提要云。嘉靖乙酉。山陰蕭鳴鳳校刊于汴。自爲之序。序後復有題識云。舊本名魯齋全書。竊謂先生之書尚多散佚。未敢謂之全也。故更名遺書。又四庫存目録魯齋心法一卷。提要云。此書即全書中語録之下卷。而摘其語録上卷之三十二條。非全書之外别有此書也。

魯齋語録

不聽父命者則爲不孝。不聽君命者則爲不忠。其或不聽天命者。獨無責耶。君父之命。或在可否之間。設教者猶曰勿逆勿怠。況乎天命大公至正。無有不善。何苦而不受命乎。

責得人深者必自恕。責得己深者必薄責于人。蓋亦不暇責人也。自責以至于聖賢地面。何暇有工夫責人。見人有片善。早去倣學他。蓋不見其人之可責。惟責己也。顔子有之。以衆人望人。則皆可。以聖賢望人。則無完人矣。子曰。賜也賢乎哉。夫我則不暇。

責己者可以成人之善。責人者可以長己之惡。

喜怒哀樂愛惡欲。一有動于心則氣便不平。氣既不平則發言多失。七者之中。惟怒爲難治。

又偏招患難。須于盛怒時堅忍不動。候心氣平時。審而應之。庶幾無失。

世人懷智挾詐而欲事之善。豈有此理。必盡去人僞。忠厚純一。然後可善其事。至于死生禍福。則一歸之天命而已。人謀孔臧。亦可以保天命。人能攝生。亦可以保神氣。自暴自棄而有凶禍。皆自取之也。

教人使人必先使有恥。又須養護其知恥之心。督責之使有所畏。榮耀之使有所慕。皆所以爲教也。到無所畏。不知慕時。都行不將去。

凡在朋儕中。切戒自滿。惟虚故能受。滿則無所容。人不我告。則止于此耳。不能日益也。故一人之見不足以兼十人。我能取之。十人是兼。十人之能矣。取之不已。至于百人千人。則在我者。可量也哉。

前人謂。得便宜事莫得再做。得便宜處不得再去。休説莫得再。只先一次。已是錯了。汝既多取了他人底。便是欠下他底。隨後卻要還他。世間人都有合得底分限。你如何多得他便宜。萬無此理。又人道得便宜是落得便宜。實是所得便宜無幾。而于天理人心欠缺。不可勝道。天理也不容汝。人心也放你不過。外面事不停當。反而求之。此心歉然。于義理所欠多矣。如何得安。稍能自思自反者。此理不難見也。其反報甚速。大可畏也。可謂愛便宜者之戒。

或謂。人依道理行。多不樂。故不肯收斂入來。放曠不守法度。卻樂多。只于那壁去了。以故爲學近理者少。而多喜于自恣。放言自適。此何故。曰。天下只問是與不是。休問樂與不樂。

若分明知得這壁是。那壁不是。雖樂亦不從也。如家有諸子。一子服田力穡。以堂構爲己任。一子荒縱飲宴市樓。若論樂與不樂。力田之苦誠不如市樓之樂。爲其父祖者。愛力田者乎。愛荒縱者乎。使誠知服田力穡之爲樂無窮也。則于荒宴不肯一朝居矣。然誠不知耳。苟能知之。必不如是也。所以大學要致知。

孔子曰。政寬則民慢。慢則糾之以猛。猛則民殘。殘則施之以寬。寬以濟猛。猛以濟寬。政是以和。斯不易之常道也。

革人之非。不可革其事。要當先革其心。其心既革。其事有不言而自革者也。

恐害己者。必思所以害人也。豈知利人則未有不利于己者也。至于推勘公事。已得人情。適當其法。不旁求深入。是亦利人之一端也。彼俗吏不達此理。專以出罪爲心。謂之陰德。予曰。不然。履正奉公。嫉惡舉善。人臣之道也。有違于此。則惡者當害之而反利之。善者當利之而反害之。明不能逃其刑責。幽不能欺于神明。顧陰德何有焉。

每臨事且勿令人見喜。既令人見喜。必是偏于一處。隨後便有弊。既不令人喜。亦不令人怒。便是得中。

地力之生物有大數。人力之成物有大限。取之有度。用之有節。則常足。取之無度。用之無節。則常不足。生物之豐歉由天。用物之多少由人。

爲人臣者。常存心于君。以君心爲心。承順不忘。願國家之事都得成就。卽是至公心。可謂仁也。于自己爲臣之分。各有所當職。常保守其分。不致虧失。可謂義也。

人要寬厚包容。恰要分限嚴。分限不嚴。則事不可立。人得而侮之矣。魏公素寬厚。及至朝廷事。凛然不可犯也。所以爲當世名臣。今日寬厚者易犯。威嚴者少容。于事業之際皆有病。

天地只是箇生物心。聖人只是箇愛物心。與天地心相似。百端用意只是如此。禮樂刑政皆是也。刑法家説便不如此。便失了聖人本心。便與事物爲敵。一切以法治之。無復仁恩。

聖人如何能使百姓無訟。只是説謊不著實的人。向聖人面前不敢盡意説他那妄誕的虚辭。蓋因聖人能明自家底明德。于事理所止處。件件都明白。能使百姓每畏服他。自然無那顛倒曲直相爭訟底。所以訟不待聽而自然無了。

小兒或飢或寒。自家不會説。爲慈母底保愛他。用心誠求。探求他所欲。雖不能盡中其意也。不甚相遠。若百姓底好惡。比小兒又容易曉。爲人上底。但推此心。誠實去求之。未有不得其所欲者。

古者大學之道以修身爲本。凡一事之來。一言之發。必求其所以然。與其所當然。不牽于愛。不蔽于憎。不因于喜。不激于怒。虚心端意。熟思而審處之。雖有不中者。蓋鮮矣。

人之情僞。有易有險。險者難知。易者易知。易知者。雖談笑之頃。几席之間。可得其底藴。難知者。雖同居共事。閲月窮年。猶莫測其意之所向。雖然。此特係夫人之險易者然也。又有衆寡之辨焉。寡則易知。衆則難知。難知非不智也。用智分焉。易知非多智也。合小智而成大智也。故在上之人難于知下。在下之人易于知上。其勢然也。處難知之地。御難知之人。欲其不見欺也。蓋難矣。審而後發。發無不中。否則觸事遽喜。喜之色見于貌。喜之言出于口。人皆知之。徐考其故。知無可喜者。則必悔其喜之失。甚至先喜後怒。先喜是。則後之怒非也。號令數變。無他焉。喜怒不節之故。

任用人材。興作事功。自己已有一定之見。然不可獨用己意㊀。則排沮者必多。吾事敗矣。稽于衆。取諸人以爲善。然後可。

魯齋遺文

人君惟無喜怒也。有喜怒。則贊其喜以市恩。鼓其怒以張勢。人君惟無愛憎也。有愛憎。則假其愛以濟私。藉其憎以復怨。甚至本無喜也。誑之使喜。本無怒也。激之使怒。本不足愛也。强譽之使愛。本無可憎也。强短之使憎。若是。則進者未必爲君子。退者未必爲小人。以至賞罰生殺鮮有得其正者。人君不悟。日在欺中。方仗若曹擿發細隱。以防天下之欺。尚可防耶。大抵人君以知人爲貴。以用人爲急。用得其人。則無事于防矣。既不出此。則所近者爭進之人耳。好利之人耳。無恥之人耳。賢者以公爲心。以愛爲心。不爲利回。不爲勢屈。寘之周行。則庶事得其

㊀「意」下脱「獨用己意。」

正。天下被其澤。然或遭時不偶。務自韜晦。有舉一世而人不知者。雖或知之。而當路之人未有同類。不見汲引。獨人君有不知者。人君雖或知之。召之命之。湓如厮養。而賢者有不屑就者。雖或接之以貌。待之以禮。而其所言不見信用。有超然引去。雖或信用。復使小人參于其閒。責小利。明近效。有用賢之名。無用賢之實。賢者亦豈有尸位素餐。徒費廩禄。取譏誚于天下也。上治道疏。

嘗謂天下古今。一治一亂。治無常治。亂無常亂。亂之中有治焉。治之中有亂焉。亂極而入于治。治極而入于亂。亂之終。治之始也。治之終。亂之始也。治亂相循。天人交勝。天之勝。質揜文也。人之勝。文勝質也。天勝不已則復而至于平。平則文著而行矣。故凡善惡得失之應。無妄然者。而世謂之治。治非一日之爲也。其來有素也。人勝不已則積而至于偏。偏則文没不用矣。故凡善惡得失之迹。若謬焉者。則世謂之亂。亂非一日之爲也。其來有素也。析而言之。有天焉。有人焉。究而言之。莫非命也。命之所在。時也。時之所向。勢也。勢不可爲。時不可犯。順而處之。則進退出處。窮達得喪。莫非義也。與竇先生書。

梓材謹案。時竇先生引薦魯齋。故魯齋爲是語以辭之。

附録

姚樞時方以道學自任。傳伊洛之學于南士。趙仁甫先生往蘇門求之。得易程氏傳。春秋胡氏傳。書蔡氏傳。詩朱氏傳。與論語孟子集註。大學中庸章句。或問。小學之書。讀之。深有所契。

皆手鈔以歸。

謂。吾自傳伊洛之學。心與理融。終夜以思。手舞足蹈。有不知其所以然者。

至元八年。以集賢殿大學士召守國子祭酒。先生喜曰。此吾事也。所選弟子皆幼穉。先生待之若成人。愛之如己子。出入進退。嚴若君臣。其教諄煦懇至。日改月化。雖童子皆知三綱五常之重。

十三年。命以國子祭酒領太史院事。曆成復還。懷太子眞金與書曰。公勿以道不行爲憂。公身安道。有時行矣。惟勉自愛。

先生在中書日。命牙儈僱一僕役。特選一能應對閑禮節者進。卻之曰。特欲老實耳。他日。領一蓬首垢面愚騃之人來。遂用之。儈請問其故。先生曰。諺云。馬騎上等馬。牛用中等牛。人使下等人。馬上等能致遠。牛中等良善。人下等易訓。若其聰明過我。則我反爲所使矣。假如司馬温公家一僕。三十年止稱君實秀才。蘇子瞻學士來謁。聞而笑之。明日改稱大參相公。公驚問。以實告。公曰。好一僕。被蘇東坡教壞了。這便是格㊀子。輟耕録。

先生所至。人樂從之。去。人莫能舍。服其教。心感誠服。終身不敢忘。聽其言。雖武人悍士。無不感悟也。

㊀「格」當爲「樣」。

卒。既葬。四方學者有不遠數千里來哭墓下者。

先生平生嗜朱子學。不啻飢渴。凡指示學者。一以朱子爲主。或質以他説。則曰。賢且專主一家。則心不亂矣。及江左混一。始得閲其文。亦病其太多。考歲略。

吕端善祭先生文曰。維蒙古生。嶷然古風。稔公之教在耳。藴公之化于躬。雖所賦有厚薄。所得有纖穠。惟公擇其尤者。相之導之。以陰誘其衷。使之默識心通。視明聽聰。謀嘉慮忠。言行諫從。則可以鞏國家無疆之祚惟寧。永生民無疆之休惟洪。

歐陽文公爲神道碑曰。聞河内政虐。還自蘇門。十餘年閒。雖顛沛流離。行不愧影。其與人交。中剛外和。一芥取予。必揆乎義。人與之居。雖有忮求。馴致俱化。所至學者翕然歸之。察其誠至。始留館下。既留。誘掖忘倦。身教屬屬。言教循循。于是師道日立。友道日親。在魏友竇默。蘇門友姚樞。相與論辨。探幽抉微。詣者慴伏。

又曰。其爲學也。以明體達用爲主。其修己也。以存心養性爲要。其事君也。以責難陳善爲務。其教人也。以洒掃應對進退爲始。精義入神爲終。雖時尚枘鑿。不少變其規矩也。

又曰。先生平時頗病文籍之繁。嘗曰。聖人復出。必大芟而治之。斯則周衰以來文勝之弊。猶將有以正救于其閒。是豈淺之爲志者乎。

又曰。先生天資之高。固得不傳之妙于聖賢之遺經。然純篤似司馬君實。剛果似張子厚。光霽似周茂叔。英邁似邵堯夫。窮理致知。擇善固執。似程叔子朱元晦。至于體用一原。顯微無閒。

超然自得于不動而敬。不言而信者。又有濂洛數君子所未發者焉。

姚牧庵爲祠堂記曰。五百年必有王者興。其閒必有名世者出。惟公足以當之。蓋太祖皇帝建國丙寅。而先生生于己巳。上距宋慶元庚申朱子之卒。纔十年。當興王之會。續傳道之業。必有數存焉。

姚牧庵曰。先生之學。一以朱子之言爲師。窮理以致其知。反躬以踐其實。始而行其家。終而及之人。故于魏于輝于秦。摳衣其門。所在林立。盛德之聲。昭聞于時。宦諸冑學。其教也入德之門。始惟由小學而四書。講貫之精。而後進于易詩書春秋。耳提面命。莫不以孝弟忠信爲本。四方化之。雖吏爲師。刀筆筐篋之流。父以之訓其子。兄以之勖其弟者。亦惟以是爲先。語述作固不及朱子之富。而扶植人極。開世太平之功。不慚德焉。

陳石堂序先生大學要略直說曰。吾聞自有天地以來。爲草木篁竹之地。至唐始有書聲。書聲三百年。而文公朱子生焉。道統在焉。心之無在不在也。許平仲。覃懷人也。相後不百年。而相去數千里。一旦于吾朱子之書忻喜踊躍。如獲連城。上以廣一人堯舜之心。下以起同類曾閔之行。而復能眞體實踐。藹然于立身處家進退行藏之際。六合既一。北方人物之美。趣尚之正。不絶于南來者之口。而四書之檜㊀發于武夷之下。踰江淮黃河。越行華。出居庸雁行㊁玉門。以及

㊀「檜」當爲「擔」。

㊁「雁行」當爲「雁門」。

于日月之所照。霜露之所墜。是固平仲之功。亦無非帝降之使然也。當時朱子燈火之前。夜半不寐。推牀之際。豈知身後之契。在于太行之東。與其書之彌滿天地哉。大要降衷秉彝。無閒于混然中處之類。但須勤行敬守。則不患于無相知者。明道先生子程子曰。但得道在。不繫今與後。己與人。吾于朱文公許魯齋亦云。

陳鈞序曰。古者大學教人之法。備見于大學之書。河南程子尊信而表章之。上接孔子不傳之統。下開後世入學之門。其功至矣。地相近而得其傳者。許公也。公之源派流衍益廣。今中書宰相御史中丞行中書右丞。其正傳也。凡仕于朝。仕于外。有道德之潤以及于民者。亦皆許公之徒也。

虞道園曰。南北未一。許文正公先得朱子之書。伏讀而深信之。持其説以事世祖。而儒者之道不廢。許公實起之。是以世祖□□□㊀以來。不愛名爵。以起天下之處士。雖所學所造各有以自見。其質諸聖賢而不悖。俟乎百世而不惑者。論者尚慊然也。

蘇滋溪曰。國家初有中夏。士踵宋金餘習。以記誦詞章相誇尚。許文正公始以孔孟之書程朱之訓倡明斯道。一時師友講習。若河汾伊洛之盛。

王忠文擬傳曰。衡天資宏毅。卓然有守。當艱難窮阨之時。其操益堅。聞一善言。見一善行。

㊀「□□□」衍。

不啻飢渴之得飲食。而于榮名世利。畏之若探湯。終始表裏。一本于誠敬。故天下信之無異辭。聞君命未嘗不卽起。然卒亦未嘗枉尺而直尋。每入奏對。以格君心爲己任。氣象雍容。言雖切直而無忤也。出入禁中。衛士輒舉手加額曰。是欲堯舜吾君民者也。逮其晚年。義精仁熟。道出羣物之表。身備四時之和。胸中浩然。純乎天理。而動静語默周旋出入之頃。無非至教。天下之士。聞之者知敬。望之者知畏。親之者知愛。遠之者知慕。而視其進退仕止爲朝廷之重輕。其身任斯道之寄如此。

宋濳溪名臣頌曰。濂洛之學。傳自武夷。重徽疊照。日星昭垂。逮我許公。尊聞行知。若親摳衣。寒泉之麋。張皇幽眇。釐析毫絲。如皋陶淑問。畢其情辭。如后羿注矢。不失其馳。既入閫域。遂升堂基。横經冑監。衿佩鏘如。袪其人私。牖其天彝。釋其偏歧。挽其九衢。德成材達。昭用于時。黼黻帝治。甄陶泰熙。明體適用。公實庶幾。無德弗報。四海祝尸。於乎許公。百世之師。

薛文清讀書録曰。魯齋。吾莫測其爲何如人。但想其大而已。元人有以北有許衡。南有吴澄並稱者。此非後學所敢輕議。然卽其書。求其心。考其行。評其出處。則二公之實可見。

又曰。魯齋。召之未嘗不往。往則未嘗不辭。善學孔子者也。

又曰。魯齋厭宋末文弊。有從先進之意。

又曰。魯齋力行之意多。

又曰。許魯齋詩云。萬般補養皆虚僞。只有操心是要規。惟心得而實踐者。乃知其言之有味。劉蕺山人譜曰。許魯齋設教。懇款周悉。必使通曉。嘗問諸生。此章書義。若推之自身。今日之事有可用否。書中無疑看出有疑。有疑卻看出無疑。方是有益。

又曰。許魯齋嘗云。爲學以治生爲本。此言出。甚爲世所譏議。後人當善會其意。知非教人謀利也。貧窮之累人甚矣。古今來有不爲此敗節喪名者幾人。學者須是習勤服勞。撙節儉約。勿使游手游食。以致仰事俯畜。無所依賴而已。昔司馬温公爲相。每詢士大夫私計足否。人怪而問之。公曰。倘衣食不足。安肯爲朝廷而輕去就耶。正是同此意見。

馬平泉曰。薛文清亟稱魯齋之大。而曹貞予謂。事元明。學魯齋之大用。世儒過貶。不亦甚乎。余博觀魯齋爲人。其生平恢宏縝密。德合坤乾。可謂粹然完善者矣。其臨終顧語其子之言。或謂其悔事元也。吾疑焉。夫世祖之于魯齋。不可謂不見知。且始終敬禮不衰。道雖未大行。君臣之義立矣。若如或人所云。如君臣大義何。然則奚爲出此言。曰。魯齋必自顧歉然。而有所大不安于心者。但無所告訴。人亦未有知之者耳。觀太子與書曰。公無以道不行爲憂。屢進屢退。立乎人之本朝。而道卒不行。非歉歟。然則先生之爲此言也。其在斯乎。其在斯乎。嗚呼。若先生者。雖未及于夫子之立道綏動。至于生榮死哀。後世儒者未有如先生者也。

陳石士師書山木先生訓子帖後曰。其言陸子固筦庫三年而學進。及學者就日用米鹽零雜瑣屑之務而可以研求人情物理。尤與許文正儒者治生爲要語相表裏。所謂治生者。刻苦其身以自奮。非干求乎人以自污也。故孔子賢顏子之屢空。而稱其簞瓢陋巷之不改其樂。顏子不可幾矣。漢儒之且耕且讀。及傭力爲學者。非皆所謂能治生者乎。

魯齋講友

補文獻姚雪齋先生樞

附録

繼拔德安。得江漢先生趙復。見公。公戎服而髯。不以華人遇之。至帳中見陳琴書。曰。西域人知事此乎。公爲一莞。

世祖在潛邸。奇其才。動必召問。且使授世子經。

拜昭文館大學士。詳定禮儀事。

又請禁宋鞭背黥面及諸濫刑。

許魯齋和姚先生韻曰。去去迷途莫問津。問來還恐不知眞。因時用舍固有會。與道卷舒宜在人。百尺竿頭愁據險。一庵林下樂爲鄰。孰輕孰重何須論。夢想故園桑柘春。

宋潛溪名臣頌曰。奕奕龍泉。神彩内明。視之如空。其鋒所指。無物不斷。捷疾如風。媿之文獻。雄姿英發。靡有不同。在前無古。在後無今。有志卓卓。倡道蘇門。上泝泗沂。下探關洛。施于有政。蔚爲王佐。務盡忠謇。立經陳紀。禮賢黜邪。風動四方。大開文明。聿致雅樂。實自魯邦。不殺之諫。晝夜諄諄。舌不得藏。治定功成。渾然無迹。莫窺所存。左許右竇。三人同心。扶乾植坤。如帶如礪。信誓弗渝。永世有聞。

梓材謹案。黄氏千頃堂書目云。五經要語。至元三年。姚樞竇默王鶚商挺楊果等纂進。凡二十八類。是亦可見先生提要之學矣。又案。元史裕宗傳。少從姚樞竇默授孝經。及終卷。世祖大悦。設食饗樞等。裕宗。世祖嫡子也。

補 文正竇漢卿先生默

附録

帝嘗謂侍臣曰。朕求賢三十年。惟得竇漢卿及李俊民二人。又曰。如竇漢卿之心。姚公茂之才。合而爲一。斯可謂全人矣。

劉文貞大理途中寄竇侍講先生曰。昔聞名德仰高山。遞識高賢未敢攀。富貴不求驚見擢。田園成趣喜歸閑。一心止水常平湛。萬事浮雲任往還。解把陽和涵養就。不言春色滿人間。

宋濳溪名臣頌曰。有卓竇公。誾誾而馴。雍雍而惇。炳炳而文。大衣垂紳。似不能言。及摧權姦。勢將排山。綱常之陳。皦若白日。照耀天下。至今有赫。大道既明。旁藝亦精。九箴所及。以死爲生。其學之醇。其志之忠。宜耄矣之嗟。發自帝衷。

文康楊先生恭懿

楊恭懿字元甫。奉元人。力學强記。書無不讀。尤深于易禮春秋。父殁。水漿不入口者五日。至元七年。與許文正公俱被召。先生不至。十一年。太子下教中書。俾如漢惠聘四皓者以聘先生。乃至京師。侍讀學士徒單公履請設取士科。先生言。宜敕有司舉有行檢通經史之士。試以經義論策。則士風還淳。民俗趨厚。而國家得才矣。帝善之。會北征。先生遂歸田里。十六年。詔于太史院改曆。授集賢學士兼太史院事。十八年。辭歸。是後凡三召皆不行。二十一年卒。年七十。元史。

梓材謹案。先生官至昭文館大學士領太史院事。與許文正公同謚文康。見蘇滋溪文集。

附録

童而讀書。記識强敏。日數千言。時艱。從父中大夫逃亂而東。不恒其居。閒關險阻。未嘗怠弛其業。

年十七。侍中大夫西歸。無田。于郊假室以居。鄉鄰或繼其匱。皆謝不取。惟服勞以爲養。暇則力學。綜博于書。無不經目而究其心者。摳衣之徒。户外滿屨。横經入問。爲析疑義。源源其辭。若決江河而下之。

年二十四。始得朱子集註章句四經太極圖小學近思録諸書。歎曰。人倫日用之常。天道性命之妙。皆萃此書。今人德有其門矣。進道有其塗矣。吾何獨不可及前修踵武哉。以上神道碑。

魯齋與先生論梁寬甫病症書曰。近世論醫。有主河間劉氏者。有主易州張氏者。張氏用藥。依準四時陰陽升降而增損之。正内經四氣調神之義。醫而不知此。妄行也。劉氏用藥。務在推陳致新。不使小有怫鬱。正造化新新不停之義。醫而不知此。無術也。然而主張氏者。或未盡張氏之妙。則瞑眩之劑終莫敢投。至失幾後時。而不救者多矣。主劉氏者。或未悉劉氏之藴。則劫效目前。陰損正氣。遺禍于後日者多矣。能用二家之長。而無二家之弊。則治庶幾乎。

姚牧庵送宰伯魯遊秦序曰。有楊元甫者。吾師與之抗禮者也。其學也粹而正。其操履也堅而不渝。其執親之喪也哀而禮。其能也博而肆。尤邃史學。讀至落落奇傑之士。必慷慨感激。思見其人。

蕭徵士𣂏誌其墓曰。朱文公集周程夫子之大成。其學盛于江左。北方之人聞而知者固有其人。求能究聖賢精微之藴。篤志于學。眞知實踐。主乎敬義。表裏一致。以躬行心得之餘。私淑諸人。繼前修而開後覺。粹然一出乎正者。惟司徒暨公。梓材案。司徒謂許文正公。

趙拙存先生吉甫

趙吉甫。其先蜀人。徙居玉沙。與許魯齋友善。魯齋至武昌。首問先生。謂人曰。吉甫爲人。天資聰俊。高某一著。則其人可知矣。自號拙存。以文學名于世。姓譜。

牧庵師承

忠宣李先生德輝

李德輝字仲實。潞縣人。生五歲。父且卒。指先生謂其家人曰。吾爲吏治獄。不任苛刻。人蒙吾力者衆。天或報之。是兒其大吾門乎。及卒。先生號慟如成人。適歲凶。家儲粟纔五升。其母舂蓬稗炊藜莧而食之。先生天性極孝悌。操履清慎。年十六。監酒豐州。禄食充足。甘旨有餘。則市筆札録書。夜誦不休。謝絶所與游少年。求長者講學以卒業。歷授太原路總管。凡可以阜民者。無不爲之。後爲安西行省左丞。西南夷羅施鬼國既降復叛。先生遣張孝思諭鬼國趣降。乃改鬼國爲順元路。卒年六十三。蠻夷聞訃。哭之哀。如私親。爲位而祭者。動輒千百人。元史。

梓材謹案。姚牧庵爲狀其行云。卒後七日。資政大夫中書左丞安西行中書省之命下。又云。贈光禄大夫中書右丞。謚忠宣。

白氏先緒

庶官白頤樂先生天禄

白天禄。太原人。彥隆父。雖官而不顯。居頤樂堂。號頤樂先生。姚牧庵集。

李氏先緒

李先生從華附李徽。

李先生從謙合傳。

李先生從益合傳。

李從華。朔州人。官樞密都事。其父誨曰。家世朔州。罹亂離。朝夕習騎射。今邊宇寧謐。諸兒宜守儒顯親。毋刻木吏爲也。先生受其言。朝夕以詔二弟從謙從益。俾從學於九山李先生徽。從謙官總判。從益以子銓貴。追封冀國公。謚端敏。清容居士集。

魯齋學侶

王先生旭

王旭。東平人。嘗上魯齋先生書。自稱晚進。謂孟子致齊卿之位。齊王欲中國而授孟子室。養弟子以萬鍾。而孟子不可。以爲辭十萬而受萬。而先生之所以眷焉于此者。其必有以處此矣。而旭也未聞其説焉。何如返蘇門之故隱。卧西山之白雲。遠續洙泗之微言。近考伊洛之正派。使聖傳不墜。後學有歸。旭也不敏。請摳衣執筆以書先生于文公之後云。元文類。

總管劉先生容

劉容字仲寬。其先西寧青海人。其父徙于雲京。先生幼穎悟。稍長喜讀書。中統初。以國師薦。入侍皇太子于東宫。命專掌庫藏。每退直。卽詣國子祭酒許魯齋衡。魯齋亦與進之。至元十五年。立詹事院。先生上言曰。太子天下本。苟不得端人正士左右輔翼之。使傾邪側媚之徒進。必有損令德。聞者是之。命爲大學司議。改祕書監。出爲廣平路總管。後以疾卒于官。年五十二。元史。

魯齋同調

補 徵君劉道濟先生德淵

附録

郝陵川送先生序曰。道之不行也。非爲佛老小人之相害也。由君子之自不行耳。道之不競也。非止謂君子之不自行也。由反倡佛老小人之爲禍耳。

又送先生序曰。天期不愆。屬運而會。則結余髮。斂余衽。高山仰止。景行行止。其無空老矣。若道濟者。其誼之高。學之正。器之遠以大。又非余輩之可企也。所謂昌揭之士也。其興明盛之功也必矣。

王秋澗表其墓曰。先生性癖直。有操守。好學。能自刻厲。及游滹南王先生門。思索辨惑等説自足饜飫。史學爲專門之業。

又曰。晚節知圓鑿方枘不能與時阿合。乃以所得成就學者。言㊀言傳後。著之爲書數萬言。其説爲天地立極。爲生民立本。爲聖賢立法。

補忠宣張頤齋先生文謙

附録

至元改元秋。詔公行省事。中興羌俗素鄙野。事無統紀。公求蜀士爲人僕隸者。得五六人。援恩例理而出之。俾通明吏。教以案牘。旬月之間。樞機品式粗若可觀。羌人始遣子弟讀書。土俗爲之一變。

拜大司農卿。立諸道勸農司巡行勸課。敦本業。抑游末。設庠序。崇孝弟。不數年。功效昭著。野無曠土。栽植之利遍天下。奏開籍田。祭先農先蠶。皆自公始。尋又奏立國子學。以魯齋許公爲祭酒。選貴冑子弟教養之。所成就人材爲多。

晚歲篤于義理之學。摳衣魯齋。求是正之。有自得之趣。以上神道碑。

㊀「言」當爲「立」。

虞道園爲張氏新塋記曰。嗚呼。微朱子。聖賢之言不明于後世。微許公。朱子之書不著于天下。微公。則許公之説將不得見進于當時矣。庸非天乎。

奉訓董先生文忠

董文忠字彦誠。眞定藁城人。仕至僉書樞密院事。至元間。官奉訓大夫。時侍講徒單公履欲行貢舉。知上于釋崇教抑禪。乘是隙言。儒亦有是科。書生類教。道學類禪。上怒。已。召姚文獻樞及文正與一左相廷辨。先生自外入。上曰。汝日誦四書。亦道學者。先生曰。陛下言。士不治經。究心孔孟之道。而爲賦詩。何關修身。何益爲國。由是海内之士稍知從事實學。臣今所誦皆孔孟言。烏知所謂道學哉。而俗儒守亡國餘習。求售己能。欲錮其説。恐非陛下上建皇極。下修人紀之賴也。事爲之止。君子以爲善于羽翼斯文。姚牧庵集。

梓材謹案。元史先生本傳。卒封壽國公。謚忠貞。元清河集董氏家傳同。惟吴草廬撰先生墓表作正獻。虞道園撰忠獻行狀。蘇滋溪撰董士良神道碑。亦並作正獻。豈其先謚忠貞。後改正獻耶。

雪齋學侶

尚書賈先生損之

賈損之。

辛先生愿

辛願字敬字。福昌人。年二十五。始知讀書。音義有不通者。搜訪百至。必通而後已。由是博極羣書。且善于文辭。尤以是非黑白自任。家甚貧。素負高氣。又不能從俗俯仰。元光初。李獻能元好問在孟津。先生往見之。獻能爲設美饌。先生放莢歎曰。平生飽食有數。每見吾二弟。必得嘉食。明日道路中。又當與老飢相抗去矣。宋文憲集。

附録

嘗謂王鬱飛伯曰。王侯將相。世所共嗜者。聖人有以得之亦不避。得之不以道。與夫居之不能行己之志。是欲澡其身而伏于厠也。此言他人難聞。子宜保之。其志趣如此。

員外元遺山先生好問別見明道學案補遺。

補文憲楊紫陽先生奐

雲濠謹案。先生還山集六十卷。又有大興近鑑三卷。正統書六十卷。

正統八例總序

嗚呼。正統之説。禍天下後世甚矣。恨其説不出乎孔孟之前。得以滋蔓瀰漫而莫知翦遏也。

通古今考之。既不以逆取爲嫌。而又以世系土地爲之重。其正乎後之逆取而不憚者。陸賈之説倡之。莽操祖而誨之也。不曰予有慙德。不曰武未盡善也。以湯武之順天應人。而猶以爲未足。況爾邪。以世系言。則禹湯文武與桀紂幽厲並矣。不曰賊仁者謂之賊。賊義者謂之殘。殘賊之人謂之一夫。而容並之。以土地言。則秦之滅六國。晉之平吳。隋之平陳。苻秦之窺伺梁魏。周齊之交爭不息者所激也。不曰以力假仁者霸。霸必有大國。以德行仁者王。王不待大。湯之七十里。文王之百里。以王道爲正也。王道之所在。正統之所在也。不然。使創者不順其始。守者不愼其終。抑有以濟夫人主好大喜功之慾。必至糜爛其民而後已。其爲禍可勝計耶。是以矯諸儒之曲説。懲歷代之行事。蔽以一言。總爲八例。曰得。曰傳。曰衰。曰復。曰興㊀。曰陷。曰絶。曰歸。孰爲得。若帝摯而後陶唐氏得之。夏殷絶而湯武得之。是也。以秦隋而始年必書曰得。何也。庶幾乎令其後也。未見其甚而絶之私也。見其甚而不絶亦私也。一世而得。再世而傳。固也。武德貞觀之事。既書高祖曰得。繼之曰太宗得之。何也。原其心也。其心如之何。謂我之功也。功著矣。奪嫡之罪。其能掩乎。而曰傳者。誕也。悲夫。虔化之兵未洗。靈武之號又建。啓之不正。習亂宜然。是故君子惜之。此變例之一也。孰爲傳。曰堯而舜。舜而禹。禹而後啓。周之成康之類。是也。曰衰者。如周道衰于幽厲。漢政衰于元成之類。是也。曰復者何。如少康之布德。太甲之

㊀「興」當爲「與」。

思庸。宣王之修明。文武之功之類。是也。晉惠中宗則異于是。所謂反正者也。故附見之。此蔣乂之論也。惠帝既復而奪之。何也。咎其爲賈后所制。至廢其子。以成中外之亂。德之不剛也。德之不剛。君道失矣。猶中宗改號而韋后與政。使武氏之燼復著也。曰與者何。存之之謂也。有必當與者。有不得不與者。昭烈帝室之冑。卒續漢祀。必當與者也。晉之武帝。元魏之孝文。不得不與者也。昭烈立。魏其存乎。曰。操莽之惡均。卻莽而納操。誠何心哉。黨魏媚晉。陳壽不足責也。而曰不取于漢。取于羣盜之手。其獎篡乎。魏晉而下。訖于梁陳。狃于篡弒。若有成約。今日爲公爲相國。明日進爵而王矣。今日求九錫。明日加天子冕旒。稱警蹕矣。今日僭卽皇帝位。降其君爲王爲公。明日害之而臨于朝堂矣。吁。出乎爾者反乎爾。其亦弗思矣乎。史則書之受禪。先儒則目曰正統。訓也哉。曰。晉不以爲得者何。斥其攘魏也。斥而與之。何也。順生順逆。生逆天也。天之所假。能廢之哉。曰。後乎此者。不得與斯。何也。惡之也。何惡之。惡其長亂也。不然。亂臣賊子曷時而已乎。公羊曰。録内而略外。舍劉宋。取元魏。何也。痛諸夏之無主也。大明之日。荒淫殘忍抑甚矣。中國而用夷禮則夷之。夷而進于中國則中國之也。且肅宗掃清鉅盜。回軫京闕。不曰復。而曰興[一]。何也。暴其自立也。五代而與明宗柴郭。何也。賢明宗之有王者之言也。願天早生聖人。是也。周祖以其厚民而約己也。世宗不死。禮樂庶乎可興。奈何不假之

[一]「興」當爲「與」。

年。而使格天之業隕于垂成也。曰陷者何。夏之有窮浞。漢之有諸呂新室。晉之永嘉之禍。唐之武韋安史巢溫之僭叛。是也。始皇十年而從陷例。何也。曰。置秦于大亂不道者。始皇也。誘始皇于大亂不道者。李斯也。人主之職在掄一相。是年也。斯之復相之年也。惡惡者疾。故揭爲不哲之鑑。以著輔相之重也。曰。景帝卽位之初。明帝之永平八年。而書陷者何。以短通喪而啓異端也。短通喪者。滅天性也。啓異端者。亂天常也。雖出承平之令主而不正其失。何以嚴後世之戒。曰絶者。自絶之也。桀紂胡亥之類是也。曰歸者何。以唐虞雖有丹朱商均。而謳歌獄訟歸于舜禹。桀紂在上。而天下臣民之心歸于湯文矣。曰。漢之建安十三年繫之劉備。何也。以當陽之役也。夫我不絶于民。民其絶我乎。詩之皇矣。乃眷西顧。求民之莫。斯其旨也。商紂㈠之交。紂德爾耳。悠悠上天。不忍孤民之望。亟求所以安之。而其意常在乎文王之所以潛德言也。曰。歸或附之以陷。何也。示無二君也。敢問唐虞之禪。夏后殷周之繼。存而不論。何也。曰。聖人筆削之矣。起于周敬王之癸亥。何也。曰。痛聖人既没。微言之不聞也。西周之世。書秦之事。何也。著其漸也。秦之僭叛不能制。則周之弱見矣。秦人承三代之餘。混疆宇而一之。師心自恣。絶滅先王典禮。而專任執法之吏。厲階既作。流毒不已。嗚呼。王道之不明。賞罰之不修。久矣。然則發天理之誠。律人情之僞。舍是孰先焉。曰通載者。二帝三王致治之成法。桀紂幽厲致亂之

㈠「商紂」當爲「商周」。

已事也。曰通議者。秦漢六朝隋唐五季所以興亡之實跡也。因以仰述編年之例。具録而無遺。索其梗概。不過善可以爲訓。惡可以爲戒而已。前哲之旨。果中于理。所取也。敢强爲之。可否。苟有外于理。所去也。必補之以鄙見者。將足成其良法美意也。而忍肆爲斬絶不根之論。徒涉于乖戾耶。蓋得失不爾則不著。善惡不爾則不分。勸戒不爾則不明。雖綿歷百千世。而正統之爲正統。昭昭矣。卓然願治之君。苟察斯言而不以人廢。日思所以敦道義之本。塞功利之源。則國家安寧。長久之福可坐而致。其爲元元之幸。不厚矣乎。

附録

歲癸巳。金元帥崔立以汴京降。先生微服北渡。冠氏帥趙壽之卽延致□[一]。待以師友之禮。門人有自京師載書來者。因得聚而讀之。

郝陵川上紫陽先生論學書曰。伏觀先生韓子辨正統例。還山敎學。志洋洋灝灝。若括元氣而翕闢之。其事其辭其理皆有用者也。非世之逐末之文也。天其或者悔禍。而自先生發源歟。不窒塞。不夭閼。而遂承其流。推而放之四海。則道之用可白。而至治可期也。不見誚于江左諸公矣。

元遺山贈答楊煥然詩曰。詩亡又已久。雅道不復陳。人人握和璧。燕石誰當分。關中楊夫子。

[一]「□」當作「奐」。

高誨世所聞。十年玄尙白。藜藿甘長貧。有來河水篇。四海付斯文。斯文有定在。桓生知子雲。古來知己難。萬里猶比鄰。千人國中和。要非心所親。東楚西南秦。望君勞我神。相逢不得語。別去徒殷勤。白雲不可贈。相思秋復春。

趙江漢序紫陽文集曰。先生資機敏而明通。卽其文可以得其爲人。善學以爲己。必有所入之地。唐韓愈氏以雖義而不取爲主。先生讀之。自爲涣然不逆於心。使其得君行道。推是心以列諸位。實王道之本原。雖不能盡充其說。退而歛然。以是私淑諸己。先生固已得之矣。

參議陳默軒先生賡

陳賡字子颺。猗頓人。與長弟平陽提舉庾。季弟東平勸農使膺齊名。太原元好問號爲三鳳。先生言論必本于理。喜怒不形于色。時稱長者。以行省言授河東兩路宣慰司參議。其學閎肆演迤。以力行爲本。有默軒集二十卷。塢西漫録十二卷。嵩隱談露五卷。弊帚集十卷。程雪樓集。

提舉陳澹軒先生庾附門人甯源。李㹥。

陳庾字子京。默軒之弟也。元初。覃懷許文正衡進而師于上。保定劉徵君因退而師于下。名賢遺老並列周行。而先生亦起爲河東儒師。少與趙定劉繪張澄同學。號爲四秀。嘗膺平陽高雄飛之招。署郡教授。日與高第弟子甯源李㹥之徒講習問辨。來學日衆。會中書令耶律鑄奏置經籍所。

平陽命先生校讎㊀所事。世祖徵至六盤山。與語。大悅。中統初。以宣撫張德輝薦。授平陽路提舉校㊁官。進德義。樹教化。勉學戒惰。風俗爲之一變。年六十八卒。其與人交必盡其道。陵川劉昂霄。太原元好問。河中李獻卿。洛陽李微。奉天楊奐。虞鄉麻革。濟南杜仁傑。曹南商挺諸賢咸相友善。其教人一本諸道德仁義。或問政。曰。以禮。曰。何謂禮。曰。臨事以敬。律身以義。用人惟賢。養民惟惠。體風俗而施教。察過失而立防。行之以寬柔簡易之道。輔之以中正裁制之宜。謹之以進退賞罰之節。故曰。有禮政事得其施。無禮政事失其施也。或問政之大者。曰。政莫大于守法。愛民。任廉。去姦。曰。刑可用乎。曰。懇懇用刑不如行恩。孳孳求姦未若禮賢。且民不見德。惟刑是聞。公之政殆矣。或問寡過。曰。行不歸義皆過也。反求諸義。其庶乎。問寡欲。曰。無過則欲自寡。臨終。手書爲學之要凡九篇。以遺子孫。其所著書有經史要論三十卷。三代治本五卷。唐編年二十卷。澮軒文集三十卷。方爲春秋解。未成。會卒。程雪樓集。

教授薛庸齋先生立

薛立字微之。河南人。制行立言。穎然當世。縉紳尊之曰庸齋先生。生而不羣。入少華晝夜誦習。不以辟地廢。又從明理學者遊。遂一以聖賢爲宗。元初。遊大同。過應州。高韓二帥喜而

㊀「讎」下脱「領」。

㊁「校」上脱「學」。

薦之中令耶律公。得應州教授。俾子弟學焉。楊奐廉訪河南。辟居幕府。先生從之。始定居洛西。一時英俊若中山楊果。縉雲李微。虞鄉麻革。雲中孟攀鱗。蒲城郭鎬。李廷。河中李獻卿。洛陽辛沂皆友也。中統初。召爲平陽太原宣撫。不起。授提舉河南學校。亦不起。日與女几辛愿。稷山張德直。太原元好問。南陽吴傑。洛西劉繪。淄川李國維。濟南杜仁傑。解梁劉好謙講貫古學。且以淑人。伊洛之閒。復蔚然矣。先生高明樂易。誘掖不倦。及門者後皆知名。有易解。中庸注。聖學心學編。皇極經世圖説。道德經解。陰符經論説。有詩三百篇曰適意集。程雪樓集。

梓材謹案。雪樓又爲洛西書院碑。言國初賈尚書損之。辛徵君愿。元員外好問。楊轉運奐。陳參議賡兄弟。姚少傅樞諸儒皆講學其閒。庸齋繼至。風教大行云。

庸齋講友

同知張先生德直

張德直字伯直。平陽人。貞祐三年進士。釋褐新平簿。辟藍田令。秩滿。父老詣行臺留再任。去之日。爲立生祠。移沔池通許。召補省掾。選授右警巡使。終于同知武勝軍節度使事。中州集。

吴先生傑

吴傑字□□。洛陽人。

劉先生繪

劉繪字□□。洛西人。

李先生國維

李國維字□□。淄川人。

徵君杜先生仁傑

杜仁傑字仲梁。一字善夫。濟南人。與元遺山善。元時累徵不起。金文雅作者考。

梓材謹案。清容居士集載王瓠山云。肄業郡學。杜先生仁傑深器之。虞道園田氏先友翰墨序。稱先生善謔。

劉先生好謙

劉好謙字□□。解梁人。

庸齋學侶

文獻楊西庵先生果

楊果字正卿。蒲陰人。幼失怙恃。自宋遷亳。復徙許昌。以章句授徒爲業。流寓轗軻十餘年。金正大甲申。登進士第。爲偃師令。改滿城。改陝諸縣。以其治效爲最。金亡。世祖中統元年設十道宣撫使。命先生爲北京宣撫使。明年拜參知政事。及例罷。猶詔與左丞姚樞等日赴省議事。

至元六年。出爲懷孟路總管。大修學廟。以老致政。卒于家。年七十五。謚文獻。有西庵集行于世。元史。

隱君麻先生革別見明道學案補遺。

文定孟先生攀鱗

孟攀鱗字駕之。雲内人。幼日誦萬言。能綴文。時號奇童。金正大七年。擢進士第。仕至朝散大夫招討使。汴京下。北歸居華陽。丙午。爲陝西帥府評議官。遂家長安。世祖中統三年。授翰林待制同修國史。至元初召見。條陳七十事。世祖悉嘉納之。後論王百一許仲平優劣。對曰。百一文華之士。可置翰苑。仲平明經傳道。可爲後學矜式。帝深然之。復以病請西歸。帝令就議陝西五路四川行中書省事。四年卒。年六十四。延祐三年。贈翰林學士承旨平原郡公。謚文定。元史。

郭先生鎬

郭鎬。

李先生廷

李廷。

辛先生沂

辛沂字伯魯。將遊秦。姚牧庵送之以序。牧庵文集。

行齋先緒

酒官張先生子厚附師趙雋。

張先生腴合傳。

張子厚。佚其名。張氏本出于遼東烏若族。金併烏若。遷之隆安。至其父黄縣君官洛水。遂爲洛水人。先生資穎悟。略通經史。工書翰。醫學亦過人。黄縣初令欒城。召趙雋德新授館。德新名士仕亦達先生與兄腴味道從之學。德新愛先生。有千里駒之目。居母喪。以孝聞。承安四年卒。年三十有五。嘗用黄縣廕仕爲監博平酒税。然非其好也。季澄。元遺山集。

行齋師承

主簿趙愚軒先生元附子顒。

趙元字宜之。定襄人。經童出身。舉進士不中。以年及調鞏西簿。未幾失明。自少日博通書傳。作詩有規矩。泰和以後有詩名。河東李屏山爲賦愚軒。愚軒。先生自號也。南渡以後。往來洛西山中。趙閑閑。雷御史。王子文。許至忠。崔懷祖皆愛之。子顒有隱節。中州集。

雪齋同調

文定商先生挺附子琥。

商挺字孟卿。濟陰人。其先本姓殷氏。避宋諱改焉。先生年二十四。汴京破。北走依冠氏趙天鈞。與元好問。楊奐遊。遊東平。嚴實聘爲諸子師。實卒。子忠濟嗣。辟先生爲經歷。出爲曹州判官。未幾。復爲經歷。贊忠濟興學養士。世祖在潛邸。受京兆分地。聞其名。遣使徵至鹽州。入對稱旨。字而不名。楊惟中宣撫關中。先生爲郎中。明年。惟中罷。廉希憲來代。陞爲宣撫副使。後罷宣撫司。還東平。世祖卽位。以廉希憲及先生撫陝蜀。中統元年。改宣撫使爲行中書省。進希憲爲右丞。先生爲僉行省事。二年。進參知政事。四年。賜金符。行四川行樞密院事。至元元年。入拜參知政事。建議史事。附修遼金二史。宜令王鶚。李治。徐世隆。高鳴。胡祇遹。周砥等爲之。甚合帝意。二年分省河東。俄召還。三年。帝留意經學。先生與姚樞竇默王鶚楊果纂五經要語凡二十八類以進。六年。同僉樞密院事。七年。遷僉書。八年。陞副使。九年。封皇子忙阿剌爲安西王。立王相府。以先生爲王相。王薨。王妃使先生請命于朝。以子阿難答嗣。帝以年少。祖宗之訓未習。卿姑行王相府事。初運使郭琮。郎中郭叔雲。與王相趙炳搆隙。或告炳不法。妃命囚之六盤獄以死。朝廷疑擅殺之。執琮叔雲鞫問。伏辜。王府女奚徹。以預二郭謀。臨刑望以求生。語連先生及其子瓛。十六年。籍其家。二十年。復樞密副使。俄以疾免。二十五年卒。年八十。有詩千餘篇。尤善隸書。延祐初。贈魯國公。謚文定。子五人。長五琥字台符。至元十四年。以姚樞許衡薦。拜江南行御史臺監察御史。二十七年。徵拜中臺監察御史。三十年。遷國子司業。卒。有彝齋文集。元史。

學士楊潛齋先生庸

楊庸。洛士也。姚文獻樞宣撫東平。嘗聞先聖大賢之後。詩書不通。義理不究。與凡庶等版。先生選孔顔孟三族諸孫俊秀者。授之㊀而學夫禮。姚牧庵集。

梓材謹案。先生號潛齋。嘗爲昭文館大學士。亦見牧庵集。

嚴氏師承

萬户李先生楨

李楨字幹臣。其先西夏國族子也。金末。以經童中選。既長。入爲質子。以文學得近侍。太宗嘉之。賜名鄂爾綽勒筆且齊。玉出于㊁必闍赤。歷授軍前行中書省左右司郎中。奏尋訪天下儒士。令所在優贍之。後授襄陽軍馬萬户。卒于合州。元史。

㊀「之」下脱「經」。
㊁「于」當爲「干」。

李氏同調

忠定陳節齋先生祐祖忠。

陳祐。一名天祐。字慶甫。寧晉人。世業農。祖忠博究經史。鄉黨皆尊而師之。既没。門人謚曰茂行先生。先生少好學。家貧。母張氏嘗翦髮易書使讀之。長遂博通經史。穆王府署爲其府尚書。王既分土于陜洛。表爲河南府總管。下車之日。首禮金季名士李國維。楊杲。李微。薛立。咨訪治道。商議古今。奏免征西軍數百家及椒竹諸税糧料等錢。又上便民二十餘事。朝廷皆從之。世祖卽位。分陜洛爲河南西路。中統元年。眞除爲總管。以清愼見稱。在官八年。如始至之日。至元二年。調官法行改南京路。治中三年。賜虎符。授嘉議大夫衛輝路總管。申明法令。創立孔子廟。修比干墓。且請于朝。著于祀典。嘗上書世祖。言樹太平之本有三。一曰。太子國本。建立宜早。二曰。中書政本。責成宜專。三曰。人材治本。選舉宜審。事雖未能盡行。時論稱之。六年。置提刑按察司。首以先生爲山東西道提刑按察使。除僉中興等路行尚書省事。朝廷大舉伐宋。遣之僉軍山東。十四年。遷浙東道宣慰使。檢覆慶元台州民田。還至新昌。值玉山鄉盜。倉猝不及爲備。遂遇害。年五十六。追封河南郡公。謚忠定。先生能詩文。有節齋集。弟天祥。元史。

李先生微別見涑水學案補遺。

進士李定齋先生獻卿

李獻卿字欽止。號定齋居士。歸潛志。

雲濠謹案。歸潛志又云。李獻能欽叔昆弟皆以文學有名。從兄欽止獻卿先擢第。繼以欽叔。又繼以仲兄欽若獻誠。從弟欽用獻甫。故李氏有四桂堂。

定齋學侶

郎中李先生獻能

李獻能字欽叔。河中人。以省元賜第。廷試第一人。宏詞優等。授應奉翰林文字。歷以鎮南軍節度副使充河中經歷。河中陷。獨得一船走陝州。初召。以道梗不能赴。就權陝府行省左府司郎中。軍變遇禍。先生文章行業過人處甚多。而天下獨以其純孝爲不可及云。中州集。

附録

爲人誠實樂易。洞見肺腑。與人交。不立崖岸。雖小書生以愛兄之道來。亦殷勤接納。傾篋倒庋。無復餘地。時輩以此歸之。

副使李先生獻甫別見明道學案補遺。

漢卿學侶

巡檢毛聰山先生憲父冲霄。

毛憲一名順。字吉父。肥鄉人。父冲霄。金扶溝主簿。金亡。反其鄉。與竇司徒文正公遊。母全前卒。事繼母成維孝。十五能自植。授徒其鄉。姚文獻公聞其善學。大書夙夜以思無益不如學也十字爲勸。扶溝卒。廬墳終喪。司徒爲翰學。授檢討官。日爲史太尉忠武公講治鑑。歲餘。辟主鄢陵簿。求便母養。歸爲邢之書表令史。及除濟南上口巡檢。乃太息曰。吾家素儒。顧棄所素而逐盜邪。從養其子於松滋。號聰山老。而彌篤于學。姚牧庵集。

江漢學侶

補 酒官王子正先生粹

梓材謹案。秀水莊氏金文雅作者攷。有王元粹字子正。初名元亮。後改。平州人。正大末。爲南陽酒官。遭亂黨爲黄冠師。與從弟鬱同以詩名。元遺山穎亭留别詩。同李治仁卿。張肅子敬。王元亮子正。卽先生初名也。

附録

郝陵川與北平王子正先生論道學書曰。昨承先生惠顧。謂經之質可問津伊洛。以闡明道學。經自惟揣涼昧不足以辱惠教。又不足負任。且復有惑而未自信者焉。又哀王子正詩曰。鹿去中州道不行。先生今日死猶生。長鯨萬里朔風急。獨鶴一天秋月明。擬見斯文還太極。遽收浩氣反元精。世無程邵知音少。雲黯燕山恨不平。

補 文忠郝陵川先生經

梓材謹案。先生誌元遺山墓云。先生與家君同受業于先大父。經復逮事先生者有年。是先生嘗爲元氏門人。又案。先生爲洋源劉先生哀辭謂。嘗奉杖履。則又爲劉京叔門人。又閱其上紫陽先生論學書。則先生又嘗受業于楊紫陽矣。

雲濠謹案。先生所著又有太極演。原古録。通鑑書法。玉衡貞觀。删注三子。一王雅。行人志各數十卷。

陵川經説

昊天之四府。春秋冬夏之謂也。聖人之四經。易詩書春秋之謂也。昊天以時授人。聖人以經法天。是則四經也。謂之五何哉。其一則禮樂也。夫論性者言四端而不及信。序五行者土配旺于木火水金。故易書詩春秋之閒。禮樂爲之經緯。雖五而爲四也。

盡天下之情者。詩也。盡天下之辭者。書也。盡天下之政者。春秋也。易也者。盡天下之心者也。

六經一理爾。自師異傳。人異學。各窮其所信。而遂至于不一。彼以爲是。而此以爲非。彼以爲非。而此復以爲是。師弟異而父子不同。誕妄者入于讖緯。馮藉者入于叛逆。刻深者入于刑名。噫。甚矣。

一貫圖説

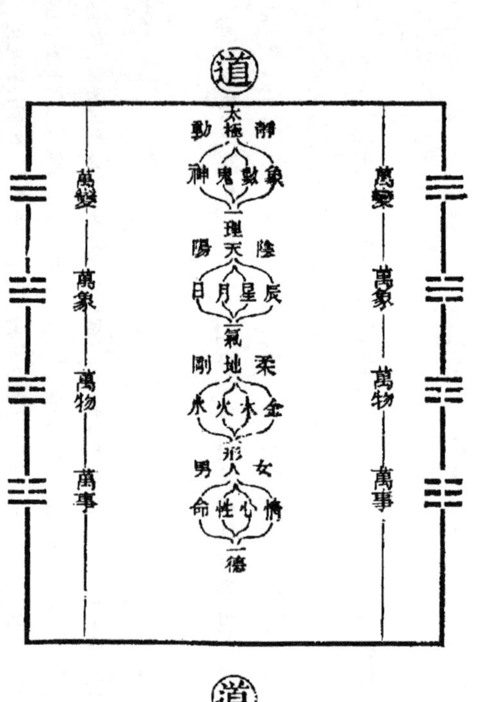

道本于一。行于二。復于一。靜者一之體也。動者一之用也。動所以行夫靜。二所以終夫一也。一動一靜。道有太極。而理之體具矣。極信而長。神則生矣。極屈而消。鬼則生矣。一二生三。數則生矣。奇耦具兩。象則生矣。神鬼數象。是生萬變。理之用具矣。一動生陽。一靜生陰。

一陰一陽。太極有天。而氣之體具矣。陽精焞麗。日則生矣。陰魄分曜。月則生矣。陽暉昭布。星則生矣。陰體潛構。辰則生矣。日月星辰。是生萬象。氣之用具矣。靜陰生柔。動陽生剛。一剛一柔。太極有地。而形之體具矣。一剛化柔。水則生矣。一柔化剛。火則生矣。剛根于柔。木則生矣。柔藴于剛。金則生矣。水火木金。是生萬物。形之用具矣。動靜有理。陰陽有氣。剛柔有形。五行八卦合爲一易。乾道成男。坤道成女。一男一女。太極有人。德之體具矣。靜陰不易。命則生矣。動陽變易。性則生矣。剛宰不易。心則生矣。柔見變易。情則生矣。命性心情。是生萬事。德之用具矣。道形而上。推而下之。貫極而爲一理。貫天而爲一氣。貫地而爲一形。貫人而爲一德。而道之大體具。人形而下。推而上之。貫己之一德。貫地之一形。貫天之一氣。貫極之一理。而道之大用具。于是道貫天地人。理貫氣形德。人貫地天道。德貫形氣理。而上下一道。一理貫萬變。一氣貫萬象。一形貫萬物。一德貫萬事。而從横一道。神貫鬼數象。日貫月星辰。水貫火木金。命貫性心情。而始終一道。動貫陽剛男。靜貫陰柔女。變貫象物事。事貫物象變。而反復一道。故孔子謂吾道一以貫之。其理蓋如是矣。然而道之功用。委之太極。著之天地萬物。而歸之人人必一其德。而後可復歸于道。故人得其道則謂之德。失其道則謂之不德。必立命養性存心制情以一其德而致諸道。人得其道則天地萬物得其道。人失其道則天地萬物悖其道。故孔子又謂。一日克己復禮。天下歸仁焉。以道觀人則道貫人。以人觀道則人貫道。人能貫道。然後可以踐形。下學上達。乘化入聖。盡在是矣。

正心四箴

傳曰。心有所恐懼則不得其正。有所憂患則不得其正。有所忿懥則不得其正。有所好樂則不得其正。四者皆本心之固有。得其理則雖有而無。非其理則不得其正。心亦因之以亡。故申而爲正心四箴以自警云。

懼箴。直大而方。本然之勇。莫我敢遏。何懼何恐。僞妄自私。内曲而老。股栗聲嘶。氣竭身倒。恐

患箴。知命樂天。憂患外來。在我者盡。无妄之災。憂從己召。患亦自取。畏壓巖牆。夫孰援汝。憂

懥箴。見理不明。咸其自恕。隕身及親。忿然不顧。自反而縮。横逆我加。修己以道。戮人以瑕。忿

樂箴。善善惡惡。乃其良好。宜惡而好。好樂非道。禮義悦心。芻豢悦口。簞食瓢飲。樂哉孰有。好

陵川文集

天地者。道之區宇也。萬物者。道之郵傳也。聖人者。道之主宰也。莫不出乎道。莫能離乎

道。而人爲甚焉。故道之賦予則謂之命。其得之理則謂之性。其制宰之幾則謂之心。其發見酬酢則謂之情。其血氣之所嗜則謂之欲。其義理之所得則謂之德。全心之德則謂之仁。盡心之德則謂之忠。推心之德則謂之恕。實心之德則謂之誠。德之品節則謂之禮。德之中和則謂之樂。敬者持夫此者也。智者知夫此者也。勇者行夫此者也。修夫此者賢也。盡夫此者聖也。昧夫此者愚也。論道。

道造太極之命。太極造天地之命。天地造人物之命。人造萬事萬物之命。而且成太極天地之命者也。始則受命。次則聽命。次則造命。次則復命。論命。

無所不本之謂本。無所不有之謂性。無所不統之謂心。無所不著之謂情。則性也者。命之地。心之天。而道德之府也。論性。

命者性之本原。情者性之功用。心者性之樞紐。性與情爲體段。充周而無不具。命與心爲主宰。發微而無不在。論心。

情也者。性之所發。其至于流而不返者。非情之罪。欲勝之也。論情。

是氣也。自聖人而至于下愚。其稟之也一也。其用之也一也。自赤子而至于耄期。自生而至于死。自死而至于生。其本之也一也。然其所以爲聖。所以爲賢。所以爲君子爲小人者。存養之功至與不至也。論氣。

仁者。人所固有也。一念之合理。一念之仁也。一事之中節。一事之仁也。一物之得所。一物之仁也。論仁。

自太極而下。教在天地。宓犧而下。教在聖人。仲尼而下。教在六經。論教。

初治六經之時。以爲感發志意者莫過乎詩。于是乎先治詩。二帝三王之心傳口授者莫過乎書。于是乎詩而後書。先王治世之具莫大乎禮樂。于是乎治禮。大經大法撥亂反正莫大于春秋。于是乎治春秋。窮理盡性以至于命以際天人之學者莫大于易。故以爲終身之學。鐵佛寺讀書記。

夫道之大。兼天下之名而不自以爲名。一物一事自有一道。自爲一名。分而言之。皆事物之名也。合而言之。皆道之名也。故易爲乾坤等六十四卦各自以爲名。太極天地爲人與萬物各自以爲名。命性心爲三綱五常百行萬事各自以爲名。無非道也。于是曰易道。神道。天道。地道。人道。皆以道爲名。而道之名自若也。道祇一理爾。以其莫不由之以行。故名之曰道。豈可持以爲學而自爲一家哉。與北平王子正先生論道學書。

夫道之在人謂之性。所謂仁義中正而主靜焉者也。統而言之則太極之全體也。分而言之則命陰而性陽也。命靜而性動也。天命而人性也。人性而物理也。合而言之。祇一道焉爾。又何有論說之多乎哉。道之在人。一而靜。純粹至善。充實之理而已。又焉有異端之多乎哉。與漢上趙先生論性書。

蓋自佛老盛而道之用雜。文章工而道之用晦。科舉立而士無自得之學。道入于無用。惟其無自得也。故内輕而外重。上紫陽先生論學書。

道之統一。其傳有二。尊而王。其統在位。則以位傳。化而聖。其統在心。則以心傳。位傳者。人人得之。故常有在不忘。心傳者。非其人則不可得。是以或絶或續。不得而常也。周子祠堂碑。

昔也。自宓犧至于舜。道傳而天。天傳而人。而人自道矣。自湯至于文王。人傳而天。天傳而道。而人亦道矣。自周公至于孔子。道傳而書。書傳而人。而人猶道矣。孔氏而下。人失其道。孟軻猶能道其道。天其天。人其人。書其書。使人不入于楊墨。而爲孔顔矣。後雖佛老更興。異端並作。揚王韓歐之徒衡而爭之。猶能扼其吭而斷其舌。使人知有此道矣。送常山劉道濟序。

蓋毛氏之學。規模正大。有三代儒者之風。非三家所及也。卒之三家之説不行。毛詩之詁訓傳獨行于世。惜其闊略簡古。不竟其説。使後人得以紛更之也。故滋蔓于鄭氏之箋。雖則云勤。而義猶未備。總萃于孔氏之疏。雖則云備。而理猶未明。嗚呼。詩者。聖人所以泰天下之書也。其義大矣。性情之正。義理之萃。已發之中。中節之和也。文武周召之遺烈。治亂之本原。王政之大綱。中聲之所止也。天人相與之際。物欲相錯之間。欣應翕合。純而無間。先王以之審情僞。在治忽。事鬼神。贊化育。奠天位而全天德者也。觀民設教。閑邪存誠。聖之功也。所過者化。所存者神。聖之用也。正適于變。變適于正。易之象也。美而稱誦。刺而譏貶。春秋之義也。故詩之爲義。根于天道。著于人心。膏于肌膚。藏于骨髓。厖澤渥浸。浹于萬世。雖火于秦。而在人心者未嘗火之也。顧豈崎嶇訓釋鳥獸蟲魚草木之名。拘拘屑屑而得盡之哉。朱子毛詩集傳序。

竊嘗以爲。後世雖無大聖人。兼綜諸聖以述。夫聖如孔子之集大成。苟不以一人自私曲學自蔽。專門自聖。削去畦町。芟夷滋蔓。排斥一我。開示公道。合漢魏唐宋諸儒之學。順考其往。逆徵其來。積數千百年之學問。數十百人之能事。契其所見。會其所得。合天下以一心。通天下以一理。貫古今以一易。聖一而後世百之。聖十而後世千之。遡流求源。問津以濟乎道。則亦庶乎其可也。周易外傳序。

嘗聞之師。讀易者當先讀繫辭。其次説卦序卦雜卦。其次讀乾坤二卦。既精且熟。然後讀屯蒙諸卦。此學易之序也。蓋意言象數之本。皆在于是矣。故取太極一章。以爲學易之標準。類繫辭文言説卦彖象之名義。標諸太極之前而演其隱。徵諸太極之後而演其顯。問津洙泗。以及河洛。遍參諸儒。庶幾數年之後可以學易。太極演自序。

天之于人。有所窮而後有所不窮。窮者其時也。不窮者其道也。是以聖人于易。每申明窮之理。而輒繫之不窮。于乾則繫之以坤。于泰則繫之以否。于剥則繫之以復。于既濟則繫之以未濟。復爲之言曰。易窮則變。變則通。通則久。則道之所以不窮者。皆自夫窮而得之也。春秋外傳自序。

夫大匠之作室。必先定規模。量其高卑廣厚。間架棟宇有成室于胸中。而後基構則不忽于素。聖人制作一經。垂訓萬世。又非一室之比。豈無素定之規模乎。夫其經天緯地。彰往察來。始終先後。本末原委。有一定不易之經。然後有一定不易之法。自隱公至獲麟。年雖遠。國雖衆。事雖多。則若綱在綱。有條不紊。所謂吾道一以貫之者。在夫是也。學者乃于條目之外。事迹之下。

求聖人之旨。難矣哉。故必挈其綱。持其要。探其本原。觀其規模。遡洄從之。然後順流而下。則浩乎其沛然矣。春秋制作本原自序。

夫傳之不同。自夫傳□[一]之不同也。必推本傳之所自。而後傳可一也。仲尼于魯哀公十一年冬自衛反魯。删詩定書繫周易。而十四年西狩獲麟。乃作春秋。十六年夏四月卒。則其書之成。歲月無幾。當是之時。聖門高第從聖人在外。遷徙往來多歷年所。分仕他國。札瘥夭昏。漸以凋落。蓋口授之際。在夫曾參氏而已。何者。曾參少孔子四十六歲。于諸弟子年最富。而其質亞于顔氏。故獨得一貫之傳。而子貢冉求終不聞性與天道。夢奠之年。一王之義。必屬之曾子矣。故曾子之學。獨爲正大。以致知格物誠意正心爲學之本。則春王正月之義也。一貫之道。大一統之旨也。推而爲忠恕。則予奪之法。絜矩之道也。以是傳之子思。子思傳之孟軻。孟軻氏以其師説。遂言制作之本。曰春秋天子之事。春秋無義戰。詩亡然後春秋作。孔子成春秋而亂臣賊子懼。其事則齊桓晉文。其文則史。其義則丘竊取之。以是數語。發明春秋之大綱。後之言春秋者。皆莫出乎此。其説有所自而然也。惜孟軻氏凡而不目。不著其傳而爲之傳。而使後之學者紛紛也。自孟軻氏發明大綱。傳春秋者三家。左氏。公羊氏。穀梁氏。其書皆出于西漢。而皆不著其傳。爲左氏學者謂爲左邱明。與聖同恥。親授經于仲尼。爲經作傳。邱明雖見稱于仲尼。而顔曾諸弟子

[一]「□」當作小字「平聲」。

問答之際一不及焉。而不廁于不及門十人者之列。豈大經大法不授之顔曾之徒。而獨授之邱明乎。且其傳載易文言詩三頌及孝經等。皆仲尼晚年所作。而經終孔丘卒。傳終悼公十四年。韓趙魏滅智伯事在春秋後二十有七年。其作傳則又在于滅智伯後數年。必不甫滅智伯而書之也。如是則傳之成在仲尼没後四五十年之間耳。大率以七十年計之。則邱明見稱之日年甫十六七。聖人與之並稱名。以爲同恥。則賢于顔曾遠甚。賢于顔曾而稱顔曾者屢。顔曾問答之際相稱道又屢。而不復一及邱明。諸弟子記註之書如論語曲禮檀弓等。及孟軻荀況諸子之論説。亦不一及焉。按太史公十二諸侯年表。謂孔子之作春秋。七十子之徒口授其傳指。魯君子左邱明具論其語。成左氏春秋。則口授其傳指者。七十子論其説。而成書者。邱明也。則邱明論七十子所傳之語耳。非親授經于仲尼也。先儒謂邱明殆先賢老彭之流。故聖人尊之。如此是已。藝文志謂。左邱明魯史也。杜預序謂。邱明身爲國史。躬覽載籍。亦是已。蓋左氏魯左史。世掌策書。故以左爲氏。如漢倉氏庫氏之類。仲尼没。傳其經于諸弟子之閒。而在七十子之列。以其史策爲經作傳。故事見始末。而多得其實焉。劉向别録謂。邱明授曾申。申授吴起。此必有所自。然亦可見曾子之傳爲不易也。申。曾子之子。起。曾子之門弟子也。夫論語。曲禮。檀弓。曾子問。大學。中庸等。皆出于曾子之門人。樂正子春曾元曾申之徒爲之記録。而子思孟軻傳之也。豈大經大法不傳之于曾子。而傳之于邱明乎。劉向所録。蓋邱明上有曾子字而失之矣。春秋所譏。多父子夫婦淫逆之事。故不能親授之子。使邱明輩轉相傳之。申。曾子之子。而受春秋于邱明。曾子于諸弟子年最少。則邱明又少于曾子。其學出于曾子無疑也。嚴氏春秋又引觀周篇云。孔子將修春秋。與左邱明乘如周。觀書于周史。歸而修春秋之經。邱明爲之傳。共爲表裹。此尤妄焉者也。聖人修經。不敢公傳道之口授弟子。豈與其徒公然如京師。採天子之史而觀之。以譏貶當世。必不然矣。聖人修經。高第如曾閔。文字㊀如游夏。而皆不與。豈獨與邱明共之乎。親授傳旨猶不敢與。又況與聖人同時並修分爲經傳乎。故此爲尤妄焉者也。爲公穀之學者。以孝經説云。春秋屬商。孝經屬參閔。因序云。孔子受端門之命。制春秋之義。使子夏等十四人求周史記。得百二十國寶書。遂謂公羊高穀梁淑受經于子夏。彼皆漢興以來讖緯曲説。豈可以爲按。夫聖人修經。子夏以文字㊁稱。使之從周太史請求記録。與魯史左驗。卒成其書。事或有之。謂春秋之義授之商。而商傳之公穀二氏而爲之傳。則未敢以爲然也。而公羊氏于昭公二十五年稱孔子者一。文公四年稱高子者一。莊公三十年稱子司馬子者一。閔公二年稱子女子者一。隱公二年定公元年稱子沈子者二。莊公三年二十四年僖公二十年二十四年二十八年稱魯子者五。穀梁氏于桓公三年十四年僖公十七年成公五年昭公五年哀公十三年稱孔子者六。定公元年稱沈子者一。隱公五年桓公九年稱尸子者二。桓公二年稱子貢者一。僖公二十四年稱蘧伯玉者一。公羊氏終篇。非惟不及子夏。但稱孔子者一。而孔

㊀「字」當爲「學」。

㊁「字」當爲「學」。

門高第皆不及焉。穀梁氏亦不及子夏。而稱孔子者六。稱子貢者一。而其餘高第亦皆不及焉。夫加子于上者。辟聖人直稱子也。直稱子。尊而師之也。故公羊氏之稱子沈子。子司馬子。子女子。與自稱子公羊子。皆其師友也。其稱高子。與穀梁氏之尸子沈子等。皆其師也。故尊之。與孔子同。穀梁氏于隱公五年自稱曰穀梁子。而上不加子。穀梁氏之門人尊稱之也。其蘧伯玉則記孔子之時賢大夫之言。亦著其師之所授者也。獨公羊氏稱魯子者五。與孔子直稱子同。則著其師之所傳。故推尊之如孔子。亦如孔子既没。門弟子之稱有子。師事而尊稱之也。既尊之。又屢稱之。豈非本其所自而樂道之歟。孔門之高第一不及焉。語孟傳注無所謂魯子者。而屢稱焉。故疑魯爲曾。曾魯之文相近。傳寫之誤。遂以曾子爲魯子。昔人辨古文之差。以魚爲魯。此豈非誤曾爲魯乎。且公羊氏于昭公十九年許世子止弑君之傳。以樂正子春爲説。樂正子春。曾子之弟子。則魯子爲曾子無疑也。左氏則言授之曾申。公羊氏則屢稱曾子。穀梁氏言子貢而不及子夏。蓋左氏公羊氏皆出曾子。而穀梁氏受之沈子尸子之徒。沈子尸子之徒則受之曾子也。二氏之傳。出于曾子。非出于子夏。明矣。三傳之傳皆本之曾子。故其傳正。左氏之傳本自史臣。是以序事精博。麗縟典贍。而約之以制。使聖人筆削之旨有徵而可按。公穀二氏口授其義而爲之傳。故其文約。其辭切。其辨精。反復詰折。使聖人微婉之旨可推而見。由曾子而來。轉相授受。其人不能皆如子思。是以不及孟軻氏之醇。而其説亦有戾于聖人者。故春秋之旨。由三傳而得者十六七。由三傳而惑者十四五。春秋三傳折衷自序。

徙順天。家貧。晝則負薪火爲養。暮則讀書。居五年。爲守帥張柔賈輔所知。延爲上客。二家藏書萬卷。先生博覽無不通。

梓材謹案。先生神道碑云。張賈子弟皆從質學。

拘宋十六年。從者皆通于學。

公被留既久。上書宋主。移文相府。開陳古今和戰利病。喻以禍福存亡之利。累數十萬言。皆不報。又數以詭計撼公。公曰。吾家業儒。凡七世矣。顧肯虧忠義大節以辱中州士大夫乎。

嘗自箴曰。不學無用學。不讀非聖書。不爲憂患移。不爲利欲拘。不務邊幅事。不作章句儒。達必先天下之憂。窮必全一己之愚。賢則顔孟。聖則周孔。臣則伊呂。君則唐虞。斃而後已。誰毁誰譽。詎如韋如脂。趦趄囁嚅。爲碌碌之徒歟。

初。遺山元先生學于公之大父。亂後往來燕趙閒。一見大奇之。曰。吾子狀類先生。才識閒出。家世淵源有所積而然也。遂相與論作詩作文法。復勉公以百世遠大之業。江漢趙先生愛公文筆雄贍。練達性理。謂之曰。江左爲學讀書如伯常者甚多。然似吾伯常挺然一氣立于天地之閒者。蓋亦鮮矣。自是而名重焉。

其爲先天圖説曰。經自束髮問學。卽以是圖心觀意會。迄今二十餘年。始則見黑白于紙上。

後乃見動靜于心中。涵茹既久。推而放之。則見開闢于天地。參錯于萬物。變化于鬼神。重重相因。井井不紊。死生消息。莫非自然。反之于心。會爲一圖。乃申而爲之説。以明先生之意云。

荀宗道狀其行曰。公生于喪亂之後。能嶷嶨振拔。不爲流俗所移。以蓋世豪邁之氣。堅忍不渝之志。爲成己成物之學。故能深造自得。一體用。兼本末。貫萬物而不遺。至于太極先天造物之機。道德性命之情之妙。與夫聖賢心傳踐履之實。古今開濟天下之要。則尤精察洞究。粹然一出乎孔孟之正。諸子以下。不屑論也。蓋將唱鳴吾道。揮斥百家邪説之蠹。横聖門而禦侮。高明正大。挺然一世之傑。所以能建奇功。立大節。著書傳道。以大儒名天下後世。其或賦詩飲酒。邀賓接物。而英風逸氣有足以動人者。此特公游泳陶寫之餘事耳。

虞疏齋爲先生神道碑曰。壬辰之變。靜直君流寓燕趙閒。公年十餘歲。沈塞靜重。狀貌瓌奇。精敏有志趣。盡力子職。及其爲學。晝或忘餔。通昔詰旦。衣服危坐。諷誦不輟。劬勩如此。凡五六年。剞劂揺摩。磊砢而直。廉㯃而輝。涵積揉累。日殊月異。擷芳雋腴。充而足之。泝源洙泗。以肩周程。雷風斯文。陶冶當世。慨然以爲己任。山峙川駛。天游神遇。幾乎莫移。浩乎莫禦。變化不可測矣。

又曰。公幼至孝。撫諸弟極厚。待宗族疏近如一。篤友樂施。德于己者。雖細惠必報。然偉特方嚴。風岸峭立。衆不可攀。薰良獝姦。題帖無貸。故用世之志。適際可爲。已墮奇擯。既處幽折。日以立言載道爲務。撰續後漢書。絀丕儕權。還統章武。以正壽史之失。功于斯術者。不既多乎。宋潛溪名臣頌曰。瞻彼郝公。上師孔顏。挺然一氣。立天地閒。銜命出使。仗節弗屈。十有六齡。有如一日。楗門塹垣。不翅獄庭。臣節甚重。萬死實輕。吐其崛奇。見于直筆。奸雄雖亡。誅之則力。漢有蘇武。囓氈海上。郝公繼之。雙璧相望。

江漢同調

補司業硯鄖城先生彌堅

附録

滕東庵祭先生文曰。於戲。教授東垣。淵淵乎經義之學。司業成均。表表乎忠孝之教。其起之暮也。固非淺淺之可議。其去之果也。又非庸庸之可效。公之歸老。猶振頹波。遽云逝矣。爲之奈何。

陵川同調

萬户賈先生輔

賈輔字元德。中山之祁人。生六歲而孤。養于舅氏佟之家。自知讀書。卓犖山立。貞祐初。以功授祁之蒲陰尉。從定山東。遷左副元帥。官制行。授行軍千户權順天河南等道。軍民萬户。卒年六十有三。生平喜爲學。聚書數萬卷。每令講讀。必爇香北向而聽之。跼蹐甚恭。或勸之少安。曰。彼老佛者。凡出一言。則謂之説法。令人亟拜不已。今聞聖人之道。敢不致敬乎。尤喜獎拔後進。歲時諸生卽賀。輒先拜。或止之曰。天下賤士久矣。士不知自重亦久矣。吾所以若是者。示不敢以位爲貴。使爲士者知道之在己。亦當自貴也。晚年。惟讀論孟。曰。是聖賢傳心之要典。而世謂之小經。吾欲使與六經並爲大。可乎。郝陵川集。

梓材謹案。陵川又銘其夫人毛氏墓云。經自弱冠館于公門。教授諸子者七年。蓋其子六人。文備。文兼。文遠。文進。文慶。文亮。

江漢門人

梁象軒先生樞

梁樞。宣德人。初習詞賦。卽棄去。已聞京師建太極書院。趙江漢復講學其中。徒步往從之。既見。得江漢所書希賢録讀之。歎曰。心同道同。希之當在我也。久之。辭歸。從學者日衆。晚嗜易。以觀象名軒。學者稱象軒先生。畿輔通志。

趙先生彧父珪。附弟勵。勵師張宏。

趙彧。廣平人。世居盧龍范陽間。父珪字君璋。僑居洺州。爲州將成侯兵曹。入監太倉。姚牧庵稱其學約而醇。官久而卑。操窮而確。先生從江漢先生趙復遊。有善學譽。與耆宿友。年二十四卒。弟勵。僉嶺北湖南道肅政廉訪司事。爲廣平府教授張宏弟子。姚牧庵集。

侍其門人

董先生文炳

董文炳字彥明。欒城人。忠烈龍虎公俊長子也。龍虎没時。年始十六。率諸稚弟事母李夫人。夫人有賢行。治家嚴篤于教子。先生事㈠侍其先生。警敏善記誦。自幼儼如成人。以父任爲稾城令。累拜參知政事。中書左丞。卒贈平章政事。謚曰忠獻。先生好讀書。延禮儒士。若滹南王若虛先生。眞定提學侍其先生。存則師尊之。没而䘏其孤。教諸子。不暫廢。公退日。一再至塾程其學。與儒者講明聖人之道。評品史事。夜分乃休。元清河集。

董先生文蔚

董文蔚字彥華。忠烈俊之次子也。重厚寡言。不事嬉戲。立志勤苦。讀書忘倦。及長。善騎射。膂力絶人。事母至孝。接人謙恭。中統二年。世祖置武衛軍。爲千户。帝北狩。留屯上都。至元五年。以疾卒于上都之炭山。泰定中。贈明威將軍。隴西郡伯。元史。

雲濠謹案。先生爲忠獻弟。元清河集稱。先生率諸弟事忠獻。甚宜弟道云。

㈠「事」當爲「師」。

董先生文用

董文用字彦材。忠烈公第三子也。伯兄忠獻公文炳教諸弟有法。先生内承家訓。而外受學侍其先生軸。故學問早成。世祖在潛藩。命之主文書。講説帳中。丁巳。世祖令授皇太子經。又使爲使召遺老于四方。而太師竇默。左史姚樞。鶴鳴李俊民。敬齋李治。玉峯魏璠偕至。于是王府得人爲盛。庚申。世祖卽位。建元中統。先生持詔宣諭邊郡。且擇諸軍充侍衛。改元至元。召授金符。爲西夏中興等路行省郎中。歷轉通議大夫。禮部尚書。遷翰林集賢學士知祕書監。廿五年拜御史中丞。舉胡祇遹。王惲。雷應㊀。荆幼紀。許楫。孔從道十餘人爲按察使。又舉徐琰。魏初爲行臺中丞。當時以爲極選。累遷爲翰林學士承旨。大德元年卒。年七十有四。先生爲學。以誠實爲主本。故其文章議論皆質直忠厚。不爲華靡。歷事三朝。每以忠言正論爲己任。道園學古録。

雲濠謹案。先生加贈少保。改封趙國公。謚忠穆。吴文正公爲作墓表。

董先生文進

董文進字養正。忠烈第四子。剛毅莊栗。簡言笑。嗣忠獻爲藁城令。修孔子廟。廣黌舍。招名儒。躬行舍菜禮。執經問道。以先諸生。元清河集。

㊀「應」當爲「膺」。

處士甄先生昌祖

甄昌祖字茂先。師侍其先生軸。交秋澗王惲。元文類。

梓材謹案。先生先世自無極徙恒。蘇滋溪天爵狀其行。而宋本銘其墓碣。稱之曰處士云。

教授張先生延別見泰山學案補遺。

魯齋家學

補 文簡許先生師可

附録

魯齋與之書曰。高凝來。聞汝肯自勉礪。勝于前日。我心甚喜。未識其果然乎。

又曰。我生平長處在信此數書。其短處在虚聲牽制。以有今日。今日之勢可憂而不可恃也。汝當繼我長處。改我短處。

又曰。比見且專讀孟子。孟子如泰山巖巖。可以起人偷惰無恥之病。凝也相與輔導之。

魯齋門人

補 文公姚牧庵先生燧

牧庵文集

一元之氣。不能皆陽。故陰時出而乘之。然而制陰者。必陽也。世道不能常泰于君子。故小人迭出而否之。然制小人者。必君子也。聖人作易。于君子小人之際。必寓其扶陽抑陰之意。聖人何心哉。順天道也。一小人生而君子必與之並生焉。生此者。所以制彼也。

年有少壯老之不侔。氣有明昏僨之殊致。故爲善于少壯之日則易而自立。于衰暮之節則難。惟學則一而已矣。孟子曰。我善養吾浩然之氣。又曰。以直養而無害。又曰。是集義所生者。夫如是謂之學。以上盧威仲文集序。

世家弟子蓋三千焉。身通六藝者七十二人。而弟子傳則曰。孔子曰。受業身通者七十有七人。皆異能之士也。夫既曰身通六藝矣。雖未盡合聖人爲教之本。然而猶有所指名也。其曰受業身通。竟不發爲所通何業。亦晦焉而已耳。又曰皆異能之士。聖人爲教。于以修敘彝倫。而容異能者于其間。孔子自言七十有七人。則七十二人者。誰復是五人耶。

老子爲聖人所與者不經見。子入太廟。每事問。況老子周守藏室之史。問禮則有之。使及見其書曰。失道而後德。失德而後仁。失仁而後義。失義而後禮。已不知道德仁義禮根于人心之固有。而視爲世降之不同。未必不見黜于孔子。況爲其道乎哉。

遷嘗適魯。徒觀諸生以時鄉飲大射其家。迷眩于規規節文之細。低徊不去。以爲是足盡聖人之道。斯正經生博士之汩汩以皓首者也。豈聖學爲己之切致哉。

由孟而視子思師也。由子思而視曾子又師也。子思。孔子孫也。弟子于師。孫于祖。坐而語道者有之。非可並南面。燧知四子已避讓于冥冥中。不能一日自安其身一堂之上。況又祀無繇蔵鯉于庭。其失至于崇子而抑父。又非遷之失矣。以上汴梁廟學記。

仁者必知。知者必仁。不仁不足以爲知。不知不足以爲仁。非知者不必有仁。仁者不必有知也。仁知堂記。

自唐開元配食顔子。拔曾子于諸子。以足十哲。前宋則躋孟子與顔氏並。雖金百年未之或改。後宋則益以曾子子思。進子張于曾子之舊。故江之南。位十哲上亞聖人者四焉。宋平。北方學者安顔孟而異曾思。浙憲首請黜之。當國之臣不然之也。其時一侯爲憲河南。是時襄陽未入山南。猶其所莅也。不請而遽之黜㊀。自今以觀顔曾之于夫子同見而知。伯魚前死。則子思亦見而知者。惟孟子後百有餘歲。爲聞而知。子思學曾子。孟子學子思。而得其道統之傳。則曾思之功。果不優于孟子乎。顔氏前死。有聖人者存。未嘗爲書。質之于經。事十九見。贊夫子者纔一。問仁與爲邦二焉。一以修己。一以治他人。皆見稱于夫子。與不待爲問而自謂之者也。曾子述孝經大學。子思作中庸。孟子則自著七篇之書。學者賴之。至今爲書三子。二子獨見黜。是外其師而弟子是

㊀「之黜」當爲「黜之。」

尊。于聞而知者仍祀不變。而顧後所見而知者焉。皆不知爲何說也。襄陽廟學碑。

書以垂治忽。詩以正性情。易以際人天。而春秋以謹名分。著懲勸。其删定繫作雖一出仲尼之手。以諸賢弟之問。聖師之對。示萬世以操存涵養爲傳心之要典者。惟論語爲然。而君誦之終身。不治他經。雖不治他經。以推治他經。譬則破竹。將無有迎刃而不解其節者。大倉監趙君神道碣。

附録

先生生三歲而孤。育于伯父樞。伯父隱居蘇門。謂先生蒙暗。教督之甚急。先生不能堪。楊公奐馳書止之曰。燧。令器也。長自有成爾。何以急爲。且許醮以女。

先在蘇門山時。讀通鑑綱目。嘗病國統散于逐年。不能一覽而得其離合之概。至告病江東。著國統離合表若干卷。年經而國緯之。如史記諸表。將附朱子凡例之後。復取徽建二本校讐。得三誤焉。序于表首。略曰。其一。建安二十五年。徽本作延康元年。凡例中歲改元在興廢存亡之際。以前爲正。當從建本。于建安二十五年下注改元延康。其二。章武三年。徽本大書三年後主禪建興元年。建本無三年。則昭烈爲無終。徽建皆曰。後主于君臣父子之教所害甚大。是起十四卷盡十六卷。凡曰後主者。皆失于刊正也。當于三年下注帝禪建興元年。明年大書帝禪建興二年。庶前後無齟齬也。其三。天寶十五載。註肅宗皇帝至德元年。明年惟曰二載爲無始。當大書二載上加肅宗皇帝至德。使上同于開元。三者鈞失。而建安之取。至德之去。固[一]在也。若章武之距建興。纔三年耳。遽有帝父主子之異。豈不于統大有關乎。

先生爲中臺御史時。忽御史大夫謂曰。我天子以汝賢。故擢居耳目之官。今且歲餘。至如興利除害之事。未嘗有片言及之。但以薦舉爲務。何耶。先生答曰。某所薦者百餘人。皆經世之才。其在中外。並能上裨聖治。則某之報效亦勤矣。又何待屑屑于興利除害。然後爲監察御史之職任乎。大夫曰。眞宰相器也。歎賞久之。輟耕録。

柳道傳爲謚議曰。先正許魏文正公之在吾元。實當世祖皇帝恢拓基圖之始。倡道明宗。振起來學。一時及門之士。獨稱集賢大學士姚公燧爲能。或纂厥緒。以大其承。然觀公之言。而考夫文正公之學。則其機籥之相須。殆不啻山鳴而谷應。雲興而龍翔也。他日良史執筆。以傳儒林。則公在文正之門。豈直儕之游夏而已。

補 文正耶律先生有尚

附録

許文正公爲京兆提學。先生逾弱冠。間關數千里。贏糧往從之遊。文正見其學苦而志篤。深

[一]「固」上脱「統」。

器異之。其學邃于性理。而尤以誠爲本。儀容辭令。動中規矩。識與不識。莫不服其爲有道之君子。文正南歸。諸生祖餞于國都門外。文正悉語之曰。他日能令師道尊嚴。惟耶律某能之。汝等當以事我之禮事之可也。授國子司業。一蒙古生不請命遠出。聞先生欲深責之。祈中貴求免。先生曰。教法不可廢也。竟扑之。其立教以義理爲本。而省察必眞。以恭敬爲先。而踐履必端慤。凡文詞小技。綴緝雕刻。足以破裂聖人之大道者。皆屏黜之。是以諸生知趨正學。崇正道。以經術爲尊。以躬行爲務。悉爲成德達材之士。大抵其教法意遵魯齋之舊。而勤謹有加焉。元史傳。其教人也。師道尊崇。凜乎若不可犯。出言簡而有法。廟堂議論。成均教授。人皆聳聽。恐不卒得聞。既歸老。屏居别墅。未嘗一入城府。自稱汶南野老。表所居曰寓齋。終日端坐。略無惰容。

補 文穆呂先生壂

梓材謹案。先生七世祖公緒。與宋丞相公著爲從昆弟。祖避亂去鄉里。父徙北郡。復至關中。家焉。廉希憲宣撫京兆。聘魯齋教授生徒。故先生從之學。見元史本傳。

梓材又案。蘇滋溪爲吕文穆神道碑云。吕端善字伯充。而史名壂。是有二名。卽一人也。

附録

徵爲國子司業。以未終喪辭。改華州知州。勸農興學。具有成效。及代。民爭留之。

大德中。河東關隴地震。月餘不止。先生與集賢學士蕭㪺各設問答數千言。以究其理。且移書廟堂。陳救災弭患之道。

公退居于里。日與韓擇蕭㪺同恕講論道義。從容函丈。而關陝學徒從者益盛。

魯齋與伯充書曰。葬禮遵用遺言。依倣古制。信道力行。至于如此。楊元甫之亞也。敬歎敬歎。

雲濠謹案。蘇滋溪題魯齋先生手書後云。許魏公手書四幅。寄京兆吕君輔之。及其子翰林侍讀學士伯充者也。又言。嘗讀魯齋所述吕君墓誌云。君生子未逾年。日買書爲教養計。擇師就學。學必以稽古踐實爲貴云。

補 忠憲劉先生宣

附録

自幼喜讀書。有經世之志。宣撫張德輝至河東。見而器重之。還朝。薦爲中書省掾。

諡議曰。廉方公正曰忠。行善可紀曰憲。公性至孝。鄉里著聞。見知竇文貞公。門無私謁。

政有慈惠。奏牘本□□㊀正。非拘儒曲士引據高遠不達權宜者比。其行善可紀信矣。江淮省臣貪虐不法。公以其罪上。語泄。馳賄中外。柄臣黨惡。誅鋤忠良。檄㊁加覈。公慮身辱。徒損臺威。中道以殞。時論寃之。其廉方公正又信矣。

補惠愍賀舉安先生伯顔

雲濠謹案。虞道園學古録有上都留守賀惠愍公廟碑。又賀丞相神道碑及墓誌銘。父仁傑。謚忠貞。元史先生本傳云。至正三年。追封涇陽王。改謚忠宣。

附録

近侍或言。八佾之五章。若訕今日者。盍去諸。上以問公。公曰。夫子爲當時言。距今二千餘載。豈相及哉。且國家受天命。爲天子。有天下。固當下比古之遜遠小名而自居乎。上然之。

拜左丞相。行都留守。以民之不知教也。始大爲學舍。禮儒師。以風化之。是以吏民不識貴强之凌暴。承其教戒。仰之若神明焉。相率爲祠于西門之外。設公像而祝之。

補副使白先生棟

㊀「□□」當作「乎公」。

㊁「檄」上脱「傳」。

附録

始由太原徒行至河内。致其父書魯齋先生。願遊其門。因翰林侍讀高凝得操几杖。主凝家二年。而歸侍其親。而魯齋亦召北矣。

改僉燕南河北道提刑按察司事。其考已疾。行至衛而卒。而其妣亦疾。乃朝夕哀死事生。即教授于輝。明年。姚牧庵召直翰林。感其毁瘁。骨見衣表。弔哭之餘。其徒數十人拜庭進退。朋讓賓敬之道嚚嚚然。魯齋成法也。

補清獻王本齋先生都中

梓材謹案。先生序俞石澗周易集説云。都中至元乙丑。嘗從先生指授。未幾。奔走宦途。弗能卒業。兹守鄱陽泉監。與先生偕行。公餘聽講。又得聞所未聞。是先生固俞氏門人也。

補李先生文炳

附録

魯齋祭之曰。惟生總角從吾。誦詩讀書。善言日親。惡言日疏。二十安學。志向吾儒。經史晝夜。筆硯朝晡。道則周孔。治惟唐虞。究始與終。論精及粗。事我甚專。敬我無渝。不恤異議。

不爲俗拘。較之後生。鮮或能踰。又曰。我來自西。跋涉崎嶇。省汝視汝。操立何如。身出門庭。名聯士夫。斐然成章。不忘其初。我竊慰喜。有汝生徒。遂意老日。相與鄰居。益汝新聞。卒我前圖。又曰。昔者憂汝。多病而癯。此別安强。謂必無虞。訃音忽來。告汝身殂。我初聞之。恍如乘虛。撫手痛悼。放淚長呼。

補郡王孛憐吉䚟先生

梓材謹案。元文類有程鉅夫所撰丞相卜憐吉台封河南王。制稱爲開府儀同三司河南河北等處行中書省左丞相。

補文肅暢先生師文

附録

幼警悟。家貧無書。手録口誦。過目輒不忘。弱冠謁許魯齋。與魯齋門人姚燧高凝皆相友善。拜監察御史。糾劾不避權貴。上所纂農桑輯要書。

補知州王先生寬

附録

裕宗嘗召見先生兄弟。語之曰。汝父起于諸生。貧無貲蓄。今賜汝鈔五千貫。用盡可復以聞。

補祕監王先生賓

附録

性資開敏。初從許文正公游。小學四書悉能通其大旨。亦傳贊善星官曆法之學。

先生少長富容儀。雅潔若寒士。

文懿齊先生履謙父義。

齊履謙字伯恒。沙鹿人。父義。善算術。六歲從父至京師。年十一。教以推步星曆。盡曉其法。十三。從師聞聖賢之學。自是以窮理爲務。非洙泗伊洛之書不讀。至元十六年。初立太史局。改準新曆。補星曆生。預修曆經曆議。二十九年。授星曆教授。大德二年。遷保章正始。專曆官之政。至十四年。仁宗卽位。嘉尙儒術。臺臣言先生有學行。可教國學子弟。擢國子監丞。改授司業。與吴草廬並命。時號得人。每五鼓入學。風雨寒暑未嘗少怠。其教養有法。諸生皆畏服。未幾。僉太史院事。延祐元年。復爲司業。律己益嚴。教道益張。至治元年。拜太史院使。泰定二年。奉使宣撫江西福建。黜罷官吏之貪污者四百餘人。蠲免括地虚加糧數萬。石州縣有以先賢子孫充房夫諸役者。悉罷遣之。福建憲司職田每畝歲輸米三石。民不勝苦。先生命准令輸之。由是召怨。及還京。憲司果誣以他事。未幾。誣先生者皆坐事免。先生始得直。復爲太史院使。卒。先生篤學勤苦。家貧無書。及爲星曆生。在太史局會祕書監輦亡宋故書留置本院。因晝夜諷誦。深究自得。故其學博洽精通。尤精經術。著大學四傳小註一卷。中庸章句續解一卷。論語言仁通旨二卷。書傳詳説一卷。易繫辭旨略二卷。易本説四卷。春秋諸國統紀六卷。經世書人式一卷。外篇微旨一卷。二至晷景考二卷。經串演撰八法一卷。謚文懿。元史。

齊太史語

春秋以同會異。以一統萬。蓋始魯終吴。合二十國之史記而爲之者也。間嘗敘類成書。曰諸國統紀。降周于魯。尊爲内屈也。先齊于晉。以霸易親也。繫荆及吴。懲僭以正也。其道名分之意。所以經緯乎書法義例之中者。則亦先儒引而未發之奥云耳。予何言焉。

春秋諸國統紀敘録

孔子嘗曰。我欲觀夏道。是故之杞。而不足證也。我欲觀商道。是故之宋。而不足證也。我觀周道。幽厲傷之。吾舍魯何適矣。此聖人所以託魯史以寓王法也。故學春秋者。當先觀聖人所書一魯十二公二百有四十二年之事。其文可證也。其誼可推也。其治亂得失。反復一代之變。可覆而視也。始于隱元者。魯史之所自起也。志禮樂。志征伐。志會盟。志賦税。志軍用。志城築。志田邑。志災異。志世卿。志夫人内女獨備于諸國者。非特爲詳内録也。夫以春秋而視周典則魯爲極亂。以魯而視當時齊晉諸國。則豈無所謂一變再變至道難易之等差哉。因其事。著其筆削。蓋所以訓也。後之作者。尚有考于斯。故敘魯國春秋統紀第一。

詩降黍離于國風。示天下不復有雅。春秋夷周室于侯邦。傷王道莫之能亢也。當是時。周史固在也。十三王之世次。先後可考也。然而春秋不以周統書元。而但以周正首事。其意可知也。書歸物者三。書來求者三。書錫命者三。書出師者三。書天王出居于鄭。繼書天王居于狄泉。入于成周。書王札子殺召伯毛伯。書天王殺其弟佞夫。繼書王室亂。王子猛卒。德日朘。力日蹙。變日極矣。孔子曰。如有用我者。吾其爲東周乎。蓋傷周室陵遲。雖有繼世之王。亦不能以復興矣。此制作之本旨也。豈有禮樂征伐不自己而出哉。故敘周王春秋統紀第二。

公羊氏曰。大國言齊宋。夫宋。王者之後。而中國之望也。陳。舜之後也。杞。夏之後也。宋。商之後也。原其始封。皆公爵也。而在春秋。陳但稱侯。杞則始稱侯。至莊之二十七年書伯。僖之三十三年降而書子。訖春秋之世。凡三書而三降焉。惟宋獨終始公爵。雖襄公圖霸無功。戰敗身傷。而宋爲諸侯之望。曾不改舊。故晉文以解宋圍而成一戰之霸。悼公以討魚石而興三駕之功。春秋外平不書。至宋楚平則書之。其大勢可見矣。故敘宋國春秋統紀第三。

五霸。前此未有也。齊創之。而晉次之也。雖然。當是時。王道衰。諸侯恣。威勢以相脅。傾詐以相尙。天下皆是也。大則宋魯衛鄭之邦。小則邾莒滕薛之國。其能知尊周者誰歟。以禮爲國者誰歟。推其本心。無非桓文也。考其行事。亦無非桓文也。其所以不爲桓文者。非不欲也。特智有所不逮。力有所不及耳。故孟子論春秋。不舉他國。而獨以二公爲稱者。意蓋如此。故敘齊國春秋統紀第四。

近代永嘉陳氏有言。古者諸侯無私史。晉之乘。楚之檮杌。魯之春秋。皆東遷之史也。今以此考之春秋。凡諸侯書卒者。皆有國史以考其世次者也。其不書卒者。或國滅失其本史。或國雖在而未有史。皆無所考其世次者也。又其世次。有入春秋卽見者。有近後方有者。若秦至文十八年始書康公卒。薛至莊三十一年始書薛伯卒。杞至僖二十三年始書成公卒。莒至成十四年始書渠邱公卒。邾至莊十六年始書邾子克卒。許至僖四年始書穆公卒。楚至宣十八年始書莊王卒。吳至襄十二年始書王壽夢卒。晉則至僖九年始書獻公卒。凡此其史之所起有久近故。其世次所書有先後。然則陳氏之言于是乎信。故敘晉國春秋統紀第五。

子路問于孔子曰。衛君待子而爲政。子將奚先。孔子曰。必也正名乎。名不正則言不順。事不成。禮樂不興。刑罰不中。而民無所措手足。夫靈公黜其子而子其孫。出公不父其父而禰其祖。蒯聵爭入。曼姑圍戚。至此則人倫之不正甚矣。故夫子因子路之問而啓之。然此言也。雖則專爲衛輒而發。夷考春秋所書。若州吁。若惠公。若公孫剽。本其禍亂。無非不知正名之罪。然後知夫子之言所包者廣。非止于一人一事而已也。不然。衛以康叔封國。察其政俗。兄弟吾魯。加以内無專國之臣。外少諸侯之事。于斯時也。苟能君君臣臣父父子子兄兄弟弟夫夫婦婦。人倫之無不適其正也。其于禮樂之興也何有。故敘衛國春秋統紀第六。

古者王制諸侯之爵次。其先後有序。在周官大司馬設儀辨位。以等邦國。猶天建地設。不可亂也。及春秋時。禮制既亡。霸者以意之向背爲升降。諸國以勢之强弱相上下。故自入春秋。蔡常先衛。隱十年伐戴。書宋人蔡人衛人。桓五年伐鄭。書蔡人衛人陳人。十四年又伐鄭。書齊人蔡人衛人陳人。十六年會于曹。猶書宋公蔡侯衛侯。皆先衛也。自是厥後。伐鄭之役。納衛惠之師。遂序于衛陳之下矣。雖云至有後先。亦以國勢孱弱。不能自强。于治可見矣。其世從楚而受楚禍也宜哉。故敘蔡國春秋統紀第七。

春秋赴告之説。始于左氏。其言曰。諸侯有命告則書。不告則否。師出臧否亦如之。雖及滅國。滅不告敗。勝不告克。不書于策。其意本謂。鄰國相好。或同惡以相仇。或同利以相濟。于是乎有赴告之命。如傳言。宋人取邾田。邾人告于鄭曰。請君釋憾于宋。弊[一]邑爲道。鄭人以王命告伐宋之類。非謂每事每國必皆赴告。凡春秋所有事。皆當時承赴告而書者。誠如此言。不惟當時諸國封壤有遠近。情好有疏密。而且國有諱忌。事固有不可告。與夫不當告。及不能告者。

[一]「弊」當爲「敝」。

而春秋備書之。桓五年春正月甲戌己丑陳侯鮑卒。甲戌之下。本闕陳佗作亂事。而左傳以謂。陳亂。國人分散。故再赴。昭九年夏四月陳災。陳亡矣。定無來告者。而胡氏以謂。叔弓會楚子于陳。還言之朝。凡若此者。皆泥于赴告之説之弊也。要之。春秋之作。各從本史。于理爲通。赴告之説。恐不盡然也。故敘陳國春秋統紀第八。

鄭在春秋列國最爲後封。于諸姬爲近。然當春秋之初。鄭爲亂階。書克段。書來輸平。書歸祊。書假許田。書從王伐鄭。皆特筆也。其後。方楚之北征諸夏。而鄭與陳蔡許四國適當其衝。陳蔡許終始春秋。甘爲楚之從。而鄭介晉楚之間。居二國必爭之地。朝從楚盟。晉師暮至。暮從晉盟。楚師朝至。其爲國也難哉。向非子產以禮自固。使晉楚之暴不能加焉。則鄭國之邱墟當不終于春秋矣。善乎。劉安世之論曰。鄭。蕞爾國。又時有君臣之亂。得子產然後安。然子產爲政時。晉楚漸衰。又能事之。區區小國。攝乎大國之間。能自保。已爲難。若妄作則滅亡矣。傳稱子產善相小國。謂此也。故敘鄭國春秋統紀第九。

春秋書用兵輕重淺深各有不同。而其甚莫極于滅。滅者。亡國之重辭也。宋景公入曹。以曹伯陽歸。春秋止書入。而左氏傳其事。謂曹伯陽好田弋。鄙人公孫彊因進田弋之説。陽好之。彊因言霸説。陽乃背晉而奸宋。宋伐之。晉不救而遂滅。故嘗因是考之。經有書滅。而實未嘗滅者。襄六年書莒人滅鄫。昭四年書取鄫。是則鄫未嘗滅。定六年書鄭游速帥師滅許。以許男斯歸。哀三年書許男成卒。則是許未嘗滅。亦有經書入。而傳則謂滅。國亦不復見者。僖三十年書秦人入滑。傳謂滅滑而還。而滑亦不復見。哀八年書宋公入曹。傳謂晉不救而遂滅。而曹亦不復見。蓋未嘗滅者。或復存之。其入而國不復見者。皆自亡也。故敘曹國春秋統紀第十。

秦自穆公始入春秋。僖十五年。與晉惠公戰于韓原。其勢固已悍然矣。及再納晉文。主盟中華。穆公外雖從晉盟會。内則蓄其威武。投閒抵隙。待時而發。故文公方卒。今年滅滑。明年伐晉。用敗殽之帥。出罪己之言。威行東華。奄宅西戎。斯可謂秦之顯功矣。故春秋秦自彭衙以前。入滑圍鄭。盟于翟泉。會于温。師于城濮。凡穆公之事。莫不皆備録之。康共而下。則若不盡記者。非闕文也。直謂其不足詳耳。故敘秦國春秋統紀第十一。

春秋降爵之國。薛自侯降爲伯。滕自侯降爲子。杞自公降爲侯。又降爲伯。又降爲子。雖其所以降不可知。固以見其國勢朘削。日就卑替。或曰。薛與滕杞。自入春秋。不與諸侯會盟者各百餘年。至成五年蟲牢始書杞伯。成十三年伐秦始書滕人。襄元年圍彭城始書薛人。其曰日就卑替者。何也。曰。是又不然。夫春秋之有會盟。本所以控大國。扶小國也。故其徵令不濫。而諸侯有序。葵邱之盟。盟之大者也。而與盟者止于八國。杞滕薛不在焉。踐土之盟。亦盟之大者也。而與盟者亦止于八國。杞滕薛亦不在焉。此桓文之盛。而小國所以賴也。霸政下衰。盟會數而賦役煩。雖大國容有不至。而小弱如杞滕薛之倫。莫不奔走而聽命。雖空乏其國家。困踣于道路。而有不遑恤者。且宋災。細故也。爲會而更所喪者十有二國也。城杞。末務也。相率而受其功者亦十有二國也。甚而至于晉定之召陵之役。在會者十有八國。而劉子且不數焉。其得失可知也。

由是言之。其得與于會盟者。非進之也。適所以就其卑替耳。故敘薛國春秋統紀第十二。

杞既降而書子矣。而又退從人臣之列。其降而書子。吾不知其所以來。退從人臣之列。則有任其責者矣。何以其退從人臣之列也。以襄二十九年書杞子來盟則見之也。經有書來盟者矣。桓十四年鄭語來盟。閔二年齊高子來盟。僖四年楚屈完來盟。文十五年宋華孫來盟。宣七年衛孫良夫來盟。皆人臣也。固未有諸侯書來盟者。亦未有與諸侯盟而不書公者也。左氏曰。杞文公來盟。書曰子。賤之也。此說非也。賤之之意。其不在于書子也。夫杞。夏之後。而天子之事守也。禮秩之隆。一至于此。宜乎。夫子嘗曰。吾說夏禮。杞不足徵也。故敘杞國春秋統紀第十三。

春秋以諸侯而旅見。于諸侯惟二事。滕侯薛侯郳人牟人葛人是也。何以知爲旅見。卽其所書而知之也。古者諸侯之邦交。名位不同。禮亦異數。至于旅見。則必均其辭號者。所以一貴賤。齊等威也。然則謂之侯者。以君禮見者也。不謂之侯者。不以君禮見者也。滕本非侯也。薛亦然。或者之說有如此者。故敘滕國春秋統紀第十四。

莒介居齊魯之境。齊雖見伐。而莒曾不敢少陵齊焉。魯則自宣公平莒及郯。莒人不肯至再。會齊伐之。干戈相尋。迄無寧歲。當襄公之世。曾不數年。而莒人伐我者三。侵我者一。亦可謂之强國矣。故春秋書莒。每次于鄭曹之下。至于人向取牟婁滅鄫。皆强國事也。故敘莒國春秋統紀第十五。

春秋世卿。非惟大國有之。雖小國亦有之矣。莒牟夷。邾庶其畀我。邾快黑弓㊀是也。若邾儀父。或以爲子克字。或以爲大夫之名。按魯有行父。歸父。晉有林父。鄭父。甲父。是皆大夫名。然則謂儀父爲名者。非無據也。夫邾。魯附庸之國。其來朝于魯者數矣。而魯之君臣所以每加兵于邾者。其意責邾之不恭猶深也。故既納其邑。又分其田。既又入國而以其君歸。必期至于滅亡而後已。豈先王保小寡之道哉。公行鮮有不書至者。惟伐邾則悉不書至。豈以邾爲邦域之中。七百里之内歟。故敘邾國春秋統紀第十六。

春秋之班齊侯爵也。自入僖公。常序于宋公之上。邾。子爵也。常序于薛伯之上。許。男爵也。常序于曹伯之上。復有在邢侯之上者。甚而至于蜀之盟。秦序宋上。鄭序齊上。皆習亂之事也。故統紀自内魯至于降周而下。並依王爵。曰公。曰侯。曰伯。曰子。曰男。爵同以親。晉當先齊。以齊爲霸者之倡。特列居侯爵之首。荆吴僭號。王爵不加焉。故附于五等之後。凡此庶幾春秋聖人所以道名分之意云。故敘許國春秋統紀第十七。

春秋自遷不書。有遷之者而後書。然書曰某人遷某者。遷以内屬也。宋人遷宿。齊人遷陽是也。書曰某遷于某者。遷以避難也。邢遷于夷儀。衛遷于帝邱。蔡遷于州來。許遷于葉于白羽于容城是也。雖所遷不同。而其國之危弱不能自守一也。悲夫。故敘宿國春秋統紀第十八。

㊀「弓」當爲「肱」。

荆吴僭竊名號。不與中國通者。各十餘世。自入春秋。雖其因事制宜。誼存筆削。然其君書卒。其大夫書名。書聘使。書會盟。書帥師。皆與諸夏冠帶之國並列無間。蓋二國之罪。以先王王法論之。則外之攘之。誅之絶之可也。以春秋信史言之。則聖人拳拳于夷夏盛衰之變者。深矣。詳其事。存其實。録所以爲後世鑑也。故其書法如此。故敘楚國春秋統紀第十九。

吴國于東南。去中夏尤遠。成七年。吴伐郯。始見于經。于鍾離。于善道。于柤。于向。皆諸侯就而會之。其來交于中國者。于戚而止耳。雖則資之以疲楚。然吴亦亢矣。艾陵之戰齊。黄池之駕晉。其末流有必至者。春秋書之。欲後世謹其始也。故敘吴國春秋統紀第二十。

梓材謹案。四庫全書著録先生春秋諸國統紀一卷。目録一卷。提要云。此書乃其延祐丁巳爲國子司業時所作。自序謂。今之春秋。蓋聖人合二十國史記爲之。自三傳書言褒貶。于諸國分合。與春秋所以爲春秋。槩未之及。故類敘此書。以修諸家之闕。凡二十有二篇。首魯。次周。次宋。次齊。次晉。次衛。次蔡。次陳。次鄭。次曹。次秦。次薛。次杞。次滕。次莒。次邾。次許。次宿。次楚。次吴。自内魯尊周外。各以五等之爵爲次。其入春秋降爵者。則隨所降之爵列之。而楚吴以僭王殿焉。目録謂。此皆國史。具在。聖人據以作春秋者。又以諸小國諸亡國釐爲二篇。附録于末。目録謂此無國史。因二十國事所及而載者。皆先于各國下列敘大勢。與其排比之意。題曰某國春秋統紀。蓋據墨子有百國春秋。徐彦公羊疏有孔子求周史記得百二十國寶書之文。故不主因魯史從赴告之義也。吴草廬序稱。其縷數旁通。務合書法。間或求之太過。要之不苟爲言。蓋瑕瑜不掩。已有微詞矣。

附録

公年十七。補星暦生。同輩多司天世家子。忌公才能。太史王恂召問算數。皆不能對。獨公隨問隨答。太史稱之。許文正公楊文康公俱應詔治曆。公侍左右。數請益焉。吴文正公覽公著述。爲之敬服。屢歎當世無知公者。

蘇滋溪撰神道碑曰。公之學。自六經諸史。天文地理。禮樂律曆。下至陰陽五行。醫藥卜筮。無所不能。而于經術爲尤甚。立言垂訓。簡易明白。不蹈故常以徇人。不求新奇以驚世。其于聖賢意旨。蓋多有所發焉。

文定杜先生思敬

杜思敬。□□人。其父奮起行伍。顯立勳勞。遂得給衛世祖潛邸。及遊許文正公之門。益知講學原委。初仕御史臺都事。轉治書侍御史。權姦伏辜。臺臣以失言併逐。世祖獨亮其忠。命涖職如故。未幾。除户部侍郎。歷右司左郎中。出爲順德安西總管。就僉陝西行中書省事。尋移汴梁總管。復入爲侍御史。議事上前。首當帝意。拜中書參知政事。進四川行省左丞。以疾不行。召爲中書左丞。能以忠誠爲格君之本。以安靖爲出治之基。卒謚文定。柳待制集。

文貞康里先生不忽木

不忽木一名時用。字用臣。世爲康里部大人。康里卽漢高車國也。先生資稟英特。進止詳雅。世祖奇之。命給事裕宗東宫。師事太子贊善王恂。恂從北征。乃受學于國子祭酒許魯齋衡。日記數千言。魯齋每稱之。以爲有公輔器。世祖欲觀國子所書字。先生年十六。獨書貞觀政要數十事以進。帝知其寓規諫意。嘉歎久之。至元十三年。與同舍生堅童太答禿魯等上疏言。欲人材衆多。通習漢法。必如古昔徧立學校然後可。帝覽之喜。十四年。授利用少監。歷拜昭文館大學士平章軍國重事。大德二年。特命行中丞事。三年。兼領侍衛司事。卒年四十六。其學先躬行而後文藝。居則簡默。及帝前論事。吐辭洪暢。引義正大。以天下之重自任。知無不言。武宗時。贈純誠佐理功臣開府儀同三司上柱國魯國公。謚文貞。元史。

附録

虞道園爲吴文正公神道碑曰。董忠宣公于選拜行臺御史中丞。入奏事。首以先生爲薦。及任樞府。又薦之。一日議事。中書起立謂丞相曰。于選所薦吴澄。經明行修。大受之器。論道經邦。可助治世。平章軍國重事不忽木曰。樞密質實。所薦天下士也。丞相逮事世祖。親見用人之道。平章許文正公高第之得其傳者。是以知重忠宣之言。

文肅康里先生禿忽魯

禿忽魯字親臣。康伊聶之孫。自幼入侍世祖。命與額森特穆爾不忽木從許魯齋學。帝一日問所學。先生與不忽木對曰。三代治平之法也。帝喜曰。康秀才。朕初使汝往學。不意汝即知此。除蒙古學士奉議大夫客省使。進兵部郎中。遷僉太史院。嘗宴見世祖。屢開説古今治亂政要。多所禆益。歷遷江浙右丞樞密副使。大德七年卒。年四十八。贈大司徒趙國公。謚文肅。元史。

主簿馮先生善主附師張簡之。

馮善主字君協。右北平石城人。性至孝。初學于張簡之。聞許文正公以經學教冑子。徒步至京師。從之。文正歎其淳篤。文正歿。千里赴弔于懷。欲廬其墓。諸生弗欲。懷人義之。遺布三百疋。曰。吾爲許先生來。因利之。弗忍爲也。乃歸服心喪三年。未嘗御酒肉。至元二十五年。始以耶律祭酒薦。得平灤路儒學正。教授冀州遼(一)。所至以其出許先生門。爭從之游。初石城兵燬夫子廟。弗治。先生度而新之。拜闕里。求孔顏孟十哲像祀之廟。主興州宜興簿。政化大行。改蔚州安定。未行。卒于家。程雪樓集。

司業楊先生桓

楊桓字武子。兖州人。幼警悟。讀論語至宰予晝寢章。慨然有立志。由是終身非疾病未嘗晝寢。弱冠爲郡諸生。一時名公咸稱譽之。中統四年。補濟州教授。後由濟寧路教授召爲太史院校書郎。奉敕撰儀表銘曆日序。文辭典雅。賜楮幣千五百緡。辭不受。遷秘書監丞。至元三十一年。拜監察御史。有得玉璽于木華恭曾孫碩德家。先生辨識其文曰。受天之命。既壽永昌。乃頓首言

(一)「遼」下脱「陽」。

曰。此歷代傳國璽也。亡之久矣。今宫車宴駕。皇太孫龍飛而璽復出。天其彰瑞應于今日乎。即爲文述璽始末。奉上于徽仁裕聖皇后。成宗卽位。先生疏上時務二十一事。一曰。郊祀天地。二曰。親享太廟。修四時之祭。三曰。先定首相。四曰。朝見羣臣。訪問時政得失。五曰。詔儒臣以時侍講。六曰。設太學及府州儒學。教養生徒。七曰。行誥命以褒善敘勞。八曰。異章服以別貴賤。九曰。正禮儀以肅宫庭。十曰。定官制以省内外冗員。十一曰。講究錢穀以裕國用。十二曰。訪求曉習音律者。以協太常雅樂。十三曰。國子監不可隸集賢院。宜正其名。十四曰。試補六部寺監及府州司縣吏。十五曰。增内外官吏俸禄。十六曰。禁父子骨肉奴婢相告訐者。十七曰。定婚姻聘財。十八曰。罷行用官錢營什一之利。十九曰。復笞杖以別輕重之罪。二十曰。郡縣吏自中統前仕宦者。宜加優異。二十一曰。爲治之道。宜各從本俗。疏奏。帝嘉納之。未幾。陞祕書少監。預修大一統志。秩滿。歸兗州。以貲業悉讓弟楷。鄉里稱焉。大德三年。以國子司業召。未赴。卒。年六十六。先生爲人寬厚。事親篤孝。博覽羣籍。尤精篆籀之學。著六書統。六書泝原。書學正韻。大抵推明許愼之説。而意加深。皆行于世。元史。

梓材謹案。姚牧庵爲潘廉訪澤神道碑云。伯氏懼公平昔之善泯而不聞。求其同門友祕書少監楊桓狀其事。廉訪嘗遊魯齋之門。碑云。同門則亦魯齋門人也。又案。先生號損齋。至元十九年。撰修闕里廟垣記。蓋先生嘗繼楊潛齋師表于魯云。

梓材又案。先生又號辛泉。四庫全書著録六書統二十卷。提要云。前有翰林直學士硯彌堅序。又有國子博士劉泰後序。而其自序爲尤詳。大旨以六書統諸字。故名曰統。凡象形之例十。會意之例十有六。指事之例九。轉注之例十有八。形聲之例十有八。假借之例十有四。其象形會意轉注形聲四例。大致因戴侗六書故門目而衍之。指事假借二例。則楊氏以意鈎稽。自生分別。又言。變亂古文。始于戴侗。而成于桓。侗則小有出入。桓乃至于横決而不顧云。又四庫存目録六書泝原十二卷。提要云。六書統備録古文篆籀。此書則專取説文所無。或附見于重文者録之。又録書學正韻三十六卷。提要云。是書兼以字母等韻。各分標一二三四以辨其聲之高下。然或有或缺。體例不一。所列之字。兼存篆隸二體。逐字之下注云。統指。統形。統聲。統意。統注者。見于六書統者也。注云。原指。原形。原聲。原意。原注者。見于六書泝原者也。指卽指事。形卽象形。聲卽諧聲。意卽會意。注卽轉注。省其文耳。其所分韻目。大槩因集韻之舊而稍有訂改。究不免變亂之嫌云。

附録

虞道園序六書存古辨誤韻譜曰。至元中。祕書少監楊武子善大小篆。所著六書統。以詔書刻之尚方。多出己意。篇帙浩穰。刻梓在尚方。學者莫之能究觀焉。

總判韓先生邦傑

韓邦傑。秦人。姚牧庵送宰先生伯魯序云。秦士又有韓邦傑。劉無競。吕伯充者。皆吾師之弟子也。年皆長于燧。若韓之能官。劉之天資之美。吕之問學之該徹。皆燧所不敢望而及。計之今日。吕以練服在躬。未可出之。二人有造。先生之館。煩從者爲燧一訊安焉。姚牧庵集。

梓材謹案。牧庵之于三先生皆以字舉。吕伯充名壄。已見學案正編。魯齋弟子。劉季緯劉安中皆秦人。劉無競必居一于是矣。

附録

魯齋與韓總判書曰。總判邦傑舊友。相別之久。相去之遠。公務匆宂。乃不能忘相從之舊。殊慰懷想。而無競又論爲學爲政。皆有進長。尤可喜也。

提刑譚先生克修父彦清。

譚克修。德興懷來人。姚牧庵與之同事許文正公。父彦清。官至陝西四川道提刑按察使。西南夷羅羅斯内附。以爲副元帥同知宣慰使。卒。嘗與牧庵爲忘年友。文正以初入見潛藩之年。驛召至秦。後四年宣慰使至。見其道德之容。聞其仁義之言。考其卓絶之行。憂世之志。樂天之心。出謂人曰。今顔子也。文正還懷。宣慰爲之牧。以求言焉。則謂之曰。學者或滯于形迹。而不適用中理。合而一之。始可謂善學者。猶導以用世之方。身親接久。而始示以性理之妙而操修之。又使其子盡棄其學而事之。先生事裕皇。出爲江南湖北河南北陝西漢中三道提刑按察使。牧庵稱其秉受懿美得之天。問學修爲受之師。忠信愷弟。臨政與人。皆踐其父武云。姚牧庵集。

雲濠謹案。魯齋遺書有留别譚彦清書。又案。元史譚資榮傳。子二人。曰澄。曰山阜。澄好讀書。又習國語。爲監縣。多善政。即彦清也。

史先生克恭

史克恭字子敬。雲中人。知華州廣之長子。年十八。華州丐老。遂襲爲州。騎射精妙。得其家學。他皆戛去紈綺豪習。會罷世侯。遷刺同州葭州。移刺秦州。未上。卒。年三十五。許文正公至秦。從學八寒暑。文正嘗譽其厚重篤勤。有入道資。姚牧庵集。

耶律先生惟重

耶律惟重。魯齋之徒也。魯齋嘗答其書云。西山詩説與文公詩傳異同。此非區區所能辨。然夙昔愛生勤學。似不欲虚其所問。雖自知淺陋。猶喜一言之。春秋壞于三傳。此説固矣。然盡去三傳而不讀。吾恐擬議之失。又甚于左傳。書義壞于漢儒之序。此説固矣。然盡欲去之而不讀。吾恐臆度之差。又甚于漢儒之序。程朱以來。講明究析。其可疑可信。亦略有説。蓋自焚滅之後。歷千餘歲。其間變故又復不少。遺脱舛誤焉能盡如洙泗之舊。雖語孟二書。亦有可疑。學者但當求其旨意。以身體之。日積月累。庶或有益。至于此等疑議。姑闕之可也。魯齋遺書。

張先生源

張源。魯齋之徒也。劉静修示之詩云。堂高餘慶在。道重魯齋傳。洗眼名家後。驚心太學年。白頭負風鑑。青佩見時賢。明日鹿門隱。須君拜我前。静修遺集。

副使潘先生澤

潘澤字澤民。宣德府人。伯仲氏皆善厚殖其家資。先生讀書。壯而遊許魯齋之門。盡戛故習。而氣質大變。養親不違其志。事兄愛以敬。官浙西廉訪副使。姚牧庵集。

貞獻野仙鐵木兒先生

野仙鐵木兒。親受學于許文正公。深知治國之説。及爲陜西行省平章。登蕭勤齋薦并劉季偉姓名于朝。卒贈咸寧貞獻王。蘇滋溪文集。

王濟川先生楫

王楫。蒲人。魯齋之卒也。先生衰絰赴葬。司賓者辭曰。門人衰禮歟。先生曰。吾師也。藝術之師歟。賓主之師歟。吾猶懼乎報之無從。吾將以愧夫王通氏之門人耳。王忠文集。

梓材謹案。魯齋遺書有與王濟川評議書。濟川當是先生之字。

知州李先生善甫

李善甫。□□人。及許文正公之門。于平章不忽木爲同舍生。其爲學。内而修身齊家。外而爭君治民。一以文正爲歸。至大四年。爲行省赴調京師檢校。宰臣奏爲沁知州。程雪樓集。

判官馬先生充實

馬充實字士輝。河内人。八歲遭大喪。從母完顔氏攜載以從其夫李俟㊀。長㊁萬夫。隨征六

㊀「俟」當爲「侯」。

㊁「長」上脱「侯」。

盤。六盤爲高昌要衝。高昌之俗。收經史。立校官。地與西域接。故其聲音文字詳于諸國。先生得其説而習焉。世祖大一寰宇。命以其國語别立文字。用于印章。宣敕其字母。與西域相近。先生旁曲通暢。單出雜比。會其指歸。學者爭詣門請業。許文正公薦于上。以儒服入見于柳林。授將仕郎懷孟路蒙古教授。再授承事郎襄陽路均州判官。方文正講授鄉里。時靳許可。遊其門者。察以歲月。始命執弟子禮。獨見先生篤厚温謹。卽俾就列。授性理大義。以躬行爲先。文正侍帝所無虚日。上問文正。卿弟子孰爲誠實。卽以先生對。後有奏爲河渠使者。又將奏爲蒙古院學士。皆力謝不受。至元二十九年卒。年六十。清容居士集。

教授王先生孚

王孚字公信。永平人。游學洙泗之間。學益進。人師禮之。嘗及許文正公門。所與遊者。皆一時名公卿。兼通天文卜筮兵法。嘗用憲臺薦。教授冀州。以恩封從事郎。道園學古録。

平章默勒吉先生堅童

默勒吉堅童字永叔。闊公子。少孤。甫十歲。卽從王文康鶚遊。既長。奉命入國學。從魯齋遊。弱冠。入侍禁廷。授中順大夫。侍儀奉御。遷中議大夫。同修起居注。及奉使濟南。見楊桓賢。遂薦之。歷授正議大夫燕南河北道肅政廉訪使。遂拜河南省平章政事。驛召赴闕。未拜。以疾卒。年三十九。元史。

學士李先生銓

李銓。朔州人。入國子學。師許文正。嘗官翰林侍講學士。清容居士集。

修撰雷先生觀附見潛齋門人。

李先生茂卿

李茂卿。□□人。嘗同姚牧庵受學司徒許公。姚牧庵集。

僖簡許先生扆

許扆字君黻。一名忽魯出孫。曲沃人。從其父國楨事世祖于潛邸。進退莊重。世祖喜之。賜今名。俾從許魯齋學。入備宿衛。忠愼小心。累以中書右丞署太常事。改陝西行中書省右丞。有足疾。不能行。特授大司徒食其禄終身。追封趙國公。謚僖簡。元史。

許先生約

許約。魯齋門人。皇慶二年。以魯齋列于大成從祀之位。與同門合辭而祭之。元文類。

清獻董先生士珍

董士珍字周卿。藁城人。正獻公文忠之子也。幼從許文正公學。淹貫經史。與人交。終日恭敬。歷官中書參知政事至河南江北行省左丞。在朝四十餘年。絶跡勢途。性嗜學。好善言。言動可法。羣從每嚴憚之。卒年五十九卒㈠。生平學術得諸父命師訓爲多。歐陽圭齋集。

承旨康里先生巎巎見下文貞家學。

別附

把仲輝

把仲輝。亦魯齋之徒也。魯齋嘗與書云。衡也。與子爲師。與令親爲友。不能善誘善導。使人孝慈。顧相怨交惡。反出衰俗之下。益自知平日區區初無小補。德之涼薄。其誤人乃如此。可勝負愧。又云。汝今日所處。固爲甚難。然天下公議。必責備于臣子。必責備于賢者。父之過卽子之過也。正當反躬自克。百倍其勇。令親之失。亦汝之失也。此若不悟。勢將滔滔。有無窮之悔矣。魯齋遺書。

牧庵講友

總管克烈先生士希附子慕顏鐵木。

昺實帶克烈氏。蒙古人。晚易名士希。字及之。世爲砲手軍千户。徙家河南鳴皋。至元中。

㈠「卒」衍。

授武義將軍佩金符。尋遷武德將軍。進本軍總管。即所屯建伊川書院。立里社。以教導民。大德二年。以足疾匄閒。大肆于學。手不釋卷。與中書右丞陳天祥。翰林學士承旨姚燧虞摯。侍御史趙簡諸老游。居十餘歲。公卿交薦。將起以翰林。會卒。子慕顏鐵木。賢而有文。藏書萬餘卷。無不究覽。程雪樓集。

姬先生文龍父德。附弟震龍。

姬文龍字伯陽。絳州人。世業儒術。金之季年。其父德避地襄鄧間。又渡江居鄂。雖遭時多艱。所至必擇師教子。故先生自少卓然有立。宋咸淳四年。以詞賦擢進士第。主郢之京山簿。岳州教授。荆湖制置使汪立信辟郢之長壽令。尋兼僉書判官廳事。宋亡。例以校官授之。先生斂身而退。遂家于郢。徜徉林壑。以終老焉。時中朝舊家鉅儒姚公燧。馮公岵。亦就家郢。各遣子弟執經受學。姚公疾革。語其子曰。吾世衣冠大族。有如不諱。喪禮勿徇流俗。姬先生深明禮學。汝當資之。初先生連值父母喪。廬墓哀號。三年不歸。與弟光州文學掾震龍同居。無閒言。性耿介。或有餽遺。一切不取。年八十卒。蘇滋溪文集。

牧庵同調

虞先生摯別見蘇氏蜀學略補遺。

李先生溉之先生泂附詳草廬學案。

劉姚同調

宗簿黄先生丙炎附子興孫。

黄丙炎雲濠案。一作炳炎。字純宗。崇仁人。咸淳進士。歷官宗正簿。北兵至。黄萬石棄撫州走。先生不能挽。遂歸隱。劉伯宣。姚燉。高凝爲憲使。具禮幣迎先生于洪學。聽其講説。遣子受學。欲薦于朝。固拒之。子興孫字祖烈。十歲能詩文。先生没。憲使辟祖烈繼其事。皆再世稱弟子。翰林集賢交薦。不赴。人物志。

附録

劉須溪銘宗正墓曰。不幸而以身從人。又不幸而以文致身。雖有孔明公瑾之才。而用之如陳琳阮瑀。又如温石二子。而不得爲許遠張巡。豈非命乎。

文肅同調

尚書高先生克恭父嘉甫。

高克恭字彦敬。其先西域人。後占籍大同。父嘉甫。以力學不苟媚事權貴。奉母居燕時。往還皆知名士。嘉甫朝夕講肄。遂得大究于易詩書春秋及關洛諸先生緒言。雅不樂仕。歸老房山。先生蚤習父訓。于經籍奥義靡不口誦心研。務極源委。至元十二年。由京師貢補工部令史。歷遷山西河北道廉訪副使。時暢純甫爲僉事。先生疏詣臺言。不可居純甫之上者有三。大概謂純甫自大師南征。卽掾行省。歇歷中外幾二十二年。而某資歷尚淺。純甫文學行誼夐出倫輩。高風勁節。夙所景慕而不能及。況兄事純甫。義則兄弟。情均骨肉。躐等居上。情實未安。擢先生江南行省治書侍御史。而純甫亦他遷。時人多先生之讓。復召入爲工部侍郎。轉翰林直學士。授吏部侍郎。尋除彰德路總管。未赴。改刑部侍郎。京師旱自秋八月不雨至于六月。先生陞尚書。言。明刑本以弼教。人道莫大于君臣父子夫婦兄弟之敘。今子證父。婦證夫。弟證兄。奴證主。榜掠成獄。大傷風化。理宜禁絶。又中外囚繫。歲瘐死不下數百人。凡此。逆于陰陽之和者也。除大名路總管。卒年六十有三。積官至大中大夫。先生易簀。命喪葬用朱文公法。及區畫家事甚悉。此心不以生死亂衆。謂講學之驗。嘗舉江南文學之士敖君善姚子敬陳無逸倪仲深于朝。皆官郡博士。鄧巴西集。

雪齋門人

楊先生古

楊古。文獻弟子。文獻自版小學書語孟或問家禮。俾楊中書版四書。田和卿版尚書聲詩折衷易程傳書蔡傳春秋胡傳。皆版于燕。又以小學書流布未廣。教先生爲沈氏活版。與近思録東萊經說諸書散之四方。姚牧庵集。

雷先生益附見濳齋門人。

學正劉先生安國附見勉齋學案補遺。

趙先生伏

趙伏。

漢卿家學

集賢竇先生履

竇履。文正公默之子也。先生挺特有父風。官至集賢大學士。王忠文集。

漢卿門人

王鏡潭先生□附子珍。

王鏡潭者。金華人也。游廣平竇文正公門。小心謹畏。十有六年。傳其鑱石鍼刺之術。及倦游歸江南。鋭意以活人爲事。因卽蘭皋舊隱扁其堂曰種德。竇氏之學遂大行東南。子珍字國瑞。陳夷白與之遊。夷白齋集。

雲濠謹案。貝清江集醫鏡密語序。言文貞嘗注銅人鍼經密語一卷。未成而没。鏡溪及其子瑞庵增注而成之。瑞庵卽國瑞別號。與清江交。鏡溪鏡潭。未知孰是。

文康門人

文懿齊先生履謙見上魯齋門人。

李氏家學

總管李先生頍

李頍。潞縣人。忠宣子。官嘉議大夫安西路總管兼府尹諸軍敎拉。姚牧庵久遊忠宣之門。又與先生嘗同受學云。姚牧庵集。

道濟門人

補修撰董龍岡先生朴

附録

其事親孝。與人交。智愚貴賤一待以誠。或有犯之者。夷然不與之校。

元明善銘其墓碣曰。先生之學。蓋明理爲本。篤行爲要。最其所至。則文雅安恬者也。其教人也。善因其才而究其器。故千里間化之。

戎先生益

戎益。民部尚書劉道濟門生。王秋澗集。

正獻家學

清獻董先生士珍見上魯齋門人。

敬之門人

參議張行齋先生澄

張澄字之純。別字仲經。先生早孤。能自樹立。避地洛西。率資無旬日計。而泰然以閉户讀書爲業。嘗從辛敬之趙宜之講學。故詩文皆有律度。兵後居東平。中州集。

梓材謹案。先生官至參議。其爲鄆縣令也。元遺山爲東平新學記。稱其七歲入小學。師名士龍江張某。自誦讀至剖析義理者餘十年。衍聖公孔元措必其爲特達之器。以其子妻之。是先生之師不獨辛趙二氏也。

梓材又案。遺山爲行齋賦序。謂戊子冬十月長壽新居成。仲經張君從予卜鄰。得王氏之敗屋焉。取君子素其位而行之義。名曰行齋云。

朮虎先生邃

朮虎邃字士元。先名玹。字温伯。女直納鄰猛安也。雖貴家。刻苦爲詩如寒士。喜與士大夫遊。初受學于辛敬之。習左氏春秋。後與侯季書交。築室商水大野中。惡衣糲食。以吟詠爲事。詩益工。時劉京叔在淮陽。屢相從講學。迨北兵入河南。被命提兵戍亳州。已而亳亂見殺。年未四十也。歸潛志。

紫陽門人

員先生擇

員擇。紫陽門人。早侍函丈。偏得紫陽之道。攟摭遺稾。釐爲八十卷。江漢遺文。

文定王秋澗先生惲別見張祝諸儒學案補遺。

知州秦歌竹先生仲

秦仲字山甫。世爲洛陽大族。嘗從紫陽楊先生學。知名。給事裕宗潛邸。後知昭州。有善政。郡治無事。每游歌竹山。賦詩爲樂。自號歌竹山人。卒于官。道園學古録。

庸齋家學

學士薛先生友諒

薛友諒字□□。庸齋之子也。官翰林學士。思纘前志。式承遺則。爰建義塾。用迪教事。學者彬彬。粲然復興。又購司馬氏獨樂園故址。創五賢堂。以祀伊洛諸儒。以廣教養之所。延祐元年。陟義塾爲洛西書院。五賢堂爲伊洛精舍。先生居官幾五十年。所至興學崇教。以致其治。嘗請陞周程諸儒從祀孔子。既建書院精舍。又構禹廟長淵之上。以箕子配。程雪樓集。

梓材謹案。先生有九先生祠上梁文。見元文類。

善夫門人

文簡劉中庵先生敏中父景石。

劉敏中字端甫。章邱人。幼卓異不凡。年十三。語其父景石曰。昔賢足于學而不求知。豐于功而不自衒。此後人所弗逮也。父奇之。鄉先生杜仁傑愛其文。亟稱之。嘗與同儕各言其志曰。自幼至老。相見而無愧色。乃吾志也。至元十一年。由中書掾擢兵部主事。拜監察御史。歷爲翰林學士承旨。以疾還鄉里。先生平生身不懷幣。口不論錢。義不苟進。進必有所匡救。援據今古。雍容不迫。爲文詞理備辭明。有中庵集二十五卷。延祐五年卒。年七十六。追封齊國公。謚文簡。元史。

孟卿門人

萬户嚴先生忠嗣見下行齋門人。

潛齋門人

雷伯靜先生復始附弟豫。世忠。恒。益。觀。

雷復始字伯靜。始字國明。避家諱改字。關輔學者也。事昭文大學士楊潛齋。最稱善學。許文正公聞其名。嘗書示進學之要。友五弟豫世忠恒益觀甚篤。教誘之際。凜乎若嚴師。其卒也。蕭徵士𣂏哭之曰。嗚呼。若伯靜者。以夷曠淵默之資。醇正精微之學。篤信允蹈之力。道被其身。教行其庭。使出而遇。必爲知務識治之臣。而其成其施已此。竟不淑耶。牧庵以爲知言。姚牧庵集。

附録

姚牧庵送雷季正見魯齋序曰。以先生平昔樂教之心。且熟子之兄伯靜之名。嘗哀其願見未得。竟抑志以卒。有弟如此。篤道而善學。行己以化鄉。岸然不流于今俗。翹然自視以古人。千里贏糧而就正焉。又觀夫人有可進成德達才之具。必不拒其見也。

梓材謹案。季正。蓋伯靜季弟名觀者也。牧庵送宰先生序所云。秦士修撰雷君。蓋卽其人。又案。牧庵集歸來園記云。歲壬子。余與今令醴泉雷君損之交。又云。始余從先世父中書左轄公受讀四書。君與横經几席爲同業。損之。蓋亦伯靜弟名益者。是與牧庵同在文獻之門矣。

衍聖孔先生治別見張祝諸儒學案補遺。

節齋家學

文忠陳先生天祥別見蘇氏蜀學略補遺。

陵川家學

郝先生彝

郝彝字仲常。陵川弟。讀書學道。不求宦達。以醇德篤行終。弟庸字季常。郝陵川行狀。

梓材謹案。陵川二弟。史稱皆有名。季常嘗與中都海牙人宋問執行人之罪。苟宗道爲陵川行狀云。撫育弟妹甚厚。則是二弟者。皆文忠所教育而成之者矣。

朝列郝先生采麟

郝采麟。伯常子。以文學行治。擢寘侍從。爲集賢直學士。朝列大夫。元文類。

梓材謹案。虞疏齋摯爲伯常神道碑。稱其孤采麟。次公生平事來謁摯曰。夫子足銘。則先生虞氏門人也。

附録

袁清容書郝伯常題黄鶴樓水龍吟詩曰。公之子爲侍讀學士。嘗與桷言。公奉使時。侍讀甫四歲。後回京師。年十九。以戎服見。拜且泣。公閉目不顧。進退□□㊀。其父友命易衣冠以進。始與語。前賢典刑峻整若是。

陵川門人

補 祭酒苟先生宗道

附録

宗道梓材案。姓譜本文作苟宗直。與黄氏學案補本郝經附傳作宗道者異。姓譜又一條。趙柔。淶水人。下文並同。疑莫能定。弱冠從郝經使宋。被留儀眞。經授以道。以儒名家。仕至國子祭酒。詩文書畫皆有晉唐風致。姓譜。

梓材謹案。先生父士忠字信之。陵川集稱爲河陽遯士。陵川爲其墓銘序云。余之先君子晚年與宗道之父遊。處里閈相得而甚相洽。又云。以余父之執。且其子受學于余。故嘗聞其緒論。而見其梗概。且言宗道沈郁力學。已爲偉器。是先生爲陵川門人之證。顧其上文云。宗道以門生從行。陵川爲先父行狀。以宗道與趙泰尙文爲門生。相與謀諡靜直。虞摯爲陵川神道碑云。父思温既殁。其徒相與號靜直處士。閻復誌墓亦云。考殁。門人諡曰靜直處士。則先生本在靜直之門。豈其先從靜直。而後又受學陵川耶。其爲陵川行狀則又自署門生矣。

㊀「□□」當作「不敢」。

陵川贈都事荀正甫詩曰。接屋連牆受學初。嶄嶄頭角氣淩虚。捋鬚未敢刺雙虎。回首還看總一豬。未齠子卿氈上雪。且傳黄霸獄中書。天教三士從重耳。返國尊王儘有餘。

又自序春秋外傳曰。河陽荀宗道嘗受業于予。時以書狀官從行。于是五年之間講肄不輟。甲子春。宗道請傳春秋之學。且志其説。而無書以爲據。乃以故所記憶者。爲春秋外傳。蓋自三傳之外而爲是。不敢自同于三傳也。以春秋正經多不同。乃爲論次。作章句音義八卷。求聖人之意者。必探其本以爲綱。乃作制作本原三十一篇十卷。春秋一書在于事。必比事而觀。其義可見。乃爲比類條目一百三十篇十二卷。三傳之説不同。故聖經之旨不一。乃爲三傳折衷。俾經之大義定于一。凡五十卷。卷首又著三傳序論列國序論一卷。嗚呼。窮于人而不敢自窮于天。是以爲是。非敢妄意于古之聖賢之窮而亦爲之書也。其閒訛缺謬戾者甚衆。俟變通之日。取諸書以考實之。庶幾有成。而見素患難之意云。既具草以授宗道。復爲書此以冠篇首。

忠毅張先生宏略

張宏略字仲傑。定興人。武康公柔第八子也。有謀略。通經史。善騎射。嘗從武康鎮杞。徙亳。武康致仕。受金虎符。順天路管民總管行軍萬户。仍總宣德河南懷孟等路諸軍屯亳者。後解兵職。宿衛京師。至元三年。城大都。佐其父爲築宮城總管。十三年城成。授中奉大夫淮東道宣慰使。十六年遷江西宣慰使。以疾歸亳。特命爲河南行省參知政事。元貞二年卒。謚忠毅。元史。

附録

王溥南答張仲傑書曰。所論道學。自是儒者本分事。抑老夫衰謬。日負初心。不足進也。吾子年壯氣鋭。乃能屏去豪華之習。而專力于此。好之樂之。自謂有得。他時所治。未可量。老夫將受教之不暇。而反能爲之發藥哉。

獻武張先生宏範

張宏範字仲疇。武康公第九子也。善馬槊。頗能爲歌詩。中統初。授御用局總管。三年。改行軍總管。至元元年。授順天路管民總管。佩金虎符。二年。移守大名。六年。授益都淄萊等路行軍萬户。復佩金虎符。領益都兵戍鹿門堡。十一年。北兵渡江。爲前鋒。十四年。歸還。授鎮國上將軍江東道宣慰使。十五年。宋張世傑立廣王昺于海上。俾往平之。授蒙古漢軍都元帥。獲宋丞相文天祥于五坡嶺。使之拜。不屈。義之。待以賓禮。送至京師。獲宋禮部尚書鄧光薦。命子珪師事之。十六年。嶺海悉平。入朝未幾。瘴癘疾作而卒。年四十三。謚武略。至大四年。加贈齊國公。改謚忠武。延祐六年。加封淮陽王。謚獻武。元史。

莊武賈先生文備

賈文備字仲武。蒲陰人。左副元帥輔之子。父卒。襲行軍千户職。復襲左副元帥職。兼領順天路。累改湖廣行省參知政事。致仕。以疾卒。贈江西等處行中書省左丞。追封象武威郡公。謚莊武。元史。

孔先生進

孔進。一作晉。陵川之徒也。陵川作詩以勉其學云。萬卷撐腸是丈夫。豈宜冠玉作庸愚。學書便得吾家法。開卷願爲君子儒。十載甘心作蘇武。九齡誰意得童烏。天將男子屠龍技。著力須探頷下珠。陵川集。

崔先生杲

崔杲字晉之。高陽人。業進士。卓犖不羣。嘗從陵川授左氏春秋。陵川集。

忠獻家學

忠愍董先生士元

董士元一名布哈。字長卿。忠獻文炳長子也。自襁褓喪母。祖母李氏愛之。謂忠獻曰。俟兒能言。卽令讀書。數歲從名儒受學。及長善騎射。叔父文蔚卒。無子。命先生襲爲千夫長。出師南征。以功遷武節將軍。與哈喇圖以部兵赴敵。身被十七鎗。肩舁至營而絶。年四十一。謚節愍。追封趙郡公。改謚忠愍。元史。

平章董先生士選別見草廬學案補遺。

牧庵門人

文靖貫酸齋先生小雲石海涯

小雲石海涯。畏吾兒人。其父楚國忠惠公。名貫只哥。先生遂以貫爲氏。復以酸齋自號。年十二三。膂力絶人。稍長。折節讀書。目五行下。吐辭爲文。不蹈襲故常。其旨皆出人意表。初。襲父官爲兩淮萬户府達魯花赤。一日。呼弟忽都海涯語之曰。吾生宦情素薄。顧祖父之爵不敢不襲。今已數年矣。願以讓弟。卽解所綰黄金虎符佩之。比從姚牧庵燧學。燧見其古文峭厲有法。及歌行古樂府慷慨激烈。大奇之。選爲英宗潛邸説書秀才。宿衛禁中。仁宗踐祚。條六事。凡萬餘言。拜翰林侍讀學士。知制誥。同修國史。稱疾辭還江南。賣藥于錢塘市中。詭姓名。易服色。人無有識之者。晚年爲文日邃。詩亦冲澹。所至士大夫從之若雲。泰定元年卒。年三十九。贈集賢學士。追封京兆郡公。謚文靖。有文集若干卷。直解孝經一卷。元史。

梓材謹案。鄧巴西集翰林侍讀學士貫公文集序云。余往在詞林。職司譔著。獲事翰林承旨姚先生。先生于當世文章士少許可。然每稱貫公妙齡才氣英邁。宜居代言之選。先生之受知于牧庵如是。

知事孔存齋先生濤附師留默齋。

孔濤字世平。衢州人。先聖五十三世孫也。八歲能屬文。大父應祥俾受業留默齋。年二十舉茂材異等。婦翁徐聖予從事江東憲府。攜以行。涿郡盧公。柳城姚公。前後持使者節。先生皆爲之執弟子禮。由是學益進。用察舉署寧國路儒學録補溧陽州儒學教授。至治三年。試東平第一。以泰定元年賜進士。超授崑山州判官。改吴江州。調桂陽州判官。遷潮州路總管府知事。卒年五十七。有存存齋稿。闕里譜系。家居不事生業。惟書五千卷而已。黄文獻集。

奉議閻先生宏父鼎吉。附子然。

閻宏字子濟。洧州人。父鼎吉字和卿。尉瀏陽。日勤于筆録。如易正義論語注漢紀傳舊唐傳治鑑節文選杜詩註十餘書。無慮數百萬言。先生弱不好弄而嗜學。母氏歸寧。亦挾書以從。不暫廢誦。鄉鄰異之。姚牧庵辭直翰林。客鄧先生方堉。南陽醫學提舉劉大亨亦家鄧。以其文爲贄。牧庵以所得文法告之。及示其所注遺山集。牧庵曰。子有進道之資。而弊參天地贊化育精神于此耶。斯與箋爾雅蟲魚奚異。恐以是小知妨大受也。先生不以其言爲逆。其聽而止。于是戛去矜驚多識。敦信義理之學。反躬而篤其行。以承事郎出檢校江西省列曹諸掾。卒。年五十二。又明年。官奉議大夫廣州路治中之制始下。子然。以恩澤尉新建。好學而文。姚牧庵集。

文肅鄧匪石先生文原詳見北山四先生學案。

都事劉先生致

劉致字□□。石州人。父彦。歷官廣州懷集令。卒。權殯長沙。大德中。姚牧庵遊長沙。先生爲父丐銘。且手所爲文取正焉。牧庵稱其清拔宏麗。爲之不已。可進乎古人。初任永新州判。終浙江行省都事。輟耕録。

待制劉先生時中

劉時中。□□人。官翰林待制。至順壬申。以牧庵全集自中書移命江浙。以郡縣□□□□㊀。命工鋟木。姚牧庵集。

雲濠謹案。牧庵集有武昌寄劉時中詩。有挾是文武資。未憂身恫瘝。大路横至寶。誰不收裹還云云。

徽君崔先生□

崔□。姚參政門人。爲徽君謝子蘭簡以詩云。牧庵夫子久絶筆。巾笥藏書手澤存。白首逝將深報國。青雲多是舊同門。去年雪裏西郊别。何日花前北海樽。芳草淒淒春又晚。杜鵑聲裏憶王孫。謝龜巢稿。

汶南門人

參政蔡先生文淵

別見靜修學案補遺。

㊀「□□□□」當作「贍學餘錢」。

舉安家學

丞相賀先生太平別見雙峯學案補遺。

存齋門人

高先生璉

高璉。平山人。淮安路總管良弼之子。常師事劉存齋。篤學力行。姚牧庵集。

河南家學

河南王子□別見雙峯學案補遺。

文懿門人

參政蘇滋溪先生天爵詳見靜修學案。

文貞家學

平章康里時齋先生回回

康里回回字子淵。追封東平王文貞公子也。文貞嘗從許文正公游。親傳其正學。先生自幼習聞家庭之訓。于經史精微。政治得失。多所研究。以大臣子宿衞禁中。成宗命爲集賢學士。以年幼辭不受。大德末。復用薦者言。擢朝列大夫太常少卿。轉太常卿。歷陞翰林侍講學士知制誥。遷江浙等處行中書省右丞。文宗立。拜宣政院使。擢中書右丞。太師太平王權勢熾燄炙手可熱。先生視之澹如。面折廷爭。謇謇不少貶。故大臣多不樂先生者。謀出于外。乃除陝西等處行中書省平章政事。先生度爲時不容。力辭還第。杜門讀書。不出者數年。至正元年卒。年五十一。先生從幼至老。嗜學不倦。于書無所不讀。而尤深于易。故其見于文章。不爲嶄絶深刻之辭。而理致自然淵永。弟巎子山。亦以文學政事致位二品。世號雙璧。先生家法嚴峻。雖極寒隆暑。必正衣冠而處。子山旦夕燕見。不命之坐。不坐也。性不樂異端之説。仁宗以三教異同爲問。先生對曰。釋氏以明心見性爲宗。道家以修眞鍊性爲務。皆一偏一曲。足乎自己。至于儒者之學。則修己治人。以仁義化成天下。此所以萬世不可易。而帝王所宜究心者也。上爲之嘉歎。晚以道之行止繫于時。乃以時齋自號云。宋文憲集。

梓材謹案。文憲集止作康里回。其弟巎。攷元史文貞傳云。子回回。巎巎。是先生兄弟本以二字名。

文忠康里先生巎巎

康里巎巎字子山。不忽木子也。幼肄業國學。博通羣書。其正心修身之要。得諸許魯齋及父兄家傳。長襲宿衞。始授承直郎集賢待制。歷陞奎章閣學士院大學士知經筵事。尋拜翰林學士承旨知制誥。兼修國史。知經筵事。提調宣文閣崇文監。先是。文宗勵精圖治。先生嘗以聖賢格言講誦帝側。順帝卽位。思更治化。先生侍經筵。日勸帝務學。帝輒就之習授。欲寵以師禮。力辭不可。凡四書六經所載治道。爲帝紬繹而言。必使辭達。感動帝衷。敷暢旨意而後已。一日進讀司馬光資治通鑑。因言國家當及斯時修遼金宋三史。歲久恐致闕逸。後置局纂修。實由先生發其端。又請行鄉飲酒于國學。使民知遜悌。及請褒贈唐劉蕡宋邵雍。以旌道德正直。雅愛儒士。甚于饑渴。達官有怙勢者言曰。儒有何好。君酷愛之。先生曰。世祖以儒足以政治。命裕宗學于贊善王恂。今祕書所藏裕宗倣書當時御筆。于學生之下親署御名習書謹呈。其敬慎若此。世祖嘗暮召我先人坐寢榻下。陳説四書及古史治亂。至丙夜不寐。世祖喜曰。朕所以令卿從許叔平學。正欲卿以嘉言入告朕耳。卿益加懋敬。以副朕志。今汝言不愛儒。寧不念聖祖神宗篤好之意乎。且儒者之道。從之則君仁臣忠父慈子孝。人倫咸得。國家咸治。違之則人倫咸失。家國咸亂。汝欲亂而家。吾弗能禦。汝愼勿以斯言亂吾國也。儒者或身若不勝衣。言若不出口。然腹中貯儲有過人者。何可易視也。達官色慙。旣而出拜江浙行省平章政事。明年復以翰林學士承旨召還。卒。實至正五年。年五十一。家貧。幾無以爲斂。謚文忠。元史。

學士師承

縣尹陳先生高

陳高字子正。平陽人。至正進士。授慶元録□[一]慈溪尹皆有聲。未幾。方氏起。乃浮海過山東河南。謁王太傅論江南虚實安危。其言娓娓。王欲官之。辭不受。尋卒。其爲文上本遷固。下獵諸子。詩溯漢魏齊梁。以下弗論也。自號不繫舟漁者。蘇太守序其文。温州府志。

損齋門人

衍聖孔先生治別見張祝諸儒學案補遺。

高氏門人

博士姚先生子敬

姚子敬。江南人。尚書高公彦敬舉于朝。官郡博士。公每念其貧。且年逾五十。自刑部白之都堂曰。薦賢非秋官職。然不敢以辟嫌後賢士。宰相從其言。將官之七品。吏部厄以銓法。不果行。一日。公問人生至貴者何。先生方隱。度以對公曰。無求。先生每誦斯語。與鄧善之交相儆

[一]「□」當作「事」。

勵。期不負公知云。鄧巴西集。

附録

鄧匪石祭姚子敬文曰。歷觀人生。芝菌殊倫。禍福糾纏。孰運化鈞。彼庸瑣類。振武要津。子好姱修。自貽蹇屯。蚤馳英茂。淩厲無羣。探幽河洛。考賾典墳。九流百氏。羅絡輪囷。瑰詞藻思。玉櫝之珍。峩冠被褐。長揖縉紳。藐視雲浮。不見戚欣。解后朋簪。酒酣氣振。俗子顔汗。唾若垢塵。諸賢論薦。梯之青雲。一官陸沈。齎志莫伸。

文肅鄧匪石先生文原詳見北山四先生學案。

魯齋私淑

縣令田儼齋先生若思

田若思。曹人。崇仁令。平居私淑。槩嘗有聞許公之説。名齋以儼。吴文正集。

庶官陳先生鈞附王□。

陳鈞。□□人。其序魯齋大學要略云。愚宦遊南北。頗得託交于公之徒。相與講公之學久矣。今也始得是書于昌江鎮守王氏之家。伏而讀之。其要也能發其微。其略也不傷于簡。又云。王氏雖不獲登公之門。而能廣公之學。亦可嘉也。經義考。

朝列趙先生思恭

趙思恭字仲敬。安陽人。淹貫儒術。精通法律。以才行見知諸先達。歷僉河北河南道肅政廉訪司事。進朝列大夫。徙治燕南。卒年五十五。先生讀書。尤喜義理之學。陸宣公奏議。眞文忠公大學衍義。許文正公集。玩繹未嘗去手。吳文正爲墓碑。稱其耽研理趣。謹飭名檢。緊許文正是式是範云。吳文正集。

附録

虞道園爲神道碑曰。公之讀書。六經之外。非有益于世教者弗觀。如程朱之遺言。則手自編録。及卒于官。幾無以爲斂。眞介然有守君子哉。

知州劉先生輝父汝舟。附兄文振。師陳子中。

劉輝字文大。汴人。父汝舟。讀書通周易。嘗遇異人授以皇極數學。遂決意不仕。自號夷門老人。以先生官贈文林郎。先生自幼端重不戲。養母别居棗林之南莊。且日就其兄文振與姊壻陳子中學焉。久而家益貧。念無以爲養。因教授其鄉。終日危坐。顔色毅然。諸生進退。悉就規矩。歷官紹興路同知。餘姚州事。以選授上海縣尹。縣在東海之濱。其民多豪强。輕于犯法。所謂三甲五甲。嘗再挺爲亂。尤號難治。因出藍田吕氏鄉約。朔望率父老子弟會坐學宫講行之。升降揖拜。彬彬禮讓。皆樂生自愛。交相勸戒。居歲餘。有母喪。縣人爲之罷市。兩甲民嘗以頑獷被罪者。亦拜哭來祭。踰年。除户部主事。不赴。終喪。改知餘姚州事。卒年六十一。每語學者曰。朱子小學。魯齋教人心法也。人能熟讀。自足循循而進。雖讀萬卷書。亦奚益哉。所至務以德教化民。轉譬曲喻。不施鞭扑。而人自畏服云。貢玩齋集。

陳先生仁本

陳仁本。天台人。以魏國許文正之學播于海隅。至正二年。卽慶元府治之東。構祠塑像。列于學宮。將以春秋專祀于公。而又以姚趙二公合食于堂。終歲設教養士。三年踰浙右。泛二江。游金陵。以需成□[一]臺端。成性齋文集。

郎中吴先生師道

詳見北山四先生學案。

漢卿再傳

郁先生繼善

附師劉伯淵。

郁繼善。□□人。深于醫術。其砭焫之妙。得之鳳陽劉伯淵。伯淵得之太師竇文正。故學有淵源。爲時所重。姓譜。

[一]「□」當作「於」。

龍岡門人

文忠王先生結

王結字儀伯。定興人。少聰雋。讀書數行俱下。從太史董朴受經。深于理學。累官翰林學士。中書左丞。卒官太原郡公。謚文忠。故相張珪曰。王結非聖賢之書不讀。非仁義之言不談。時以爲名言。所著有易説。詩文十五卷。姓譜。

雲濠謹案。元史本傳稱。先生晚邃于易。著易説十卷。臨川吴澄讀而善之。

附録

嘗以時政八事陳列廟堂。曰。立經筵以養君德。行仁政以結民心。育英材以備貢舉。擇守令以正銓選。敬賢士以勵名節。革宂官以正職制。辨章程以定民志。務農桑以厚民生。其言剴切純正。出爲順德路總管。郡政大治。屬邑鉅鹿沙河。唐宰相魏徵宋璟墓存焉。乃祠二公于學。表其言論風旨。風勵多士。

行齋門人

萬户嚴先生忠嗣

嚴忠嗣。泰安長清人。武惠公實之第三子也。少從張澄商挺李楨學。略知經史大義。其兄忠濟。授以東平人匠總管。遙領單州防禦使事。充東平路管軍萬户。元史。

節齋續傳

通敏陳先生思謙 別見張祝諸儒學案補遺。

獻武家學

承旨張先生珪 詳見巽齋學案。

子山門人

學士陳先生達

陳達字元達。宋丞相宜中弟自中之孫也。本永嘉人。自中娶于蘭溪楊氏。因家焉。先生父萍。仕元爲宣政院使。自少徼入宿衛。學書于康里子山杜清碧。詔書欽安殿榜稱旨。擢端本堂司經正字文學官。立朝謇諤。嘗劾秃魯帖木兒忤旨。賴太子營救得不死。辭官歸永嘉。從進士陳高授尚書。語及時事輒流涕。復召爲翰林學士。不起。明師下温州。自沈于淵。軍士引出之。持佩刀自裁。軍士奪之。乃斷髮示無用。安置濠州。遇赦。還蘭溪。病風痺。聞有薦于朝者。卻藥弗御而卒。蘇太史伯衡表其墓曰。公伯祖宜中。以攻丁大全而編管建昌。公以劾秃魯帖木兒而幾見殺。一門之生與厄會。何絶相似也。及元亡。公分致死以徇國。其心與乃祖行軍司馬死分水關同諒。一門之內。百歲之間。風烈相終始。所謂世篤忠貞者哉。金華府志。

縣尹胡先生希仁別見草廬學案補遺。

瑞庵門人

朱先生顯道

朱顯道。檇李人。業攻醫。得九鍼補瀉法于王瑞庵。實出竇文貞公之傳。性尤急于治人。人賴以全者甚衆。貝清江集。

宋元學案補遺卷九十一目録

宋元學案補遺卷九十一

後學 鄞 王梓材 慈谿馮雲濠 同輯

靜修學案補遺

劉氏先緒

劉先生秉德附門人孔文振。

劉秉德。改名國寶。字長卿。容城人。靜修之叔祖也。登興定二年進士第。釋褐涇陽縣主簿。改藤縣尹。終于奉直大夫鄭州防禦判官。爲學不喜作詞章。貞祐間。避地河南。隱于豫州之許封山。從學者惟孔文振。茂林脩竹。清泉怪石。終歲無人。惟琴書在側。靜修詩文拾遺。

劉先生述

劉述字繼先。靜修之父也。生六歲。值貞祐之變。從親南渡。廿六。遭壬辰之革。飢險備嘗。重至鄉土。刻意于學。十年之間。天文曆數陰陽醫方之書無不通。性學史學尤所喜者。後至順天。隱居教授。杜門絶交。惟以教子爲事云。靜修詩文拾遺。

江漢別傳

補 文靖劉靜修先生因

雲濠謹案。先生初名駰。字夢驥。後改名字。見墓表。亦號㳘翁。見眞異安氏祭先生文。又案。先生著有四書精要及詩五卷。號丁亥集。

靜修敘學

性無不統。心無不宰。氣無不充。人以是而生。故材無不全矣。其或不全。非材之罪也。學術之差。品節之紊。異端之害惑之也。今之去古遠矣。衆人之去聖人也下矣。幸而不亡者。大聖大賢惠世之書也。學之者。以是性。與是心。與是氣。卽書以求之。俾邪正之術明。誠僞之辨分。先後之品節不差。篤行而固守。謂其材之不能全。吾不信也。保下諸生從余問學有年矣。而余梗于他故。不能始卒其成。失教育美才之樂。故爲陳讀書爲學之次敘。庶不至于差且紊而敗其全材也。

先秦三代之書。六經語孟爲大。世變旣下。風俗日壞。學者與世俯仰。莫之致力。欲其材之全。得乎。三代之學。大小之次第。先後之品節。雖有餘緒。竟亦莫知適從。惟當致力六經語孟耳。世人往往以語孟爲問學之始。而不知語孟聖賢之成終者。所謂博學而詳說之。將以反說約也。

聖賢以是爲終。學者以是爲始。未説聖賢之詳。遽説聖賢之約。不亦背馳乎。所謂顔狀未離于嬰孩。高談已及于性命者也。雖然。句讀訓詁不可不通。惟當熟讀。不可强解。優游諷誦涵泳。胸中雖不明了。以爲先入之主可也。必欲明之。不鑿則惑耳。六經既畢。反而求之。自得之矣。

治六經必自詩始。古之人。十三誦詩。蓋詩吟咏情性。感發心志。中和之音在焉。人之不明。血氣蔽之耳。詩能導情性而開血氣。使幼而常聞歌誦之聲。長而不失刺美之意。雖有血氣。焉得而蔽也。詩而後書。書所謂聖人之情見乎辭者也。卽辭以求情。情可得矣。血氣既開。情性既得。大本立矣。本立則可徵夫用。用莫大于禮。三代之禮廢矣。見于今者。漢儒所集之禮記。周公所著之周禮也。二書既治。非春秋無以斷也。春秋以天道王法斷天下之事業也。春秋既治。則聖人之用見。本諸詩以求其情。本諸書以求其辭。本諸禮以求其節。本諸春秋以求其斷。然後以詩書禮爲學之體。春秋爲學之用。一貫本末具舉。天下之理窮。理窮則性盡矣。窮理盡性以至於命。而後學夫易。易也者。聖人所以成終而成始也。學者于是用心焉。是故詩書禮樂不明。不可以學春秋。五經不明。不可以學易。

夫不知其粗者。則其精者豈能知也。邇者未盡。則其遠者豈能盡也。學者多好高務遠。求名而遺實。踰分而遠探。躐等而力窮。故人異學。家異傳。聖人之意晦而不明也。

六經自火于秦。傳注于漢。疏釋于唐。議論于宋。日起而日變。學者亦當知其先後。不以彼之言而變吾之良知也。近世學者。往往舍傳注疏釋便廢諸儒之議論。蓋不知議論之學自傳注疏釋出。特更作正大高明之論爾。傳注疏釋之于經。十得其六七。宋儒用力之勤。剷僞以眞。補其三四而備之也。故必先傳注而後疏釋。疏釋而後議論。始終原委。推索究竟。以己意體察。爲之權衡。折之于天理人情之至。勿好新奇。勿好辟異。勿好詆訐。勿生穿鑿。平吾心。易吾氣。充周隱微。無使虧欠。若發强弩。必當穿徹而中的。若論罪囚。棒棒見血而得情。毋慘刻。毋細碎。毋誕妄。毋臨深以爲高。淵實昭曠。開廓愻惻。然後爲得也。

六經既治。語孟既精。而後學史。先立乎其大者。小者弗能奪也。胸中有六經語孟爲主。彼廢興之迹。不吾欺也。如持平衡。如懸明鏡。輕重寢飀。在吾目中。學史亦有次第。古無經史之分。詩書春秋皆史也。因聖人删定筆削。立大經大典。卽爲經也。史之興。自漢氏始。先秦之書。如左氏傳國語世本戰國策。皆掇拾記録。無完書。司馬遷大集羣書爲史記。上下數千載。亦云備矣。然而議論或駁而不純。取其純而舍其駁可也。後世史記。皆宗遷法。大同而小異。其創法立制。纂承六經。取三代之餘燼。爲百世之準繩。若遷者。可爲史氏之良者也。班固前漢書與遷不相上下。其大原則出于遷。而書少加密矣。東漢史成于范曄。其人詭異好奇。故其書似之。然論贊情狀有律。亞于遷固。自謂贊是吾文之奇作。諸序論往往不減過秦。則比擬太過。三國陳壽所作。任私意而好文。奇功偉績往往削没。非裴松之小傳。一代英偉之士。遂爲壽所誣。後世果有作者。必當改作。以正壽之罪。奮昭烈之幽光。破曹瞞之鬼域。千古一快也。晉史成于李唐房杜諸人。故獨歸美太宗耳。繁蕪滋浸。誣談隱語鄙泄之事具載之。甚失史體。三國過于略。而晉史過于繁。南北七代各有其書。至唐李延壽總爲南北史。遺辭記事頗爲得中。而其事蹟污穢。雖欲文之。而莫能文矣。隋史成于唐。興亡之際。激訐好惡。有浮于言者。唐史二。舊書劉昫所作。固未完備。文不稱事。而新書成于宋歐宋諸公。雖云完備。而文有作爲之意。或過其實。而議論純正。非舊書之比也。然學者當先舊而後新。五代二書。皆成于宋。舊則薛居正。新則歐陽子也。新書一出。前史皆廢。所謂一洗凡馬空者也。宋金史皆未成。金史只有實録。宋事纂録甚多。而東都事略最爲詳備。是則前世之史也。學者必讀全史。歷代考之。興廢之由。邪正之迹。國體國勢。制度文物。坦然明白。時以六經旨要立論其間。以試己意。然後取温公之通鑑。宋儒之議論。校其長短是非。如是可謂之學史矣。學者往往全史未見。急于要名。欲以爲談説之鎡㊀。觜吻之備。至于通鑑亦不全讀。抄撮鉤節。通鑑之大旨。温公之微意。隨以昧没。其所以成就亦淺淺乎。

史既治。則讀諸子。老莊列陰符四書皆出一律。雖云道家者流。其間有至理存。取其理而不取其寓可也。素問一書。雖云醫家者流。三代先秦之要典也。學者亦當致力。孫吴姜黄之書。雖云兵家。智術戰陣之事。亦有名言。不可棄也。荀子議論。過高好奇。致有性惡之説。然有王霸之辨。仁義之言。不可廢也。管子一書。霸者之略。雖非王道。亦當讀也。揚子雲太玄法言。發孔孟遺意。後世或有異論者。以其有性善惡混之説。劇秦美新之論。事莽而篡漢。韓子

㊀「鎡」當爲「資」。

謂其文頗滯澀。蘇子謂艱險之辭文膚淺之理。而温公甚推重之。以爲在孟荀之上。或抑或揚。莫適所定。雖然。取其辭而不取其節可也。賈誼董仲舒劉向皆有書。惜其猶有戰國縱横之餘習。惟董子三策。明白純正。正孟軻之亞。非劉賈所企也。文中子生於南朝偏駁之後。隋政横流之際。而立教河汾。作成將相。基唐之治。可謂大儒矣。其書成于門弟子董薛姚竇之流。故比擬時有太過。遺辭發問。甚似論語。而其格言至論。漢儒所未道者。亦孟軻氏之亞也。韓子之書。删削駢麗。李唐一代之元氣也。與漢氏比隆矣。其詆斥佛老。扶持周孔。亦孟軻氏之亞也。諸子既治。宋興以來諸公之書。周程張朱之性理。邵康節之象數。歐蘇司馬之經濟。往往肩漢唐而踵三代。尤當致力也。

孔子曰。志于道。據于德。依于仁矣。藝亦不可不游也。今之所謂藝。與古之所謂藝者不同。禮樂射御書數。古之所謂藝也。今人雖致力而亦不能。世變使然耳。今之所謂藝者。隨世變而下矣。雖然。不可不學也。詩文字畫。今所謂藝。亦當致力。所以華國。所以藻物。所以飾身。無不在也。

學詩當以六藝爲本。三百篇其至者也。三百篇之流。降而爲辭賦。離騷楚詞其至者也。詞賦本詩之一義。秦漢而下。賦遂專盛。至于三都兩京極矣。然對偶屬韻不出乎詩之律。所謂源遠而末益分者也。魏晉而降。詩學日盛。曹劉陶謝其至者也。隋唐而降。詩學日變。變而得正。李杜韓其至者也。周宋而降。詩學日弱。弱而後强。歐蘇黄其至者也。故作詩者。不能三百篇則曹劉陶謝。不能曹劉陶謝則李杜韓。不能李杜韓則歐蘇黄。而乃效晚唐之萎薾。學温李之□㊀新。擬盧仝之怪誕。非所以爲詩也。

至于作文。六經之文尚矣。不可企及也。先秦古文可學矣。左氏國語之頓挫典麗。戰國策之清刻華峭。莊周之雄辨。穀梁之簡婉。楚詞之幽博。太史公之疏峻。漢而下。其文可學矣。賈誼之壯麗。董仲舒之冲暢。劉向之規格。司馬相如之富麗。揚子雲之邃險。班孟堅之宏雅。魏而下。陵夷至于李唐。其文可學矣。韓文公之渾厚。柳宗元之光潔。張燕公之高壯。杜牧之之豪縟。元次山之精約。陳子昂之古雅。李華皇甫湜之温粹。元微之白樂天之平易。陸贄李德裕之開濟。李唐而下。陵夷至于宋。其文可學矣。歐陽子之正大。蘇明允之老健。王臨川之清新。蘇子瞻之宏肆。曾子固之開闔。司馬温公之篤實。下此而無可學矣。學者苟能取諸家之長。貫而一之。以足乎己。而不蹈襲麋束者。出而時晦。以爲有用之文。則可以經緯天地。輝光日月也。

字畫之工拙。先秦不以爲事。科斗篆隸正行草。漢氏而下。隨俗而變。去古遠。而古意日衰。魏晉以來。其學始盛。自天子大臣至處士。往往以能書名家。變態百出。法度備具。遂爲專門之學。故宋高祖病不能書。不足厭人望。劉穆之使放筆大書。亦自過人。一紙可三四字。其風所尚如此。至于李唐。學書愈衆。字畫于士大夫固爲末技。而衆人所尚。不得不專力學者。苟欲學之。

㊀「□」當作「尖」。

篆隸則先秦款識。金石則魏晉金石刻。唐以來。李陽冰等所當學也。正書當以篆隸意爲本。有篆隸意則自高古。鍾太傅王右軍顔平原蘇東坡。其規矩準繩之大匠也。歐陽率更張長史李北海徐浩柳誠懸楊凝式蔡君謨米芾黄魯直。萃之以厲吾氣。參之以肆吾博㊀也。雖或不工。亦不俗矣。技至于不俗則亦已矣。

如是而治經治史。如是而讀諸子及宋興諸公書。如是而爲詩文。如是而爲字畫。大小長短。淺深遲速。各底于成。則可以爲君相。可以爲將帥。可以致君爲堯舜。可以措天下如泰山之安。時不與志。用不與材。則可以立德。可以立言。著書垂世。可以爲大儒。不與草木共朽。碌碌以偷生。孑孑以自存。忝天之至善。壞己之全材也。勗哉。諸生毋替兹命。

櫝蓍記

蓍之在櫝也。寂然不動。道之體立。所謂易有太極者也。及受命而出也。感而遂通。神之用行。所謂是生兩儀。兩儀生四象。四象生八卦。八卦定吉凶。吉凶生大業者也。猶之圖也。不用五與十。不用云者。無極也。而五與十則太極也。猶之易也。潔静精微。潔静云者。無極也。而精微則太極也。知此則知夫櫝中之蓍。以一而具五十。無用而無所不用。謂之無則有。謂之實則

㊀「博」下脱「可」。

虚也。而其數之流行于天地萬物之間者。則亦陰陽奇偶而已矣。故自掛扐之奇而十二之。則陽奇而進之。不及夫偶者爲少陰。陰偶而退之。不及夫奇者爲少陽。而四之則三四五六合夫畫。奇全偶半合夫數。而畫亦于是焉合其多少。則合其位之陽少而陰多。故有自一進一而爲偶。自偶退一而爲奇之象也。自過揲之策而十二之。陽奇而退之。不及夫偶者爲少陰。陰偶而進之。不及夫奇者爲少陽。而四之則六七八九合夫數。奇三偶二合夫畫。而數亦于是焉合其多少。則合其數之陽實而陰虚。故有自一虚中而爲偶。自二實中而爲奇之象也。蓋掛扐之奇徑一。而過揲之奇圍三。而掛扐過揲之偶鈞用半也。故分掛扐過揲而横觀之。則以陰爲基而消長有漸。分四象而縱觀之。則亦以陰爲平而低昂有漸。其十二之。則自右一而二。自左二而三。其四之。則自右三而六。自左六而九。如水之流行。觸東而復西。其消長。則其自然之淪漪。其判合。則其盈科而後進者也。此皆自夫一行邵子之説而得之。知此。則知夫誤推一行三變八卦之象。謂陰陽老少不在乎過揲者。爲昧乎體用之相因。而誤推邵子去三用九之文。謂七八九六不在乎掛扐者。又昧乎源委之分也。由此而極其奇偶之變。以位則陽一而陰二也。以數則天三而地兩也。初變之徑一而圍三。以爲奇者三而得之。是以老陽少陰之數多也。後二變之圍四用半。以爲偶者二而得之。是以少陽老陰之數少也。分陰分陽。則初一變皆奇。而後二變皆偶也。迭陰迭陽。則去掛一。初一變皆偶。而後二變皆奇。又如畢中和天地人之説也。其變也。自一生二。二生四。而又四之四生八。八生十六而言。則畫卦之象也。自四乘而十六。十六乘而六十四。則重卦之數也。故初變而得兩儀之象者。

二畫卦之數也。再變而得四象之象者。四畫卦之數也。三變而得八卦之象者。亦畫卦之數也。自兩儀之陰陽而言。其用數則乾兑離震皆十二。而巽坎艮坤皆十二也。自八卦之陰陽而合其體數。則乾坎艮震三十二。而巽離坤兑三十二也。自二老二少之陰陽而言。其饒之之數。則又如四象之七八九六也。六變而得四象之畫。則每位之靜變往來得十。畫卦之數也。又二畫則總其數矣。其數也。皆靜者爲多。變者爲少。而一爻變者居中。二靜與變。皆老陰爲多。老陽爲少。而二少居中。積畫成卦。則每卦之靜變往來得十五。畫卦之數也。又三畫則總其數矣。其數也。亦皆靜極者爲至多。而變極者爲至少。而又一爻二爻進退于其間。其靜與變則皆坤爲至多。乾爲至少。而三男三女進退于其間。因而重之。則每卦之靜變往來得三十。畫卦之數也。又六畫則總其數矣。其進退多少皆與八卦之例同也。此皆自歐陽子七八常多九六常少之一言而推之。與夫後二變不卦㊀。不知其爲陰。而使二老之數與成卦同。二少之數與二老同。而參差益甚。其初一變必鈞。不知其爲陽。而于乾坤六子之率勉强求合。乃若四十九蓍而虚一。與五十蓍虚一而掛二者固有間矣。此以蓍求卦者也。若夫以卦而求變也。則自夫交易已成之體。爲變易應時之用。由兩儀而上自紓而促。八卦循環而其序不亂。以遠御近。以下統上。而皆有文之可尋也。以變而求占也。則自靜極而左之一二三四五。自動極而右之一二三四五。極自用其極。而一則專其一居。兩端而分

㊀「卦」當爲「掛」。

屬焉。二則分其爻居次。兩端而分屬焉。動則上爻重。而靜則下爻重也。三則分其卦居中。自爲兩端而分屬焉。前則本卦重。而後則之卦重也。動中用靜。靜中用動。靜多主貞。動多主悔。而皆有例之可推也。然自此而極言之。則以六甲納之。其卦之序不亂也。以互取之。其序有漸而亦不亂也。以伏求之。其序亦有漸而不亂也。以世位反圖而推之。則一而二。二而四。四而八。八而十六。進退有序。逆順以類。而不亂也。以策數卽圖而攷之。則在兩儀而一消長。在四象而二消長。在八卦而四消長。在十六而八消長。在三十二而十六消長。故長中八消。消中八長。皆震爲巽之消。而坤爲乾之消。巽爲坤之長。而乾爲震之長。而不亂也。以機變之數應圖而推之。則其多少又合乎一一爲乾。八八爲坤。以少爲息。以多爲消。而亦不亂也。是則按圖畫卦。揲蓍求卦。莫不脗合矣。然而朱子猶以大衍爲不自然。于河圖而變揲之。左可以形右。卦畫之下可以形上者。又以爲短于龜也。其三索之說。則一行有成說。既取之于本義。後復以爲不必然。而卦之陰陽。之奇偶。畫與位合。則大傳有明文。既著之筮說。而不明言于啓蒙。是又恐後人求之過巧。而每遺恨不能致古人之詳者也。若以奇策之數。合之圓圖之畫。則四十八一卦之畫也。其奇之十二卽乾之陰。而策之三十六卽其陽也。三十六自九進而得之也。九。陽也。三十六亦陽也。全陽也。其奇之二十卽兑離之陰也。而策之二十八卽其陽也。二十八自七進而得之也。七。陽也。二十八。陰也。陽合于陰也。其奇之二十四則坤所去之半也。而策則所用之二十四陰也。二十四自六進而得之也。六。陰也。二十四亦陰也。全陰也。其奇之十六卽艮坎自上所去之十六也。而策之三十二卽其所用之平㊀并上所餘之八陰也。三十二自八進而得之也。八。陰也。三十二。陽也。陰合于陽也。其震巽之不用。則猶乾之不用陰。坤之不用陽也。其奇策之八方。數之變也。掛扐之六圓。數之變也。此邵子之説也。然前之奇策之所當陰。不若陽之齊。後之六八之所應圓。不若方之備。是必有深意也。第未能考而知之。又不知朱子之意以爲如何。此因櫝蓍而記之。

靜修文集

早因躁狂。若將有志。中實脆屈。未立已頽。揆厥無成。實由貪懦。時馳意去。凜不自容。顧念初心。恍然如失。告先聖文。

虞道園曰。觀乎此言。則靜修道德之所至可見矣。

唯恭于諾。何也。曰。各有所施也。呼之則其音必内。故唯以趨赴之。若趨物而奉之也。命之則其聲必外。故諾以承受之。若與物而受之也。失其所施。則文理從而亂矣。豈但是乎。凡物無無對者。無無陰陽者。而聲亦然。其意象之清濁闔闢。亦莫不合也。姑以進退存亡吉凶消長體之。則可見矣。此天機之所發。而禮樂之所由生。雖天地亦不知其所以然者。豈但人乎。物之聲亦然。豈但聲乎。凡形色氣味皆然也。而況古今之時變。事物之倫理。聖人何嘗加損于其間哉。

㊀「平」當爲「半」。

誰妙此理而宰此心者。心焉而已矣。必盡夫心也。然後聲爲律而身爲度。苟爲不然。幾何其不爲無適非道之道。作用是性之性也。唯諸說。

天生此一世人。而一世事固能辨也。蓋亦足乎己。而無待于外也。嶺南多毒。而有金蛇白藥以治毒。湖南多氣。而有薑橘茱萸以治氣。魚鼈螺蜆治濕氣而生于水。麝香羚羊治石毒而生于山。蓋不能有以勝彼之氣。則不能生于其氣之中。而物之與是氣俱生者。夫固必使有用于是氣也。猶朱子謂。天將降亂。必生弭亂之人以擬其後。以此觀之。世固無無用之人。人固有有可處之世也。讀藥書漫記。

嗚呼。天地至大。萬物至衆。而人與一物于其閒。其爲形至微也。自天地未生之初。極天地既壞之後。前瞻後察。浩乎其無窮。人與百年于其閒。其爲時無幾也。其形雖微。而有可以參天地者存焉。其時雖無幾。而有可以與天地相終始者存焉。故君子當平居無事之時。于其一身之微。百年之頃。必愼守而深惜。惟恐其或傷而失之。實非有以貪夫生也。亦將以全夫此而已矣。及其當大變。處大節。其所參天地者以之而立。其所以與天地相終始者以之而行。而回視夫百年之頃。一身之微。曾何足爲輕重于其閒哉。然其所以參天地而與之相終始者。皆天理人心之所不容已。而人之所以生者也于此而全焉。一死之餘。其生氣流行于天地萬物之閒者。凜千載而自若也。使其舍此。而爲區區歲月筋骸之計。而禽視鳥息于天地閒。而其心固已死矣。而其所以不容已者。或時發焉。則自視其身。亦有不若死之爲愈者。是欲全其生而實未嘗生。欲免一死而繼以百千萬死。嗚呼。可勝哀也哉。孝子田君墓表。

附録

司業硯彌堅教授眞定先生從之游。同舍生皆莫能及。獨中山滕安上差可比。司業皆異待之。謂先生父曰。令子經學貫通。文詞浩翰。當爲名儒。

年未弱冠。才器超卓。日閲方册。得㊀如古人者友之。常作希聖解。弔荆軻文。豪邁不羈之氣可見。

常愛諸葛孔明靜以修身之語。表所居曰靜修。閒遊郎山雷溪。又號雷溪眞隱。

家雖甚貧。非其道義。一毫不取于人。

先生師道尊嚴。學子造門。隨其材品而教焉。講説諸經。理明義正。聽者心領神會。

先生書畫像自警曰。所以承先世之統者如是其孤。所以當衆人之望者如是其虚。嗚呼危乎。不有以持之。其何以居。

至元二十年春。辟先生于保定。先生以疾辭。固辟之乃至。拜右贊善大夫。以吏部郎中夾谷之奇爲左贊善大夫。時已立國子學。李棟宋衜李謙皆以東宫僚友繼典教事。至是命先生專領之。而以衜等仍備咨訪。裕宗嘗曰。吾聞金章宗時。有司論太學生廩費太多。章宗謂。養出一范文正

㊀「得」上脱「思」。

公。所償豈少哉。其言甚善。元史裕宗傳。

蘇滋溪表其墓曰。初。朱子之于四書。凡諸人問答與集註有異同者。不及訂歸于一而卒。或者輯爲四書集義數萬言。先生病其太繁。擇爲精要三十卷。簡嚴精粹。實于集註有所發焉。

梓材謹案。四書集義。眞西山弟子盧孝孫所著。凡一百卷。四庫書目著録。先生四書集義精要二十八卷。提要稱其書芟削浮辭。標舉要領。使朱子之説不惑于多歧云。

又曰。嗚呼。天之生賢也。豈無意乎。自義理之學不競。名節隳頹。凡在有官。見利則動。有國家者。欲圖安寧長久之治。必崇禮義廉恥之風。敷求碩儒。闡明正學。彰示好惡之心。作新觀聽之幾。使人人知有禮義廉恥之實。不爲奔競僥倖之習。則風俗淳而善類興。朝廷正而天下治。世祖皇帝再三聘召先生者。其以是歟。

袁清容曰。元平江南。文公書稛載以來。劉先生篤志獨行。取文公書會粹而甄别之。其文精而深。其識專以正。蓋隆平之興。使夫道德同而風俗一。承熄續絶。不在于目接耳受而有嗣也。

宋文清靜修改封謚陞從祀文曰。伏見劉某。以天挺英邁之姿。廓自得正大之學。負浩然之氣。崇高尚之志。眞知力行。清修苦節。其言論則主乎大經大法。其念慮則存乎致君澤民。傳注有功。出處合直㊀。夷考盛德。克配前人。如蒙上聞。從祀賢廡。不惟彰我朝有大賢之才。接道統之正。

㊀「直」當爲「義」。

抑且表聖上崇儒重道。興起斯文之心。且爵封容城郡公。謚曰文靖。容城乃保定一縣。即非郡國。以靖配文。義若未稱。宜從合于部分太常禮官改議封謚相應。

黄晉卿跋先生遺墨曰。其言小學書。不取鄧伯道朱壽昌事。善發明朱子言外之意。

宋潛溪名臣頌曰。先生之心。嶽鎮川澄。先生之操。玉温石貞。先生之學。寤寐六經。岐陽之鳳。魯郊之麟。和氣襲人。盎然陽春。發其性情。抱其深醇。或出或潛。與道周旋。九京可作。吾爲執鞭。

馬平泉曰。易蠱之上九。不事王侯。高尚其事。其劉靜修之謂乎。然歐陽玄嘗稱其不欲遺世獨往。則當宋元之際。生民陷溺。偶一出援之。且已曾拜承德郎而歸。何以于集賢學士之徵而固辭耶。所稱不欲遺世獨往者安在。余聞之。士各有志。内斷于神明。要之以終身。必非他人所能伸縮矣。元之初政。大綱不立。奸慝横恣。世祖雖有圖治之心。而酷烈嗜殺。豈大有爲之主哉。先生所以決去不顧耳。許平仲之所不能得于世祖者。靜修遂焉。信乎其爲不召之臣。余讀趙惕庵困亨録。言許平仲之興學。耶律晉卿之止殺。宜百世尸祝之。若先生之風。足以廉頑立懦。固亦當俎豆不替者也。

靜修講友

補文穆滕東庵先生安上

附録

靜修爲作退齋記曰。中山滕君仲禮。早以學行知名。而爲人則慷慨有大節者也。以退名其所居之室。既以寧失于有所不爲。戒在于无妄之往。自銘矣。而又請予以記之。余固知仲禮之不爲老氏之退者。然亦豈眞失于有所不爲者也。

劉蠢齋先生祥

劉祥字仲祥。號蠢齋。安肅人。不樂仕進。著書自娱。與劉靜修友善。靜修嘗稱其明敏博物。專門理學。畿輔通志。

隱君梁南溪先生至剛附子泰。

梁至剛字浩然。新安人。好論古今。談至理。與劉靜修遊。往返不厭。或勸之仕。曰。堯舜之世而有巢由。吾何仕乎。終身肥遯。自號南溪老人。子泰。有高行。嘗學于靜修。畿輔通志。

梓材謹案。孫夏峯奇逢撰靜修祠碑記云。先生肥遯嗜學。得與靜修把臂行吟。靜修嘗爲南溪老人行贈之。則先生蓋靜修學侶。而非弟子也。

靜修同調

文正何先生瑋

何瑋字仲韞。易縣人。易國武昌公伯祥子也。始襲父職。知易州。兄行軍千户。卒。復襲之。鎮亳州。至元三十一年。拜中書參知政事。大德四年。授侍御史。以母病辭。七年。授御史中丞。京師孔子廟成。先生言。唐虞三代。國都閭巷莫不有學。今孔廟既成。宜建國學于其側。從之。九年冬。將有事于南郊。議配享。先生曰。嚴父配天。萬世不易。不果行。武宗即位于上都。授太子副詹事。復遙授平章政事。商議中書省事。至大元年。拜中書左丞。未幾。擢河南行省平章政事。建諸葛亮祠。立書院。以地三千畝贍之。三年。改行尚書省平章政事。卒贈太傅。追封梁國公。謚文正。元史。

梓材謹案。程雪樓爲先生神道碑云。年十六歲。從張蔡公柔見世祖。又言。其所至以興學薦賢。崇孝弟。長恩信。恤孤寡爲任。嘗奏請劃田千九畝入大名名校官。出御史臺錢五十萬建國學。以地三千畝立書院于南陽祠忠武侯。三千畝入揚州三皇廟。又請置洪澤芍陂屯田萬户。府儒學教授自太平還。購書數萬卷。迎劉先生因爲師。參議中書。薦劉宣等十餘人。

安氏先緒

照磨安恕齋先生松父滔。

安松字廷幹。太原離石人。金亡。遷眞定。父滔。眞定儒學正。先生少學于家庭。尊聞行知。

聲聞偉然。至元閒。由薦起家。歷官江東宣慰司照磨。爲吏廉謹。治獄多陰功。謝事歸。教授于家。嚴條約。以身先之。弟子從者多至百人。動作悉有規矩。講解明白。不爲繳繞章句學。子煦。蘇滋溪稿。

梓材謹案。滋溪又爲默庵行狀云。祖滔。登經童第。金亡。徙山東。愛眞定風土。家焉。歲戊戌。試中選。占儒籍。以郡博士舉。貳其學事。貴游子弟多出其門。是徙眞定始爲槀城人者。先生之父也。號石峯。

附録

蘇滋溪與西管李士興書曰。安氏自石峯恕齋默庵祖子孫三世。或家于斯游于斯者七十餘年矣。凡使是鎭之人。誦詩讀書。立身行道。敬老而慈幼。善俗而化家。莫非安氏之教使之然也。

恕齋講友

焦先生悦父德義。附師吴藜軒。

焦悦字子和。眞定人。父德義。以孝行聞于鄉。先生弱不好弄。端重如成人。始入鄉校。即知嚮學。師弗煩于訓誨。稍長。從吴藜軒游。黎㈠軒明經。先生講求誠意正心之學。一言一行皆求合于規矩。同游者敬而畏之。嘗與同郡安熙講説六經之旨。伊洛諸儒之訓。莫

㈠「黎」當爲「藜」。

不究其精微。久之。辟州佐史。未幾謝去。又辟爲郡掾曹。數月辭歸。執親之喪。三年不宿于内。君子以爲難。家庭雍睦。雖盛暑。必具衣冠以見子孫。子孫亦能緝學修行。先生嘗曰。學者將以行其學。學焉而弗踐履。何以學爲哉。故晝之所行。夕則書之。其不可書者。則有所不爲也。鄉之先進。若翰林王文恭公。恕齋安先生。咸器重之。中臺御史表其學行可爲人師。遂授眞定郡學官。先生勉起就職。訓誘諄。唯恐不至。而學者亦樂聞其説。歲餘不出。號其居曰兑齋。年七十有二卒。先生始學爲詩。卽有理趣。其詩百餘首。詩講疑一編。並藏于家。蘇滋溪集。

趙氏先緒

文昭趙先生秉温附師馮巽亨。

趙秉温字行直。世爲蔚州蜚狐人。父昭毅大將軍由監中山。家焉。先生資端重。不苟戲笑。稍長。從金進士馮巽亨學。世祖居潛藩。命侍左右。中統元年。帝卽位。命與參知政事李某行右三部事。至元五年。劉太保奏起朝儀。詔先生及史松等十人共討論之。立侍儀司。拜先生禮部侍郎兼知侍儀事。十年。詔收天下圖籍。立祕書監。進少中大夫兼少監事。十九年。拜昭文館學士知太史院侍儀事。未幾。加大學士。三十年卒。年七十有二。先生事親孝。待諸弟極友愛。恒懼諸房子孫或踰非義。謹述昭毅遺言以訓敕之。大抵謂。奉親以孝。臨喪以哀。居官以廉。律身以正。凡吾子孫。當服膺弗失。苟或不然。則告于家廟。共擯斥之。不以兄弟數。于是海内稱家法者言趙氏。先生左右世祖四十餘年。帝愛之不名。仁宗在位。追念至元舊臣。俾圖厥像置禁中。各詢其行事。至先生則曰。是非起朝儀趙某耶。詔贈司徒。謚父昭。而昭毅亦謚襄穆。俱追封定國公。蘇滋溪集。

忠敏趙先生秉正

趙秉正字公亮。文昭公秉溫之弟也。官至江西湖東道肅政廉訪使。卒年六十七。贈禮部尚書天水郡侯。謚忠敏。僉江西湖東道提刑按察司事。時江南既歸版圖。後生漸趨刀筆之習。先生行部大郡。遣吏奉書幣。迎故縉紳先生劉辰翁鄧光薦舉黎立武。舍于學宫。命諸生從授經訓。業成者復其家。士風由是浸盛。先生嗜讀書。不尚章句。獨喜古人奇節偉行。雖在行陣。寘書袖閒。下馬休輒誦讀。軍中相謂趙生。宋平。出槖中金購書萬卷。輦致其家。以其副分貽順德懷孟許三郡學官。北方之士賴焉。與文昭公爲家訓。以示子孫。蘇滋溪集。

劉氏門人

補祕書烏存齋先生冲

附録

安敬仲與先生書曰。熙一來此。行及三載。獨學無友。益以荒惰。然隨分讀書。小作程課。

玩心觀理。更于應事接物閒體驗警省。亦略有効。但覺悔尤山積。日夕增懼耳。易説精要想已就緒。丁亥集亦當脱稿。恨不得陪侍左右。側聞高論也。四書集義精要。近因讀朱子文集。對校一過。尚多疑誤。别紙録呈。幸因書來。以一言可否之。使得有所據依也。疑此書初脱稿。先生未使學者校勘。故多有此誤。雖非大義所關。然亦不可不訂正也。近因看詩傳。亦欲取朱子文集及語録之言。凡涉論詩有與集傳相發明者。依精要例寫出。以便初學。亦似有益。

補 郡守郝先生庸

附録

靜修送季常序曰。季常于其兄使宋之二年。請介行人以問罪遣之。而宋人不納。後十年。又請焉。下大臣會議。以爲不可。明年又請焉。不得已。復遣之。至建康而還。幾死者凡十數。其事雖無成。而其可與有爲者。于此亦可以見之。

補 李先生道恒

梓材謹案。靜修遺文有道貴堂説云。河閒李生。摭邵氏詩名堂曰道貴。疑卽先生。

補 隱君林魯庵先生起宗

雲濠謹案。蘇滋溪銘先生墓碣云。字伯始。年七十有六復號。至元之三年終于家。門生會葬者百餘人。又稱。先生嘗作志學指南圖以爲學道之標準。心學淵源圖以爲入聖之極功。又作中庸大學論語孟子諸圖。孝經圖解。小學題解。發明魯庵家説。共數十卷。大抵以程朱之言爲宗云。

附録

劉文靖公以風節問學著名當世。先生欲往從之游。無以爲介。擔簦負笈。齋沐立于其門者三日。文靖嘉其立志之卓。命序弟子之列。先生聞其講説。深思體踐。極其至而後已。久之。以家貧思省其親。文靖授以治家之法。先生歸而行之。家日益裕。已而往復卒業。事親孝。温凊定省。皆有禮節。親喪廬墓。克盡其哀。行既著聞。士之從者益衆。講授經訓。毫分縷析。使諸生心領意會。出入左右。咸中規矩。

孝子葉先生志道

葉志道字士心。德興人。受學于劉靜修。事母至孝。母歿。廬墓側。有馴虎烏巢之瑞。事聞。旌其門。更徵之不起。饒州府志。

賈先生壤

賈先生璞合傳。

賈壤。涿州房山人。弱冠。聞容城劉先生以理學淑多士。偕其兄往從焉。容城愛其兄弟性静而樂學。命其兄名曰璞。字抱眞。先生名曰壤。字巢夫。所以期待者非淺。久之。學若有得。隱處州閭。以奉其親。敷教于家。遠近學徒恒百餘人。先生懇懇爲陳經義。祖述容城之訓爲多。繪孔子像。旦望率里人祠之。爲文渾厚質實。不尚華靡。初用薦者授涿州學正。再調宣德府教授。至元元年卒。子彝。蘇滋溪集。

總管趙先生密

趙密字仲理。奉聖州礬山人。先生生世家。喜狗馬射獵。旣長。聞容城劉先生號稱大儒。燕趙多士咸往受業。先生亦趨函丈。執弟子禮。容城告以聖賢之訓。歲餘盡去豪習。故相何瑋數稱其賢。嗣爲鷹坊都總管。廉以律己。嚴以御下。才不滿用。識者惜之。蘇滋溪文集。

徐先生景巖

徐景巖。靜修之徒也。未冠。能文章。卽長。而講學不輟。至元十二年卒。疾革。泣謂靜修曰。養未終。學未成。廿六年而死。亦虛生也。欲吾子一言于石。庶其不朽。以少慰焉。其遺言于父祐及故人徐子懌亦然。靜修遺文。

皇甫先生巽

皇甫巽。□□人。其父安國。以靜修爲鄉先生。使執贄來見。而欲有以字而教之。乃字之以伯陽而爲之說。靜修遺文。

侍講梁先生師恭

梁先生師安合傳。

梁師恭。□□人。嘗及靜修之門。以經行見徵侍講。弟師安。建廟立學。廣敷師訓。靜修祠碑記。

王先生綱

王綱。新安人。師容城。居母喪。以哀毁致疾。繼而其父病作。而先生竟以憂卒。容城爲銘其墓。靜修遺文。

張先生潛

張潛。初名某。從靜修學。既長。而更幼名。靜修命之以潛而爲之説。靜修遺文。

梓材謹案。先生未詳其里。黄文獻晉卿跋靜修遺墨言。從汝南張君獲覩。且謂君之先大夫受業先生之門。故先生書此以授之。未知卽先生否也。

隱君劉先生英

劉英字原蒙。新安人。早歲爲吏。聞靜修之學。折節相從。靜修始拒之。終與之甚厚。及靜修卒。先生遂一意深隱。終身不出。畿輔通志。

梁先生泰附見靜修講友。

李先生蒙

王先生果合傳。

李先生貞合傳。

李蒙王果李貞與劉英梁泰。皆負笈從靜修遊。爲建書院于三臺。蓋人各有學。學足相成云。靜修祠碑記。

何先生□

梓材謹案。何文正公爲兩淮運使時。有請夢吉先生教子疏。考之程雪樓集文正神道碑。蓋自太平還。迎劉先生爲師。又案。文正夫人張氏有子三。德嚴嘉議大夫。衛率使德巽早世。德温武略將軍副萬户。趙氏有子二。德讓。德謙。未知其並從靜修否也。先是。田尚書亦疏請靜修教子。靜修以水齧先墓遷避之。不及往云。

靜修私淑

補隱君安默庵先生熙

梓材謹案。蘇滋溪狀其行云。憲司數以其行薦于朝。卒無所就。不幸以疾卒。年四十有二。

雲濠謹案。先生有默庵文集十卷。其他詩傳精要。續皇極經世書。四書精要考異。丁亥詩註。以未脱稿藏于家。

四書集註辨略序

道之大原出于天。其傳在聖賢。吾夫子既不得君師之位。獨以列聖相傳者筆于經。曾子傳之子思。子思傳之孟子。孟子没而其傳泯焉。至濂溪夫子。不由師傳。默契道體。建圖著書。二程夫子擴而大之。然後斯道復明。至朱夫子以爲。道之不明。由説經者不足以得聖賢之意。于是竭其精力。作爲傳註以著明之。至于一字未安。一詞未備。必沈潛反復。以求至當而後已。故章旨字義莫不理明辭順。易知易行。所以妙得古人本旨于數千載之上。其閒于天命之微。人心之奥。可謂極深研幾。發其旨趣。而無所遺矣。獨以世衰道微。俗生鄙儒膠于見聞。安于陋習。于朱子之説。多不得其旨意。而妄疑之。甚或不能知其句讀。于其平生爲學始終之致。及所論著。多未之見。故其所説掣肘矛盾。支離淺迫。殊不近聖賢氣象。原其本意。蓋欲藉是以取名。率然立論。曾不知其爲害之甚也。使其年益高。于天下之理玩之益熟。必當茶然悔其平日之所爲而火之矣。

梓材謹案。此先生以王滹南爲説。非朱子集註。趙郡陳氏增多其説。懼而爲書以辨之者也。其後陳果深悔而焚其書。然後學者始服先生談經之精。識見之卓。而于朱子之學爲有功云。

敬仲文集

追憶舊聞。卒究前業。洒埽應對。謹行信言。餘力學文。窮理盡性。循循有序。發明聖道。

以存諸心。以行諸己。以及于物。以化于民。告先聖文。

可尊者德。可畏者天。無處不有。無時不然。念慮之發。必有其幾。勿隱其隱。勿微其微。從事于斯。是曰愼獨。自此精之。萬物並育。毫髮有間。天理弗存。利欲紛拏。厥心則昏。於戲戒哉。敬作此箴。書諸座隅。以警其心。愼獨箴。

附録

甫十歲。終日儼然端坐一室。博考經籍。晝誦夜思。至忘寢食。悉通其大旨。聞容城劉氏以理學淑多士。欲往從游。以烏君叔修爲先容。劉許之。將行。會劉卒。往拜其墓。録其遺書而還。始聞劉訃。先生與烏書曰。某欲見先生之心。無須臾忘。先生欲教之意亦甚厚。豈意天喪斯文。先生没矣。而今而後。惟當問學。親賢取友。勉力孳孳。死而後已。庶可不負先生私淑之教。朋友期望之心。及某勉力大業之初意也。

其學汪洋靜邃。謂文以載道。辭不勝不足以言理。故其言脩以立于詩章。幽而不傷。慕貞潔之實。以自任其道。

教人持敬爲本。解經爲末。毫縷以析。果知之。必驗其所行。弟子相從者常百餘人。

嘗病近世治春秋者。第知讀左氏。不考正經。因節左氏傳文議論敘事始末。依倣通鑑綱目。作小字分注經文之下。以類相從。凡左氏浮夸乖戾之語。悉去之。秦漢以來。大儒先生之言。及諸家之説。可取者附註其後。庶觀春秋者有以考傳。讀春秋者亦知有經。其大旨一以朱子爲本。而達于程張。以求聖人之意。絶筆于莊公之十二年。

袁清容表其墓曰。眞文忠公與朱文公同里。生不及焉。文公之學。眞實紹之。侑食于廟于祠無異辭。集賢劉公生愈後。闡揚合一。劉公功與眞公並。安君不得見劉公。而道實有傳。盛矣哉。春陵之學。四方爲有準矣。

歐陽元功爲先生畫像贊曰。寤寐乎明善誠身之書。步趨乎格物致知之學。關西三鱣。未必榮于教授之四世。荀陵八龍。奚以過于伯仲之一壑。豈非白茅重而忠信著。玄酒醇而嗜慾薄者乎。鍾期伯牙有同世而不相遇者。吾故于默庵之神交。而益以重容城之先覺也。

又爲先生祠堂記曰。劉氏高亢明爽。梯級峻絶。士親炙者寡。安氏簡靚和靜。襟韻敞夷。士樂附者衆。異時有祠。宜乎。

默庵講友

王先生仲安

王仲安。安敬仲之徒也。與敬仲時相見。敬仲稱。渠讀四書。甚有得處。時與之語。亦多有警助。默庵文集。

王先生儀伯附師董宗道。

王儀伯。亦敬仲之徒也。年二十五六。曾從董宗道受四書詩經傳。敬仲稱其好學不倦。作文字亦可觀。歲一至中山。時來晤語云。默庵文集。

蘇氏先緒

領税蘇威如先生榮祖附師賈□。

蘇榮祖字顯之。眞定人。性穎異。童齔已若成人。從鄉人賈先生授業。讀書一過。輒成誦。事大父孝。早嗜學。每歸至夜分。戒叩户者勿亟。曰。大父方安寢也。時南北兵阻。售書價視珍貝。先生得書。必手鈔校讐。無豪忽舛異迺已。司歷或失其傳。先生因金大明曆積算爲書數十篇。多易其舊。其學自經史百氏。陰陽卜筮。書靡不研賾。尤邃伊洛之旨。必以孝弟忠信爲本。嘗曰。學貴適用也。里閈之昏姻喪葬者。每從之問禮。先生援古訓式。縷解銖分。不爲世俗陰陽家拘忌之説。轉運司辟先生領眞定税。以大父病歸。終孝養者七年而卒。嘗欲辨宗法以合昭穆。建家廟以嚴祭禮。設門塾以訓鄉之子弟。志未就而歿。取易家人之上九。榜其齋曰威如。故學者因號威如先生。子志道。鄧巴西集。

梓材謹案。虞道園爲其子墓誌云。考榮祖。以公貴。贈奉直大夫同知中山府事飛騎尉眞定縣男。

附録

先生教子尤嚴。或曰。君纔一子。盍少寬。輒正色曰。可以一子故廢教耶。

歐陽元功爲威如先生畫像贊曰。英英紫芝。皎皎素絲。冥搜遠討。默識近思。子雲精深。季海孝友。德人之容。君子之守。

郎中蘇先生志道

蘇志道字子寧。父榮祖子。官至中憲大夫嶺北等處行中書省左右司郎中卒。先生幼不好弄。寡言笑。不妄交。爲吏。視文書可否奉行。不待請言者。坐曹歸。即闔門不通問謁。對妻子如嚴師友。内外肅然。好讀書。尤尊信大學及陸宣公奏議。未嘗去左右。篤于教子。餘俸輒置書遺之。子亦善學。卒以儒成名。即天爵也。道園學古録。

附録

歐陽元功爲郎中畫像贊曰。維子寧父。爲名卿士。其心塞淵。如古君子。既合于古。詎諧于時。職是已直。勿究厥施。居家嗃嗃。在國諤諤。屹如長松。矯如一鶚。蚤以讜言。屢忤權相。晚著惠愛。足食邊饟。剛者必仁。仁必有後。宜爾有子。簡自造秀。遺像儼然。不亡者存。九原可作。孰敢吏雲。

滕氏門人

縣尹趙先生時勉附子藝。

趙時勉字致堂。世家蔚州蜚狐。先生幼聰警絶人。及長。事師國子司業滕安上。問學粹精。治身修潔。大父文昭公秉温既薨。諸父多官于外。先生始經紀其家。趙氏族大而盛。嘗悼近世之士。貴爲公卿。而享祀其祖。禮同庶人。乃稽司馬氏朱氏祭儀家禮。爲祠堂于正寢之側。凡喪祭昏冠。議而行之。建學家塾。延師以訓其宗族子弟之無依者。里人亦多來學焉。起爲承事郎侍儀通事舍人。供職未幾。會有佞幸除爲侍儀官者。先生曰。是豈可與共事耶。卽移病去。久之。起爲承務郎右八作司同提舉。先生曰。吾學儒者也。豈能吝出納以爲有司之事乎。又移病去。居數年。出尹定陶。先是。俗頗健訟。富室子弟或珥筆習吏。覬免徭役。先生興學宫。禮師儒。悉使就學。執弟子業。躬爲訓督。日新月化。而習俗亦或少變焉。子藝。由國學弟子員補侍儀舍人。調靖海尉。與蘇滋溪天爵嘗同門學。相友善。蘇滋溪集。

王先生祁詳見草廬學案。

兵曹張先生曇

張曇。平州人。參知政事昂霄子。少知好禮。讀書日記數千百言。弱冠。爲兵曹掾。聞其師滕司業卒中山。謀請臨哭其喪。不許。因棄掾得就哭。還金敖。務自多學記覽以博其用。而不幸早卒。馬石田集。

參政蔡先生文淵

許先生質合傳。

蔡文淵。東平人。官國史編修。師滕司業。狀司業之行。與門生許質請姚牧庵表其阡云。姚牧庵集。

梓材謹案。先生官至參政。蘇滋溪爲耶律文正有尚神道碑云。故參知政事蔡公文淵。始由諸生。擢爲學官。公加敬禮。引爲同列。士咸多其識量。是參政本爲耶律氏門生。

何氏家學

何先生□見上靜修門人。

賈氏家學

賈先生彝

賈彝。教授巢夫子。官翰林國史編修。蘇滋溪集。

雲濠謹案。先生嘗爲容城縣大夫。爲靜修祠加崇飾。見楊僉事靜修祠堂記。

賈氏門人

任先生亨祚

任亨祚。賈教授巢夫門生。爲述其狀。蘇滋溪集。

安氏門人

補參政蘇滋溪先生天爵

梓材謹案。先生爲靜修墓表云。天爵之生也。不獲見先生。及游成均。得臨川吴文正公澄爲之師。是先生亦爲草廬門人。虞道園爲眞定蘇氏先塋碑云。集爲國子師。天爵爲生。則先生又及虞氏之門。其爲齊文懿神道碑。則言以天爵少從公學。故以墓隧之文見屬云云。

雲濠謹案。元史本傳。先生著有國朝名臣事略十五卷。文類七十卷。詩稿七卷。文稾三十卷。松廳章疏五卷。春風亭筆記二卷。詩七卷。文三十卷。又有遼金紀元。黄河源委。二書未及脱稿。又案。四庫全書著録先生治世龜鑑一卷。提要稱所採皆宋以前善政嘉言。而大旨歸于培養元氣云。

讀詩疑問

當夫子自衛反魯。時魯哀公十一年冬也。前六十八年。魯襄公二十九年。吴子使札來聘。請觀周樂。爲歌周南召南。次歌邶鄘衛。次歌王。歌鄭。歌齊。歌豳。歌秦。歌魏。歌唐。歌陳。

歌檜。然後歌小雅大雅。歌頌終焉。由今觀之。所正者。獨豳以下詩也。而雅頌何嘗不得其所乎。若曰左氏後出而作傳。何獨豳之下。雅之上。不得其次歟。

詩三百篇。婦人女子作者居十之三。夫以淫邪婦人而能爲此。豈聖人潤色之歟。不然。後世老師宿儒反有不能及者。何也。

夫鄭衛之詩。蓋多淫亂之詩也。平王以下。朝廷雅正之樂歌亦豈少歟。至夫子定詩。獨取鄭衛淫亂之詩。而棄宗周雅正之樂歌。何也。或曰。平王東遷。王室衰微。不復能爲祭祀朝聘之樂歌矣。夫以天王之尊。不能爲此。而魯。諸侯之國也。獨得爲燕享之頌歟。

淇澳。衛人美武公之德。賓之初筵。武公飲酒悔過而作。抑。亦武公作。使人日誦于其側以自警。皆衛詩也。一録于風。一録于小雅。一録于大雅。何也。豈聲音節奏亦有豐殺廉肉之不同歟。果然。則諸侯之詩亦可謂之雅矣。

七月。周公以成王未知稼穡之艱難。故陳后稷公劉風化之所由。使瞽矇朝夕諷誦以教之也。公劉。召康公以成王將涖政。當戒以民事。故誦公劉之事以告之也。當成王時。召公爲保。周公爲師。皆作詩以戒王。今七月録于風。公劉録于雅。何也。周禮籥章氏。祈年于田祖。則龡豳雅。蜡祭息老物。則龡豳頌。豈豳詩亦可爲雅爲頌歟。果然。是一詩而雜三體矣。豈所謂雅頌各得其所乎。

六月采芑江漢常武四詩。其事略同。而六月采芑載之小雅。江漢常武載之大雅。何也。

詩有變風變雅之文。先儒以二南二十五篇爲正風。自邶迄豳一百三十五篇爲變風。然則成王盛時。齊晉陳衛所得之正風。孔子編詩皆棄而不取。何也。王制曰。天子五年一巡狩。命太師陳詩。以觀民風。今考之詩。自成至宣。列國之風無一篇可見。平桓以後。天子未嘗巡狩也。而所編之詩如此其多。是果孰陳之歟。孟子曰。王者之迹熄而詩亡。詩亡。謂黍離降爲國風而雅亡也。夫風雅體製不同。音節亦異。雅非可降爲風也。謂夫子編詩而降之耶。則未編之前。亦不聞名爲雅也。樂有五音十二律。詩之雅頌。祭祀燕享之樂歌也。必當時所作而用之。所以協乎五音十二律也。二南國風。民俗歌謠之詩也。今亦用之于樂。其聲音節奏果能協于五音十二律乎。不知古人因詩以度樂歟。抑亦因樂以爲詩歟。若曰因詩以度樂。則白華南陔等詩。又將何以爲樂歟。詩自唐虞有之。書所謂詩言志。歌永言是也。及夫子定詩。獨取周詩。僅及商頌數篇而已。虞夏之詩。皆棄而不取。何也。若曰恐虞詩歲遠而亡。然則子在齊聞韶三月。不知肉味。其所聞者。非舜樂歟。

先生自述曰。戊辰之冬。閲朱子詩集傳。吕氏讀詩記。偶有所疑。輒筆録之。蓋將就有道而正焉。非願學固哉高叟之爲詩也。

梓材謹案。先生兼閲東萊書。而其所著名曰讀詩疑問。則未嘗不私淑東萊也。

附録

元統元年。復拜監察御史。在官四閱月。章疏凡四十五上。自人君至于朝廷政令。稽古禮文。閭閻幽隱。其關乎大體。繫乎得失者。知無不言。所劾者五人。所薦舉者百有九人。至正四年。召爲集賢侍講兼國子祭酒。先生自以起自諸生。進爲師長。端己悉心。以範學者。明年。出爲山東道肅政廉訪使。尋召還集賢。充京畿奉使宣撫。究民所疾苦。察吏之姦貪。其興除者七百八十有三事。其糾易者九百四十有九人。都人有包韓之譽。然以忤時相意。竟坐不稱職罷歸。

趙東山序滋溪文集曰。公世儒家。自其早歲。卽從同郡安敬仲先生受劉公之學。既入冑監。又得吴公虞公齊公先後爲之師。故其清修篤志。足以潛心大業。而不惑于他歧。深識博文。足以折衷百代。而非同于玩物。至于德已盛而閑之愈嚴。行已篤而節之愈密。出入中外三十餘年。嘉謨偉績著于天下。而一誠對越。中立無朋。屹然頽波之砥柱矣。

又曰。公平居教人。必以程朱爲模範。而力求在己。不務空言。則從事于聖明之道。而審夫得失之機也明矣。故汸以爲。讀公之文。則當求公所學。而善論學者。又必自其師友淵源而推之可也。

王先生□

趙先生□合傳。

梓材謹案。滋溪狀默庵行實云。故憲使中山王公。侍儀趙君。以禮幣延于家塾。俾教諸子。以及鄉人願學者。是默庵之門有王趙諸先生也。

滋溪講友

教授張先生在別見明道學案補遺。

楊氏講友

憲書甄先生克敏附師郭士文。

甄克敏字德修。世爲眞定儒家。少與翰林楊俊民俱學于郭先生士文。聰敏卓然。不類童子。奉父母盡孝。深居一室。羅列圖史。部使者以其名薦。當得河南憲司書史。不果就。年三十八卒。蘇滋溪集。

靜修續傳

司農烏古孫約齋先生良楨

烏古孫良楨字幹卿。正憲澤子。臨潢人。好讀書。至治二年。蔭補江陰州判官。調武江縣尹。有惠政。累遷爲監察御史。先生以帝方覽萬幾。不可不求學自輔。于是連疏願招延儒臣若許衡者數人。寘臣於禁密。常以唐虞三代之道啓沃帝衷。日新其德。實萬世無疆之福。又言隱士劉因。道學經術可比許文正公。從祀孔子廟廷。皆不報。歷陞右丞兼大司農。辭。不允。家居輒訓諸子。曰。吾無過人者。惟待人以誠。人亦以誠遇我。汝宜志之。自號約齋。有詩文奏議凡若干卷。藏于家。元史。

進士胡先生炳南附楊九萬。

胡炳南。容城人。以五經登元末進士第。隱居自樂。屢徵不就。與楊九萬等講道林尖山。卒。配饗靜修。畿輔通志。

宋先生濂詳見北山四先生學案。

滋溪門人

商先生企翁

商企翁。滋溪門人。爲滋溪畫像贊曰。積之豐。虛以容。持之恭。屹以崇。安其所遇。孰問窮通。汲引後學。誨諄告忠。藴之爲精華。發之爲事功。索絶響而嗣音。瀹芳流以之東。昔嘗歎先正之美。莫或繼踪。猶獨于公。復以見古人之風。滋溪集附録。

宋元學案補遺卷九十二目録

宋元學案補遺卷九十二

後學 鄞 王梓材 慈谿馮雲濠 同輯

草廬學案補遺

草廬先緒

吴先生鐸

吴鐸。文正之祖也。工進士詩賦。精通天文星曆之學。寬厚不屑細務。文正年譜。

貢氏先緒

補 隱君貢先生士瞻

附録

先生甫冠。以詞賦試漕司中程。明年。黜于儀曹。即自訟曰。學之時。其道未足以爲己。志已在于爲人。亦可謂謬用其心矣。謬用其心。雖有志于爲人。其能乎哉。乃力自學行。歌詠息偃。以忘其年。視世俗之好。無足累心者。

雲濠謹案。馬石田集言先生以文靖貴。累贈祕書太監。追封廣陵郡侯。

程戴門人

補文正吴草廬先生澄

雲濠謹案：先生明正統八年從祀，嘉靖九年罷祀，國朝乾隆三年復祀。

梓材謹案：先生晚字伯清。其爲元中子黎立武碑云：「澄亦門人。」蓋先生固黎氏撫州校文時所貢士也。又案：先生名或作澂，澂蓋澄之本字也。故經義考並書作散㊀。

草廬語要

先生教士以詩書禮樂爲四術。若易者，卜筮之繇辭；春秋者，侯國之史記爾。自夫子贊易辭㊁、春秋之後，學者始以易春秋合先王教士之四術而爲六經。

通天地人曰儒，一物不知，一事不能，恥也。洞觀時變，不可無經；廣求名理，不可無諸子；游戲詞林，不可無諸集；旁通多識，不可無紀録。而其要在聖人之經。聖人之經，非如史子文集雜記雜録之供涉獵而已，必飲而醉其醇，食而飽其胾，斯可矣。

時之爲時，莫備于易。程子謂之隨時變易以從道。夫子傳六十四彖，獨于十二卦發其凡，而

㊀「散」當爲「澂」。
㊁「辭」當爲「修」。

贊其時與時義時用之大。一卦一時。則六十四時不同也。一爻一時。則三百八十四時不同也。始于乾之乾。終于未濟之未濟。則四千九十六時各有所值。引而伸。觸類而長。時之百千萬變無窮。而吾之所以時其時者則一而已。

一元凡十二萬九千六百歲。分爲十二會。一會計一萬八千歲。天地之運。至戌會之中爲閉物。兩閒人物俱無矣。如是又五千四百年而戌會終。自亥會始五千四百年。當亥會之中。而地之重濁凝結者悉皆融散。與輕清之天混合爲一。故曰渾沌。清濁之混逐漸轉甚。又五千四百年而亥會終。昏暗極矣。是天地之一終也。貞下起元。又肇一初。爲子會之始。仍是渾沌。是謂太始。言一元之始也。是謂太一。言清濁之氣混合爲一而未分也。自此逐漸開明。又五千四百年當子會之中。輕清之氣騰上。有日有月有星有辰。日月星辰四者成象而共爲天。又五千四百年當子會之終。故曰天開于子。濁氣雖摶在中閒。然未凝結堅實。故未有地。又五千四百年當丑會之中。重濁之氣凝結者始堅實而成土石。溼潤之氣爲水流而不凝。燥烈之氣爲火顯而不隱。水火土石四形而共爲地。故曰地闢于丑。又五千四百年而丑會終。又自寅會之始五千四百年。當寅會之中。兩閒人物始生。故曰人生于寅也。

原理

天地之初。混沌洪濛。清濁未判。莽莽蕩蕩。但一氣爾。及其久也。其運轉于外者漸漸輕清。

其凝聚于中者漸漸重濁。輕清者積氣成象而爲天。重濁者積塊成形而爲地。天之成象者日月星辰也。地之成形者水火土石也。天包地外。旋繞不停。則地處天內。安靜不動。天之旋繞。其氣急勁。故地浮載其中。不陷不墜。岐伯所謂大氣舉之是也。天形正圓如虛毬。地隱其中。人物生于地上。地形正方如博骰。日月星辰旋繞其外。自左而上。自上而右。自右而下。自下而復左。天之積氣爲辰。凡無星處皆是。猶地之土也。積氣之中有光耀爲星。二十八宿及衆星皆是。猶地之石也。日月五緯乃陽陰五行之積。成象而可見者。浮生太虛中。與天不相係著。各自爲運行。遲速不等。天左旋于地外。一晝夜一周匝。自地之正午觀之。則其周匝之處。第二日子時微有爭差。蓋周匝而過之。觀天者定其闊狹。名曰一度。每日運行一周匝而過一度。至三百六十五日三時有奇。則地之午中所直天度始與三百六十五度四分度之一有奇。日亦左行。晝行地上。夜行地下。晝夜一周匝。但比一度則不及一度。蓋日之行也。與地相直處日月齊同。無過不及。而天之行也。與地相直處一日過一度。二日過二度。三日過三度。故曆家以是不及天而退一度者爲右行一度。蓋以截法其易算爾。天傾倚于北。如勁風旋繞。其端不動曰極。上頂不動處謂之北極。高出地上三十六度。其星辰常見不隱。以偏倚于北方。故曰北極。下臍不動處謂之南極。低入地下三十六度。其星辰常隱不見。以其偏近於南方。故曰南極。南北二極相去之中。天之腰也。謂之赤道。日所行之道。春秋二分正與天之赤道相直。故其出没與地之卯酉相當。是以景短而晷長。晝刻多而夜刻少。夏至以後又移而南。至秋分則與赤道相直。秋分以後行赤道南。冬至則去南極最近。

故曰日南至。而其出没則與地辰申相當。是以景長而晷短。晝刻少而夜刻多。冬至以後又移而北。至春分則又與赤道相遠㊀。日極于南而移北則爲冬至。下年日道極南復北之時三百六十五日餘三時不滿。故天度一周之時三百六十五日四分日之一而有餘。日道一周之時三百六十五日四分之一而不足。天度有餘。日道不足。故六十餘年之後。冬至所值天度率差一度。是謂幾差。月亦左行。尤遲于日。一晝夜不及天十三度十九分度之七。蓋日行疾于月。而退度不及天一度反若遲。然月行遲于日。而退度不及天十三度有奇反若速。然日之行三十日五時有奇而歷一辰。則爲一月之氣。月之行二十九日六時有奇㊁。朔虚六時不滿。積十二氣盈凡五日三時不滿。十二朔虚凡五日七時有奇。一歲氣盈朔虚共十日十一時有奇。將及三載則積之三十日而置一閏。月㊂之有餘爲氣盈。月之不足爲朔虚。氣盈朔虚之積是爲之閏餘。五星之行亦猶日月。其行有遲速。其行過于天則爲逆。其行與天等則爲留。其行不及天則爲順。日月五星之與天體相值也。由北直南而從分之謂之度。由東至西而横截之謂之道。月之行也。二十九日半有奇而與日同度是爲朔。十四日九時有奇而與日對度是爲望。合朔之時。從雖同度。横不同道。若横亦同道。則月掩日而日蝕。對望之時。從雖同度。横不對道。若横亦對道。則日射月而月蝕。其蝕之分數。由同道對道所交之多寡。月

㊀「遠」當爲「直」。

㊁「六時有奇」下脱「而與日會則爲一月之朔每月氣盈五時有奇」共十八字。

㊂「月」當爲「日」。

朔後初生明時昏見于庚。下明上暗象震。上弦時昏見于丁。下明已多而上猶暗象兑。望之時昏見于甲。全體皆明象乾。望後初生魄時晨見于辛。下暗上明象巽。下弦時晨見于丙。下暗已多而上猶明象艮。晦之時晨見于乙。全體皆暗象坤。地西北高而多山。東南下而多水。先天方圖法地。乾始西北。坤儘東南。故天下之山其本皆起于西北之昆崙。猶乾之始于西北也。天下之水其流皆歸于東南之尾閭。猶坤之盡于東南也。天有四象。地有四形。日月天之用。星辰天之體。水火地之用。土石地之體。立天之道曰陽與陰。立地之道曰柔與剛。日。陽中陽。月。陰中陰。星。陰中陽。辰。陽中陰。水。柔中柔。火。柔中剛。土。剛中柔。石。剛中剛。錯而言之。則天亦有剛柔。地亦有陰陽。日。陽也。月。陰也。星。剛也。辰。柔也。水。陰也。火。陽也。土。柔也。石。剛也。日。火之精。爲夏之暑。月。水之精。爲冬之寒。星。體光耀。爲晝之明。辰。體昏暗。爲夜之晦。水。氣下注而爲雨。火。氣外旋而爲風。土。氣上蒸而爲露。石。氣内摶而爲雷。人稟氣于天。賦形于地。耳目口鼻爲首。猶天之日月星辰也。脈髓骨肉爲身。猶地之水火土石也。心膽脾腎四臟屬天。肺肝胃膀胱四臟屬地。指節十二。合之二十四。有天之象焉。掌文後高前下。山峙川流。有地之德焉。物有飛走草木四類。細分之十六。飛飛者。鴻鵠鷹鸇之屬。性之飛。飛之性也。飛走者。鵝雞鴨鳧之屬。情之飛。飛之情也。飛木者。隹鳩燕雀之屬。形之飛。飛之形也。飛草者。蜂蝶蜻蜓之屬。體之飛。飛之體也。走飛者。蛟龍之屬。性之走。走之性也。走走者。熊虎鹿馬之屬。情之走。走之情也。走木者。猿猴之屬。形之走。走之形也。走草者。蟻蛇之屬。體之走。走之體也。木飛者。松柏之屬。性之木。木之性也。木走者。樟櫸之屬。情之木。木之情也。木木者。棫樸荆榛之屬。形之木。木之形也。木草者。楮穀木芙蓉之屬。體之木。木之體也。草飛者。竹蘆之屬。性之草。草之性也。草走者。藤葛之屬。情之草。草之情也。草木者。蒿艾之屬。形之草。草之形也。草草者。菘芥之屬。體之草。草之體也。陽本實。陰本虚也。陽爲氣。陰爲精。陽成象。陰成形。陽主用。陰主體。則陽反似虚。陰反似實。是不然。天之積氣雖似虚。然其氣急勁。如鼓皮物之大莫能禦。故曰健。曰剛。曰靜專。曰動直。則實莫實于天。地之成形雖似實。然其氣疏通。如肺氣升降出入其中。故曰順。曰柔。曰靜翕。曰動闢。則虚莫虚于地。然則陽實陰虚者。互説也。陽虚陰實者。偏説也。

先生自跋曰。往年因郝仲明見問。一時答之之辭如此。聽者不能悉記吾言。故命史從旁書之。皆先儒之所已言。非吾之自言也。有人傳録以去。題其名曰原理。殊非吾意。今廬陵士廓成子又逐節畫而爲圖。可謂有志。然此特窮理之一端爾。人之爲學。猶有切近于己者。當知所先後也。

草廬經説

人身膚最外。肌次之。筋次之。骸最内。以肌會膚。以筋束骸。四者之聚。爲身有禮義。則凡講説皆信實之言。凡脩爲皆睦婣之行。形體皆莊重堅固而不怠惰放肆也。其于人倫。則生事葬祭孝敬追慕。亦惟此禮義爲大端緒也。人情之動。有愛惡哀樂喜懼之情。以禮義治之。則發皆中節。無所乖戾。所謂順也。情極其順。則不違天所與我之性。而上達于天道矣。三言所以先敬身。中明倫。終盡性至命。三者皆禮義之功。惟聖人能知禮之不可不爲。而不已于爲也。壞亂之國。喪敗之家。亡身之人。惟不知禮而去之。故至此。禮記禮運。

周禮考注自序

周官一篇。成王董正治官之全書也。執此以考周禮之六官。則不全者可坐而判也。夫冢宰掌邦治。統百官。均四海。執此以考天官之文。則其所載非統百官均四海之事。可以知其非冢宰之職也。司徒掌邦教。敷五典。擾兆民。執此以考地官之文。則其所載非敷五典擾兆民之事。可以知其非司徒之職也。宗伯掌邦禮。治神人。和上下。司馬掌邦政。統六師。平邦國。執此以考春夏二官。則凡掌邦禮。掌邦政者。皆其職也。舍此則非其職也。司寇掌邦禁。詰姦慝。刑暴亂。司空掌邦土。居四民。時地利。執此以考秋冬二官。則凡掌邦禁邦土者。皆其職也。舍此則非其職也。是故天官之文有雜在他官者。如内史司士之類是也。亦有他官之文雜在天官者。如甸師世婦之類是也。地官之文有雜在他官者。如大司樂諸子之類是也。亦有他官之文雜在地官者。如閭師柞氏之類是也。春官之文有雜在他官者。如封人大小行人之類是也。亦有他官之文雜在春官者。如御史大小胥之類是也。夏官之文有雜在他官者。如銜枚氏司神之類是也。亦有他官之文雜在夏官者。如職方氏弁師之類是也。至如掌祭之類。吾知其非秋官之文。縣師廛人之類。吾知其爲冬官之文。緣文尋意以考之。參諸經藉以證之。何疑之有。此歐蘇之所未悉也。可不著之。

梓材謹案。四庫全書著録先生易纂言十卷。提要云。是書用吕祖謙古易本經文。每卦先列卦變主爻。每爻先列變爻。次列象占。十翼亦各分章數。其訓解各附句下。音釋考證則徑附每卦之末。傳附每章之末。閒有文義相因。即附辨于句下者。偶一二見。非通例也。澄于諸經。好臆爲點竄。惟此書所改。則有根據者爲多。如師卦丈人吉改大人吉。據崔憬所引子夏傳。比卦比之匪人下增凶字。據王肅本。小畜卦輿説輻改輿説輹。據許愼説文。尙得載改尙德載。據京房虞翻子夏本。泰卦包荒改包巟。據説文及虞翻本。大畜卦曰閑輿衛改日閑輿衛。從鄭玄虞翻陸希聲本。萃卦萃亨删亨字。從馬融鄭玄虞翻陸績本。困卦劓刖改臲卼。據荀爽王肅陸績本。鼎卦其形渥改其形剭。據鄭玄本。比象比吉也删也字。據王昭素本。賁象補剛柔交錯四字。據王弼注。震象驚遠而懼邇也下補不喪匕鬯四字。據王昭素所引徐氏本。漸象女歸吉也改女歸吉利貞。據王肅本。坤象履霜堅冰改初六履霜。據魏志。坎象樽酒簋貳删貳字。據陸德明釋文。繫辭上傳繫辭焉而明吉凶下補悔吝二字。據虞翻本。繫辭下傳何以守位曰仁改何以守位曰人。據王肅本。耒耨之利改耒耜之利。據王昭素本。以濟不通下删致遠以利天下六字。據陸德明釋文。序卦傳故受之以履下補履者禮也四字。據韓康伯本。皆援引古義。具有源流。不比師心變亂。其餘亦多依胡瑗程子朱子諸説。澄所自爲改正者。不過數條而已。惟以繫辭傳中説上下經十六卦十八爻之文定爲錯簡。移置于文言傳中。則悍然臆斷。不可以爲訓矣。然其解釋經義。詞簡理明。融貫舊聞。亦頗賅洽。在元人説易諸家。固終爲巨擘焉。是條可與謝山讀纂言相發明。又易纂言外翼。提要云。考澄所作小序。原書蓋共十二篇。一曰卦統。以八經卦之純體合體者爲經。六十四卦之雜體者爲緯。乃上下經篇之所由分。二曰卦對。以奇耦反易成二卦。上下篇相對。三曰卦變。言奇偶復生奇偶。其用無窮。四曰卦主。因无妄傳而推之。以明一經之義。五曰變卦。言剛柔交相變。而一卦可爲六十四卦。六曰互卦。言中四爻復具二卦。以爲一卦。七曰象例。凡經之取象皆類聚之。以觀其通。八曰占例。言元亨利貞。吉凶无咎。其義皆本于天道。九曰辭例。乃象例占例所未備。而可以互見者。十曰變例。言揲蓍四營十八變之法。十一曰易原。明河圖洛書先後天圖。十二曰易流。備舉揚雄以下擬易之書。今缺卦變。變卦。互卦三篇。易流缺半篇。易原疑亦不完。然其餘尚首尾整齊。無所遺失。卦統卦對二篇。言經之所以釐爲上下。乃程朱所未及。象例諸篇。闡明古義。尤非元明諸儒空談妙悟者可比。謝山學案劄記于是卷標云。補先天互體圖。蓋據棃州易學象數論所引言之。今見是書鈔本。斯圖已佚。惟原序第六論互卦。有曰重卦有上下二體。又以卦中四畫交互取之。二三四成下體。三四五成上體。卽提要所謂中四爻復具二卦爲一卦也。四庫又著録書纂言四卷。提要云。古文尚書。自貞觀敕作正義以後。終唐世無異説。宋吴棫作書埤傳。始稍掊擊。朱子語録亦疑其僞。然言性言心言學之語。宋人據以立教者。其端皆發自古文。故亦無肯輕疑者。其考定今文古文。自陳振孫尚書説始。其分編今文古文。自趙孟頫書古今文集注始。其專釋今文。則自此書始。自序謂。季世晚出之書。别見于後。然此四卷以外。實未釋古文一篇。經義考以爲權詞其説是也。又著録孝經定本一卷。提要云。所定篇第。雖多分裂舊文。而詮解簡明。亦秩然成理。朱子刊誤既不可廢。則此書亦不能不存。又著録春秋纂言十二卷。總例七卷。提要云。是書采摭諸家傳注。而閒以己意論斷之。首爲總例。凡分七綱八十一目。其天道人紀二例。吴氏所創作。餘吉凶軍賓嘉五例。則與宋張大亨春秋五禮例宗互相出入。然其縷析條分。則較大亨爲密矣。又著録儀禮逸經二卷。提要稱。是篇掇拾逸經。以補儀禮之遺。凡經八篇。曰投壺禮。曰奔喪禮。取之禮記。曰公冠禮。曰諸侯遷廟禮。曰諸侯釁廟禮。取之大戴禮記。而以小戴禮記相參定。曰中霤禮。曰祫于太廟禮。曰王居明堂禮。取之鄭康成三禮注。所引逸文。其編次先後皆依行禮之節次。不盡從其原文。蓋倣朱子儀禮經傳通解之例。其傳十篇。則皆取之二戴記。曰冠儀。曰昏儀。曰士相見儀。曰鄉飲酒儀。曰鄉射儀。曰燕儀。曰大射儀。曰聘儀。曰公食大夫儀。曰朝事儀。其士相見公食大夫二儀。取宋劉敞之所補。敞擬記而作者。尚有投壺儀一篇。亦見公是集中。草廬偶遺之。明何喬新嘗取以次朝事儀後云。又録禮記纂言三十六卷。提要言。其書每一卷爲一篇。大旨以戴記經文龐雜。疑多錯簡。故每一篇中。其文皆以類相從。俾上下意義聯屬貫通。而識其章句于左。其三十六篇次第。亦以類相從。虞集稱。其始終先後最爲精密。先王之遺制。聖賢之格言。其僅存可考者。既表而存之。各有所附。而其糾紛固泥于專門名家之手者。一旦如有條理。無復餘蘊。其推重甚至云。

雲濠謹案。王阮亭居易録云。吳草廬于諸經皆有纂言。詩獨無之。又言。黄太學俞邰借草廬書纂言四卷二十八篇。所謂今文尚書也。視蔡注加詳。有正德辛巳草廬十世孫理跋。嘉靖己酉吳興顧應祥序。滇本也。

文正文集

朱子著章句或問。擇之精。語之詳矣。惟精也。精之又精。鄰于巧。惟詳也。詳之又詳。流于多。其渾然者巧則裂。其粲然者多則惑。雖然。此其疵之小也。不害其爲大醇。劉氏中庸簡明傳序。

杜元凱讀左傳注曰。優而柔之。使自求之。饜而飫之。使自趨之。若江海之浸。膏澤之潤。涣然冰釋。怡然理順。然後爲得。淵哉乎其言也。豈惟讀左傳宜然。凡讀他書皆然。徐安道左傳事類序。

邵子曰。聖人之經。渾然無跡。如天道焉。春秋書實事而善惡形于其中矣。至哉言乎。朱子謂據事實書而善惡自見。其旨一也。齊氏春秋諸國統紀序。

夫人之生也。以天地之氣凝聚而有形。以天地之理付界而有性。心也者。形之主宰。性之郛郭也。此一心也。自堯舜禹湯文武周公傳之以至于孔子。其道同。道之爲道具于心。豈有外心而求道者哉。而孔子教人。未嘗直言心體。蓋日用事物莫非此心之用。于其用處各當其理。而心之體在是矣。操舍存亡。惟心之謂。孔子之言也。其言不見于論語之所記。而得之于孟子之傳。則知孔子之教人非不言心也。一時學者未可與言。而言之有所未及爾。孟子傳孔子之道。而患學者之失其本心也。于是始明指本心以教人。其言曰。仁。人心也。放其心而不知求。哀哉。又曰。學問之道無他。求其放心而已矣。又曰。耳目之官不思而蔽于物。心之官則思。先立乎其大者。而其小者不能奪也。嗚呼至矣。此陸子之學所從出也。夫孟子言心而謂之本心者。以㊀爲萬理之所根。猶草木之所㊁有本。而苗莖枝葉皆由是以生也。今人談陸之學。往往曰以本心爲學。而問其所以。則莫能知陸子之所以爲學者何如。是本心二字。徒習聞其名。而未究竟其實也。

此心㊂人人所同有。反求諸身。卽此而是。以心而學。非特陸子爲然。堯舜禹湯文武周孔顔曾思孟。以逮邵周張程諸子。蓋莫不然。故獨指陸子之學爲本心㊃學㊄。非知聖人之道者也。應接酬酢千變萬化。無一而非本心之發。見于此而見天理之當然。是之謂不失其本心。非專離去事物。寂然不動。以固守其心而已也。以上仙城本心樓記。

㊀「以」下脱「心」。
㊁「所」衍。
㊂「心」下脱「也」。
㊃「心」下脱「之」。
㊄「學」下脱「者」。

道在天地間。猶水之在大海。道之中有人。猶水之中有器。浸灌此器者水也。納受此水者器也。水中之器。或沈或浮。而器中之水。或入或出。器與水未合一也。水在器中凝而爲冰。則器與水合不相離。而水爲器所有矣。人之于道猶是也。有以凝之。則道在我。無以凝之。則道自道。我自我。道豈我之有哉。人之生也。或智或愚。或賢或不肖。均具此性。則均受此道。不于賢智而豐。不于愚不肖而嗇也。愚不肖之不賢智若者何也。能凝不能凝之異耳。嗚呼。子思子言。道所以有貴于能凝者歟。凝之之方。尊德性而道問學也。德性者。我得此道以爲性。尊之如父母。尊之如神明。則存而不失。養而不害矣。然又有進修之功焉。蓋德性之内無所不備。而理之固然不可不知也。事之當然不可不行也。欲知所固然。欲行所當然。舍問學奚可。德性一。而學問之目八。子思子言之詳矣。不待予言也。廣大精微。高明中庸。故也新也。厚也禮也。皆德性之固然當然者。盡之極之。温之知之。問學以進。吾所知也。致之道之。敦之崇之。問學以修。吾所行也。尊德性一乎敬。而道問學兼乎知與行。一者立其本。兼者互相發也。問學之力到功深。則德性之體全用博。道之所以凝也夫。凝道山房記。

進士之治經。吾朱子以爲經之賊。文之妖。今之文格。雖比宋末微異。然亦卑卑淺陋之甚。曾是之謂明經乎。羣試有司攫取小㊀官。曾是之謂顯親乎。余每慨臨川金谿之士。口有言輒尊陸

㊀「小」當爲「一」。

子。及訊其底裏。茫然不知陸子之學爲何如。雖當時高第門人。往往多有實行。蓋未有一人能得陸子心法者。陸學之孤絶而無傳悕矣哉。臨川逸士于君玉汝甫妻墓誌銘。

附録

夜讀書至旦。母憂其過勤。節膏火。不多與。候母寢。燃火復誦習。七歲能默誦五經。十歲知爲學之本。大肆力于朱子諸書。尤以大學爲入道之門。必日誦二十過。如是三年。十五遂以聖人之道自任。作勤謹二箴。敬和二銘。年十六。謁見程先生若庸于臨汝書院。歷觀其標貼壁間之説。不盡合于朱子之學。公乃一一請問。如所謂大學乃正大高明之學。然則小學其卑小淺陋之學乎。程先生悚然曰。若庸處此。未見有知學能問如子者。

十九。作自新自修。消人欲。長天理。克己悔過。矯輕警惰諸銘。以自策勵。

嘗與人書曰。天生豪傑之士不數也。夫所謂豪傑之士。以其知之過人。度越一世。而超出等夷也。戰國之時。孔子徒黨盡矣。充塞仁義若楊墨之徒又滔滔也。而孟子生乎其時。獨願學孔子。而卒得其傳。當斯時也。曠古一人而已。眞豪傑之士哉。孟子没千有餘年。溺于俗儒之陋習。淫于老佛之異教。無一豪傑之士生于其間。至于周程張邵。一時迭出。非豪傑其孰能與于斯乎。又百年而朱子集數子之大成。則中興之豪傑也。以紹朱子之統自任者。果有其人乎。澄之齠齔㊀。惟大父家庭之訓是聞。以時文見知于人。而未聞道也。及知聖賢之學。而又欲推之以堯舜其君民而後已。實用其力于斯。豁然似有所見。坦然知其易行。而力小任重。固未敢自以爲是。而自料所見愈于人矣。

虞道園曰。是時先生方弱冠。而有志自任如此。

樂安鄭松招先生居布水谷。乃著孝經章句。校定易詩書春秋儀禮及大小戴記。

元貞元年八月。如龍興城中。士友及諸生請開講郡學。公説修己以敬章。反覆萬餘言。聽者千百。多所感發。

至大元年。召爲國子監丞。先是。許文正公爲祭酒。始以朱子小學等書授弟子。久之。漸失其舊。先生至。旦燃燭坐堂上。諸生以次授業。日昃退。燕居之室。執經問難者接踵而至。先生各因其材質。反覆訓誘之。每至夜分。雖寒暑不易也。

陞司業。用程純公學校奏疏。胡文定公太學教法。朱文公學校貢舉私議。約之爲教法四條。一曰經學。二曰行實。三曰文藝。四曰治事。

作學基學統二篇。使人知學之本。與爲學之序。

尤有得于邵子之學。校定皇極經世書。又校正老子莊子太玄經樂律。及八陣圖郭璞葬書。

㊀「齔」下脱「時」。

四方學者日益衆。公雖疾。必强起教之。又衣食之。故學者多至卒業而後去。家貧。嘗從鬻書者借讀。踰日而還之。鬻書者曰。子盡讀之乎。先生曰。試舉以問我。鬻書者每問一篇。輒終其卷迺止。彼人遂獻其書。先生歸至揚州。時憲使趙宏道。及寓公珊竹玠虞摯賈鈞趙英詹士龍元明善等。先後留先生。自率子弟諸生受業。游先生之門。南北之士前後無慮千百人。門人袁明善言。嘗聞先生論及門之士。先生悵然曰。聞吾郡多俊秀。宜有可望者。三年。其第三子京爲撫州路儒學教授。迎先生至城府。學者無不見焉。進而教之。靡間晨夕。雖偶病少閒。未嘗輟其問答。居久之。則又問明善曰。得無有未見者乎。

其于易。學之五十餘年。其大旨宗乎周邵。而義理則本諸程傳。

公曰。讀敬銘。則使人心神收斂。百慮俱消。如在靈祠中。如立嚴師側。悽悽乎其似秋。而不覺足之重。手之恭也。讀和銘。則使人心神怡曠。萬境俱融。有弄月吟風情。傍花隨柳想。熙熙乎其似春。而不知手之舞足之蹈也。

臨川野老自贊曰。身形瘦削。春林獨鶴。眼睛閃爍。秋霄一鶚。遠絶塵滓。大同寥廓。自鳴自和。自歌自樂。

李鶴鳴序先生儀禮逸經曰。俊民泰定初嘗拜先生于翰苑。先生之學雖不敢妄議。姑卽禮經而論之。秦焰既熄。掇拾遺餘。兼收並蓄。得傳于後。漢儒之力也。依稀論著。以傳其舊。唐儒之學也。會通經傳。洞啓門庭。以袪千載之惑。朱子之特見也。若夫造詣室奥。疏别户牖。各有歸趣。則至先生始無遺憾焉。世有好禮之士。先觀注疏舊本。次考朱子通解。然後取先生所次所釋而深研之。乃知俊民之言爲不妄也。

揭文安爲神道碑曰。許公居王畿之内。一時用事者皆金遺老。得早以聖賢之學。佐天子開萬世無窮之基。故其用也宏。吴公僻在江南。居畎畝之中。初大臣强起而不受其官。後朝廷歷聘而用之。雖事上之日晚。而得以聖賢之學爲四方學者之依歸。爲聖天子致明道敷教之實。故其及也深。

虞道園狀其行曰。周子程子之書既定于朱子之手。而張子邵子之書。先生始爲校定次第。正其訛缺。張子書挈東西銘于篇首。而正蒙次之。又以邵子爲孔子以來一人而已。蓋其于邵子之學。深有所會悟也。先生之博通妙契有未易言者。門人衆多。浩不可遏。各以其所欲而求之。各以其所能而受之。蓋不齊也。乃著學基一篇。使知德性之當尊。著學統一篇。使知問學之當道。所謂窮鄉晚進。無良師友。而有志于學者。循此而學之。庶乎其不差矣。

又爲先生畫像贊曰。業廣而精。德用而尊。釐析羣言。以究斯文。章甫玄端。書册左右。愷悌君子。天錫眉壽。

又送李擴序曰。先生之爲教也。辯傳注之得失。而達羣經之會同。通儒者之户牖。以極先聖之閫奥。推鬼神之用。以窮物理之變。察天人之際。以知經綸之本。禮樂制作之具。政刑因革之文。考據援引。博極古今。各得其當。而非夸多以穿鑿。靈明通變。不滯于物。而未嘗析事物以爲二。使學者得有所據依。以爲日用常行之地。得有所標指。以爲歸宿造詣之極。噫。近世以來。未能或之先也。

宋潛溪名臣頌曰。紫氣蟬聯。神物蜿蜒。有開必先。山川降神。自元而貞。篤生哲人。愼斯勤斯。絶乎等夷。于道早知。厲如秋霜。煦如春陽。何德之昌。抱膝而居。氣蓋八區。闕而弗舒。玩心神明。操觚弗停。興衛聖經。學徒是依。毛之有騏。甲之有龜。蘜其淵沖。以消吝封。心熙氣融。大明當軒。屢聘益尊。施教成均。北許南吴。先後合符。人文之敷。

王忠文議孔子廟廷從祀曰。元興。許衡起于北方。尊用朱氏之學。教人旣有以任斯道之重。而其時吴澄起于南方。能有見于前儒之所未及。孝經大學中庸易詩書春秋禮皆有傳注。隱括古今諸儒之説而折衷之。其于禮經尤多所删正。凡以補朱氏之未備。而其眞修實踐。蓋無非聖賢正大之學。則其人又可謂有功聖人之道。固宜與許衡同列于從祀。而不可以或遺也。

又送欒仲本序曰。先儒以爲。陸氏主于尊德性。朱氏主于道問學。然尊德性。道問學。未始可以偏廢。此臨川吴氏學基學統之篇所由作也。會而同之。顧眞知允蹈何如爾。

草廬講友

補編修虞井齋先生汲

虞汲。剛簡孫琁之子。爲黄岡尉。僑居臨川之崇仁。與吴澄友善。澄稱其文清而醇。嘗再至京。贖族人被俘者十餘口以歸。由是家益貧。晚稍起家教授。以翰林院編修致仕。姓譜。

許先生文薦

許文薦字季文。世居撫之宜黄。徙崇仁。先生詩工而奇。不談仙佛。而談考亭朱氏青田陸氏學。欣然意會。人莫能知。獨與草廬上下其議論。吴文正集。

草廬學侣

山長詹先生崇朴

詹崇朴字叔厚。安樂人。經義融貫。卓爲名儒。大德中。夏友蘭建鼇溪書院。吴文正公爲作啓。請先生主其教事。學者多所成就。所著有奎光集藏于家。姓譜。

學師何太虚先生中別見靜明寶峯學案補遺。

袁氏先緒

袁先生公壽

袁公壽字仁仲。其先南豐人。遷臨川之樓撫山。有暴客卒來犯。衆爲擊殺之。吏按其事。特爲患害。家以是益貧。先生不以動心。爲學甚力。自經史醫藥辨方卜日之書。靡不精究。置書册滿座。有隙暇未嘗廢讀。鄉之子弟以束脩求誨。每盡心焉。其爲教尤以己所不欲勿施于人之語爲切要。懇懇爲諸生言之。又好施與。道園學古録。

李氏先緒

補 孝子李先生季淵

李季淵字浩卿。臨川人。李氏之仲也。李氏居宅之後。有竹千百竿。作亭其中。名之曰環翠。鄉先生孫履常書程伯子所賦環翠亭詩于其上。使其父兄子弟覽觀而諷詠焉。後先生與其從子本訪虞道園山中。道斯亭之勝。道園爲之記曰。李氏之先。有活人陰德。竹之生意沛然似之。李氏羣從子弟八九人。皆好讀書。伊吾庭户。聲若金石。其秀挺玉立。又庶幾近之。且聞其好賓客。琴書觴詠無虚日。詩曰。有斐君子。如切如磋。如琢如磨。亦有從容于猗猗之間者乎。道園學古録。

梓材謹案。道園又爲君子堂記云。臨川李本伯宗之大父。以郡史從軍治屬縣數鄉之民。既而延鄉先生孫轍履常甫教二子於家。齋舍在蓮池上。履常取周子語題之曰君子亭。二子卽先生與其兄伯源也。

補 文靖貢雲林先生奎

附録

十歲輒能屬文。及壯。讀書并日夜忘寢食。于經子史傳無所不治。于其章義辭句。類數名制。委曲纖妙。無不究詣。

大德六年。中書奏授太常奉禮郎兼檢討。上書言。先王之制禮。雖節文有經。而本誠貴質。惟不蔽于禮之文。而得禮之意。則可以對越而無慊。不然。煩爲之節。無益也。朝廷多采其議。

丁祕監艱。延祐元年。服闋。起除承事郎江西等處儒學提舉。明年就官。大書其坐之屏曰。讀書之中。日有其益。飲水之外。他無所求。諸㊀生講説。文義爲師。弟子揖讓周旋日。匡坐堂上。人見其色和。其容謹。其言繹繹有理趣。退而燕處。聞其哦詠之音。若程工督計者。故士之屨恒滿户外。其及門者。亦進不怠以止。

雲濠謹案。先生以天曆二年卒。年六十有一。贈翰林直學士。追封廣陵郡侯。諡曰文靖。其所著曰雲林小稾。曰聽雪齋。曰青山漫吟。曰倦游集。曰豫章稾。曰上元新録。曰南州紀行。凡百有廿卷。草廬書貢仲章文稾後。稱爲江南之英。與

㊀「諸」上脱「與」。

吾鄧善之袁伯長俱掌撰述于朝。各能以文自見云。

補山長黄資仲先生澤

黄楚望語

唐人考古之功。如孔潁達賈公彦最精密。陸德明亦然。宋代諸儒。經學極深。但考古之功却疏。若以宋儒之精。用漢魏晉諸儒考古之功。則全美矣。

附録

嘗見邵子論天地自相依附。既以此思之。因及河圖洛書。渾天蓋天。吾道異端不同之故。以爲格物致知之端。孰有大于此者。晝夜思之。弗得弗措也。

教授江之景星。洪之東湖。考滿卽歸。閉門授徒。家人絶食。不知所出。而先生瞑目端居。涵詠優游。未嘗少變。或與客談論終日。揖讓如平時。客不知先生未晚食也。然終不降心以謀温飽。惟以經學失傳。用是爲戚。

其于易。以明象爲先。惟因孔子之言。上求文王周公之意爲主。而其機括則盡在十翼。作十翼舉要。

嘗曰。易有八卦。有六十四卦。有三百八十四爻。有大象。有小象。有大傳繫辭。有説卦。

有序卦。有雜卦。有河圖洛書。蓍策之數。學者當隨處用功。各詣其極。至于一以貫之。而後全易見矣。

又曰。古者占筮之書。即卦爻取物類象。懸虚其義。以斷吉凶。皆自然之理。乃上古聖人之所爲也。文王周公作易。特取一二。立辭以明教。自九筮之法亡。凡著人所掌者皆不可復見。而象義隱微。遂爲百世不通之學矣。乃作易學濫觴。

雲濠謹案。四庫書目著録易學濫觴一卷。提要言。其説易以明象爲本。其明象則以序卦爲本。其占法則以左傳爲主。大旨謂王弼之廢象數。遁于玄虚。漢儒之用象數。亦失于繁碎。故折衷以酌其平。其中歷陳易學不能復古者凡十三事。持論皆有根據云。

其于春秋。以事實爲先。以通書法爲主。其大要則在考覈三傳。以求向上之功。而其脈絡則盡在左傳。作三傳義例考。

其説易有常變。而春秋則有經有權。易雖萬變。必復于常。春秋雖用權。而不遠于經。各以二義貫一經之旨。

又懼夫學者得于創聞。不復致思。故所著書目雖多。皆引而不發。乃作易學濫觴。春秋指要。經旨舉略。稽古管見。示人以求端用力之方。而易春秋全解。則終身未嘗脱稾示人也。其辨釋諸經要旨。則有六經補注。詆排百家異義。則取杜牧之不當言而言之意。作翼經罪言。

其論周禮。于官屬多寡之由。職掌交互之故。錯亂之説。發尤精當。其祭祀之法。則兼戴記而考之。作二禮祭祀述略。禮經復古正言。

吴草廬序六經補注曰。楚望貧而力學。讀易春秋周官禮記。爲之辨析補注。弘綱要義。昭揭其大。而不遺其小。究竟謹審。灼有眞見。先儒舊説。可信者拳拳尊信。不敢輕肆臆説。以相是非。用功深。用意厚。以予所見明經之士。未有能及之者也。晚年見此。寧不爲之大快乎。予歎美之不足。因以諗于學者。蓋必于諸經沈潛反覆。然後有以見其用工之不易。用意之不苟云。

趙東山狀其行曰。先生寧使其學不傳于後。終不肯自枉以授諸人。是故能以數十年之勤。盡究諸經于闕塞之餘。而不能使聖人之心大明于天下後世。蓋其道若是也。豈非天乎。

又序春秋師説曰。黄先生所著經説。曰六經辨釋補注。曰翼經罪言。曰經學復古樞要等。凡十餘書。所舉六經疑義共千有餘條。其篇目雖殊。而反覆辨難。使人致思。以求失傳之旨。則一而已。

又曰。黄先生于春秋只令熟讀三傳。于三傳内自有向上工夫。謂二百四十二年之外。自伯禽至魯國亡之春秋。史官相承之法也。二百四十二年之中。隱公元年至獲麟之春秋。聖人之法也。

梓材謹案。四庫全書提要于東山春秋師説云。明不忘所自也。其作左傳補注序曰。黄先生論春秋學。以左邱明杜元凱爲主。又作楚望行狀。稱嘗考古今禮俗之不同。爲文十餘通。以見虚詞説經之無益。蓋其學有原本。而其論則持以和平。多深得聖人之旨云。

補 典簿武先生恪

雲濠謹案。元史隱逸先生本傳云。其從之學者多有所成。

熊西雨先生復

熊復字庶可。新建人。以五經教授鄉里。四方來學者常數百人。門人稱之曰西雨先生。南昌府志。

附録

草廬序先生春秋會傳曰。三傳去聖未遠。已失經意。漢儒不合不公。無足道。千載之下。超然獨究聖人之旨。惟唐啖趙二家。宋清江劉氏。抑其次也。澂嘗因三傳研極推廣。以通其所未通。而不敢以示人。今庶可所輯會傳。同者已十之七八。諸家注釋。未有能精擇審取如此者也。

余先生國輔

余國輔。金溪人。輯經傳考異。草廬序之曰。以予之亦嘗用力于斯也。俾序其首。又言。所去取不悉與予同。何嘗聚談。細細商略。以歸于至當之一。吴文正文集。

貢氏學侶

貢先生仲堅

貢仲堅。文靖之兄。至治元年。文靖謁告歸。與先生奉母以居。斂氣下聲。昆弟相顧。白首怡然。馬石田集。

資中學侶

補李先生泂

李泂字溉之。滕州人。生有異質。始從學卽穎悟彊記。作爲文辭如宿習者。姚牧庵以文章負大名。一見其文。深歎異之。力薦于朝。歷授奎章閣承制學士。先生旣爲帝所知遇。乃著書曰輔治篇以進。文宗嘉納之。會詔修經世大典。先生方臥疾。卽强起曰。此大制作也。吾豈可以不顧。力疾同修。書成。旣進奏。旋謁告以歸。復除翰林直學士。以疾不能起。僑居濟南。有湖山花竹之勝。作亭曰天心水面。文宗嘗敕虞道園製文以記之。有文集四十卷。元史。

草廬家學

補廉訪吴先生當

雲濠謹案。元史本傳言。先生卒年六十五。謚忠烈。

附録

改國子助教。勤講説。嚴肄業。諸生皆樂從之。

梓材謹案。經義考載先生周禮纂言云。未見。黄氏千頃堂書目謂其本大父之意爲是書。又引陸元輔之説云。羅一峯嘗言。吴文正公考周官以正六典。以大司徒之半補冬官之缺。蓋取俞氏邱氏之論也。伯尚書余未得見。不審依古本爲注乎。抑遵乃祖所定之次也。

草廬門人

補 文敏元先生明善

元氏文集

夫槎者。溝中斷也。利小涉。不大受也。胡不虚其中使無不容。牢諸外使無不載。道爲之楫。時爲之颿。泊之于義渚。繫之于德淵。若然。效大舟之實而不洩。犯大水之運而不覆。渢渢乎。潎潎乎。槎之進乎。是者至矣。檥槎亭記。

夫道不玄邈以爲高。不空寂以爲深。大則充周乎萬物。小則流行乎一身。法制謹嚴。經權周密。蓋不越易書詩春秋之外矣。亦不離綱常事爲之閒矣。若夫盡學士之上達。極聖賢之能事。固非指顧可會。文辭可判。而君子也。而賢者也。不諄諄歟。德言曰。君子德非徒德。才言曰。賢者才非徒才。道明義足。智周行圓。其用而出也。細不遺而鉅有措。其舍而處也。近者化而遠者格。爲良臣。爲大人。爲節士。爲眞儒。非由外假。端在我爾。無師而興。固曰。豪傑受業而成。孰爲凡民。武昌路學記。

謂天無體。舍日月星辰以求之。并天亦無。謂地無體。舍水火土石以求之。并地亦無。蓋象于上者一不實。天道廢矣。形于下者一不實。地道廢矣。乾不一實感。坤不一實應。凡子于其間者。幾乎其熄矣。而況于萬古之世。億兆之人。能不實而有其有哉。雖然。此徒以實觀之也。天地之間。陰陽而止矣。陽實也。其體則虛。陰虛也。其用則實。陽非虛物無以生。陰非實物無以成。故曰。一實二虛。還相體用。惟虛也乃能受。能受故神。惟實也乃善出。善出故化。父道也。母道也。人物之以命相資也。孰有壹之之理哉。虛室記。

理學至宋九大儒言之。可謂詳且明矣。苟潛心于四書。發之以近思録。而後進于易書詩春秋。何理不窮。以之修身治人。聖賢事業不外乎是。然理自難明。言之易差。非明師良友講授之眞。幾何不有千里之繆哉。程氏四書章圖序。

利因職。趣世亟。羣慝息。鈍乃德。古劍銘。

梓材謹案。馬石田爲神道碑。稱其文有賦五。詩凡一百六十三。銘贊傳記五十九。序三十。雜著十五。碑誌一百三十。出入秦漢之間。王阮亭居易録引内閣藏書目録載元清河集三十九卷有闕。

附録

陞翰林直學士。知制誥。同修國史。有詔命節書文譯其關政要者以進。公請與宋忠臣子集賢直學士文陞同譯潤。書成。每奏讀一篇。上必善之。曰。二帝三王之道。非卿莫聞也。

改禮部尚書。正孔氏宗法。以五十四世孫思晦襲封衍聖公。事上。制可之。草廬序元學士文稾曰。學士自少負才氣。蓋其得于天者異于人。而又浸浸乎羣經。蒐獵乎百家。以資益其學。增廣其識。類不與人相同。既而任于内外。應天下之務。接天下之人。其所資益增廣者。又豈但紙上之陳言而已。故其文脱去時流畦徑。而能進古作者之道。正矣而非易。奇矣而非艱。明而非淺。深而非晦。不狂亦不萎。不俚亦不靡也。登昌黎韓子之堂者。不于斯人而有望歟。

梓材謹案。草廬稱先生爲學士。是未嘗以及門畜之。然攷先生文集。有吴幼清先生南歸序。則固退在弟子之列矣。

補學士虞邵庵先生集

道園經説

昔者。周公因堯舜禹湯之傳。制典禮以成文武之業。布之天下。傳之後世。周道之衰。有司廢墜。仲尼思周公之遺緒。無其位以行之。贊其辭于易。載其蹟于書。詠其聲于詩。正其法于春秋。而周公之制作盡在是矣。

古人制作見于後世者。學士大夫求之詩書易春秋。而儀禮周官。其專書也。

道園集古録

伏羲之卦。文王申之。神禹之疇。武王詢之。文無異也。道無異也。然而伏羲之作。造化備矣。何以有待于文王。武王之心。神明通矣。何以猶待于箕子。然則羣聖之奥。有待于後世者。猶無窮乎。廷試策問。

昔者。儒先君子論道統之傳。自伏羲神農黄帝堯舜禹湯文武周公至于孔子。而後學者傳焉。顔子殁。其學不傳。曾子以其傳授之聖孫子思。而孔子之精微益以明著。孟子得以擴而充之。後千五百年以至于宋。汝南周氏始有以繼顔子之絶學。傳之程伯淳氏。而正叔氏又深有取于曾子之學。以成己而教人。而張子厚氏又多得于孟子者也。顔曾之學均出于夫子。豈有異哉。因其資之所及。而用力有不同焉者爾。然則所謂道統者。其可以妄議乎哉。

自濂洛之説行。朱氏祖述而發明之。于是學者知趨乎道德性命之本廓如也。而從事于斯者。誦習而成言。惟日不足。所謂博文多識之事。若將略焉。則亦有所未盡者矣。況乎近世之弊。好爲鹵莽。其求于此者。或未切于身心。而攷諸彼者。曾弗及于詳博。于是傳注之所存者。其舛謬牴牾之相承。既無以明辨其非是。而名物度數之幸在者。又不察其本原。誠使有爲于世。何以徵聖人制作之意。而爲因革損益之器哉。以上鶴山書院記。

夫經也者。無待于尊而常尊者。聖人之心之所著也。聖人之道之所載也。通三才之知以知變化之本。極經綸之妙。吾心之運□㈠又未始與聖人異也。有能知其心之大而尊之者乎。由其道以推致聖人之至者乎。是則尊經之大者。尊經閣記。

今夫天道之行也。必有斂肅以啓發生之機。人之爲學。何可無所涵養。以爲動而泛應之地乎。苟自始及終。無一息之靜。則隱微之閒。動機之發。亦何以察其辨而致其力。況于風靡瀾倒潰冒衝突而後從而制之。將何及乎。大本堂記。

無欲故靜。靜之一言。因人道以觀天之道最爲深著。夫耳目口鼻之接。飲食男女之際。喜怒哀樂之發。人之所不能無者也。而遽曰無欲。豈易言哉。孟子曰。養心莫善於寡欲。寡之云者。未能盡至于無也。周子曰。寡焉以至于無。是知寡欲者。學者求爲無欲之漸也。艮之彖曰。艮其背。不獲其身。行其庭。不見其人。釋者曰。外物不接。内欲不萌。此求爲無欲之道乎。二程得周子其教人直以敬之一字。而使從事焉。知主乎敬。則可以馴致于無欲矣。主靜齋記。

古之學者。于其先師則有釋奠釋菜之禮焉。非廟之謂也。前代之制。夫子南面。以其門人配。而廟食于學宮。我國家因而推用之。日以盛大。賢守令有意于民事者。必先用力于廟學。謂之知本。夫廟無與于學也。然而道統之傳在是矣。學于此者。誦其詩。讀其書。習禮明樂于其閒。誠其道也。不敢不俛焉以盡其力。非其道也。不敢雜然以妄用其心。聖賢去之千載。求諸彷彿之形

㈠「□」當作「量」。

容。以端其所嚮導焉。所繫不已重乎。新昌州重修儒學宣聖廟記。

古之所謂學者。無他學也。心學而已耳。心之本體。蓋足以同天地之量。而致用之功。又足以繼成天地之不能者焉。舍是弗學而外求焉。則亦非聖賢之學矣。然而其要也。不出于仁義禮智之固有。其見諸物。雖極萬變。亦未有出乎父子夫婦君臣長幼朋友之外者也。故曰。聖人者。人倫之至而已。聖人至而我未至。故必學焉。求其所以至。則必思焉。思學齋記。

志苟立矣。雖至于聖人可也。昔人有言曰。有志者。事竟成。又曰。用志不分。乃凝于神。此之謂也。志苟不立。雖細微之事。猶無可成之理。況爲學之大乎。尚志齋記。

請以人事論之。月到天心。清之至也。風來水面。和之至也。今夫月未盈則不足于東。既虧則不足于西。非在天心。則何以見其全體。譬諸人心。有絲毫物欲之蔽。則無以爲清。墮乎空寂則絶物。又非其至也。今夫水滔滔汩汩。一日千里。趨下而不爭。渟而爲淵。注而爲海。何意于衝突。一旦有風鼓之。則横奔怒激。拂性而害物。則亦何取乎水也。必也。至平之水而遇乎方動之風。其感也微。其應也溥。涣乎至文生焉。非至和乎。譬諸人心。拂嬰于物則不能和。流而忘反又和之過。皆非其至也。是以君子有感于清和之至。而永歌之不足焉。天心水面亭記。

聖人之教人。蓋以詩爲學矣。孔子説烝民之詩曰。爲此詩者。其知道乎。故有物必有則。民之秉彝也。故好是懿德。戰戰兢兢。如臨深淵。如履薄冰。曾子之所以終身也。鳶飛戾天。魚躍于淵。子思之所以明道體也。不以文害辭。不以辭害志。以意逆志。是爲得之。孟子之所以説詩也。是以程子之于詩也。嘗默推一兩字而誦之。使人自解。又曰。今之學者。未見意趣。必不樂學。欲以三百篇教之。歌舞恐未易曉。欲別作詩。令朝夕歌之。似當有助。其意一也。聖賢之於詩。將以變化其氣質。涵養其德性。優游饜飫。詠歎淫泆。使有得焉。則所謂温柔敦厚之教。習與性成。庶幾學詩之道也。鄭氏毛詩序。

先正魯國許文正公。實表章程朱之學。以佐至元之治。天下人心風俗之所係。不可誣也。近日晚學小子。不肯細心讀書窮理。妄引陸子靜之説。以自欺自棄。至欲移易論語章句。直斥程朱之説爲非。此亦未有見于陸氏者也。特以文其猖狂不學。以欺人而已。此在王制之必不容者也。送李彦方閩憲詩序。

百十年前。吾蜀鄉先生之教學者。自論語孟子易詩書春秋禮。皆依古注疏句讀授之。正經日三百字爲率。若傳注史書文章之屬。必盡其日力乃止。率晨興至夜分不得□㊀。以爲當持身以尚孝友。惇忠信。厲節義爲事。其爲文多尚左氏蘇子瞻之説。及稍長而後專得從于周程之學焉。故其學者。雖不皆至博洽。而亦無甚空疏。及其用力于窮理正心之學。則古聖賢之書。帝王之制度。固已先著于胸中。及得其要。則觸類無所不通矣。送趙茂元序。

易書詩春秋禮之爲經五。儒者蓋莫不欲通焉。漢之專門名家。則亦已固矣。而先儒之説曰。

㊀「□」當作「休」。

先通一經而明。則餘經可得而通也。既而又有言曰。論語大學中庸孟子之説通。則諸經可得而通矣。此皆要言也。送朱德嘉序。

約之爲文從系。蓋束絲之文也。故凡斂束之事。舉借用之。如約束約信窮約之類是也。易所謂納約自牖。約信也。孔子所謂不可久處約。窮約也。此以事言者也。即學而論之。孔子又謂以約失之者鮮。此約也。不侈然自放之意。取乎斂束者也。顔子之約禮。謂其所知既博。其要在于復禮。是約也。猶云要也。孟子謂曾子守約者。對守義而言。猶云守義。守乎義則所守者約。又謂反説約者。蓋以説爲言。自博而説歸乎約耳。此數者。文義雖不大相遠。所指之地則異。亦不得比而同之。約齋跋。

吾聞君子之治乎斯民也。作而新之。如震斯驚。時而化之。如澤斯溥。于以致雷雨滿盈之功。于以成天地變化之道。是故勇以發至仁之心。誠以通至神之迹。則善體物者矣。所翁龍跋。

附録

公五齡夙慧。避地無書。母楊夫人能倍誦論孟及春秋左傳歐蘇文之常誦者。口授輒成誦。九歲還長沙。始得墨本。而公已悉通大意。

故國名卿學士多寓是邦。公入則受教家庭。出則從諸公游。于經傳百氏之説。帝王之制。有國家者興衰得失之由。與其爲之之術。無不學焉。而典故沿革。世家爵里。考覈于近代者尤精詳。

嘗與弟槃屏居一室。日講所學。因讀邵子書有契。題其宇曰邵庵。故四方稱爲邵庵先生。嘗言。先儒于致知之目。其考乎二氏者。皆將有所辨正。非博聞之謂也。蓋嘗接其徒。扣其所以爲説。然後歎夫聖人之教不明。學者無所據依。以爲下學上達之地。而欲切究性命之原。死生之故。其不折而歸之者寡矣。

先生自贊畫像曰。邈乎千載之下。而謂古今一時也。眇乎五尺之軀。而謂天地一體也。廓乎不自知其所知也。欿乎未能至其所至也。俛乎若憂非有傷乎其内也。泊乎若休無所待乎其外也。服今人之服。食今人之食。同乎今之人。聊以順吾際也。讀古人之書。誦古人之詩。思夫古之人。不知老之至也。

趙東山狀其行曰。成均之士數百人。多宗戚子弟。施教者每不安厥職。公爲助教。即以師道自任。申國學之成法。以嚴正大之規。本聖賢之遺書。以發精微之藴。明事理之是非㊀。通輕㊁俗于性情。修辭者陳義必精。辨惑者無微不顯。學者資質不齊。俱獲其益。有志者。待公之退。多挾策趨門下者㊂以卒其業。他館之士靡然宗尚。多相率詣館下請益。爲之師者。一無閒言。又曰。公于諸經之説。不專主一家。必博考精思以求致用之道。謂易因卦立言。暢于周公。

㊀「是非」當爲「非二」。
㊁「輕」當爲「雅」。
㊂「者」衍。

究于孔子。首尾完具。生乎千載之下。而仰觀千載之上。以凡人之資。而欲窺見天與聖人之道。不可下此而他求也。嘗得江東謝仲直氏傳授之説。以先天八卦圓圖爲河圖。九數而九位爲洛書。而十數而五位者爲五位相得之圖。心雅善之。或請著論以伸其説。則曰。易道廣大。何所不該。誠得其自然之數。則無往不合也。然先儒有成言焉。當存之以俟知者。其不苟異如此。又曰。臨川吳公。當弱冠時。即以斯道自任。據經析理。窮深極微。莫之能尚也。及乎壯歲。猶幡然以爲非是知類入德之方。上達日新之妙。蓋有同遊之士所不及知。而公獨得聞之者矣。吳公没。其書大行。讀者各以所見求之。往往失其本眞。公每爲推本吳公成己之要以告人。而後願學者得以致其意焉。

陳石士師擬虞道園翰林珠玉集序曰。抑嘗讀公所爲送李彦方閩憲詩。慨國初許文正表章程朱之功。而其學者或顯背謗毀之。欲彦方之有以正其俗。汲汲然以明道爲己任。此其用意之深遠。尤非詩人所能及矣。

補　參政貢玩齋先生師泰

梓材謹案。先生門生朱鐩爲先生紀年録云。延祐閒。雲林公待制翰林。以公從學國冑。時雪樓程公。草廬吳公。子翬魯公。伯生虞公。元功歐陽公。相繼爲監官。公游諸公閒。涵濡漸漬。所得者深。是先生固諸公門下士也。

貢玩齋集

伏羲觀馬圖而畫卦。神禹因龜書而敘疇。至我夫子繫易。乃謂河出圖。洛出書。聖人則之。則圖書似皆爲畫卦出。而敘疇若無與焉。此千歲之下。辨議紛紜。雖更周邵程朱諸大儒之論。猶莫知所適從也。況九疇之傳錯出乎五皇極之下。蔡氏著書竟莫之正。是學者不能無惑焉。胡氏定正洪範集説序。

夫我于天地閒亦萬物之一也。以一較萬。其猶稊米之于太倉乎。以萬歸一。其猶太倉之于稊米乎。故凡形色之可接者。聲音之可求者。氣類之可感者。其數無窮也。其變莫測也。固非一身之所能備也。而不知自物觀物則物物也。物且萬萬也。自我觀物。則物豈外我一身哉。且人也。物也。同得陰陽五行之氣以成形也。亦同得陰陽五行之理以爲性也。何其正通偏塞之不同耶。蓋知覺運動之蠢然者。物與人固無異也。仁義禮智之粹然者。人與物果無異乎。是以散之爲萬殊。斂之爲一理。以一貫萬。其所以爲備也亦大矣。雖然。體之而不實。則羣疑之起。足以害吾道。行之而非恕。則一念之私。足以戕吾仁。若然則一自一烏乎萬。萬自萬烏乎一。非知道者。其孰能與于此。備萬齋記。

附録

公淳篤温厚。樂易可親。所至之地。學者雲集。雖在官次。教亦不倦。前後受業于門者凡數百人。

公在京師。揭先天六十四卦圓圖于壁而虚其中。禮部員外郎程文名之曰玩齋。故學者皆稱爲玩齋先生云。延祐二年。文靖提舉江西儒學。公從行。時吴文正公辭國子司業歸鄉里。受業其門。文正深許之。

程黟南序東軒集曰。先生脱吳門之難。棲遲海上者三年。益得肆其問學之功。及丞相迫起之。不得已爲兩浙運使。才志又不得以大展。則抑遏隱忍以就筆硯之末。載其道于書。故其陳義之高。屬詞之密。深厚爾雅。又非前日友迂玩齋之比矣。

余忠宣序泰父文集曰。夫古之賢士多不兼于文藝。文藝雖卑。而世亦貴而傳之者。愛其人也。不賢者之于文藝。雖極其精。人猶將賤之。亦何以爲也。泰父。忠孝人也。其功名事業。當不待文與詩而傳。而況于兼有之耶。

王忠文序玩齋文集曰。公之先君子文靖公。在延祐中與諸公齊名。公克承家。又早游上庠。受業諸公間。故其問學培植深厚。見于文章者。氣充而能暢。辭嚴而有體。講道學則精而不鑿。陳政理則辨而不夸。誠足以成一家之言。而繼前人之緒矣。

補學士鮑西溪先生恂

梓材謹案。先生著有學易舉隅三卷。四庫書目著録經部存目。提要云。仲孚。崇德人。登至元乙亥進士。薦爲翰林不就。又云。明史吳伯宗傳稱。與吉安余詮高郵張長年登州張紳同薦。恂年八十。詮年亦七十。並命爲文華殿大學士。皆以老疾固辭。遂放還。惟紳授鄠縣教諭。後官至布政使。則恂固未嘗仕明。陶宗儀輟耕録載。鮑恂以妻父建德知縣俞鎮之力。夤緣中浙江鄉試第十四名。考其籍乃嘉興。其年乃至正甲申。蓋名姓偶同。非此鮑恂也。

補州同夏先生友蘭

梓材謹案。先生初名九鼎。從草廬于國子監。又得旨從集賢大學士李公遊。見草廬所作墓志。

附録

家居之儀。時祭之禮。一遵司馬氏朱氏所定。

補袁樓山先生明善

雲濠謹案。趙東山行狀言。有袁誠夫者。文正公高弟。緝師説爲四書日録。旨意與朱子多殊。請商訂。先生爲條别是非數萬言。袁公心服。多所更定云。又案。虞道園志其父墓云。某老病家居。延明善于家塾。使子弟執經而學焉。是所謂教授于邵庵之門也。

附録

朱楓林跋中庸旁注曰。中庸經朱子訓釋之後。説者亦多。其閒最有超卓之見者。饒氏也。有融會之妙者。思正李先生也。精于文義。切于體認者。樓山袁氏述吴氏之説也。

補李先生本

附録

虞道園記君子堂曰。予與伯宗游已數年。今歲留山居者踰月。察其不自安于衆人之習。眞欲自致于君子。静而不滯。進而不止。有初有終。庶幾無媿于斯堂者乎。幾微之先。歧路之差。則不可以不愼也。姑記其説。而相與切磋琢磨。以求其成焉。

梓材謹案。道園嘗爲其大父仲華墓表云。予過臨川。有諸生李本來謁。循循進退。有學者之風。先生爲道園學古録後跋。自稱門人。則先生固自列于虞門矣。

又送之序曰。昔者臨川吴公之講學。無間于出處。學者之及其門。南北數千人。既老。就養郡庠。語其門人曰。吾郡庶有才俊之士乎。郡之子弟無不得見焉。伯宗得見公時。年將三十。未一年而公没。集之歸至斯郡也。已不復見公。庶及閒暇。有所質問焉。則無及已。此伯宗之見予而深歎之者也。

又曰。蓋吾聞伯宗之爲學也。取論語孟子大學中庸集注章句。句句而誦之。字字而索之。不敢有間也。其于易詩書春秋禮記。取先儒訓義以通之。循環誦讀。率數月一周。其後專取程氏遺書。晝誦夜惟。旁及諸儒之文字言語。參攷密究。如此者又數年矣。不敢以處家之難。應事之雜。

而少廢也。懼夫獨學之寡聞也。求諸十室之近焉。推之百里之遠焉。猶懼夫輔己之未足也。今茲又將游行于四方。以觀乎都邑之大而取友焉。韓氏之言曰。業精于勤。荒于嬉。若伯宗者。其無荒于嬉也哉。

補 李先生棟

雲濠謹案。先生字伯高。

附録

虞道園送之序曰。本來居月餘。予爲著君子堂以勉之。後一月。棟又來。而云將游學于四方也。夫子弟生于陰德之門。譬諸草木生于沃壤。其所因者厚矣。然而嘉穀芳草之生。有待于人力。非若稂莠稊稗易于蕃茂也。棟嘗學詩乎。詩曰。芃芃黍苗。陰雨膏之。言欲其潤澤長養之深也。又曰。芃芃棫樸。薪之槱之。言有成材。人將用之。有不待己之求也。又曰。蒹葭蒼蒼。白露爲霜。蓋言其時至而器成。則其所至亦遠也。

梓材謹案。先生兄弟。儒林宗派皆列吳氏之門。然觀道園之序。並以名稱。似亦虞氏門人。

補 徵君朱先生夏

雲濠謹案。先生嘗以春秋中延祐丁巳鄉貢進士舉。王忠文公嘗序其文集。

附録

元會之學。精敏閎博。以明理爲本原。講辨論議之際。悉尊信其師説。

補 楊玉華先生準

梓材謹案。先生泰和人。蕭元齋楊賢可之師楊達觀。爲泰和鄉先生。蓋卽先生也。

補 通判皮先生溍

梓材謹案。草廬年譜。元貞十一年六月如臨江路。病至百日。止門人清江皮溍家。文正集有送皮溍赴官序。有作皮縉者。誤。

補 鄉舉解先生觀

修史上書

天朝平金在先而事體輕。平宋在後而事體重。議者乃欲以先後爲尊卑。而不知本輕重以正其大體。夫今之職制。先至者居右。議者之論。蓋本乎此。臣愚觀之。先至者宜居右。先去者可居右乎。正猶人家長幼。先生者爲兄。先死者得爲兄乎。推之于國。先興者爲尊。先亡者得爲尊乎。此先後之論所以不通也。

有宋則及于漢而過唐。其君則有若太祖太宗眞宗仁宗。有若高宗孝宗。皆賢明之主。其大臣則有若李忠定公張忠獻公趙忠簡公。皆傑出之佐。論道學則有周程張邵朱呂之繼統。論文章則有歐蘇王曾之名世。論逸隱則有陳搏魏野林逋之清高。論忠義則有若李若水楊邦乂李芾文天祥之死節。有若趙韓王李文靖公寇萊公王沂公。有若范文正公富鄭公韓魏公司馬温公。類皆炳炳烺烺。足以追跡三代。漢唐比之。隘矣。至于遼。則與宋相鄰者百五十年。金則首末百二十年。遼惟聖宗興宗二主歷九十年。金惟世宗章宗二主歷四十餘年。皆與宋講和。號爲承平。然以元魏孝文興禮樂崇文治方之。恐猶有逕庭也。然則宋之爲宋。比之漢唐有光。遼金之爲遼金。比之元魏而猶慊。譬之凫鶴短長。其天素定。恐非人力所得而繼續增損也。

或者曰。金人嘗甘心于徽欽。靖康統絶。則金當續矣。臣愚應之曰。周幽王嘗陷西戎之難。平王東遷。宗周黍離矣。仲尼作春秋。乃始明尊周之大義。則周之統未嘗由幽王而遂絶也。晉懷愍亦罹青衣之辱。元帝南渡。神州陸沈矣。朱子作綱目。亦復帝晉。則晉之統未嘗隨懷愍而遂亡也。聖賢經世立法。正以存天下之大防焉耳。

或者又曰。高宗不能復讐。嘗屈節稱臣于金。豈復得居正統。臣愚又應之曰。唐高祖稱臣于突厥矣。然頡利卒爲太宗所擒。唐之統固自若也。而何有突厥。晉高祖稱臣于契丹矣。德光入汴。卒不得與漢爭。則晉統自有繼之者。而何論乎契丹。大抵倉卒舉事。不能仗義自立。而屈己稱臣于人。豈待智者而知其失策。故繼世之君。幸而如太宗。則立雪其恥。不幸如出帝。則自底滅亡。

然而中夏有主。則一夫之存亡。固不容以變其統。此五代史記所以係漢係周。而初無與于契丹也。

附録

幼警敏嗜學。不以食息廢。大父莊山先生藏書萬卷。先生竊讀殆徧。受學于季大父主靜先生。主靜善導誘。居嘗舉所見宋儒諸老宿德儀刑嘉言善行。先生益自刻苦。天文地理兵刑曆律靡不精究。尤深于易。考宋史如指掌。吴文正以宋書屬之。嘗于虎邱山講學。後又建東山書院于金釵嶺。扁曰麗澤齋。弟子自遠至者甚衆。明文海。

補 教諭黄先生盅

梓材謹案。先生乃文正孫壻。見文正神道碑。虞道園爲作大本堂記。亦止云其後得壻公門。未云以子妻之也。又道園學古録題跋有云。宜春黄氏之先。以澄陂名其堂。余嘗爲記之。其子盅子中。自其少時。受學于臨川先生之門。蓋有聞焉。于是又欲予廣澄陂之義。故爲之言如此。

補 王先生祁

梓材謹案。揭文安爲文正神道碑言。中山王圻輩受業。蓋卽先生。猶詩祈父書作圻父爾。

補 李先生擴

雲濠謹案。虞道園送之序謂。李擴事吴先生最久。先生之書皆得授而讀之。先生又嘗使來授古文。故于僕尤親近。時蓋以國子學生將命以官云。

補 文忠包先生希魯

雲濠謹案。先生著又有易九卦衍義。

補 熊萬初先生本

附録

虞道園序先生舊雨集曰。僕至郡。少俊之士多不鄙。來見問之。多出萬初之門。雖其後更他名師。而篤實有質行。多吾萬初所啓也。然則文豈足以盡知吾萬初哉。

補 州判許先生晉孫

雲濠謹案。黄文獻誌先生墓言。其弱冠游京師。或介以謁趙文敏公。又因文敏徧游大人先生之門。以薦補國子學生。一時名師儒皆大奇之。

補 饒先生敬仲

附録

虞道園序其詩曰。敬仲遺予五言長詩凡百韻。陳義之大。論事之遠。引援乎往昔聖賢之業。鋪張乎一代文章之體。縱横開合。動蕩變化。可喜可駭。可感可歎。及觀其他作。往往不異乎此。

而此千言者。尤足肆其馳騁云。嘗著書一編。述山水之情性。臨川亟稱之。首爲之序。以傳于世。

縣尹虞先生槃

虞槃字仲常。伯生之弟也。延祐五年第進士。授吉安永豐丞。除湘鄉州判官。秩滿。除嘉魚縣尹卒。先生幼時。嘗讀柳子厚非國語。以爲國語誠可非。而柳子之説亦非也。著非非國語。時人已歎其有識。詩書春秋皆有論著。而春秋乃其家學。故尤善。讀吴草廬所解諸經義。輒得其旨趣所在。草廬亟稱之。元史。

仲常遺文

學者敏于修而已。敏于修則體無不具。而用無不周。其亦有外此而可以言學者乎。孟子曰。聖人百世之師也。伯夷柳下惠是也。伯夷柳下惠無以異于衆人也。而可以爲百世之師者何哉。修其身而已耳。蔡君字説。

附録

道園誌其墓曰。于詩于書。考諸傳注。常病其傳襲爲説而無以知古昔之意。皆定著其説。凡數十篇。其學尤粹于春秋。以爲諸傳不足以得聖人之旨。亦别著爲書。尤病左氏之夸于辭而謬于實也。遂并史漢之謬而論之。

梓材謹案。道園所作誌文有云。至撫之崇仁。先君有友曰吴公澄。幼清氏先夫人曰。此大儒。非常人比。故我兄弟雖學于家庭。而仲常深究力攷。已爲吴公所知。據此。似先生特草廬私淑弟子。而萬姓統譜以爲同遊草廬之門。

皮時中先生濛附子霖。

皮濛子以亨。平江判官昭德之弟也。嘗築别室里第之南數十步。堂成。求名於草廬。乃題其堂曰時中。又爲之辭焉。後數年。先生卒。又數年。堂燬而辭亦亡。其子霖思先人之遺意。更卜構堂。仍其舊名。請道園以意中之。道園學古録。

解山泉先生蒙

解蒙字求我。吉水人。與兄觀我治易有名江鄉閒。先生著有易經精藴。季通亦其兄弟也。有易義。經義考。

易精藴大義

頤養之道。以安静爲無失。二三動體。故顛拂而凶。四五静體。故顛拂亦吉。震三爻凶。艮三爻吉。可見。頤六三。

恒有二義。利貞者。不易之恒。所以體常。利有攸往者。不已之恒。所以盡變天地。聖人所以能恒者。以其能盡變也。恒象。

梓材謹案。春雨學士表劉章江墓云。縉之家學傳于東山楊先生。靜春劉先生四傳而至季大父伯中先生觀。仲正先生蒙。又講于吴文正公。慨然有得。精思力踐。所至門人弟子麇至而從之。乃建學舍于里東山之下。四方之人畢集焉。據此。則先生亦在草廬之門矣。

梓材又案。先生字求我。江西通志作字來我。以字形相近而誤。一字仲正。蓋亦吴文正所更。號山泉先生。見學士送姚大同歸襄陽序。四庫書目著録易精蘊大義十二卷。永樂大典本。

平章董先生士選

董士選字舜卿。槀城人。忠獻文炳次子也。幼從父居兵閒。晝治武事。夜讀書不輟。宋平班師。詔置侍衛親軍諸衛。以先生爲前衛指揮使。號令明正。得士大夫心。未幾。以其職讓弟。帝以先生同僉行樞密院事。于湖廣久之。召還。歷爲江浙行省右丞。遷汴梁行省平章政事。又遷陜西。先生平生以忠義自許。尤號廉介。自門生部曲。無敢持一毫獻者。治家甚嚴。而孝弟尤篤。時言世家有禮法者。必歸之董氏。其禮敬賢士尤至。在江西。以屬掾元明善爲賓友。既又得吴草廬而師之。諸老儒及西蜀遺士。皆以書院之禄起之。使以所學教授。晚年好讀易。澹然終其身。元史。

學士曾滄海先生堅

曾堅字子白。臨川人。其族分自南豐。父祖皆宋進士。書詩之業。遠有端緒。先生既承家庭之訓。又出從元夫鉅儒游。鑽研六經。孶孶惟恐弗力。聞吴文正公講學華蓋山。裹糧往叩之。胸中疑難。一旦冰釋。後擢進士。助教國子。修撰翰林。出任江西行省郎官。入成均爲丞。遂升司業。進詳定副使。拜監察御史。已而復爲副使。改翰林直學士而卒。其文刻意以文定爲師。宋潛溪序其文集。稱其剛明正直。政事多可書云。宋文憲集。

梓材謹案。先生嘗爲舒文靖公墓田記。又序薛毅夫四明洞天丹山圖詠集。自稱滄海逸史臨川曾堅序。有云。余再以使事航海。出慶元洋。故得爲文靖墓田記也。經義考有曾氏堅詩疑大鳴録一卷。黄氏千頃堂書目以爲吴江人。仕元爲禮部員外郎。徐達克元都。同學士危素等出謁軍門。太祖仍命原官。後洪武初歷官雲南左布政使。至宣德時尚存。蓋與先生同姓名者。非一人也。

儀司曾先生塾

曾先生欽合傳。

蕭先生泉合傳。

州同黄先生常合傳。

曾塾。樂安人。因游京師。蒙古國子監以弟坦長其地。充侍儀司之屬。嘗與兄之子欽。及里中士蕭泉。將同知耒陽州事黄常。皆及草廬之門。文正文集。

鄉貢吴先生尚志

周先生漮合傳。

吳尚志。盱江人。草廬禮記纂言稾成。請鋟木。遂與草廬之甥周漮。集同門之士。相與成之。

禮記纂言跋。

梓材謹案。吳先生與朱禮德嘉並盱之鄉貢進士。蓋德嘉以詩舉。而先生以禮舉也。虞道園送以序云。聖人之教其子也。學詩學禮而已爾。集是以命弟子學詩于德嘉矣。然則學禮者。其將求之于尙志乎。

王先生子清

王子清字寅叔。金陵人。皇慶初。吳草廬以疾尋醫。過金陵。先生授之館。執弟子禮。而請學焉。草廬稱其爲學不卑卑于世儒記誦詞章之習。上慕古之聖人賢人而爲師。可謂特見卓識。而不得年以死。是可慨也。吳文正集。

參政蘇滋溪先生天爵詳見靜修學案。

參政周堅白先生伯琦

周伯琦字伯温。饒州人。自幼從父待制應極宦遊京師。入國學爲上舍生。積分及高等。去以蔭授將仕郎南海縣主簿。三轉爲翰林修撰。改宣文閣授經郎。教戚里大臣子弟。每進講輒稱旨。帝以先生工書法。命篆宣文閣寶。仍題扁宣文閣。及摹王羲之所書蘭亭序。智永所書千文。刻石閣中。嘗呼其字伯温而不名。會御史奏風憲宜用近臣。特命僉廣東廉訪司事。八年。召入爲翰林待制。累陞直學士。除兵部侍郎。與貢師泰同擢監察御史。兩人皆南士之望。一時榮之。遷崇文太監兼經筵官。出爲江東肅政廉訪使。長槍鎖南班陷寧國。先生與僚佐倉皇出走。至杭州。除兵部尚書。改浙西肅政廉訪使。丞相達識帖睦爾承制。假參知政事。招諭平江張士誠。留平江者十餘年。士誠既滅。乃歸鄱陽。尋卒。先生博學工文章。而尤以篆隸眞草擅名當時。嘗著六書正譌説文字原二書。又有詩文稾若干卷。元史。

梓材謹案。先生所著名堅白居士集。亦名近光扈從集。宋濳溪誌其墓云。補國子生。事吴文正公。鄧文肅公。虞文靖公。于司業博士座下作野菊賦。元文敏公稱之。輒有名。又云。僉廣東廉訪。薦處士陳明等六人于朝。建豐湖白鶴二書院。以祀蘇文忠公軾羅文質從彦。拜監察御史。薦中外官一百二十七人。擧士二十五人。蹇蹇不阿。大臣皆嚴憚之。

雲濠謹案。四庫著録先生説文字原一卷。六書正譌五卷。提要云。是二書前。有宇文公諒總序。説文字原之首。有自序。又言。此二書推衍説文者半。參以己見者亦半。瑕瑜互見。通蔽相仍。不及張有復古編之精密。而亦不至如楊桓六書統之淺雜。又云。明郎瑛七修類稾。載其降于張士誠。士誠破後。爲明太祖所誅。謂元史稱其後歸鄱陽病卒爲誤。然宋濂修史在太祖時。使其果與士誠之黨同誅。濂等不容不知。瑛所言。殆傳聞失實也。

陳先生禧

陳禧。□□㊀人。著有周易略例補釋一卷。草廬序之曰。禧年甚少。而篤志于經。世武功而從事于文。諸侯之子而齒于庶士以共學。是其天質之異于人者也。經義考。

㊀「□□」當作「潮陽」。

張先生恒

張恒。汝南人。臨川吴草廬弟子。善談名理。宋文憲集。

梓材謹案。先生爲草廬孝經章句後序。稱草廬南還次廣陵。郡子訪道諏經者日至。恒往受業焉。序文甚詳。不具載。

陳先生垚

陳垚字伯高。□□人。生長素封之家。而無膏粱紈綺之態。既成童。詣草廬讀書。草廬每日談辨。從旁竊聽。悉能悟解。卒年十九。吴文正集。

曾先生仁

曾仁。草廬學者。元統元年。草廬疾作。召之曰。生死常事耳。須使吾子孫知之。文正年譜。

山長康先生震

康震字宗武。泰和人。嘗從吴草廬劉申齋學。草廬孫湖廣左丞當薦爲慶陽書院山長。秩滿當遷。以親老歸。作莊山書院。招延學者館教之。有思治集藏于家。吉安府志。

教授吴平齋先生皋

吴皋字舜舉。臨川人。宋履齋丞相六世孫。早師草廬。得爲學之要。文章森嚴有法。教授臨江。遂占籍焉。號平齋。有吾吾齋類稾。撫州府志。

柳先生從龍

柳從龍字雲卿。九江人。志行卓然。年長于草廬。而學于草廬。家闠闤之閒築精舍曰靜虛。晨省之暇。玩聖賢之書。草廬爲作靜虛精舍記。江西通志。

學諭唐先生術

唐術字景行。永豐人。博通經史。刻志勵行。從吴文正公遊。深相契合。至正庚寅中乙榜。授宜春學諭。元季兵亂。先生仗義率衆。以圖保障。執于賊。大罵不屈。遂遇害。羅一峯集。

進士李先生路

進士李先生岳合傳。

李路。乙卯進士。李岳。戊午進士。從草廬遊。草廬病其名之不雅馴。爲之更名。吴文正集。

梓材謹案。文正送舒慶遠南歸序有云。河閒李岳及吾門。以治周易義應舉。

鄒先生志道

鄒志道。宜黄人。至元二十五年。文正授徒宜黄縣明新堂。鄰境有警。乃奉母游夫人寓其舊廬。文正年譜。

張先生達

張達。中山人。元貞五年。吴文正授應奉翰林文字同知制誥國史院編修官辭去。先生與同郡王圻河西張恒輩皆從受業焉。揭文安集。

吴先生浚

吴浚字德普。崇仁貳令之孫。草廬爲字説以教之。吴文正集。

縣尹王起巖先生起宗附詳靜清學案。

鄭先生世忠

鄭先生教忠

鄭先生保忠並見張祝諸儒學案補遺。

王先生進德

王進德。金陵人。吴文正門人。延祐五年。遺集賢修撰虞集。奉詔召文正于家。行至儀眞。病作。不復行。渡江留其家。新書塾。道園學古録。

教授焦先生位

焦位字致中。進賢人。遊吴草廬之門。授書經。以純孝聞。洪武初。辟池州教授。南昌府志。

陳天倪先生徵附兄誠善。

陳徵字明善。廬山人。藴懷瑰琦。不屑屑求世用。嘗讀莊周氏書。至曰和之以天倪。因之以曼衍。故以天倪爲自號。先生爲黄松瀑先生之甥。幼嘗從草廬吴先生學。取宋相古心江公孫女。其兄誠善。亦厲志若學。正思齋文集。

史先生師魯

史師魯。燕人。寓眞州。從草廬學。稱其恪愿。文正文集。

喻先生立附師皮季賢。王佐才。龍觀復。

喻立。清江人。延祐丙辰夏。與何太虚中始識于封溪之上。問何師。曰。師皮季賢氏。則太虚友人也。又嘗之武昌從王佐才龍觀復遊。將造臨川山拜吴先生。請一言以詔。太虚歎曰。子奚見吴先生爲。曰。科舉。外也。雖求之不敢必得。先生之學。内也。非必求。安且得之能㈠。立距先生不十舍許。願執箕膺擖而拚焉。時先生之講説。或聞一言。守之終其身而不失。豈不可乎。知非堂稾。

譚先生觀

譚觀。臨川人。草廬門人。著有學庸輯録。四書通義引用姓氏。

梓材謹案。先生爲文正孫壻。見文正神道碑。

㈠「得之能」當爲「能得之」。

戴先生順

戴順字德昌。臨川人。草廬門人。同著學庸輯録。四書通義引用姓氏。

鄔先生逵

鄔逵字達卿。臨川人。草廬門人。同著學庸輯録。四書通義引用姓氏。

范先生一漢附師劉福遠。

范一漢字明善。永豐人。年十二三能文。篤志道德性命之書。能服行其言。事父兄若㊀。交朋友信。遇宗族鄉里之長老恭。未及壯。有學行。辭章稟稟。趣志成人。初師里士劉福遠。習舉業精熟。尋執贄臨川吴先生門。學諸經説。大稱穎悟。年二十五卒。歐陽圭齋集。

國子葉先生恒見下虞氏門人。

縣尉明安達兒先生

明安達兒。樂安邑尉。夏友蘭與之志同意合。俱造草廬之門受學。文正文集。

㊀「若」當爲「善」。

道園講友

補待制杜清碧先生本

梓材謹案。閩書張仲純理嘗從先生于武夷。盡得其學。又案。先生講友不止一人。其記懷友軒云。皇慶初年。以御史大夫木公薦在京師。于時張君伯起以甲子科校書祕省。詹君景仁亦辟掾貳公府。三人者。暇輒相從。以問學切磋爲事云。

編修曾先生巽申

曾巽申字巽初。廬陵人。本武城人。郕公之裔也。少敏于學。事親孝。待兄弟宗族有禮。慈而愛物。兢兢然惟恐傷之。好讀書。手不釋卷。著書滿家。尤好内典。體甚清羸。終歲之閒。齋居之日十九。夜半卽起。讀書至旦。無曠廢。愛古器物名書畫。購之不計其貲。嘗作武城書院于鄉。聚族黨子弟而教之。著鹵簿圖五卷。書五卷。郊祀禮樂圖五卷。書三十卷。至大閒。上之太常。奏爲大樂署丞。會其兄德裕告病歸。同還西江之上。延祐元年。中書用御史集賢薦。除遼陽等處儒學副提舉。未上。史館留爲編修官。著周易治鑑。及充廣郊祀鹵簿舊説。繪中道外仗等圖。循進奏。爲翰林應奉文字知制誥兼國史院編修官。未幾歸。天曆二年。以集賢照磨召。薦爲太常博士。未報。三年閏七月。遽以寒疾卒。平生所著述。自上進之外。有志美集成三卷。心性論。理氣辨。經解正訛。合若干卷。崇文鹵簿志十卷。明時類稾若干卷。超然集若干卷。韻編杜詩若干卷。補注元遺山詩十卷。過聞録二卷。藏于家。爲撫州儒學録時。道園之父寓崇仁。道過必來見。道園與其兄弟先後同朝。而先生尤久善云。道園學古録。

陳氏師承

補學正傅古直先生定保

傅定保。晉江人。六歲能解大學。事母至孝。大德初。用薦爲漳州學正。首以太極圖西銘講説。聽者悦服。號古直先生。姓譜。

鮑氏講友

尚書牛先生諒

牛諒字士良。東平州人。元末寓居嘉興。與鮑恂張翼諸人友善。學者多從之遊。自顏其堂曰尚友。明初。應詔除翰林院典簿。同學士張以寧使雲南。御製歌詩賜之。歷陞禮部尚書。著述甚富。檇李詩繫。

張氏講友

忠宣余青陽先生闕

余闕字廷心。一字天心。廬州人。雲濠案。先生唐兀氏。世居武威。以父官合肥。家焉。遂爲合肥人。少喪父。授徒養母。與吴草廬弟子張恒遊。文字㊀日進。元統元年。賜進士及第。授同知泗州事。召入應奉翰林文字。轉中書邢㊁部主事。以不阿權貴棄官歸。尋以修三史召。復入翰林爲修撰。累遷待制。丁母憂。歸廬州。盜起河南。陷郡縣。行中書于淮東。改宣慰司副使僉都元帥府事。爲都元帥府治淮西。起先生分守安慶。陞同知副元帥。賊薄城。城陷。引刀自剄。妻子女皆赴井死。元史。

雲濠謹案。萬姓統譜言。先生天資英邁。博學能文。及死節事聞。贈淮南行省平章政事。謚文忠。明謚忠宣。命有司立祠祀之。所著有青陽集。經義攷引程邦民云。嘗讀書青陽山中。學者稱之曰青陽先生。

梓材謹案。宋濳溪爲先生傳。言其謚曰忠愍。追封夏國公。且謂其每解政開門授徒。蕭然如寒士。五經悉爲之傳注。多新意。詩文篆隸皆精緻可傳。

青陽遺集

三代及漢之君。其見稱于當世者。雖有不同。然不過守其先世之仁而已矣。洪水滔天。下民昏墊。而成允成功者禹之仁。啓之所以敬承者此也。啓網祝征仇餉者湯之仁。太甲以之處仁遷義。太戊以之治民祗懼。武丁以之嘉靖殷邦。祖甲以之保惠庶民。盤庚以之鞠人謀人之保居。此所以稱聖賢也。以言文王之仁。則無凍餒之老。以言武王之仁。則行大義而平暴亂。成王特制禮樂以

㊀「字」當爲「學」。

㊁「邢」當爲「刑」。

文之而已耳。康王特奉恤厥若而已耳。其所以教化行。刑罰措。仁之浹于民故也。漢家制度。視三代雖有媿。然高帝之寬仁愛人。實滅秦誅項之本原。文帝之務在養民。景帝之遵用成業。實卓然爲漢賢君。其不及于三代者。無太甲仁義之功。無成王緝熙之學故耳。元統癸酉廷對策。

中國之水。賴禹治之而悉平。而河獨爲患。至今未已者。何也。河失禹之道。而治河者不以禹之所治治之也。蓋河出崑崙。合諸戎之水東流以入中國。其性勁悍。若人性之有强力。其來也甚遠。而其注中國也爲甚下。又若建瓴水于峻宇之上。則其所難治也固宜。且中原之地。平曠夷衍。無洞庭彭蠡以爲之匯。故河嘗橫潰爲患。其勢非多爲之委以殺其流。未可以力勝也。故禹之治河。自大伾而下。則析爲三渠。大陸而下。則播爲九河。然後其委多。河之大有所瀉。力有所分。而患可平也。此禹治河之道也。自周定時。河始南徙。訖于漢。而禹之故道失矣。故西京時。其受患特甚。雖以武帝之才。乘文景富庶之業。而一瓠子之微。終不能塞。而付之無可奈何。自瓠子再決。而其流爲屯氏諸河。其後河入千乘。而德棣之河又播爲八港。人指以爲太史馬頰河者。是其委多。河之大有所瀉。而力有所分。大抵偶合于禹所治河者。由是而訖東都至唐。河不爲患者千數百年。□□□□[一]王景隄防之力。乃大不然。使無屯氏及德棣諸河。河之大無所瀉。而力無所分。景以尋丈之防而捍□[二]。

[一]「□□□□」當作「或者以謂」。

[二]「□」衍。

猶螳螂之臂爲可以捍大車之奔。吾不信也。惟河之委既多。大有所瀉。而力又有所分。景之隄防。特以捍漸水之衍隘焉耳。送白彦明經成歷赴行都水監序。

余天性素迂。常力矯治之。然終不能入繩墨。矯治或甚。則遂病不能勝。因思以爲迂者。亦聖賢以爲美德。遂任之。一切從其所樂。常行四方。必迂者然後心愛之。而與之合。凡捷機變者。雖强與之。然心終不樂也。故暫合而輒去。貢泰父文集序。

聖賢道德之光。積中而發外。故其言不期其精而自精。譬猶天地之化。雨露之潤。物之魄以生葩草毛羽。極人之智巧所不能爲。亦自然耳。故學于聖人之道。則得聖人之言。學于聖人之言。則非惟不得其道。並所謂言胥不能至矣。送葛元機序。

余讀周易之謙。未嘗不掩卷而歎曰。聖人待小人之心。一何如是其至也。夫陽。君子也。陰。小人也。小人盛則干君子。故陰至三則履。君子盛亦未嘗不下小人。故陽至三則謙。謙。虚也。陽本虚而云虚者。不自滿假。故屈而下于陰也。是謙以下爲德者也。初而謙。謙下而又下者也。二則浸以上矣。故以鳴謙。鳴者。以言謙也。三則益上而位高。故以勞謙。勞者。以功謙者也。以功而謙。厚之至也。厚之至。而民焉有不服者乎。故三之辭曰。勞謙君子。有終。謙而民既服。君子之道終矣。謙既終。民既服。進而之四。何施而可議。聖人之心。猶以爲吾之待小人未之厚也。又自反而撝謙。故四之辭曰。無不利。撝謙。其德已厚。其謙已撝。進而之五。而小人者之終不可以化入也。于是乎有侵伐之師。故五之辭曰。不富以其鄰。利用侵伐。不富以鄰。德之盛也。利用侵伐。順之至也。聖人之待小人。至是可謂盡心焉耳矣。昔者禹征有苗。苗民逆命。益之贊禹。惟在于謙。禹遂有舞干之譽。此其所謂撝謙也。謙猶撝而民不服。則其侵伐者。禹終得而已乎哉。送許具瞻序。

坤者。天下之至文。□□□□□㊀爲含章者。美而含之。六三之事也。非盡坤之道也。嘗觀于地。川嶽之流峙。至文也。風霆之流形。至文也。鳥獸草木之彙生。至文也。故孟子贊之。以爲光大。又以爲化光。又以爲美在其中。暢于四肢。天下之文孰加焉。而三獨含章。何謂也。夫乾。尊道也。坤。卑道也。故乾主于五。而坤主于二。若三四者。爻之無位者也。乾之四近于尊。故曰或躍。或可以進也。坤之三近乎卑。故曰含章。可貞可晦而可用也。夫子釋含章可貞。以爲以時發者。相時而動之意。或曰。可者。僅詞也。若四近乎尊。而括囊矣。上僭于尊。則龍戰矣。是故龍。君象也。若六五者。可謂至尊而非據矣。自非中德。何以能吉。故曰黄裳。黄。中之色。裳。下之服。夫惟有是中德。故不失其體也。含章亭記。

學校之教。師法之化。禮義之道。聖人所以盡人之性也。其教已立。其化已行。其道已成之後。于是忠信立而殘賊息。禮讓著而爭奪寡。文理明而淫慝平。其動之也神。其漸之也深。則夫民之心可與爲善。可與爲惡。可與爲治。可與爲亂。夫豈奪之以惡而與之以善。易之以亂而誘之

㊀「□□□□□」當作「而世謂坤」。

以治。使其民至于如是哉。亦盡其性而矣。穰縣學記。

鄭司農曰。后土。社神也。蓋社以地言。后土以神言。社之有后土。猶郊之有上帝也。曰帝曰后。皆能宰之。稱天子之社神曰后土。諸侯而下之社神亦曰后土者。猶郊之神曰上帝。而五方主氣者亦謂之帝。不以嫌也。五土之神。吐生萬物。而稷者。五穀之長也。人非土不生。非稷不養。是以先王尊而祀之。句龍有功于水土。柱與稷有功于稼穡。故以配食其神曰祀。句龍以爲后土者。猶所謂帝㊀嚳而郊稷是也。又周禮以血祭祭社稷五嶽。其以血祭。則非人鬼。且其祀先五嶽。則不得爲句龍亦明也。新修大寧宫記。

飛黄之疾。一日千里。駑馬弗輟。十駕可至。聖源于學。不以其才。或利而勉。殊塗同歸。人十己千。人一己百。孰云余愚。而聖可作。行百里者。其半九十。十里弗勉。不入于室。爾祖好修。厥有令名。勉兹學者。聿觀其成。勉學齋銘。爲江澤民作。

附録

先生號令嚴信。與下同甘苦。然稍有違令。卽斬以徇。嘗病不視事。將士皆籲天。求以身代。先生聞。强衣冠而出。當出戰。矢石亂下如雨。士以盾蔽之。先生卻之曰。汝輩亦有命。何蔽我

㊀「帝」當爲「禘」。

爲。故人爭用命。稍暇。卽注周易。帥諸生謁郡學會講。立軍士門外以聽。使知尊君親上之義。有古良將風烈。

梓材謹案。戴九靈題跋言。公在浙東時。有所著易説五十卷。良嘗請以卒業。公曰。天假數年。所見當不止此。他日相示未晚云云。

賈伯良爲作死節記曰。時予自閩海還舒。謁公于館下。公延予門塾。俾教授子弟。翼日。侍公于城之南樓。語及國家。顧謂余曰。余荷國恩。以進士及第。歷省憲。居館閣。每愧無報。今國家雖授余以兵戎重寄。豈余所堪。然古人有言。爲子死孝。爲臣死忠。萬一不幸。吾知盡吾忠而已。

又贊曰。於赫元運。篤生名臣。識綜今古。學究天人。扞此大邦。戎備整飭。允文允武。克著厥蹟。古有巡遠。公實邁之。猗歟忠節。敢揚頌詩。

青陽學侶

賈先生良

賈良。宿松人。工文章。篤于風義。余忠宣闕嘗延入署。訓其子弟。忠宣闔門殉節。先生爲文紀其事。一統志。

雲濠謹案。忠宣死節記末云。至正戊戌。太原賈伯良爲記。伯良蓋其字。太原或其族望爾。

青陽同調

隱君楊水北先生顯民

楊顯民。南昌人。力學操行通古今之務。家甚貧。蕭然吟詠以自樂。不肯就元科目。余廷心稱爲南州有道之士。所著有水北山房集。人物志。

附録

虞道園送楊生序曰。豫章隱士楊君顯民至予舍。有麗澤之益焉。蓋嘗相與三歎而言曰。君子與天地同其體。充達而無外。而非固其形氣之私以貪生也。與聖人同其心。悠久而無窮。而非局于意識之鑿以執一也。故嘗觀于旦晝之存。而忽忽失于應酬之時者多矣。又嘗觀于嚮晦之息。而汩汩謬于夢寐之交者又多矣。然則此心之神明。此體之限量。烏能充達至于純一者乎。

余忠宣序楊君詩集曰。比年大江之南。山林之士。有挾其文藝遊上國。而遇知于當世。士之彈冠而起者相踵。京師大官之家皆有其客。而遇知于當世者亦比比有之。若豫章楊顯民者。抱其才藴。不屑于科目。甘自没溺于山林之閒。當士羣起而有遇之時。而又終不肯一出以干時取譽。是其中必有所負而然也。予雖不識顯民。然聞其人力學而操行通古今之務。江南之士漸其澤而有名者甚衆。其弟子之登科目仕州縣者。亦能以政稱。其家固貧。而年又將老。乃日蕭然吟詠以自樂。無少怨怒不平之氣。其殆古有道之士耶。

陳夷白送涂叔良序曰。豫章涂君。從其鄉先生楊顯民氏學。在京師也。客翰林待制武威余公所。而雅與新安程君以文善。予雖不識顯民。幸因程君而識武威公。武威公視顯民雖出處不侔。要與程君皆强志篤行。爲文章不詭仁義。

編修葛先生聞孫

葛聞孫字景先。累世皆隱合肥巢湖之上。先生生十九年而孤。能自策勵爲學。天性警敏。日誦數千言。輒終身不忘。居家孝友。待朋友有信義。嘗以貧出爲郡文學。既而曰。此非養志之道也。尋不復仕。其後宰相薦其文行可用。擢翰林國史院編修官。復辭不赴召。而教授于其家。諸生不遠齊楚之路。皆來從之。余廷心嘗謁之湖上。升堂拜其母束夫人。先生侍側。須鬢皓然。進酒奉觴。進退惟謹。爲好言温藉之。食下始出。坐館中。爲諸生講先王之道。諸生環列修整。皆若有得焉者。先生平生不事大言高論。而行事皆聖賢之實用。其用以教人。亦必以此。雖不肯出仕。以盡其所學。而其學之可用。蓋不待出而後見也。其文章平實。稱其爲人。有文集若干卷。藏于家。卒年六十一。青陽集。

附録

余忠宣輓葛編修曰。昔别情何樂。今還語向誰。幽房通里闕。客館罥蕪絲。未過徐公墓。徒懷有道碑。扁舟望湖曲。清淚溼江蘺。通志。

隱君魯先生眞

魯眞字起元。開化人。元統二年舉人。隱居不仕。邃于學。躬行實踐。余闕薦之不起。浙江通志。

梓材謹案。先生著有周易注。經義考云佚。

府史董先生思賢

董思賢字深道。台州人。通書經大義。事父母以孝聞。嘗爲府史。存心愛物。處事多遠略。余忠宣公持節按台。察其賢。郡事悉俾經理。一無冤滯。疾且革。取小像自贊。復索紙書遺語云。應世數盡。萬物歸玄。清風明月。大道自然。書畢而逝。台州府志。

天倪講友

夏先生元祐

夏天㊀祐字立卿。上饒人。著有正思齋文集。番陽李存序之云。立卿天資明敏。高出倫輩。于古人書無不讀。彬彬然文學之士矣。李俟庵集。

㊀「天」當作「元」。

雲濠謹案。先生爲陳天倪墓誌云。始予在杭計籌山中。得從黄松瀑先生遊。先生長不踰四尺。自六藝百家之書無不讀。而尤清介孤峭。然以侏儒。竟自爲道士。當時名流如吴興趙文敏公。巴西鄧文肅公。皆斂衽畏敬。又自言其于無錫梁溪之上始識天倪。聚語已洽。始知爲黄氏甥。是則先生之師友可知。又爲水南王先生哀辭云。某嘗因杜君原父謁先生于當塗。杜尊師之。立玄館。先生長身。寛衣幅巾。白髭鬢。屣履徐出。某以諸生謁拜。其清言風致。望而知爲厚德長者。時方飢驅。欲爲弟子都養弗可得。又言。先生初名鯉。後入京學。更名理。字倫卿。先生之所師尊者。何多在玄教道教閒耶。又案。先生右臂。在襁褓爲乳母誤出。其骨骱然。以父兄之教。在髫髻時卽知向學云云。見其再奉監司達白野先生書。

正思齋集

大哉宣聖。以詩教我。興觀羣怨。皆與曰可。誠篤是學。感發志意。善善惡惡。庶全美刺。詩人得失。于焉考見。妍媸在己。反省毋眩。和以處衆。不至于流。設使雷同。其道亦繆。懲創羞惡。中惟一致。温柔敦厚。慎勿暴氣。用以事親。孝哉有子。移以爲忠。曾不越此。鳥獸草木。名類匪一。惟篤學問。旁資多識。可齋詩。

虞氏家學

州判虞先生槃見上草廬門人。

虞氏門人

董先生守忠

董先生守慤合傳。

董先生守思合傳。

董守忠。守慤。守思。行省平章士選之子也。平章在江西。延虞汲于家塾以教之。守忠雲南行省參知政事。守慤侍正府判官。守思知威州。元史。

袁氏家學

袁樓山先生明善見上草廬門人。

貢氏家學

照磨貢先生師謙

貢師謙。文靖次子。師泰之弟。兄弟皆孝弟。純篤講學。以世其家。先生官從仕郎集賢院照磨。馬石田集。

治中貢先生師道

貢師道字道甫。奎之從子。累遷翰林學士。官國史院編修官。時修宋遼金三史。總裁脱脱欲以遼金爲正統。先生謂本朝上承中國帝王之統。而與唐虞三代漢唐齊稱。以承宋則正統在宋。而不在遼金。遂以此忤時議。出補嘉興路總管府治中。姓譜。

資中門人

補　隱君趙東山先生汸

梓材謹案。元史儒學黄楚望傳云。門人惟新安趙汸爲高第。得其春秋之學爲多。明史先生本傳云。往從九江黄氏游。得六經疑義千餘條以歸。已復往留二歲。得口授六十四卦大義與學春秋之要。復從臨川虞氏遊。獲聞草廬之學。又案。宋文憲集汪先生炎昶墓銘。以先生爲汪氏門人。嘗狀汪先生行實。又爲程孝則墓表云。君昔與予遊師山鄭先生之門。則先生又鄭氏門人也。

東山存稾

聖賢之道大矣。學者可不知其要乎。嘗聞之。吾之至尊至貴。舉天下之物不足以加之者。此心是也。吾之至親至切。舉天下之學不足以先之者。求放心之謂也。然非眞有所見。無以爲日用常行之地。非眞有所得。無以爲造詣歸宿之極。所謂爲學之要者。庶幾在此。汸之所以日夜憂懼。以求聞乎先覺之訓而未之有得者也。上虞學士書。

尊翰云。尊德性者。存心之事。靜時工夫也。道問學兼致知力行。而言動時工夫也。致廣大而盡精微。存心而致知也。極高明而道中庸。存心而力行也。此一節尤不能無疑。蓋動靜工夫皆是就心上説。如所謂存養省察是也。與致知名義事意不同。可疑一也。且以尊德性專爲靜時工夫。則與存心而致知力行者自相牴牾。可疑二也。謂存心爲尊德性之事。則可謂尊德性爲存心之事則不可。可疑三也。昔有以問爲致知學爲力行者。朱子不以爲然。今欲并包力行爲説。可疑四也。答倪仲弘先生書。

謂春秋隨事筆削。決無凡例。前輩言此亦多。至丹陽洪氏之説出。則此段公案不容再舉矣。其言曰。春秋本無例。學者因行事之迹以爲例。猶天本無度。曆象卽周天之數以爲度。此論甚當。至黄先生則謂。魯史有例。聖經無例。非無例也。以義爲例。隱而不彰。則又精矣。今汸所纂述。却是比事屬辭法。其閒異同詳略。觸事貫通。自成義例。與先儒所纂所釋者殊不同。然後知以例説經固不足以知聖人。爲一切之説以自欺而漫無統紀者。亦不足以言春秋也。是故但以屬辭名書。與朱楓林書。

朱子嘗謂。范淳夫一生。只將聖賢言語忙中節鈔一番便了。所以見處全不精明。淳夫高明博雅。度越流輩。久從二程夫子遊。一時名世之士無不推服。而後之大儒論其失乃如此。則吾道之大。誠有未易知者哉。又嘗謂。不用聖賢許多工夫。亦看聖賢底不出。不用某許多工夫。亦看某底不出。其所謂聖賢工夫某工夫必有事實。決非虚言。然則苟不求其工夫所在。以實用其力。遽欲苟附益于聖經賢傳之閒。皆朱子之所不許也。答倪仲弘。

夫集諸儒之大成以立言者。莫若朱子。論語集注篇端有曰。明善而復其初者。爲聖門之學發也。其所謂初。何所指乎。以爲稟生受分之始耶。則其氣節之雜固與理以俱賦矣。以爲赤子之心耶。則昔人蓋有聞襁褓之聲而知其爲大惡不仁者。是孰爲初之可復耶。彼謂先儒之已言爲易知。

而輒誦焉以自文者。殆于富人子蕪其田疇。惰其作業。徒抱其遺契之齒而日數之。以爲能不墜其家爾。留別范季賢序。

人固與庶物並生者也。苟無以反之。則情識利害之閒。將無以自別。矧學不至于知至而意誠。其氣機之竊發者。每起于芒忽而不自知。而天理之存焉者寡矣。共學齋記。

昔者。吾夫子贊易。删詩。定書。正禮樂。修春秋。將以爲百王大典。遭秦焚書滅學。帝王經世之法遂斬然泯絶于斯時。蓋自開闢以來。宇宙橫分一大變也。鄭康成當專門固陋之世。以一家之學。纂釋羣經。具著成説。孔穎達考覈百家。大明鄭義。雖于聖人之道無聞。而博古窮經斯亦勤矣。自是四百餘年。習爲定論。至宋清江劉原父。始以聰明博洽之資。據經考禮。欲盡排周秦以來傳注之失。宋代經學之盛。則公實張之。而説者日親矣。及子朱子出。而羣言有所折衷。遂定于一。猶吾夫子之志也。然朱子于易。簡其辭。微其義。將使皆得自致于經。晚歲猶拳拳禮學而弗克論著。其成書貴闕疑。而又深疑古今文之異體。春秋獨得書法廢失之由。折衷諸傳。各極其當矣。而門人學者。于二經師説不能有所發明。故君子論古今經法。以爲自朱子詩集傳之外。俱不無遺憾也。先生乃欲以近代理明義精之學。用漢儒博物考古之功。加以精思。没身而止。此蓋吴公所謂前無古而後無今者也。黄楚望先生行狀。

附録

及就外傳。讀朱子四書。疑難不一。師告以初學無過求。意輒不釋。夜歸。取文公大全集語録等書繙閲。五鼓始休。由是有悟。遂厲志聖賢之學。不事舉子業。還嚴陵。請益于夏先生。大之問易象春秋書法如何。先生以所聞于黄先生者對。夏先生歎以徒費心力爲戒。因出示其家傳先天易書曰。此羲易一大象也。

時江西憲試請題。虞公擬策問江右先賢及朱陸二氏立教所以異同。具對。卒言劉侍讀有功聖經。至論朱陸二子入德之門。尤爲精切詳備。末乃舉朱子曰。子靜所説事是尊德性。而熹平日所論。却是道問學上多了。今當反身用力。去短集長。庶不墮于一偏也。又舉陸子曰。追惟曩昔。粗心浮氣。徒致參辰。豈足酬議。以二説爲證。使其合併于暮歲。微言精義必有契焉。子靜則已往矣。虞公評其後曰。子常生朱子之鄉。而得陸氏之説。于二家之所以成己教人。反覆究竟明白。蓋素用力斯事者。非綴緝傳會之比也。

名其居曰東山精舍。虞公嘗爲之記。舉先生之言曰。汸蚤歲學于鄉。求程朱之餘緒。誦習經訓。辨析其文義。之外無所致力焉。誠恐終身不足知至。畢世不能意誠。古昔聖賢師弟之授受如斯而已乎。竊嘗思之。以求塗轍之正。至于道南之歎而有感焉。蓋其屬之龜山者。必有所在。而豫章延平所以授之朱子者。亦非有他道也。不然。羅李二公無事業以見于時。無文采以垂于後。

其所學者何學。所事者何事。而吾朱子所謂潛思力行任重詣極者。亦將何所指乎。此精舍之作。所以願盡心焉者也。

詹洹狀其行曰。其於大學則謂。三綱舉聖人事爲大學標準。八目乃教學者用力之方。故明明德新民傳中無學者工夫。而修身傳中無聖人氣象。其舉古之欲明明德于天下者。而逆推其用力之序。則明古之聖人亦必由學而至。而學者之功。必可至于聖人。又以爲格物是窮盡物理。程子所謂講明義理。分別是非之類是也。致知是程子所謂明諸心。又云。潛心默識。玩索久之。庶幾自得之類是也。二事不可合爲一。惟程子言之甚明。若曰致知在格物。在字之義不同。遂疑致分而爲二。則傳中言齊家在修身。修身在正心。謂二者合爲一。可乎。且聞明道先生謂。學者若無事可行。且去靜坐之言。而伊川先生每見人靜坐。輒歎其善學。及朱子得于羅李二公所相授。亦必危坐終日。以驗夫喜怒哀樂夫㈠發之前氣象爲如何。而求其所謂中者。久之。而知天下之大本爲有在乎是也。由是雞初鳴則起。澄心默坐。涵養本源。以爲致思之地。而後凡所得于師友之指。及文字奧義有未通者。必用向上工夫以求之。于是造詣精深。而一旦豁然矣。

又曰。新安自朱子後。儒學之盛。四方稱之爲東南鄒魯。然其末流。或以辨析之義。纂輯羣言。卽爲朱子之學。先生獨超然有見于聖賢之授受。不徒在于推究文義之間。故其讀書。一

㈠「夫」當爲「未」。

切以實理求之。反而驗之于己。非有以信其必然不已。當時鄉先生皆留心著述。所以羽翼程朱之教者具有成書。先生受而讀之。猶謂未知爲學之要。常曰。讀書最患多疑。每展卷則羣疑競起如蝟毛。要須得程朱復作而命之。而後可釋然爾。是以質諸師而不得者。卒求之程朱遺言而有見焉。

宋潛溪序春秋屬辭曰。子常蚤受春秋于九江黄先生楚望。先生之志。以六經明晦爲己任。其學以積思自悟必得聖人之心爲本。嘗語于子常曰。有魯史之春秋。則自伯禽至于頃公是已。有孔子之春秋。則起隱公元年至于哀公十四年是已。凡一事中皆具二義。必先考史法。然後聖人之筆削可得而求矣。子常受其説以歸。晝夜以思。忽有所得。稽之左傳杜注。備見魯史舊法。粲然可舉。亟往質諸先生。而先生歿已久矣。子常益竭精畢慮。幾廢寢食。如是者二十年。一日豁然有所悟入。且謂春秋之法在乎屬辭比事而已。于是離析部居。分别義例。立爲八體以布列之。集杜陳二氏之所長。而棄其所短。有未及者。辨而補之。何者爲史策舊文。何者是聖人之筆削。悉有所附麗。凡暗昧難通。歷數百年而弗決者。亦皆迎刃而解矣。

金居敬總序先生春秋四書曰。其夏氏先天易説。先生嘗以質諸虞公。虞公復以得于前輩者授之。于是遂契先天内外之旨。而後天上下經卦序未易知也。嘗得廬陵蕭漢中氏易説。以八卦分體論上下經所由分與序卦之意。如示諸掌。然上無徵于羲皇成卦之序。下無考于三聖彖象之辭。則猶有未然者。及春秋本旨既明。乃悟文王據羲皇之圖以爲後天卦序。采夏商之易。以成一代之經。

蓋與孔子因魯史作春秋之意異。□□□㊀知黃先生所謂周易春秋經旨廢失之由有相似者蓋如此。

雲濠謹案。四庫書目著録先生周易文詮四卷。提要言。此書大旨。源由程朱主于略數言理。然其門人金氏稱其契先天内外之旨。且悟後天卦序之義。則亦兼用邵氏之學云。四庫又著録先生春秋師説。蓋述其師九江黃氏之説。提要稱其不忘所自。又春秋左氏傳補注。提要言。其尊黃氏之説春秋以左氏傳爲主。注則宗杜。左有所不及者。以公羊穀梁二傳通之。杜所不及者。以陳止齋左傳章指通之。是書卽采止齋之説。以補左傳集解所未及。其大旨謂杜偏于左傳。陳偏于穀梁。若用陳之長。以補杜之短。用公穀之是。以救左氏之非。則兩者兼得。筆削義例。觸類貫通。傳注得失。辨釋悉當。不獨有補于杜解。爲功于左傳。卽聖人不言之旨。亦灼然可見。蓋亦春秋家持平之論也。又著録春秋集傳。提要云。是書有自序。及其門人倪尙誼後序。尙誼稱是書初稾始于至正戊子。一再删削。迄丁酉成編。既而復著屬詞。義精例密。乃知集傳初膏㊁更須討論。而序文中所列史法經義猶有未至。歲在戊寅。重著是傳。草創至昭公二十八年。乃疾疢難厄。閣筆未續。至洪武己酉遂卒。自昭公二十八年以下。尙誼據屬詞義例續之。序中所謂策書之例十有五。筆削之義八者。亦尙誼更定。而原本有訛誤疏遺者。咸補正焉。則此書成于尙誼之手。然義例一本于東山。猶東山書也。又著録春秋屬辭。提要言。其于春秋用力至深。至正丁酉。既定集傳初稾。又因禮記經解之語。悟春秋之義在于比事屬詞。因復推筆削之旨。定著此書。其爲例凡八。一曰存策書之大體。二曰假筆削以行權。三曰變文以示義。四曰辨名實之際。五曰謹内外之辨。六曰特筆以正名。七曰因日月以明類。八曰辭從主人。其説以杜氏釋例陳氏後傳爲本。而亦多所補正云。又春秋金鎖匙一卷。提要云。其書撮舉聖人之特筆。與春秋之大例。以事相類者。互相推勘考究其異同。而申明其正變。蓋合比事屬詞而一子㊂。旨㊃以春秋之初主于抑諸

㊀「□□□」當作「然後」。
㊁「膏」當爲「稾」。
㊂「子」當爲「之」。
㊃「旨」上脱「大」。

侯。春秋之末主于抑大夫。中閒齊晉主盟。則視其尊王與否而進退之。其中如謂聖人貶杞之爵。降侯爲子。與毛伯錫命稱天王。稱錫爲以君與臣之詞。召伯賜命稱天子。稱賜爲彼此相與之詞。雖尙沿舊説之陋。而發揮稱法。條理秩然。程子所謂大義數十。炳如日星者。書㊀亦庶幾近之矣。

學士朱楓林先生升詳見滄洲諸儒學案。

東山學侶

詹先生烜

詹烜。星源諸生。爲東山行狀云。烜自獲交先生。不以疏謬。進而教之。往來請益。遂得聞窮經之要。及春秋筆削之旨。東山存稾附録。

武氏門人

太尉佛家奴先生

僉樞完者不花先生合傳。

佛家奴爲太尉。完者不花僉樞密院。皆從武伯威學。有賢名。元史。

㊀「書」衍。

元氏門人

學師劉先生文度附子鍔。孫麓。崧。埜。

劉文度。泰和人。在元初以文鳴。受知元文敏公。薦爲興國縣學師。子鍔字宗榮。號快軒。攻六藝學。必欲驗諸躬行。獨居屋漏。儼若上交神明。正襟危坐。從明迄曛。不少愆厥度。客授章貢鍾氏。夜漏下二十刻。鍾之廬舍災。烈風驅火。趨之若驚蛇。鍾猶弗之寤。先生弗念私橐之焚。擊門大呼而出之。甫出。煙焰漲天。鍾泣曰。活我家百口者。劉先生也。子麓。楚。埜。皆明一經。楚改名崧。至正丙申鄉貢進士。仕爲職方郎中。宋文憲集。

文貞馬石田先生祖常別見北山四先生學案補遺。

道園家學

虞先生豐

虞先生登合傳。

虞豐。虞登。伯生從子。侍仲父至京師。以其弟兄之字説示袁清容。而清容書其後云。吴伯清之所期者至矣。願因大父致政公命名之意而廣焉。清容居士集。

道園門人

補 監丞陳先生旅

附録

先世以儒學稱。先生幼孤。其外大父趙氏學有源委。撫而教之。先生得所倚。篤志于學。先生于文。自先秦以來。至唐宋諸大家。無所不究。故其文典雅峻潔。必求合于古作者。不徒以徇世好而已。

平生于師友之義尤篤。每感道園爲知己。其在浙江時。道園歸田已數載。歲且大比。請于行省參知政事孛术魯翀。親奉書幣。請道園主文鄉闈。欲爲問候計。乃衝炎千里。訪道園于臨川。道園留旬日而别。每語學者。必以先生爲平生益友也。

虞道園送陳碩曰。莆田陳氏。慶曆名法從故家也。自衆仲來京師。集得友焉。凡問學脩己之事。有益于愚陋多矣。又從知其父兄之賢也。問所自出。則南塘趙氏。信乎其學之有傳矣。

補 左丞王先生守誠

梓材謹案。先生元史本傳。以至正九年卒。年五十有四。諡文昭。有文集若干卷。又載其遷太常博士。續編太常集禮若干卷以進。轉藝林庫使。與著經世大典。又案。元史道園本傳云。國學諸生。若蘇天爵王守誠輩。終身不名他師。皆當世稱名卿者。是先生之在虞門。尤其眉目也。

附録

宜賓縣尹楊濟亨。欲于蟠龍山建憲宗神御殿。儒學提舉謝晉賢。請復文翁石室爲書院。皆采以上聞。成之。

補鄉舉劉先生霖

附録

吉安府志載。先生字雲章。登進士。無仕進意。有太極圖解。動靜元渾。歲會數原諸篇。深有理致。

參政貢玩齋先生師泰

李先生本

李先生楝並詳草廬門人。

參政周堅白先生伯琦見上草廬門人。

副使吴先生彤

吴彤字文明。臨川人。從虞學士集危左丞素學。二公深相器重。補江西省理問所令史。益種學績文不倦。擢至正丁亥進士第。授贛州路録事署郡治中。至正戊戌。僞漢兵圍城。踰三月。城陷被執。釋而官之。以謀脱歸臨川。入明。以薦起。拜國子博士同知嚴州府事。洪武戊申。擢僉湖廣等處提刑按察司事。改山東超拜中順大夫北平等處提刑按察司副使。薦剡人材。惟恐失之。卒年五十七。宋文憲集。

附録

虞道園爲賦秋堂詩曰。清風拂高堂。舊席忽已除。下堂具甘旨。上堂列琴書。垂紳夙夜至。再拜問起居。誦詩已三百。習禮少壯餘。納交君子室。執御長者車。爲樂古之道。誰能笑其迂。

梓材謹案。秋堂詩二首。此則其二也。序云。秋堂者。臨川吴生文明之親舍也。生才甚清美。賦詩婉麗。無塵滓之汩。觀其同門。未之及也。

鄉舉吴東吴先生儀

吴儀字明善。金溪人。登鄉先達虞文靖公之門。至正丙申舉于鄉。會海内兵起。無仕進意。著三書。曰稗傳。曰類編。曰五傳。論辨辭義嚴密。多先儒所未言。時稱爲東吴先生。宋濳溪集。

附録

貝清江序先生文集曰。古昔君子之立言。其亦有不得已者乎。孔子曰。余欲無言。孟子曰。予豈好辨哉。則其爲書者。莫非憂世而作。若諸子好爲異同。祈勝于人者。言雖繁而道益晦。固不足貴矣。余讀東吴先生五傳。得失辨。邪正論。而深取之焉。世之講春秋者非一。胡文定公謂聖人以典禮命討之。權任諸己。而于諸侯或進或退。示一王之法。樸卿吕氏則以聖人作春秋以尊王。豈專進退諸侯哉。二家各伸所見。而有不同如此。而先生盡發胡氏之説。以斥吕氏之非。亦豈有所左右耶。孔子蓋曰。知我者其惟春秋乎。罪我者其惟春秋乎。而范寧亦以一字之褒寵踰華衮之榮。片言之貶辱過市朝之撻。則聖人進退諸侯無疑。顧一時窮經之士弗之考耳。至于佛氏倡禍福以恐人。而天下靡然向之。唐宋諸儒攻之不能勝。降于元季。而其徒尤熾矣。先生極論邪正于風從瀾倒之餘。其爲扶樹世道何如也。蓋所謂不得已而言者。使春秋之大義既明。中國之人心無惑。吾可以忘言矣。嗚呼。抑豈淺之爲儒者所及哉。

推官李先生裕詳見北山四先生學案。

鄉舉汪環谷先生克寬詳見雙峯學案。

隱君趙東山先生汸詳上資中門人。

教授朱先生仁卿

朱仁卿。盱江人。在上庠十餘年。爲安慶教授。道園送之序云。某在成均時。嘗書廳壁記曰。今吾學之所講。其書易詩書春秋論語大學中庸孟子。其道則堯舜禹湯文武周公孔子。所以明其道者。顔曾思孟周程張邵朱之言也。仁卿在此則遵是而學之。往彼則循此而教之。勿爲新奇以取名。

勿爲昏誕以徇俗。賢而知者。修此以善導之。愚不肖者。準此而砭訂之。使賢而知者據而立。愚不肖者有所化而改。敦敦篤篤。自信旣成。又力行之三年。宦成。父兄子弟必有可望者。愼勿自薄爲也。道園學古録。

葉先生恒父遜。

葉恒。鄞縣人。國子生。父遜字謙父。世隱不仕。嘗欲以事功見于世。而無遇于用。乃退而自修于家。家有昏喪之事。必求諸禮法。遣先生宦學京師曰。吾且老。子必卒業乃歸。道園司業成均。程時叔擢進士爲僚。先生用近臣薦補入學。嘗由時叔以見道園。道園學古録。

梓材謹案。吴文正表其母褚氏墓。以爲恒又名遜。當由傳寫之訛。

侍讀倪先生居敬

教授朱先生禮悌合傳。

倪居敬字行簡。永豐人。延祐閒。入國學補國子伴讀。循循退讓而人弗敢與之狎。兢兢自持而人不得病其固。言若不出諸其口。而爲貴游講説論議。則明乎學術之辨。至地理名物人姓氏皆究知。無所敢忽。氣平色温。自其師友不敢以其生之遠而鄙夷之。不及仕而卒于道路。其同舍生盱江朱禮悌。以其親之意。求墓銘于道園。其年除中興路儒學教授。道園學古録。

縣官劉先生性

劉性字粹衷。廬陵人。道園承詔讀進士對策于殿廬。得先生與劉聞庭之文而奏之。後知其賜官廬陵臨江。因告以其説而屬之曰。劉氏之書。惟春秋意林及三傳權衡刻本在學官。而所著傳尚闕。其他成書者猶十七八種。惟西漢書注或附見于本書。七經小傳學者或傳寫讀之。其餘罕傳焉。而靜春氏等諸著述。未暇數也。宜訪而廣之。于是聞庭刻小傳于臨江。先生刻弟子記于旌德。道園學古録。

修撰劉容齋先生聞

劉聞字聞庭。安福人。天曆進士。官太常博士。帝祀南郊。告祭太廟。至寧宗室曰。朕。寧宗兄也。當拜否。對曰。春秋魯閔公弟也。僖公兄也。祖廟之祭。未聞僖公不拜。帝乃拜。擢爲翰林編修。宋史成。進修撰。著有春秋通旨。容齋文集。吉州人物志。

廉訪劉先生伯温

劉伯温。夏臺人。官太史。蚤歲從道園成均。及爲江右肅政使者。裒集道園文付諸梓。屬歐陽玄爲序。歐陽圭齋集。

祕書孛朮魯先生遠詳見蕭同諸儒學案。

掌儀康先生敏

康敏。國子伴讀。掌儀以克復名其堂。而道園爲之記。道園學古録。

典籍韓先生豫

韓豫。衛輝人。道園爲成均博士時。由國子生選爲監學典籍。從道園甚久。道園集古録。

王介軒先生鑑

王鑑字明卿。眞定安平人。少卓異不羣。長益耿介。厲名節。娶同郡富翁女。資裝甚盛。悉歸之。一無所留。壯遊燕都。受學于虞邵庵之門。用力于明體適用。不攻詞藻。朝貴薦其才行。試以侍儀司舍人。不就。曰。某雖不敏。安能爲人所役哉。卽還故里。益加砥勵。扁所居爲介軒。因以自號。其父擢官平江路吴縣尹。侍養終任。樂吴中風土。遂隱居吴城臨頓里西。閉門獨處。足跡不出户者二十餘年。應門惟一婦。客至。輒叩鄰家貰酒。酒至。對客劇飲。酒乾乃已。家貧無擔石之儲。然非其義。一毫不苟取于人。其介老而彌篤。性嗜蟹。人或餽兩蒲青。願易一詩。曰。吾豈可以口腹害物命耶。盡放之江中。而償其詩。平江記事。

教授李先生亨

李亨。番陽人。入學數年。以苦學薦。擢爲伴讀三年。得授廣州教授。道園集古録。

憲屬廉先生充

廉充。西域人。察于諸生之中。以爲浙西憲司屬。其來學也。不矜不揚。退然就列。執經問義。歲無曠日。友生服其敏。師資許其通。道園集古録。

縣尹楊鐵崖先生維楨詳見艮齋學案。

袁先生涣

袁涣。徐州人。虞伯生弟子。儒林宗派。

宋先生德潤

宋德潤字體仁。臨川人。寓居于吴。取古之所謂成性存存。道義之門。而心以爲是者。當身體而力行之。遂自題其所著曰成性㈠齋文集。其寄邵庵虞先生書云。某睽違嚴範將二十載。思在京㈡日。遊從㈢于左右。飽誨益而熟□㈣飯。星霜屢移。如隔世狀㈤。嚮仰之思㈥。當何如哉。成性齋文集。

文學鄧先生□

鄧□。平江路人。文貴之子。業進士。道園過吴。嘗從學者見之。道園學古録。

㈠「成性」當爲「存複」。下同。
㈡「京」下脱「邑」。
㈢「遊從」當爲「從遊」。
㈣「□」當作「川」。
㈤「狀」當爲「然」。
㈥「思」當爲「私」。

陳氏講友

鄭先生杓

鄭杓字子經。興化人。與陳衆仲爲文字友。嘗著春秋解義表義覽古編。次夾漈餘聲樂府。又有衍極書專評字書。吴與弼謂。序論文字之學。先生最近正。宣撫使齊伯亨嘗採其書上之。福建通志。

玩齋家學

理官貢貞晦先生性之

貢性之字友初。泰甫從子。初除簿尉。有剛直名。後補閩省理官。元亡。有薦之明祖者。先生改名悦。避居會稽。門人私諡曰貞晦先生。姓譜。

附録

自上都還。錢塘玩齋尚書贈之詩云。嗣宗諸姪仲容賢。客路飄零雪滿顛。曾爲頌椒留子美。卻思戲蠟愛僧虔。十年湖海三杯酒。百里溪山一釣船。何日兵戈得休息。敬亭春雨共歸田。

玩齋門人

校官劉先生中

劉中字庸道。錢塘人。都事子明子也。從學于貢玩齋。玩齋與子明手帖言。令子學多進益。且留此。後遣其回去之十有五年。而先生遂以文學知名。爲貢門高第。戴九靈集。

梓材謹案。東維子集有送劉生人閩序云。生嘗以茂才被肅政使丑的公之薦。授校官。不就。今樂知于貢公而起也云云。

文忠高先生巽志

高巽志字士敏。蕭縣人。元末。寓居嘉興。師事宣城貢師泰。番陽周伯琦。遂昌鄭之祐。爲文有氣骨。成一家言。以薦起鄮山書院山長。洪武初。徵修元史。爲翰林編修。累官至侍講學士太常少卿。卒謚文忠。兩浙名賢録。

僉事謝密庵先生肅

謝肅字原功。上虞人。學問該博。洪武中。以明經舉授福建按察司僉事。所著有密庵稾。與唐肅齊名。號會稽二肅。姓譜。

雲濠謹案。戴九靈序先生密庵文集。言其嘗一試江浙鄉闈不利。輒謝絶場屋。抱其遺經。見尚書貢公于吴山。公一見即待以奇士。已而同泛大海。相與朝夕論辨。一意古學云。

翟先生允學

翟允學。河南人。其舅户部尚書李彦聞使閩海。遣之從玩齋游。惟日閉户西廡下。取經史諸書晝夜誦不輟。間有問。則超然出人意表云。玩齋文集。

胡先生虚白

胡虚白。海昌人。從貢玩齋學詩。玩齋爲指授三經三緯法。極稱其好學。貝清江集。

朱先生鐩

朱鐩。海寧人。玩齋高弟子。嘗與謝肅劉中編玩齋集。别又爲年譜云。楊鐵崖集。

梓材謹案。先生父號肅齋。名其堂曰一經。以訓其子。參政周伯温書之。而玩齋爲之記。見玩齋集。

常侍涂先生穎見下水北門人。

何先生昇

何昇。會稽人。與豫章涂穎。皆玩齋門人。嘗爲輯録玩齋集成編列卷數十。玩齋集序。

趙先生贊

迺先生穆泰合傳。

楊先生洞合傳。

桂先生郁合傳。

鄭先生貫合傳。

趙贊。邯鄲人。玩齋門人。玩齋校經宣文閣下。以諸生禮見。得執筆墨。承事左右。其後玩齋以使節廉問閩海。先生適從。輒録其歌詩數百篇。門生迺穆泰楊洞桂郁鄭貫等。請刻梓以傳而序之。玩齋集序。

翰林錢先生用壬

錢用壬。桐川人。玩齋諸生。其在翰林。玩齋時爲兵部侍郎。出平生所爲詩文。受而讀之。玩齋詩集序。

鮑氏門人

同知聞人先生榀附師夏日孜。

聞人榀字德機。嘗從鮑仲孚受業。又登江西夏日孜之門。遂通易學。至正癸卯。中進士。授承事郎易州同知。未及上官。以疾終。嘉興府志。

郎中鄭味易先生閎

鄭閎字以純。嘉定人。少學易于元貢士嘉禾鮑恂。自號味易叟。崑山長洲更聘爲儒學訓導。

郡縣治易者多出其門。洪武中。舉授禮部郎中。嘉定縣志。

梓材謹案。經義考鄭氏以仁周易集解十二卷。卷前題長洲儒學訓導嘉定鄭以仁著。與先生官爵邑里正合。當非二人。張雲章曰。意者。闕其本名。而以字行。仁與純又因聲同而傳寫譌之耶。

陳先生亮附門人趙志道。再傳程蕃。

陳亮。連山人。鮑仲孚深得大易之旨。作書名曰學易舉隅。而授之先生。先生授之建安趙先生志道。志道授之黄州程先生伯昌。伯昌名蕃。生而英爽超卓。穎悟且奇。貫通二氏之學。于是重加訂正。以明聖人作易之心。更其名曰大易鉤玄。寧王□㊀序説。

袁氏門人

黄先生勉

黄勉。臨川人。從袁誠夫遊于道園之門。道園學古録。

朱氏家學

鄉貢朱先生復亨

朱復亨。元會之子。至正丙申鄉貢進士。能以文學世其家。王忠文集。

㊀「□」當作「權」。

楊氏門人

蕭元齋先生夢得

蕭夢得字宗元。元齋。其自號也。泰和人。與翰林待制楊景行師事鄉先生達觀楊氏。潛心諸經。而于易學尤精。母卒。廬墓左三年然後返。遠近學者慕其文行。咸願執經爲弟子。若同里楊升雲。永新吴從彦。吉水周通。嘉禾俞鎮。皆爲名進士。著有易學旁通。宋文憲集。

待制楊先生景行

楊景行字賢可。太和人。登延祐二年進士第。授會昌州判官。會昌民素不知井飲。汲于河流。故多疾癘。不知陶瓦。以茅覆屋。故多火災。先生教民穿井以飲。陶瓦以代茅茨。民始免于疾癘火災。豪民十人。號十虎。干政害民。悉捕置之法。乃創學舍。禮師儒。勸民斥腴田以贍士。弦誦之聲遂盛。調永新州判官。累遷歸安縣尹。所歷州縣。皆有惠政。所去。民皆立石頌之。以翰林待制朝列大夫致仕。年七十四卒。元史。

梓材謹案。虞道園學古録有楊賢可詩序。

皮氏家學

皮先生棨

皮棨字維楨。清江人。平江判官溍之子也。母虞氏。道園長女弟。弱冠以文學稱于鄉。負志甚高。卒年三十九。道園誌其墓。稱其敏學意氣。蓋有父風。道園學古録。

觀我家學

解先生琛附弟元章。

解琛字元琛。吉水人。淵靜先生子。從伯父觀我求我學。遇亂。侍親避居于鄉之高原。未嘗廢學。與弟元章相友。出入必偕。昕夕講。怡如也。治經不惑傳注訓詁。以踐履爲先。卒年四十六。解春雨集。

觀我門人

縣尹胡先生希仁

胡希仁字時中。吉水人。授古田令。有林晉者。餽白金數百兩干薦剡。先生卻之不受。平章燕支不花聞而美之曰。子何減于楊震。吉安府志。

梓材謹案。解學士爲古田尹胡公墓志云。嗜學無倦。其叔父小山先生爲高安學官。時年十三。從之官。又云。其始從學春秋于予叔祖蒼霖先生。繼從果齋夏先生。二十北游。舉茂材異等。授冀州棗强縣教諭。需次還家。余叔祖伯中先生建東山書院于鄉。公從授易經。居宿館下。逾二年。迺之棗强任。弟子自遠至者數百人。學舍不能容。晚及子山巙公之門。則先生之淵源可見矣。

包氏家學

文學包訥居先生宏

包宏字用夫。進賢人。希魯次子。洪武初。舉文學。至京。上問陰陽鬼神。對稱旨。奉使山西察苛政。至洪洞縣官舍。疾革。大書于壁曰。學傳乎道統。心貫乎一德。功被乎天下。言利乎後世。此聖賢之學。君子之事也。書畢。正衣冠端坐而逝。有訥居文集。六書補義。各若干卷。人物志。

包氏門人

縣尹傅先生箕

傅箕字拱辰。包希魯門人。以進士任延平路録事。轉本縣尹。政尚廉平。人咸慕之。洪武間。召不起。人物志。

王先生槐

王槐字□□。亦包氏門人。

丁氏家學

教諭丁先生之翰

丁之翰字季蕃。新建人。儼子。幼從父授經。穎悟絶人。稍長。精五經學。明初授本縣教諭。

遷進賢學。性剛介不隨流俗。造士以明體爲先。著濳夫集及編本府圖志。南昌府志。

山泉家學

解先生琛見上觀我家學。

山泉門人

陶先生元幹

陶元幹。襄陽人。解山泉先生蒙。以易學家居授徒。子弟自遠至者甚衆。進先生兄弟爲最賢。其爲人皆淳謹好學云。解春雨集。

梓材謹案。湖廣總志載先生嘗注易。世稱爲陶易。

陶先生□闕。

莫先生純甫

莫純甫。□□人。山泉門人。解春雨集。

董氏家學

參政董先生守忠

府判董先生守慤

知州董先生守思並見虞氏門人。

周氏門人

學録程先生與權曾祖萬里。父傑。附師吳存。

程與權。樂平人。曾大父萬里。述論語大學中庸説傳家塾。父傑字世英。爲學精勤。饒之名士吳進士存。周博士伯琦。望重一時。迺節衣食。致禮幣。命先生往受業焉。且言。爲學當明經訓。不當專尚文辭。先生官大都路儒學録。初游京師。嘗因博士館于蘇滋溪家。蘇滋溪文集。

文忠高先生巽志見上玩齋門人。

助教謝先生徽附弟恭。

謝徽字元懿。長洲人。洪武初。應召修元史。授翰林編修兼教功臣子弟。辭歸。再起爲國子助教。博學工文辭。與高季迪齊名。所著有蘭廷集。弟恭字元功。亦能詩。所著曰蕙廷集。姓譜。

梓材謹案。宋潛溪誌周伯温墓云。其子宗仁。以門人謝徽狀請銘。蓋伯温門人也。

天倪家學

陳先生汝秩

陳先生惟允合傳。

陳汝秩字惟寅。閬州人。雲濠案。正思齋文集以天倪爲廬山人。陳夷白嘗爲其字說序。其父天倪師事吳文正公。誦詩書百家之言。以隱德終于吳。家徒四壁。獨遺書數百卷。先生與弟惟允誦習之。復儒業起家。而惟允尤善鼓琴。陳夷白集。

杜氏門人

補提舉張先生理

附録

白雲齋曰。仲純内篇諸圖。乃述邵朱二子先天之學。

雲濠謹案。四庫書目著録大易象數鉤深圖。提要云。蓋仲純主于陳摶先天之學。朱子所謂易外别傳也。

孝子陶南村先生宗儀别見北山四先生學案補遺。

蔣先生師文

蔣師文。建陽人。從杜伯原學。以思勉扁其讀書之齋。吳正傳師道申述其義而爲之銘。吳禮部集。

雲濠謹案。禮部集有題儀禮經注點校記異後云。杜君原父。令其徒蔣師文傳點。君文㊀見東萊吕子點校本。且記與今本異者見示。據此。則先生嘗爲儀禮之學。

李先生至剛

李至剛。永嘉人。僑居錢唐城東。蓋五峯先生之從子弟。早有氣節。嘗從武夷杜清碧遊。貝清江集。

博士藍先生仁

僉事藍先生智合傳。

藍仁字靜之。崇安人。洪武中。爲武夷山長。後任博士。學詩于杜清碧。弟智字明之。先後三山清源林先生學春秋。又從靜之學詩于清碧。以明經舉。任廣西按察司僉事。清廉仁惠。著于一道。姓譜。

學士陳先生達別見魯齋學案補遺。

張氏講友

貞文黄存齋先生鎮成詳見九峯學案。

㊀「文」當作「又」。

余氏家學

余先生德臣

余德臣。忠宣長子。忠宣守舒死節。時年十八。能熟記諸經書。慟曰。吾父死于忠。吾何以生爲。乃溺死于後園之深池。忠宣死節記。

余氏門人

提舉戴九靈先生良詳見北山四先生學案。

常博涂先生穎見下水北門人。

參軍郭先生奎

郭奎字子章。巢縣人。少從余忠宣闕治經。忠宣亟稱之。青陽遺集。其所藏弆也。明初參朱文正軍。坐文正事死。宋潛溪趙東山爲序其望雲集。安徽通志。

左司汪先生仲魯

汪仲魯名韰。以字行。婺源人。元末。與弟同集義旅保鄉邑。明興歸附。同爲張士誠所殺。乃授先生安慶税令。召見。講西伯戡黎篇。授左春坊左司。先生敦實閒靜。不妄言笑。及進講。遇事敢言。帝以善人呼之。明史。

附録

先生記忠宣易説曰。公僉憲浙東時。仲魯往見。公言。易之一經。嘗求得古書。考索積思有年。遂得見易中一字一句盡出河圖洛書。自秦漢以來。人未之見。今幸偶得之。方將著述成書。以貽後世。然未敢輕也。仲魯再三舉一二疑難叩問。但言子且用工此經。五七年後相見。當以吾之所得者相告。非有隱也。

王先生無霸

王無霸。專爲忠宣謄録所注易注。汪仲魯説。

汪先生河

汪河。余左丞門人。宋文憲集。

劉先生炳

劉炳。

水北家學

楊先生原

楊原。豫章人。隱士顯民子。自吴郡還。虞道園問之曰。子亦有所遇乎。曰。有神醫活人不可勝紀。原從而問焉。以爲可教。而謂之曰。吾之學。嘗于中和之交。靜虛以待。知一身之氣來會。而覺其散還也。然後教之以脈絡之所經。井穴之所在。識之于己身而無不熟。然後以之察乎人之病者。中于何經。起于何所。攻刺摩治而去之。蓋非常醫之所能也。又將往而受業焉。道園曰。善哉。子行矣。君子學聖人之道而行之。而有所弗得焉。則學乎其道者必有所差矣。法乎天地之運。而有所弗合者。則其所以行之者必有所不同矣。學焉而無所得。行焉而無不同。然後推吾之所有。而以治乎人。達乎天下。所謂執柯伐柯。其則不遠者也。道園學古録。

水北門人

常博涂先生穎

涂穎字叔良。進賢人。元季遊京師。從學于余廷心。楊顯民。程以文。僑居金陵。龍鳳時。爲中興典籤太常博士。列朝詩傳。

梓材謹者㈠。詩傳本作徐穎。誤。當從余忠宣青陽集作涂穎爲是。忠宣題其詩集後云。涂君叔良來京師。與余同寢處。凡兩載。虀藜飯糗之餘。相與論古今人詩。皆有造詣。尤長于五言。其精麗有謝宣城步驟。平澹閒適處不減孟浩然。叔良年甚少。將來何可量邪。又序楊顯民詩集云。其弟子涂穎。持其所謂水北山房集者來京師。將刻之。以傳于世。卽其人也。貢玩齋集序。稱其門人有豫章涂穎。可知其又及貢氏之門。涂爲豫章世家。其作塗者誤也。陳夷白集作徐叔良。與詩傳同誤。

㈠「者」當爲「案」。

皆爲正之。

趙氏門人

主事范先生準

別見滄洲諸儒學案補遺。

金先生居敬

金居敬字元忠。休寧人。從朱楓林趙東山遊。所著有通鑑綱目凡例考異。春秋五論。江南舊志。

梓材謹案。李先生爲東山春秋總序云。當先生避地古朗山。居敬與妻姪倪尚誼實從。黄氏千頃堂書目云。元忠從朱升趙汸學。凡二家著述。多其校正。

汪先生洗

詳下汪氏門人。

汪先生蔭

汪蔭。東山門人。東山召修元史歸來。踰月而卒。爲輯遺文一編。四庫書目提要。

吴先生玉林

父淵。

吴玉林字伯岡。新安人也。新安爲朱文公闕里。遺風餘韻奕世猶存。自宋亡元興。以至明初時。則有若程勿齋。吴義夫。汪古逸。趙子常。鄭彦昭。汪德輔。倪士毅。朱允升。鄭師山。唐三峯。皆以性命義理講淑諸人。不失爲文公之徒。先生從學于子常彦昭。而講于德輔以下諸子者也。父淵字萬頃。號白雲先生。蓋其父子師友之閒。講學問甚自樂云。解春雨集。

將軍任先生原

將軍任先生序并見雙峯學案補遺。

知州程先生汝器

程汝器名昆。以字行。休寧人。師事趙東山。洪武中。舉明經。永樂初。官蘄州知州。著有周易集傳十卷。經義考。

陳伴竹先生盤別見滄洲諸儒學案補遺。

雲濠謹案。萬姓統譜言。先生又師金原忠。汪彥明。吳漢臣。

陳氏家學

陳先生碩

陳碩。莆田人。衆仲從子。嘗以之見道園。道園愛其端謹可望。南歸省父。衆仲送之以文。道園學古録。

陳氏門人

學士宋先生訥

宋訥字仲敏。滑縣人。博學强記。登至正進士。授鹽山知縣。洪武初。爲國子助教。陞翰林院學士。改文淵閣大學士。尋轉國子祭酒。嚴立學規。諸生畏敬。終于官。姓譜。

梓材謹案。先生爲衍聖公孔希學神道碑云。余記弱冠遊太學。師事助教陳衆仲先生。而公之父侍御公實同齋者有年。

東吴家學

學士吴先生伯宗

吴伯宗名祐。以字行。生而穎悟。十歲通舉子業。先達見其文。歎曰。玉光劍氣。終不可掩。洪武四年。廷試對擢第一。授禮部員外郎。性剛直不屈。忤胡惟庸坐謫。未幾召還。遷國子司業。武英殿大學士。所著有南宫稾。使交集。成均稾。玉堂稾。姓譜。

宋氏家學

宋先生方山

宋方山。體仁弟。體仁爲自警銘。并示其弟云。人生百年。今其已半。難得者親。扶持患難。富貴貧賤。莫非命運。君子修身。克己安分。儉以處家。勤以治生。勿酗于酒。毋肆其情。勿逢人短。毋矜自能。出言慮後。窒欲防萌。勿以毀怒。勿以譽歡。毀或造言。譽乃佞端。屯蹇憂戚。庸玉汝成。敢告吾弟。兼以自銘。至正四年卒。體仁爲文祭之。成性㈠齋文集。

蕭氏門人

縣丞楊先生升雲

楊升雲字雲衢。泰和人。任貴溪縣丞。張眞人家。恃寵驕恣。爲民患。先生繩以法。改判新淦。扶善鋤奸。不少挫捕。得眞盜。大司縱之。遂棄其官去。吉安府志。

知事俞學易先生鎮別見北山四先生學案補遺。

吳先生從彦

吳從彦。

周先生通

周通。

㈠「成性」當爲「存復」。

賢可家學

楊先生介

楊介字公望。景行子。以蔭補清江縣簿。監州辟先生率兵民戍玉山。陳友諒兵至。下令録寓官以備用。先生言于衆曰。苟有見汙。辦一罵速死耳。遁迹山中。鬱憤而死。人物志。

陶氏門人

都先生從善

都從善。襄陽人。從陶元幹兄弟得解山泉之學。以治其身。淑其家。又以文行之餘日。嘗從事于醫。發劉河間張子和之祕。而又通于李東垣朱奉議。合其殊而一之。後其子判太醫院。解春雨集。

草廬私淑

李先生衡

李衡字元成。崇仁人。洪武初。本學訓導。江西通志。

梓材謹案。先生著有春秋集説。張氏萱内閣書目云。其説宗吳草廬。參以李廉會通。汪德輔纂疏。凡五十餘家。

御史劉先生有年

劉有年。沅州人。洪武中。爲監察御史。永樂中。上儀禮逸經十有八篇。明一統志。

梓材謹案。四庫書目提要于草廬儀禮逸經引此條云。楊愼求之内閣。不見其書。朱氏經義考謂。其所進卽草廬此本。逸經八篇。傳十篇。適符其數。其説似乎有據。然卽如朱説。而先生之于草廬。不可謂非同調也。

汪氏門人

范先生準別見滄洲諸儒學案補遺。

汪先生洗附曾孫仲和。玄孫神鰲。

汪洗字彦暉。休寧人。從朱楓林趙東山汪仲魯遊。有遺槀藏于家。曾孫仲和。年少卽往貴州代兄戍邊都匀。寇亂。罵賊而死。玄孫神鰲。克世其學。嘗編新安汪氏文獻録昭服編。徽州府志。

貢氏續傳

貢先生鏞附師劉師邵。

貢鏞字元聲。泰甫之後。少從會稽劉師邵學。好深沈之思。所著有西園遺訓二卷。西園集二卷。姓譜。

宋元學案補遺卷九十三目録

宋元學案補遺卷九十三

後學 鄞 王梓材 慈谿馮雲濠 同輯

靜明寶峯學案補遺

楊傅私淑

補 隱君陳靜明先生苑

梓材謹案。先生由慈湖及其門人袁廣微錢子是陳和仲等書以得陸學。卽以爲慈湖私淑可也。

趙氏家學

補 隱君趙寶峯先生偕

治縣權宜

常下士無倦講明。喜聞過以開言路。任忠直以爲耳目。稽于衆以採公論。

用知識以爲股肱。
臨以莊使人敬畏。
奉上司宜忠而敬。
御羣下以禮止亂。
處重事宜預修辭。
各房事責有所歸。
明人倫興古學校。
彰善良以弭邪惡。
義刑罰毋作好惡。
考貧富以均賦役。
制吏卒宜察行止。
治誑官以杜妄告。
謹句銷以考稽遲。

桂王師承

孫雪磯先生庚

孫庚字居純。慈溪人。生而穎悟。志操端謹。嘗從師力學。同舍生以其貧。斥遠之。先生不動容色。益刻苦自勵。由是問學淹貫。及門若桂彦良。王桓。陳恭。皆以學行著聲。其他請益執經者。循循善誘。必使知所趨向。貧者且私給之。使有成業。邑長也其不花。天澤普化。咸以師禮禮之。及卒。貧不能斂。門人執喪葬禮者數百人。有雪磯集若干卷。兩浙名賢録。

靜明門人

經歷祝蕃遠先生蕃 補

附録

黄文獻送祝蕃遠北上詩曰。春風吹九衢。卑卑桃李門。明堂待松柏。未失山林尊。相逢今歲寒。是事無深論。念子抱遠志。此道夙所敦。刊條落其葉。將使見本根。痛恨日月微。毅然闢浮雲。奈何夸毗子。聚訟生紛紜。瀛洲富才彦。冠蓋如雲屯。去去當遇合。美價傾璵璠。惟須用卿法。力行尊所聞。丈夫必有事。寤主在一言。上以裨聖學。下以安元元。我如鶴俛啄。豈復思乘軒。子如摶風鵬。本是天池鯤。棲棲文學掾。平世何足云。勖哉保令德。契闊期無諼。

余忠宣輓祝蕃遠經歷詩曰。逸軌無還轍。驚川有怨思。蒼苔生舊館。素簡委空帷。龔勝誰相弔。虞翻少見知。惟應問道者。廬墓薦江蘺。

補 徵君李俟庵先生存

梓材謹案。元史張仲舉傳。稱先生江東大儒也。其學傳於陸九淵氏。

附録

王忠文曰。李君仲公之學。本于濂洛。而兼尙乎簡易之説。封殖深固。踐履堅慤。可謂聖賢之爲道者也。

張氏師承

教授仇山村先生遠

仇遠字近仁。錢塘人。元初。爲溧陽州儒學教授。工詩文。一時遊其門者。若張雨。張翥。莫惟賢。皆有名當時。所著有山村集。洪武初。祠于學。姓譜。

雲濠謹案。王阮亭居易録載。先生興觀詩集有牟巘方鳳二序。又云。仇號山村。南宋遺老有句云。咸平處士眞堪羨。死守梅花住裏湖。有味乎其言之也。

梓材謹案。四庫全書本永樂大典編先生金淵集六卷。稱其在宋末已與白珽齊名。號曰仇白。厥後張翥張雨以詩名於元代者。皆出其門云。

附録

錢惟善輓之曰。詩窮八十年。江海正淒然。玉塵風生頰。青衫雪滿顛。門牆張籍俊。墓表孟郊賢。出入人皆識。哀歌徹九泉。

仇氏講友

提舉龔先生璛附弟理。

龔璛字子敬。鎭江人。宋德祐内附。士大夫居班行者例遣北上。其父司農卿凖在遣中。行至莘縣。不食而卒。先生悲不自勝。曁成人。呼其弟理語之曰。國亡家破。吾兄弟又少孤。不能以力振起門户。獨不可學爲儒。無辱先訓乎。由是共刻意于學。日以微辭奥義自相叩擊。其文字交。視莫崙俞德鄰爲丈人行。而與戴表元。仇遠。胡長孺。盛彪爲忘年友。聲譽藉甚。人稱其兄弟曰楚兩龔。以比漢之兩龔云。先生後舉教官。歷平江之和靜學道兩書院山長。調寧國路儒學教授。遷主上饒簿。以所生母憂不赴。服除。授宜春丞。移疾上休致之請。遂以從侍郎江浙等處儒學副提舉致仕。命下。先生已卒于宜春。年六十六。晚年學益醇。所著詩文。因先生自名其齋者目之曰存悔齋稿。黄文獻集。

陳氏師承

徵君孫澮軒先生轍

孫轍字履常。其先自金陵徙家臨川。先生幼孤。母蔡氏教之。知警策自樹立。比長。學行純篤。家居教授。門庭蕭然。而考德問業者日盛。郡中俊彥有聲者皆出其門。先生與人言。一以孝弟忠信爲本。辭温氣和。聞者莫不油然感悟。待親戚鄉里。禮意周浹。言論間。未嘗幾微及人過失長短。士子至郡者必來見。部使者長吏以下仁且賢者必造焉。樂易莊敬。接之以禮。言不及官府。憲司屢辟。皆不就。江西行省特以遺逸舉先生一人。先生善爲文章。吴草廬嘗序其集曰。所謂仁義之人。其言藹如也。其見稱許如此。元統二年。年七十三。卒于家。元史。

雲濠謹案。先生號澮軒。虞道園誌其墓言。齊太史履謙。學者也。實來江西。以遺逸特舉君一人。學官歲時致廪餼。皆卻不受。自卿大夫至城市田野。莫不稱之曰澮軒先生云。

附録

嘗有近體詩曰。自是難容力。那堪預作期。勿忘仍勿助。非速亦非遲。可以見其學之所至矣。

虞道園曰。陸文安公生臨川之金谿。近時郡之學者益以爲慕。鄉吴公伯清嘗喟㊀于私曰。陸

㊀「喟」下脱「然」。

子之學。如清天白日。不可尙已。聞其風而悦之者。或莫究其實際。而昧其旨歸。其失之遠矣。深可歎也。吾觀孫君教人。篤實平允。守經循理。庶幾不知者之不敢爲過高自欺之説以自詭。而今亦亡矣。噫。吾將誰與歸乎。

葛先生元喆附門人陳介。

葛元喆。金陵人。弱冠有文聲。登進士。辟江浙行省掾。以大臣薦爲本縣尹。未幾。兵亂路梗。入福建省憲交辟。浮海北至大都而卒。學者陳介搜其遺稿。得詩文彙爲十卷。先生博學工文。居官以善績稱。門人蘇伯衡舉河汾故事。私定其謚曰文貞先生。撫州府志。

梓材謹案。余忠宣集有送葛元哲序。謂金谿葛元哲。舊以文章名江南。既擢第。又傳於京師云云。蓋元哲其字也。未聞其名。

楊先生鎰

楊鎰。

孫氏同調

學師何太虛先生中

何中字太虛。樂安人。少穎拔。以古學自任。家有藏書萬卷。手自校讎。其學弘深該博。廣平程鉅夫。清河元明善。柳城姚燧。東平王構。同郡吴澄。揭傒斯。皆推服之。至順二年。江西行省聘爲龍興郡學師。明年卒。所著有易類象二卷。書傳補遺十卷。通鑑綱目測海三卷。知非堂稿十七卷。元史。

梓材謹案。先生字養正。一字太虚。萬姓統譜云。宋末舉進士。與門弟子講易詩書春秋。揭文安作墓誌云。至順二年。詔以集賢大學士金公嶽柱平章江西行省事秋具書幣。遣使帥撫州太守。卽隱所聘孫先生轍。何先生中。而孫不起。又請先生爲東湖宗濂書院賓師。又案。先生自序知非堂稿云。僑居寧都者三年。師宋進士張叔方。朱光甫。羅士鼎。所著又有通書問。叶韻補疑㈠。六書綱領。補六書故。薊邱述遊録。揞頤録。知非㈡外稿。王阮亭居易録載太虚集吴草廬序云。吴與何中。表兄弟也。

黄先生思順

黄思順。臨川人。著有醫説。虞道園跋其後曰。傳言。善養民者。必曰如保赤子。心誠求之。不中不遠矣。若思順。保赤子于疾疢而數中焉。不以誠求之。而能若是乎。孫先生。郡之師表。既亟請之危太樸。敬勤忠厚好學之士也。又往從學焉。則思順世學。豈他人所可及哉。道園學古録。

寶峯門人

補 祕監陳文昭先生麟

㈠「疑」當爲「遺」。
㈡「非」下脱「堂」。

附録

兩試江浙鄉闈。因留吴。教授吴中子弟。而户外之屨常滿。淮寇陷湖州。所在繹騷。朝旨令郡縣團結義民以自守。先生曰。教民知戰。古法也。乃親閲丁壯。教之擊射坐作。得若干人。用司馬法立隊伍。分隸左右諸鄉。日夜部勒。無不精練。而且申以條教。與衆爲約。置耳目手足之人。以公其誅賞。立三等九則之法。以通其財用。行之境中。悚然畏服。

先生博學强記。于書多所考論。而尤粹于易。

謝山句餘土音陳大令岱山操。昔年寶峯兮北面受教。晝而鳴琴兮夜則講道。聖學有眞兮惟忠與孝。詎以城邑兮齋彼羣盜。憤彼元帥兮喪其旌纛。空令下吏兮義憤慄慄。洋洋東海兮岱山其隩。擬蘇卿兮困于雪窖。西瞻寶峯兮靈光有曜。不負吾師兮臨流長嘯。原注云。慈溪大令陳文昭。受業于慈之大儒寶峯趙氏。以傳慈湖之學。方國珍軍入慶元。獨公不屈。國珍執而投之海。或諫而止。乃囚之岱山。終不屈而死。今翁洲志謂公避方氏於岱山者謬。

補文裕桂清溪先生彦良

附録

黄南山先賢長史桂先生贊曰。沈霧晦冥。玄豹藏形。太陽朝升。丹鳳斯鳴。窮隱書堂。達登上相。際遇有時。大儒德行。

補李先生善

雲濠謹案。九靈山房集人性皆善齋箴爲先生作。

梓材謹案。宋元僖庸庵集有送李元善序，岑安卿栲栳山人集有和李元善自誓詩。又次李元善求墨韻。

補縣令王明白先生桓

附録

桂清溪贊其像曰。翛然服古人之衣冠。綽有古人之風度。秉心何如。忠厚仁恕。抱用世之長材。感風雲之際遇。宜重瞳之見知。稱篤厚而眷注。試絃歌于虞氏。歷九秋之霜露。百廢具興。一塵不污。吏畏民安。虎逸而去。持己則一于謙恭。待物則公其好惡。比孔門之何人。匪言偃則季路。拂袖歸來。逍遥散步。樂湖山之寬閒。忘人閒之細故。寵辱不足驚。用舍一無與。亶儒林之模楷。爲諸生之景慕。載瞻儀容。想像高趨。千載一朝。永垂令譽。

補

御史茅先生甫生

茅甫生字周翰。慈溪人。以太廟齋郎官至監察御史。茅氏譜。

周皜齋先生堅

周堅字砥道。慈溪人。以餘姚何氏子後於周。既冠。益好學。時王相山趙寶峯閱慈湖遺書有覺。出其門者甚衆。而浮議者亦衆。先生奮不顧浮議。一從相山寶峯遊。寶峯知其載道器也。爲溹溹然啓迪之。先生取曾子贊孔子曰皜皜乎不可尚已之句。名其燕處之室曰皜齋。以自鑑。日與相山寶峯。及楊小隱。時是齋。向樂中。李原善。王彦眞。烏性善繼善兄弟。徜徉山水閒。論修己治人之道。不知歲之邁云。烏春草集。

附録

寶峯以詩悼之曰。湖水洋洋。其流孔長。良朋不見。我心憂傷。湖水洋洋。湖山蒼蒼。我思古人。天行之强。萬世所賴。胡命未亨。湖上良友。先逝已矣。我心茫茫。吾奚在世。吾奚在世。惟忝所生。嗚呼。一日匪短。百年匪長。吾昔誨女。斯道莫量。

侍講顧先生道附子愨。

顧道字恭復。慈溪人。趙逸士寶峯。其外祖也。少聞寶峯緒論。長而慕慈湖之學。與慈湖裔孫安仁丞伯淳雲濠案。伯淳蓋卽伯純。僉事時銘講論。至易傳先聖大訓諸書。所造益邃。永樂二年薦于朝。授右春坊司諫侍講。以疾卒於官。子慤字存誠。授司經局正字。得父家法。慈溪縣志

王氏門人

周皜齋先生堅詳上寶峯門人。

孫氏門人

文裕桂清溪先生彥良

王明白先生桓並詳寶峯門人。

陳先生恭

陳恭字莊仲。慈溪人。

春草同調

傅先生恕

傅恕字如心。鄞縣人。學通經史。與同郡烏斯道。鄭真。皆有文名。洪武二年。詣闕陳治道十二策曰。正朝廷。重守令。馭外蕃。增祿秩。均民田。更法役。黜異端。易服制。興學校。愼

選舉。罷榷鹽。停榷茶。太祖嘉納之。遂命修元史。事竣。授博野知縣。後坐累死。明史。

附録

少日善飲。及壯。以三爵自限。且爲文以戒曰。小人哉。傅恕也。爾負學者之名。何爲乎沈湎於酒。顛覆厥德。上有垂白之親。下有孩提之子。疢中乃身。雖悔何及。惟于古人是效是則。限以三爵。罔敢少益。歷觀載籍。飲酒之失。君嗜之而喪邦。臣耽之而溺職。而今而後。縱鼎鑊在前。刀鋸在側。毋逾此限。戒之必力。庶幾不爲狂藥所移。而甘入小人之域。

傅氏學侶

縣令陳先生剛附師徐淵。

陳剛字子浩。鄞縣人。受春秋於徐淵。明初。應聘爲定海訓導。洪武四年。徵試吏部。中選神木知縣。邑控西北邊。與青海爲鄰。邊寇時出没。兵燹之餘。民人稀少。先生撫牧凋殘。民稍復業。姦胥猾吏。痛以律懲之。其黨謀引虜入寇。先生倉卒備禦。猝遇於石山子。弓手白敬臣素險黠。先生嘗譴而杖之。至是與其徒劉繼宣拔刃逼令降賊。先生罵曰。吾恨不寸斬汝。敬臣令繼宣奪先生所佩印。殺之。滎陽外史集。

附録

嘗與甬東傅恕窮日夜績學。恥以科目自見。造詣日深。終不一踐場屋。

蕃遠門人

補 承旨危雲林先生素

雲濠謹案。先生題吴氏家述後云。素獲從國子博士吴先生遊。自稱臨川諸生。是先生嘗及正傳之門。梓材謹案。宋濳溪爲先生墓碑銘。言先生年十五卽通五經大旨。據座爲人師。與同郡葛將。曾堅。黄尋。葛元哲。更相警策。窮日夜不休。復徒步走臨川吴文正公。清江范文白公之門。質而正之。又言。先生著有文集五十卷。奏議二卷。宋史稿五十卷。元史稿若干卷。又案。李俊民爲草廬儀禮逸經序。稱先生爲高第弟子。

附録

順帝以公善筆劄。詔書釋氏書。公辭曰。臣官胄監。以教化民彝爲職。外教之典。不宜書。

無已。遷他官乃可耳。

順帝欲以蒙古書譯釋氏三藏經下部刊行。公以無益諫罷之。

柳道傳答太樸書曰。古人所以底至于道者。亦曰尊聞行知。而不敢以吾一己之私係累于其閒耳。今信道如吾友。顧一求之羣聖人之經以端其本。而參之以孟荀揚韓之書以博其趣。又翼之以周程張邵朱陸儒先之論以要其歸。涵養益密。識察益精。則發之文章。自然極夫義理之精。形之歌詠。自然適夫性情之正。

梓材謹案。此書云云。則危氏亦嘗問業於柳氏矣。

教授陳石門先生鏗翁

陳鏗翁字太希。號石門。黄巖人。洪武中平陽教授。所著有石門集。台州府志。

梓材謹案。台州志於先生傳云。初從同嶼於相遊。相之學則淵源於車玉峯者也。又於鮑恕庵傳云。鏗翁之學。得諸祝進士蕃遠。祝得諸車玉峯。蓋考亭支流云。是先生二師皆淵源玉峯。又以見祝先生蕃遠之嘗及車門矣。雲濠謹案。謝龜巢集有次韻答毛雲莊并簡太希先生詩云。齊名子陳子。不受㊀功名酣。坐談風月欠㊁松麈。臥遊山澤非桃駿。

學正陳先生庸

陳先生闇並見俟庵門人。

㊀「受」當爲「愛」。
㊁「欠」當爲「只」。

危氏同調

平章多爾濟巴勒先生

多爾濟巴勒字惟中。木華黎七世孫也。好讀書。年十四。見文宗適將幸上都。親閲御衣。命録于簿。顧左右無能書漢字者。先生引筆書之。文宗喜曰。世臣家乃能知學。豈易得哉。命爲尚衣奉御。尋授工部郎中。歷拜中書平章政事。首言治國之道。綱常爲重。時陝州危急。因出爲陝西行臺御史大夫。旋爲平章湖廣。卒于黄州蘭溪驛。年四十。先生立朝。以扶持名教爲己任。薦拔人才而不以爲私恩。留心經術。凡伊洛諸儒之書未嘗去手。喜爲五言詩。于字畫尤精。臨川危素嘗客于先生。諫之曰。明公當務安國家。利社稷。毋爲留神于末藝。先生深服其言。其在經筵。開陳大義爲多。閒采前賢遺言。各以類次。爲書凡四卷。一曰學本。二曰君道。三曰臣職。四曰國政。明道厚倫制行稽古游藝五者。學本之目也。敬天愛民知人納諫治内五者。君道之目也。宰輔臺察守令將帥贊御五者。臣職之目也。興學訓農理財審刑議兵五者。國政之目也。帝覽而善之。賜名曰治厚通訓。藏於宣文閣。元史。

俟庵家學

李先生卓

梓材謹案。先生俟庵之子也。嘗編俟庵詩文集。

俟庵門人

補承旨張蛻庵先生翥

雲濠謹案。先生著蛻庵集四卷。收入四庫集部。

蛻庵遺文

方今兵革之時。人無定居。乃立書院。似迂闊非當務。夫豈知盜賊之興。正由教化之不行。邪説得乘隙而入。痼其秉彝好德之心。耕鑿有生之道。而流爲凶悖汙辱之行。使之習知有親有義有別有序在人心之本然者。以啓迪順導之。孰思自棄於非類哉。今爲吏者不知教。爲民者不知學。馳之飢寒。逼之禍災。又莫能思患預防之。故至此極。嗚呼。斯民也。三代之所以直道而行者。若良有司能明先王化民成俗之方。恢宏學校以風厲之。民思王化。今時亦易然也。有不興起而日新也哉。柔川書院記。

學正陳先生庸

陳先生聞合傳

陳庸。臨川人。贈金溪尉義士。天錫之次子也。舉茂才。爲柳州路儒學正。弟聞。通尚書。以文詞德行有名于時。義士與揭文安公爲知己。而遠近名士。若同郡孫轍。危素。葛元哲。番陽李存。祝蕃。豫章楊鎰。皆使諸子執贄往從之游。宋文憲集。

鄭先生倫

鄭倫字子夔。安仁人。少攻問學。暨長。所交皆名流。揭文安虞文靖亟請之。湖南憲使趙之維薦。授寶慶儒學正。未赴而天下兵起。明太祖初取饒。授參贊江淮幕府。以病乞歸。自號環谷野人。洪武乙丑。再詔起于家。至則年已八十。賜坐便殿。詢以治道。條對具悉。欲處以重任。以年辭歸。又二年卒。饒州府志。

梓材謹案。先生墓志。天台林右所撰。王忠文集有鄭氏水木居記。謂先生早歲受業於李仲公。從之久。虞揭二公又皆及其門。年逾六十。無復當世之志云。

魯先生脩

魯脩。番禺人。學詩于李存。存以文雄江東。獨才先生。番數罹兵燹。先生懼其詩失傳。埏埴爲甓。刻瘞之山中。瘞已。請宋太史濂勒銘其上。宋文憲集。

仇氏門人

文肅柳靜儉先生貫詳見北山四先生學案。

承旨張先生翥詳上俟庵門人。

訓導莫先生惟賢

莫惟賢字景行。錢塘人。好學能詩。洪武初。爲杭庠訓導。所著有廣莫子稿。姓譜。

張貞居先生雨

張雨字伯雨。海昌人。以儒者抽簪入道。自錢塘來句曲。貞居。其自號。句曲外史。世人稱之也。著有句曲外史集。吴郡徐達左序之云。以吾夫子中庸之道。修己治人之學。金聲玉振之文。昭著于天地。使其學道而望洙泗之科。猶未易量也。句曲外史集附録。

雲濠謹案。先生又字天雨。六世祖爲横浦先生。其贈姜彦翁秀才詩序云。晉寧張仲舉氏。與予同師仇仁近先生。爲童子師云云。又跋定武蘭亭云。僕曩侍趙文敏公學書。則先生爲松雪學書伴侣。黄文獻嘗爲其師友集序。而劉誠意誌其墓。

附録

自贊畫像曰。志逸心疲。身清命濁。逃同類而親猿狙。毒厚味而美藜藿。學取益而勝其損。事知危而姑與之安。一龍一蛇不厭己之深眇。惡衣惡食先憂人之飢寒。忽然爲人而反常若此。若何以祛有身之患。

孫氏門人

學正陳先生庸

陳先生聞並見俟庵門人。

學正李先生伯源

李先生季淵並詳草廬學案。

葛氏門人

教授蘇先生伯衡詳見北山四先生學案。

學正陳先生庸

陳先生聞並見俟庵門人。

黄氏門人

危先生素詳上蕃遠門人。

桂氏家學

桂先生慎

桂先生全合傳。

桂慎。桂全。長史彦良之二子也。慎嘗從潛溪受經。宋文憲集。

桂氏門人

編修張先生唯

別見北山四先生學案補遺。

太學戴先生習

戴習字原學。定海人。朝奉大夫埴之六世孫也。爲國子生。通敏好學。早從桂彥良胡舜咨遊。貝清江集。

蔣先生學

蔣學。

春草門人

僉事時先生銘

時銘字季照。慈溪人。梓材案。成化四明志以爲鄞縣人。字季昭。以字行。受業烏春草之門。洪武閒。鄞庠辟訓導。已擢監察御史。以疾歸。復用薦徵爲崇仁令。掃除宿弊。歷三考。超擢四川按察僉事。先生能詩而工于文。奇正閒出。變化不窮云。慈溪縣志。

附録

崇仁縣治南有橋名後柞。謌爲後濁。及先生至。守職不污。人改呼爲永清焉。

陳氏家學

縣令陳先生棁

陳棁字孟藻。慈溪人。莊仲從子。自幼侍莊仲學倫道。有司舉孝廉不起。後復以聰明正直舉。授饒之德興令。以文名。寧波府志。

胡氏門人

太學戴先生習見上桂氏門人。

陳氏門人

孝子夏先生琛

夏琛。四明人。有孝行。嘗師陳剛。九靈山房集。

梓材謹案。戴九靈在吾鄞與夏璿兄弟遊。蓋卽先生。

危氏家學

教授危先生𣄃

危𣄃字於幰。雲林冢子。中至正二十年進士。自檢討奉常遷佐薊州。雲林賦詩勉之。入明。

爲安慶教授。宋文憲集。

危氏門人

學正陳先生庸

陳先生聞並見倏庵門人。

副使吴先生彤別見草廬學案補遺。

員外端木先生孝思別見北山四先生學案補遺。

王空同先生溥

王溥字宗溥。吴人。嘗從危雲林學。雲林殁。恤其孤甚至。又出入秦淮河上。發劉河閒祕術。注藥起人疾。求者輒與。絶不問氏名。自號空同外史。宋文憲集。

詹先生孟舉

詹孟舉。□□人。嘗及巎子山之門。又嘗聽教于危太樸。周伯琦。與解開先爲同門。解春雨集。

石門門人

紀善鮑恕庵先生仁濟

鮑仁濟字原宏。號恕庵。黄巖人。嘗從陳鏗翁遊。博極羣書。爲文精密雄健。一主于理。洪武聞。薦授樂清訓導。重厚善教。永樂初。陞伊府紀善。進治國要道十二章。遇事輒面諍。不少隱。先是。鏗翁以女妻先生。已而陳被誣。籍没無後。先生爲文招其魂。祀于家之别館。俾妻陳氏主之。終其身。所著有恕庵集。台州府志。

鄭先生履

鄭履字立禮。官常郡經歷。天台陳太希之門人。謝龜巢集。

張氏門人

縣令張先生理

張理字玉文。安仁人。隱君英之曾孫也。十歲通經史。十五能屬文。父爲築義湖精舍于室之南偏。聞見益廣。復從廬陵王充耘學。較藝江浙鄉闈不中。遂學詩于張承旨翥。悉授以詩家之法。至正壬辰。蘄黄寇亂。破饒州而安仁陷。先生與弟璪計復之。後里歲儉。三百餘家。依以爲安。辛丑附明。擢知黟縣事。改漳浦縣。修學聘師。集子弟而誨飭之。政教大洽。宋文憲集。

孝子陶南村先生宗儀别見北山四先生學案補遺。

宋元學案補遺卷九十四目録

宋元學案補遺卷九十四

後學 鄞 王梓材 慈谿馮雲濠 同輯

師山學案補遺

夏吳門人

補 隱君鄭師山先生玉

雲濠謹案。師山一作獅山。東維子集送先生序稱之曰。獅山處士鄭子美氏。其言處士之起也。則云。所與遊者。自吳詢而下若干人。咸爲歌詩以送之。又案。先生夫人程氏。

附録

嘗因同郡進士王君儀過之。欲烹雞供具。僮僕逐雞。飛鳴躑躅。遂不忍烹。王君拊其背曰。子美長養此心。因是于惻隱之發體認涵養。造詣益深。

嘗構精舍于里之師山。其堂曰三樂。踞岡爲軒曰極高明。集諸朋遊。討論春秋筆削之旨。爲之註釋。曰春秋闕疑。

郡帥珊竹鐵公素相厚善。至是率諸子執弟子禮。而時自造資其教益。

監郡强起之。請以布衣入覲。行至海上。疾作。草謝表授使者而歸。舟過建德之淳安邑之梓桐源。士族徐氏王氏迎先生登覽河山之勝。徐氏將建書堂。梓材案。先生遺文。將築書堂者。徐君士毅也。留先生講道其中。門人鮑深自浙來會。遂與俱歸。

郡城失守。先生率昆弟子姪復往梓桐源。仍館徐氏。

羈留郡城。先生閉户高臥。不食七日。猶賦詩爲文。從容若平時。爲書喻諸生曰。人言食人之食則死其事。未食其食。奚死。然揆之吾心。未獲所安。先哲論殷三仁。胥獲本心。士臨事惡可不盡其本心哉。吾初欲慷慨殺身。以敦風化。既不獲遂死。今將從容就死。以全節義耳。

先生自序餘力稾曰。余年十數歲時。蒙昧未有知識。于前言往行無所擇。獨聞人誦朱子之言。則疑其出于吾口也。聞人言朱子之道。則疑其發于吾心也。好之既深。爲之益力。不惟道理宗焉。而文章亦于是取正。久而浸熟。不知我之學古人。而疑古人之類我也。

汪環谷曰。先生爲學。大概本于朱子。嘗曰。易于諸經爲首出。而獨爲完書。天地萬物之理。古今萬事之變。易無不具。而吾身心四體出處進退。易無不在。是故不可一日而不講者。于是取文王周公之辭以爲經。列夫子十翼之辭以爲傳。其或十翼辭義簡奥。則附以註說。命曰周易大傳附注。既又折衷程朱二夫子之說。合爲一書。命曰程朱易契。

王忠文書先生文集後曰。以文求先生。非知先生者。欲論先生者。當自其平生大節而觀之。梓材謹案。朱氏經義考載先生春秋經傳闕疑三十卷。存。四庫全書著録者四十五卷。提要稱。其體例以經爲綱。以傳爲目。敘事則專主左氏。而附以公穀。立論則先以公穀。而參以歷代諸儒之説。經有殘缺則考諸傳以補其遺。傳有舛誤則稽于經以證其謬。大抵平心靜氣。得聖人之意者爲多。其序謂。常事則直書而義自見。大事須變文而義始明。蓋春秋有魯史之舊文。有聖人之特筆。不可字求其義。如酷吏之刑書。亦不可謂全無其義。如史官之實録。又曰。聖人之經。詞簡義奥。固非淺見臆説所能窺測。所以歲月既久。殘缺滋多。又豈懸空想像所能補綴。與其通所不可通以取譏於當世。孰若闕其所當闕以俟知於後人。其論皆洞達光明。深得解經之要。故開卷周正夏正一事。雖其理易明。而意有所疑。即闕而不講。愼之至也。又稱其迫降不屈。與宋吕大圭。及同時李廉。均可謂能明大義。不愧於治春秋矣。明郎瑛七修類稿。乃謂其不受元爵。自當仕明。謂之當生而不生。其説殊謬。伯夷叔齊豈嘗受殷爵哉。瑛所云云。所謂小人好議論。不樂成人之美者也。

師山講友

鄉舉汪環谷先生克寬詳見雙峯學案。

鮑先生魯卿

鮑魯卿字景曾。歙縣人。幼負奇才。讀書三行並下。日記數千百言。天文地理曆律度數無不研究。尤精于兵法。遭世承平。無以自效。喟然歎曰。施于有政。是亦爲政。吾將行之于家。又何必天下乎。嗜書如飴。雖家務叢雜。手不釋卷。其爲學專以講明心法爲主。而以修飾行義爲先。其論人則以識見高下爲格。而不泥其成敗之迹。嘗與師山坐蒲亭山上。論天下形勢。山川險易。若身履其地者。幅員之大。如指諸掌。及言古今治亂。自三代以下。無不提其要領。而中其肯綮云。子元康。師山文集。

胡先生伯仁

胡伯仁。師山友人也。師山被召。至四明。從先生假得程朱易傳義。歸來山中。日誦一卦。若有所得云。師山文集。

師山學侶

補 徵君唐白雲先生仲實

梓材謹案。歙縣志古蹟。三峯精舍在槐塘。唐白雲所築。常與危太樸鄭師山講論此堂。前對三峯聳秀。故名。

隱君汪碧山先生垚

汪垚字子厚。歙縣人。入元不仕。世稱碧山先生。與同邑鄭耆齡鄭子美爲紀羣之交。著有小學通俗編。倡綱川社。恤養孤寡。不使流入緇黄。各獲滋生成聚。得相友相助相扶持。家教不談佛老。臨卒。尚傳不齊不醮之屬。汪氏譜。

師山同調

補 禮部程黟南先生文

雲濠謹案。元史儒學陳衆仲傳附載先生云。作文明潔而精深。虞道園多稱之。

附録

陳夷白哭之曰。天能窮其身。而不能使其文不工。能使其道不大行于世。而不能使其文不傳。嗚呼哀哉。

又序禮部文集曰。新安程君。虞公之所雅敬。而揭公之所畏厚者也。君盛年時。挾所有客京師。介然自持。不苟務造請。居窮守約。人所不能堪。而未嘗一日不鑽研六藝。紬繹百家。漱滌刮磨。與古爲徒。蓋性能而好之之篤如此。非直事剽竊衒華藻以馳騖聲勢而已。

師山家學

鄭先生琮

鄭琮字叔方。師山仲父椿齡之子也。年十五。從程文先生學書法。得鍾繇筆意。師山有山水癖。好堪輿家言。號地理學。從之遊。三日盡得其意。卒年二十二。師山文集。

鄭先生逢辰

鄭先生拱辰合傳。

鄭逢辰。師山之子。拱辰。師山弟希貢之子也。戊戌之難。師山與書曰。我兄弟孝友終身。卒全節義。兄死報國。弟生保家。此萬世法程也。逢辰。拱辰。宜守吾兄弟之志守。篤孝友之風。

如浦江鄭氏。豈止吾地下之榮。實吾祖宗之榮也。勉之勉之。師山遺文。

師山門人

補 汪先生自明

附録

幼孤。侍祖避亂。途遇寇。欲刃之。先生涕泗求代。賊異而釋之。

少從鄭師山遊。師山以孤託俊德。俊德撫之成立。

補 王先生友直

梓材謹案。四庫書目提要云。師山集中有屬王季温刊春秋闕疑。書至被執。就死之時。惟惓惓以此書爲念。蓋其平生精力所注也。

補 吴先生虎臣

梓材謹案。師山遺文附録貞白行狀云。女一曰柔貞。嫁同郡吴虎孫。師山行狀云。余公闕大書鄭公釣臺。先生自爲文記之。里人吴虎臣刻諸石。是先生與師山妹夫似屬兩人。然先生文集登釣臺記。明言妹壻吴虎臣。其爲一人無疑。殆有二名耳。

隱君趙東山先生汸詳見草廬學案。

程孝則先生可紹別見介軒學案補遺。

教諭黎先生敏

黎敏。臨川人。師山學生。官歙縣教諭。嘗爲文以祭師。師山遺文附録。

李先生友諒

李友諒字進誠。師山之徒也。師山嘗爲之字説。師山遺文。

洪先生采

洪采。亦師山之徒也。王仲履既字以元白而爲之序。師山過其家。復請字説。師山爲之説云。師山遺文。

汪先生貞保

汪貞保字以元。歙縣人。子厚子。游鄭子美之門。與同學鮑伯原締姻相切磋。並爲師山善後。汪氏譜。

梓材謹案。先生子義烈君余受業師篤園夫子之十五世祖也。夫子述義烈行略。而宜興吴氏爲之傳。其溯先生云。師鄭師山玉。鄭檮。唐白雲桂芳諸公。是則不獨游于美之門矣。

唐氏家學

藩傅唐先生子儀

唐子儀名文鳳。以字行。山長仲實次子。生而穎悟。尚名節。郡守黄希範辟教紫陽書院。後守陳彦白薦爲興國令。力行教化。務在與民同休息。後徵入朝。成祖親簡名流爲趙漢二藩官屬。以先生爲趙傅。數有諫導。時王方坐嫌疑。賴先生左右力得免。歙縣志。

待詔唐拙庵先生子彰

唐子彰名文魁。以字行。仲實季子。幼聰穎。發憤下帷。足十年不窺户外。尤善鍾王書法。聞于朝。詔以束帛徵至闕。上喜。命待詔文淵閣。纂修永樂大典。每奏一篇。上輒歎曰。良史才。屢以親老乞歸。授以官。不拜。所著有拙庵集。歙縣志。

唐氏門人

汪先生貞保見上師山門人。

程氏門人

鄭先生琮見上師山家學。

張先生吳

胡先生世顯合傳。

張吳。婺源人。程禮部門人也。同里且親。收拾禮部遺稿。會粹爲三十八卷。與同門臨安胡世顯校正刊之。夷白齋集。

博士徐先生穎缺。

樗庵門人

吳先生玉林別見草廬學案補遺。

汪先生貞保見上師山門人。

汪氏家學

汪先生積善

汪積善。俊德字。道得金珥。守之。一婢哭而來。還之。河中水漲。候渡。有拜河中者。則其婢與夫也。延款其家。水忽大漲。覆舟。先生得免。安徽通志。

以元家學

汪先生益謙

汪益謙字受之。以元子少承家學。豪俠有節槩。以孝友擊鄉寇傳于世。汪氏譜。

宋元學案補遺卷九十五目録

蕭同諸儒學案補遺

宋元學案補遺卷九十五

蕭同諸儒學案補遺

後學 鄞 王梓材 慈谿馮雲濠 同輯

榘庵先緒

司庫同先生繼先

同繼先。奉元人。寬甫父。博學能文。廉希憲宣撫陝右。辟掌庫鑰。元史。

晦翁續傳

補 貞敏蕭勤齋先生𣂏

附録

博極羣書。天文地理律曆算數靡不研究。

鄉人有自城中暮歸者。遇寇。欲加害。詭言我蕭先生也。寇驚愕。釋去。

先生制行甚高。眞履實踐。爲文辭一以洙泗爲本。濂洛考亭爲據。關輔之士。翕然宗之。稱爲一代醇儒。

隱于終南山下。鑿土室以居之。盡得聖賢遺經。以及伊洛諸儒之訓傳。陳列左右。晝夜不寐。始則誦讀其文。久則思索其義。如是者餘三十年。

省憲請公就職。公以書辭曰。某蚕事文墨。見一時高才捷足趨事功者。效之不能。是以安于田畝。讀書爲事。本求寡過。不謂名浮于實。聖恩横加。竊念聖人之教。必明德而後新民。成己乃能成物。昔夫子使漆雕開仕。對以吾斯之未能。信然。則心術之微。雖聖師不若開自知之審。念某學行未至。自知甚明。望達廟堂。改授眞儒。則朝廷得人。學者得師。某亦不失爲寡過之人矣。

擢國子司業。遣使徵之。公又力辭不拜。其言曰。某念寡陋與人共學。非敢爲師。向授提學。幸承聽允其辭。既不能當外郡學職。豈可復預國學之事。況敢辭卑居尊。以取無廉恥貪冒之罪乎。

至大二年。徵拜集賢學士國子祭酒。□㊀前太子右諭德。進階通議大夫。公以老疾辭。門人疑焉。問曰。聖人樂得天下英材而教育之。今先生辭祭酒者何也。公曰。曩在京師。有朝士再三以成均教法爲問者。余告之曰。若欲作新胄子。當罷歲貢。一如許文正公時。專于教養。彼既外無利禄之誘。内有問學之功。則人材庶有望矣。此語一傳。物議鼎沸。執政者亦深不以爲然。今余出則徇人。豈能正己以正人乎。

㊀「□」當作「依」。

孛朮魯翀至自南陽。從公受業。久之。謂人曰。某游江右。獲識諸老。聞其議論。或有不讓。今見蕭先生。使某自不能措一辭。信知吾道之無窮也。

蘇滋溪誌其墓曰。惟關輔自許文正公楊文康公鳴理學以淑多士。公與同公接其步武。學者賴焉。公之學。自六經百氏山經地志。下至醫經本草。無不極通其說。尤邃三禮及易。江西儒者標題小學書行于世。公閒以朱筆塗之曰。凡今標題。多朱子所不欲存者。如鄧伯道繫其子于樹之類。吴文正公是之。

又曰。公教人極嚴。諸生惴惴畏服。其學皆自小學始。次及四書諸經。日與學者講説經訓。滾滾不窮。待其曉解。方授別義。人來質疑。即命其徒取其書某卷所載以對。曰。若背文暗誦。恐或悞人。

劉致爲謚議曰。士君子之趣向不同。則各得所志而已。彼不求人知。而人知之。不希世用。而世用之。至于上徹帝聰。鶴書天出。薜蘿動色。巖户騰輝。猶堅卧不起。不得已焉。始一至。卒不撓其節。不隳所守而去。亦可謂得所志也已。

補文貞同榘庵先生恕

附録

先生安靜端凝。羈丱如成人。從鄉先生學。日記數千言。教人曲爲開導。使得趣向之正。

與人交。雖外無適莫。而中有繩尺。

先生自京還。家居十三年。縉紳望之若景星麟鳳。鄉里稱爲先生而不姓。

菊潭師承

補 蕭先生克翁

蕭克翁。新喻人。正肅公燧四世孫。隱居不仕。學行爲州里所重。李术魯翀從之遊。稱爲純儒。明一統志。

勤齋學侶

著作蕭芳洲先生雷龍附族子性敏。

蕭雷龍字作霖。吉水人。童丱時輒嗜學弗厭。元平江南。束書遊燕都。有言于世祖者。遣使召見。奏對稱旨。西游關陝。謁蕭貞敏公于京兆。謂當爲南士之冠。至大初。有薦爲衛尉院大使者。復至燕都。改祕書監著作郎。未幾。馬忽蹶于門。意以爲不祥。即日投牒謝去。遂絶意仕進。族子性敏厄于貧。弗克進學。招與諸孫爲師友。後爲名儒。積世藏書頗多。構竹林精舍。發書藏庋之。晚年。構堂西偏。扁曰芳洲。因自號爲芳洲云。劉岳申高第。洵其季孫也。宋文憲集。

勤齋同調

補徵君韓先生擇

附録

補博士侯先生均

附録

尤邃禮學。有質問者。口講指畫無倦容。士大夫宦遊過秦中。必往見之。莫不虛往而實歸焉。

其答諸生所問。窮索極探。如取諸篋笥。

先生貌魁梧而氣剛正。人多嚴憚之。及其應接之際。則和易款洽。雖方言古語。世所未曉者。莫不隨問而答。世咸服其博聞。

文穆呂先生彧詳見魯齋學案。

徵君羅先生榮祖

羅榮祖字仁甫。歙縣人。與處士蕭𣂏同被徵。鄭左參力爲勸駕。先生書招隱詩謝之。江南通志。

黄先生所志附鄭子誠

黄所志字志尹。豐城人。以學行文章爲復林李户部客。至元戊寅俘于兵。粥于长安鄭子誠家。子誠儒長者。與蕭惟斗友。一見先生。命諸子師事之。遂名長安中。家長安三十年餘。程雪樓集。

□□□□

主簿武先生震附師李迂軒。子戩。

武震。趙郡武威人。攸緒之胄也。幼入小學。獨不敖惰。就學于眞定李迂軒先生。樞密判官白文舉聞夜誦獨苦。大加期異。太尉史忠武公致禮于第。爲諸孫師。至元七年。中高第。十一年。又舉學官爲州學教授。新殿堂齋房。大集諸生修教事。由是趙學興盛爲河朔先。二十一年。調將仕佐郎濮州臨清主簿。明年卒。年五十七。先生邃于經史。誨人亹亹無倦。子戩。爲中書掾。有清白聲。退食杜門。惟以奉母教子爲急先務。程雪樓集。

署丞楊庸齋先生時煦附門人李□。

楊時煦字春卿。玉田人。嘗爲興文署丞。幼穎悟質厚。制行不爲崖岸。隱居教授餘二十年。居一室。環種以竹。名之曰庸齋。病革。訣其門人李生曰。予平生無媿于世。言竟怡然而逝。静修詩文拾遺。

徵君姚四清先生和中

姚和中。字□□。當塗人。世爲儒家。徵召不赴。一時從遊甚盛。如婺源汪澤民。同邑李習。李翼。皆其弟子。江南通志。

梓材謹案。宋學士濂跋姚氏墓銘。述吴淵穎之言曰。當塗有姚四清徵君者。時之碩士也。四清蓋先生别號。

處士何先生德之

何德之。成都處士。蒲應奉。其弟子也。晚居興元卒。袁清容挽之曰。江漢清秋老。岷峨故國身。潛川珠玓瓅。韞匵玉孚尹。逸興蟬離垢。癯容鶴寫神。發研經席正。炙輠辨鋒新。素業書千篋。幽居黍一囷。非辭魯生辟。自樂管寧淳。水近藻交佩。巖低溜墊巾。詩清猿母泣。詞整燕雛親。夢往蕉疑鹿。書成筆感麟。山觀天外象。梅閲静中春。燐黑魂猶慘。槐黄事可詢。極知情惘惘。徒意走趍趍。故里傳遺稿。空堂象素眞。故人調鼎鼐。弟子演絲綸。靖節名堪繼。文中躅可循。悠然端有意。念此竟誰陳。清容居士集。

王愼獨先生奎文

王奎文字昌甫。江陵人。號愼獨先生。宋祭酒本。傳性命義理之學于先生。宋燕石集。

蕭氏門人

補 文靖孛朮魯菊潭先生翀

雲濠謹案。先生始名思温。字伯和。蕭克翁因夢大鳥止所居。爲易其名。事詳元史。蘇滋溪爲先生神道碑云。年出二十。號稱鉅儒。由憲府薦。授學官。歷陞右司員外郎。泰定初。充會試考官。遷國子司業。至順元年。同知禮部貢舉。元統二年。拜江浙行省參知政事。以葬親北歸復號。至元元年。召拜翰林侍講學士知制誥同修國史。以未葬辭。明年。復命編修官。成遵召之，而疾不能行矣。又云。公之先女眞貴族。有菊潭集六十卷。

菊潭遺説

孔子經法。于易則溯伏羲以本無言。書則始唐虞以道政事。詩則采殷周以正性情。春秋則黜五霸以嚴名分。禮樂升降。以鑑汚隆。天人之道至矣。

附録

稍長。讀書一覽卽記。郡公以順陽僻左。徙居于鄧。貞隱李先生。鄧名士也。公從學詩賦。同門莫及。

復游漢上。從翰林姚文公學古文。文公奇之。以書抵李貞隱曰。子輩談議鋒出。其踐履一以仁義爲準。文章不待師傅而能後進。無是倫比。于是眞隱以女妻公。

梓材謹案。元史本傳稱姚以書抵蕭貞敏。蕭以女妻之。未知孰是。

公之爲學。務博而約。自六經諸史傳註。下至天文地理聲音曆律水利算數。皆考其説。聽其言論。滚滚不窮。

自官汴。學士之從者日衆。及師成均。與鄧公文原。虞公集。謝公端爲同時。教人不倦。發明經旨。援引訓説累數百言。極于至當而後已。

岐山周公廟。道士據之。公曰。周孔名教。炳如日月。豈宜列于異端。請設書院。令學官主之。

吳文正公嘗曰。索术㊀魯公學博而正。特立無朋。聞者以爲知言。

公在翰林時。進講罷。上問曰。三教何者爲貴。曰釋如黄金。道如白璧。儒如五穀。上曰。若然。則儒賤耶。對曰。黄金白璧。無亦何妨。五穀于世。豈可一朝闕哉。上大悦。

其居國學者久。論者謂自許魯齋之後。能以師道自任者。惟耶律有尚及先生而已。

補忠肅吕先生思誠

㊀「索术」當爲「孛术」。

附録

宋潛溪題吕仲實詩後曰。惟公蚤師蕭貞敏公。傳道德性命之學。眞知實踐。故其立朝大節。極有可法。篇章散落于四方者。固宜寶之。如魯敦周彝傳之于子若孫也。

胡先生居祐

胡居祐字彦承。京兆人。嘗學于蕭維斗。所爲詩文六十篇。程鉅夫爲之序。程雪樓集。

幕長王先生克誠

王克誠。□□人。掾東曹。嘗遊蕭勤齋之門。又爲秦省幕長。程雪樓集。

左丞廉先生惇

廉惇。四川行省左丞。蕭勤齋門人。與孛术魯翀以勤齋易名爲請。蘇滋溪集。

同先生毅

陳先生畓合傳。

智先生炳合傳。

李先生材合傳。

盧先生烈合傳。

同毅。陳畚。智炳。李材。盧烈。皆勤齋弟子。知名于時。蘇滋溪集。

芳洲家學

蕭先生洵別見盧陵學案補遺。

武氏門人

史先生灼

史灼。永清人。忠武公天澤之孫也。武先生門人。卒爲述其行事。程雪樓集。

楊氏門人

知州周先生之翰附兄之綱。

周之翰字子宣。燕人。母王氏。翰林學士承旨文康公鷃之女。讀書賢明。教子有法。先生與兄侍講之綱。早歲皆以儒名。侍講以朝命出繼文康公後。先生歷拜冠州知州。卒年六十有五。嘗問學于楊先生時煦。居官廉慎。毫釐無所私。蘇滋溪集。

姚氏門人

文節汪先生澤民

汪澤民字叔志。婺源人。寓居宣州。延祐五年進士。授承事郎。歷官奉議大夫知兖州。所至稱神明。至正三年。除國子司業預修三史。書成。遷集賢直學士。未兩月。告歸。以禮部尚書致仕。十五年。長鎗軍瑣南班等犯宣州。或勸之去。先生曰。我雖無官。受國恩厚。臨危愛死。非臣子節。凡籌畫戰守。多出其策。累敗賊兵。明年。賊來益衆。城陷不屈。遂遇害。時年七十。追封譙郡公。謚文節。元史類編。

梓材謹案。萬姓統譜載先生爲龍溪學士藻七世孫。少警悟力學。長通諸經。考宋文憲集爲先生神道碑。乃龍溪七世從孫也。

附録

先生既歸。僦屋以居。門生弟子援洛中諸賢故事。爲築室宛水之濱。先生日督諸孫讀書以自娱。不知其貧。其爲學本諸六經。眞知實踐。無不本于道義。

知州李先生習

李習字伯羽。當塗人。治尚書。旁通諸經。延祐四年。領鄉薦。授書院山長。明太祖渡江。

先生偕其門人陶安迎謁。年已八十餘矣。即以爲太平府知府。卒于官。著有橄欖集五卷。安徽通志。

教授李先生翼附子洙。汶。

李翼字仲羽。伯羽之弟。兄弟齊名江左。稱爲二李。吴淵穎稱伯羽之文。簡密嚴奥。仲羽之文。豐腴縟麗。先生中延祐七年浙江鄉試。官教授。早卒。子洙字宗泰。學純行端。爲余闕所禮重。洙弟汶。字宗茂。明初。召爲史館編修。與修元史。兩典文衡。出爲南和令。有善政。安徽通志。

何氏門人

提舉蒲順齋先生道源

蒲道源字德之。號順齋。青神人。其父政午。以元初徙興元。先生丱歲就學。强記過人。未成童已通經大義。逮乎立年。復以濂洛諸儒之説倡于漢中。而漢中之士知有道德性命之學。先生務自博以入約。由體以達用。眞知實踐。不事矯飾。教人具有師法。大抵以行檢爲先。而窮經則使之存心靜定。而參透于言語文字之外。嘗爲郡學正。晚詣京師。以博士教國子。居歲餘。輒自引去。詔起提舉陝西儒學。不就以卒。有閒居叢稿二十六卷。黄文獻集。

梓材謹案。先生爲蒲傳正左丞裔孫。袁清容書左丞帖云。蒲爲西蜀大族。己卯之變徙興元者。獨能保其宗。又云。厥今理學宏闡。實始于春陵周元公。元公之道之學。實蒲公紀其事。然宋史左丞傳多貶詞云。

蒲順齋説

漢置五經博士。取其專且精也。今之學者。恥一經之不該。及究其歸趣。則茫然莫據。又或以註釋經義媒仕進者。視其書皆掇拾先儒已成之書。初無自得之實。而徒耗蠹紙劄。龐亂經訓。益使人厭之。今欲令學者各守一經。則不免于陋。欲兼通諸經。則汗漫而不精。欲拒注釋之煩雜。則恐或廢其善。欲容而受之。則易惑。學者其何以矯其弊而通其中者乎。

王氏門人

正獻宋先生本附師王奎文。

宋本字誠夫。大都人。成童。聚經史窮日夜讀之。句探字索。必通貫乃已。嘗從父禎官江陵。江陵王奎文明性命義理之學。先生往質。所得造詣日深。年四十始還燕。至治元年。策進士第一。累擢禮部尚書。轉集賢直學士兼國子祭酒。卒謚正獻。元史。

雲濠謹案。先生初名克信。寓南中時。自號江漢。羈傖。性樂水及漁。又號垂綸亭主人。見其弟翰林褧所作行狀。

附録

至正二十年。户部公出爲杭州東南隅録事判官。公受句讀于杭士石厓何天麟。即聰悟可喜。大德六年。侍户部公赴官平凖。俸薄。公聚徒養親。如武昌時。兼教其弟息州都監克敏及褧。

十一年。户部公薨。藁殯江陵。母李年且老。户部公歷仕南土雖二十餘年。小心謹畏。家素乏蓄積。公至是孤。益貧苦。殆無以衣食。喪祭哀戚之餘。教童子七十八人。講授紛沓。親理米鹽雜務。方苦心力學。不以寒暑晝夜作輟。當食亦置書其傍。披覽研究。不覺匕箸之及口。飯羹數冷。温而復進。始得終餐。夜分迺寐。幾廢寢食。

進奎文閣學士院供奉學士亞中大夫。時方修經世大典。分局撰書。公纂述夏官政典凡若干卷。編摩緻密。事備辭嚴。孔子父母已封啓聖王王夫人。獨鄆國夫人幵官氏猶仍舊號。由公建言。降制加封爲大成至聖文宣王夫人。

文安謝先生端大父元賁。

謝端字敬德。其先遂州青石人。宋季避兵出蜀。居江陵。至先生始家武昌。祖元賁。深通玄象。江陵制置使孟珙敬禮之。先生十歲時讀書江陵郡學。屢出同舍生上。其師異之。弱冠。偕廣陽宋本從王奎文遊。講明性理之學。俱有才名。郡人以謝宋稱之。延祐元年。中河南鄉貢。五年賜進士出身同知湘陰州事。累轉翰林修撰同知制誥兼國史院編修官三官。就遷待制。選爲國子司業。復入翰林直學士。卒。贈國子祭酒陳留郡侯。謚文安。先生教冑子。嚴毅方正。諸生凜凜畏服。講説經義。能明聖賢之旨。諸生質疑請問無倦。爲文辭簡而有法。其于前代君臣得失。古今文章美惡。歷歷能道其詳。遼宋金國興廢。人物賢否。亦皆精熟。嘗以不克纂述三史爲憾云。蘇滋溪文集。

梓材謹案。先生號愷齋。宋文清燕石集有祭謝愷齋文。

附録

史松宣慰荆南。數加延禮。薦之姚樞。樞方以文章大名自負。少所許可。以所爲文眎之。先生一讀卽能指擿其用意所在。樞歎奬不已。語人曰。後二十年。若謝端者。豈易得哉。初文宗建奎章閣。蒐羅中外才俊置其中。嘗語阿榮曰。當今文學之士。朕惟未識謝端。亡何。文宗崩。竟不及用。

先生又與趙郡蘇天爵同著正統論。辨金宋正統甚悉。世多傳之。

僉事宇文純節先生公諒

宇文公諒字子貞。其先成都人。父挺祖徙吴興。遂爲吴興人。通經史百氏。言行有操。累官國子監丞嶺南廉訪僉事。平居。雖暗室必正衣冠端坐。晝有所爲。夜則書之。其不可書。卽不敢爲。所著有折桂等集。門人私謚曰純節先生。姓譜。

侯先生克中

侯克中字正卿。眞定人。幼喪明。聆羣兒誦書。不終日能悉記其所授。長習詞章。自謂不學可造詣。既而悔曰。吾明于心。刊華食實。莫首于理。理以載道。原易以求。則爲得之。于是精意讀易。旁通曲會。參以己説。而名之曰通義。袁清容序之曰。思深而識幽。據會提要。蓋將爲程子之忠臣。倣文公以入夫邵子之室。非潛心尊聞者不能也。又稱其年踰九十。康色未艾云。清容居士集。

知事郝先生道寧附子伯魯。

郝道寧。眞定人。以詩書教授鄉里。學者常至百人。郭侍郎□。左主事煥。尤著名者。子伯魯字希曾。少傳父學。起家欒城縣教諭。遷固安州學正。爲守令者重之。爲諸生者敬之。後以才擢户部史。轉太醫院。出官萬億綺源庫知事卒。蘇滋溪集。

學士張先生善

張善。寧晉人。讀書業儒。不事進取。奉親教子。克孝且嚴。卒贈翰林直學士清河郡侯。子四人。季公爵。蘇滋溪集。

王西山先生文煥

王文煥。一名子敬。字叔恭。□□人。少負雅操。夙承家學。元亂。不屑仕進。遂取孔孟諸儒緒言。研極精微。著道學發明。大學發明。中庸孟子解。及心經圖。治心銘諸作。先生以心爲明鏡。毋自欺爲藥物。畏敬恐懼克復省察爲工夫。巍然負泰山北斗之望。學者宗之。稱爲西山先生。兩浙名賢録。

宇文學侶

山長葉先生顒

葉顒字伯卬。吴縣人。家洞庭東山。父國英。倜儻好結寓内名士。儒學提舉李祈。國子助教宇文公諒。並主其家。故先生學有端緒。尤長于诗。元季嘗署和靖書院山長。姑蘇志。

菊潭家學

補 孝朮魯先生遠

雲濠謹案。道園學古録味經堂詩序云。國子祭酒魯公伯子翬父作味經堂。自爲記。以勖其子遠公。嘗命遠從余遊。故賦此詩。是先生道園弟子也。

附録

虞道園送魯遠序曰。今吾子之嚴君。天下之碩師也。講明問辨。不待出勤于外傅。觀瞻傚則。不必近越乎户限。何其幸歟。又曰。夫識察于動容周旋之閒。考析于言語文字之表。視則之法也。慎之于日用常行之微。徵之以前言往行之實。用力之地也。以是事親。日求所未知未能。而求必盡其職分焉。所以歸求者如此。

菊潭門人

參政貢玩齋先生師泰詳見草廬學案。

汪氏門人

祕書汪先生文炳

汪文炳字炳叔。歙縣人。明兵渡江。隨撫諭官孫炎入謁。授祕書典籤。講説稱旨。除都昌知縣。時陳友諒以兵來攻。援絶被執。賊奇其才。欲官之不受。遂抗詈而死。姓譜。

梓材謹案。先生文節門人。嘗爲文節事狀。見宋文憲所撰文節神道碑。

賓客劉先生性初

劉性初。大名人。幼有奇氣。嘗從宣城汪先生授春秋學。讀書山中者五年。後值兵變。避地錢唐。張左轄辟爲賓客。久之。以疾辭。貝清江集。

張先生師愚

張先生師曾合傳。

張師愚字仲愚。寧國人。好學工詩。兩領鄉薦。與弟師曾。並從汪文節澤民遊。與文節共編宛陵羣英集。文節嘗言。平生畏友有二張云。安徽通志。

隱君梅先生致和 大父師哲。附子士熙。

梅致和字彥達。宣城人。詩人聖俞九世孫也。母爲汪文節公女弟。先生生而俊朗。嶷然異羣童。稍長。大父師哲授以上古之書。輒能講其説。大父歿。復從文節學春秋。已而兼通易與詩。鄉先達張師曾兄弟問學雄深。人號爲二張。每奇先生。折輩行爲忘年交。過從索講無虚日。聞譽四流。數戰藝數不利。棄去。肥遯于城南。益取春秋而研精之。辨其世變。要其指歸。著春秋類編十二卷。問道考德者日相踵于門。先生悉攝其觕疏。入于密微而後已。至正丙申卒。年五十七。子士熙。以學行入仕。知大同渾源州。以政事聞。後陞陝西布政使司正理問。宋文憲集。

伯羽門人

參政陶先生安

陶安字主敬。當塗人。幼敏悟。有大志。元至正閒。授明道書院山長。入明。官至江西參政。姓譜。

仲羽門人

副使劉先生允

劉允字子允。當塗人。師事李翼。博學喜吟咏。洪武四年進士。累拜北安按察司副使。考績留教授親王于内。後請老卒。姓譜。

宋氏家學

文清宋先生褧

宋褧字顯夫。大都人。贈户部尚書楨之子。正獻本之弟也。至元甲午。户部主興山簿。先生生邑中。稍長。流落江漢閒。綴學勤苦。户部爲小官禄薄。公兄弟授徒以爲養。延祐六年。從正獻至京師。清河元明善。濟南張養浩。東平蔡文淵。王士熙。方以文學顯于朝。見其伯仲。驚歎以爲異人。先生擢第。除祕書監校書郎。歷拜翰林待制。遷國子司業。修遼金宋史。分纂宋高宗紀及選舉志。書成。超拜翰林直學士。先生學務博。尤喜爲詩。有文號燕石集。性樂易。家雖甚貧。待親友無所靳。年五十有三卒。贈國子祭酒。范陽郡侯。謚文清。蘇滋溪集。

雲濠謹案。王阮亭居易録載宋文清燕石集。至正八年。聖旨下。都省移江浙省於各路有錢糧學校内刊行。中書省御史臺據御史段弼楊忠王思順蘇寧等奏請也。此與石田集皆奉旨刊行。元時崇文如此。又言。其兄正獻工於古文。時號二宋。

附録

其謚議曰。某爲人謹愿持正。于學考索精詣。其爲文剴切爾雅。以至監察中臺。贊憲陝右。僉事山南。其于風紀多所振舉。甫至通□。輒損其年。雅行游揚于方來。尊名壹惠于今日。按謚法。博聞多見曰文。居家潔正曰清。謚曰文清。實愜輿論。

謝堯章挽之曰。伯逝人皆歎。公亡世益憐。生平雙白璧。身後一青氊。業尚能傳子。天胡不假年。相看知己少。把筆遂淒然。

宋氏門人

編修吴先生炳

吴炳字彦輝。汴處士。有德業才學。譽望甚彰。宋誠夫力薦。奏以翰林編修徵之。燕石集。

謝氏門人

翰林楊先生惟肖

楊惟肖字與似。先世避兵難出蜀。再徙澧陽之新安。遂家焉。先生六七歲誦諸經不忘。弱冠師蜀儒吕仁叔治春秋。讀書不釋卷。夜分方寢。家務妨奪。則顰顣歎怨。遊京師。從文安謝公學易。文安于先生爲中表丈。館于家。日與之論議。至順三年。以寓士就試上都。名中第二。會試京師。適文安考文。自陳避親嫌不試。念親老未獲禄養。迺以善楷書試補翰林書寫。中高等。官制書寫。歷三考始官七品。燕石集。

侯氏門人

侍郎郭先生郁父天祐。

郭郁字文卿。世居汴梁封邱縣。汴梁爲金遷都。兵徧㊀野處。僑居大名。嘗爲浮梁知州知高郵府。歷授慶元路總管。袁清容再入翰林。先生時爲江浙行省都事。見其受易學于侯先生。及爲中書檢校。清容時直集賢。往來益密。而其父天祐祐之正席危坐。凡交于先生者。咸執弟子禮。以先生官贈吏部侍郎陳留郡伯。清容居士集。

梓材謹案。先生皇慶間知浮梁州。延祐丙辰嘗序胡雲峯周易本義通釋。

郝氏門人

左先生煥

左煥。眞定人。由山東憲司書吏至中書掾。以廉能稱。歷户部主事中尚監丞。蘇滋溪集。

侍郎郭先生郁見上侯氏門人。

㊀「徧」当为「逼」。

張氏家學

州牧張先生公爵

張公爵。贈清河郡侯。善季子。由樞密丞相掾官工部主事。歷工户兩部郎中僉山南廉訪司事。行河南省郎中監察御史都漕運使。改牧順德。順德方旱。下車卽雨。歲則大熟。蘇滋溪記其先塋。稱其學傳父師。克奮材能。以究厥施云。蘇滋溪集。

陶氏門人

郡守喻先生仲衡

喻仲衡字平甫。□□人。自少博通羣籍。繼而師事姨夫陶安。得聞程朱性理之學。行業日益充裕。洪武中知台州府。尤盡心于學校。姓譜。

張氏門人

唐先生伯剛

唐伯剛。河東人。少從鄉先生内翰張公受業。博雅好古。論議恢達。有魏晉閒人風氣。嘗至京師。以能詩知名。夷白齋稿。

梓材謹案。陳夷白誌陳隱君謙墓云。故内翰蜀郡虞公。金華黄公。今寧晉張公。交口論薦。卽先生從學之張公。蓋卽寧晉張公爵也。

宋元學案補遺卷九十六目録

元祐黨案補遺

宋元學案補遺卷九十六

後學 鄞 王梓材 慈谿馮雲濠 同輯

元祐黨案補遺

梓材謹案。宋儒之學。不始于元祐。宋人黨案。亦不自元祐始也。前乎元祐者有元豐。前乎元豐者有景祐。學案造端于安定泰山。而主持之者。高平廬陵也。朋黨之論。實始于此。既爲學案。而存黨案。卽爲景祐元豐各補黨案可也。

景祐黨案表

乾興元年壬戌	天聖元年癸亥	天聖二年甲子
二月。仁宗卽位。 夏四月。貶寇準爲雷州司户。李迪爲衡州團練副使。 秋七月。以王曾同平章事。吕夷簡魯宗道參知政事。丁謂有罪。貶崖州司户參軍。 十一月。以張知白爲樞密副使。給兖州學田。帝初御經筵。	秋九月。以王欽若同平章事。 閏月。故相寇準卒於雷州。	秋八月。帝臨國子監謁孔子。 冬十一月。立皇后郭氏。
天聖三年乙丑	天聖四年丙寅	天聖五年丁卯
冬十月。以晏殊为枢密副使。 十一月。王欽若死。 十二月。以張知白同平章事。		晏殊罷。以夏竦爲樞密副使。

天聖六年戊辰

二月。同平章事張知白卒。文節。
三月。以張士遜同平章事。

天聖七年己巳

二月。參知政事魯宗道卒。簡肅。
張士遜罷。
以呂夷簡同平章事。夏竦薛奎參知
政事。
復制舉諸科。
六月。玉清昭應宮災。罷王曾知
兗州。
十一月。出祕閣校理范仲淹通判
河中。

天聖八年庚午

天聖九年辛未

七月。遣龍圖閣待制孔道輔等使
契丹。
十月。罷翰林學士宋綬。

明道元年壬申

二月。以張士遜同平章事。
八月。以晏殊參知政事。

明道二年癸酉

四月。呂夷簡張士遜夏竦陳堯佐
范雍趙稹晏殊罷。
以李迪同平章事。
秋七月。旱蝗。詔求直言。
十月。以呂夷簡同平章事。
十一月。贈寇準中書令。
薛奎罷。
廢皇后郭氏。謫御史中丞孔道輔。
右司諫范仲淹。

景祐元年甲戌

正月。置崇政殿説書。
八月。以王曾爲樞密使。

景祐二年乙亥

正月。作邇英延義二閣。孫奭嘗上無逸圖。帝命施於講讀閣。至是又詔蔡襄寫無逸篇於閣屏。
貶御史裏行孫沔監永酒務。
二月。李迪罷。以王曾同平章事。蔡齊盛度參知政事。
命集賢校理李照重定雅樂。

景祐三年丙子

五月。貶知開封府范仲淹及集賢校理余靖館閣校勘尹洙歐陽修於外。詔戒羣臣越職言事。

景祐四年丁丑

四月。吕夷簡王曾宋綬蔡齊罷。
冬十二月。地震。

寶元元年戊寅

正月。求直言。
以張士遜章得象同平章事。
四月。王博文卒。
冬十月。詔戒百官朋黨。
十一月。沂公王曾卒。文正。

寶元二年己卯

十一月。宋庠參知政事。

康定元年庚辰

正月。朔日食。
二月。除越職言事之禁。
命知制誥韓琦安撫陝西。
五月。張士遜致仕。以吕夷簡同平章事。

慶曆元年辛巳

二月。貶韓琦知秦州。
三月。貶范仲淹知雍州。

慶曆二年壬午

四月。富弼如契丹。
七月。以吕夷簡章得象兼樞密使。
加晏殊同平章事。

以夏竦爲陝西經略安撫招討使。韓琦范仲淹副之。
八月。以杜衍同知樞密院事。
以范仲淹兼知延州。
九月。以晏殊爲樞密使。王貽永杜衍鄭戩爲副使。
十二月。宋綬卒。

十月。夏竦陳執中免。
分陝西爲四路。以韓琦王沿范仲淹龐籍兼經略安撫招討使。

富弼還。復如契丹。
十一月。以韓琦范仲淹龐籍爲陝西安撫經略招討使。置司涇州。
徵處士孫復爲國子監直講。
以富弼爲翰林學士。辭不拜。

慶曆三年癸未

二月。立四門學。
三月。以吕夷簡爲司徒。同議軍國大事。
以晏殊同平章事兼樞密使。賈昌朝參知政事。富弼爲樞密副使。弼固辭不拜。
以歐陽修王素蔡襄知諫院。余靖爲右正言。
四月。以韓琦范仲淹爲樞密副使。杜衍爲樞密使。吕夷簡罷。
八月。以范仲淹參知政事。富弼爲樞密副使。以韓琦爲陝西宣撫使。

慶曆四年甲申

正月。帝復御經筵。
三月。詔天下州縣立學。
行科舉新法。
四月。作太學。
五月。帝謁孔子。
六月。以范仲淹爲陝西河東宣撫使。
七月。以富弼爲河北宣撫使。
許公吕夷簡卒。文靖。
九月。晏殊罷。以杜衍同平章事兼樞密使。
十一月。詔戒朋黨相訐。

慶曆五年乙酉

正月。罷杜衍范仲淹富弼。以賈昌朝同平章事兼樞密使。宋庠參知政事。
三月。罷樞密副使韓琦。
罷科舉新法。
五月。章得象罷。
十一月罷京東安撫使富弼。
是年石徂徠卒。

慶曆六年丙戌

八月。以吴育爲樞密副使。丁度參知政事。

慶曆七年丁亥

二月。大旱。詔求直言。
三月。以文彦博參知政事。高若訥爲樞密副使。
十一月。太子太傅致仕李迪卒。文定。

慶曆八年戊子

正月。以文彦博同平章事。
三月。詔羣臣言時政闕失。
五月。無雷而震。夏竦免。以宋庠爲樞密使。龐籍參知政事。

皇祐元年己丑

五月。加知青州富弼禮部侍郎。辭不受。
八月。以宋庠同平章事。高若訥參知政事。

皇祐二年庚寅

閏十一月。詔太子中舍致仕胡瑗定雅樂。

皇祐三年辛卯

三月。宋庠免。
六月。作隆儒殿。
十月。文彦博免。以龐籍同平章事。高若訥爲樞密使。梁適參知政事。王堯臣爲樞密副使。

皇祐四年壬辰

五月。汝南公范仲淹卒。文正。
九年㊀。以孫沔爲廣南安撫使。
十月。以胡瑗爲國子監直講。

皇祐五年癸巳

七月。龐籍罷。
八月。以陳執中梁適同平章事。

至和元年甲午

二月。孫沔罷。以田況爲樞密副使。

㊀「年」當爲「月」。

至和二年乙未

三月。改封孔子後世愿爲衍聖公。
四月。以趙抃爲殿中侍御史。
六月。以文彦博富弼同平章事。

嘉祐元年丙申

閏三月。以王堯臣參知政事。
以唐介知諫院。
五月。罷知諫院范鎮。
六月。大水。社稷壇壞。詔求直言。
八月。以韓琦爲樞密使。
十二月。以包拯知開封。

嘉祐二年丁酉

二月。祁公杜衍卒。正獻。
以翰林學士歐陽修知貢舉。
九月。胡宿如契丹。
十二月。詔開歲一舉士置明經科。
是年孫泰山卒。

嘉祐三年戊戌

六月。文彦博賈昌朝罷。以韓琦同平章事。以包拯爲御史中丞。
八月。王堯臣卒。

嘉祐四年己亥

正月。朔日食。用牲於社。
十一月。召河南處士邵雍不至。
是年胡安定卒。

嘉祐五年庚子

四月。置寬恤民力司。
五月。召王安石爲三司度支判官。
六月。歐陽修等上新唐書。
十一月。以歐陽修陳旭趙槩爲樞密副使。

嘉祐六年辛丑

三月。起復富弼同平章事。弼固辭。許之。
四月。以包拯爲樞密副使。
六月。以司馬光知諫院。以王安石知制誥。
閏月。策賢良方正直言極諫之士。
以歐陽修參知政事。

嘉祐七年壬寅

三月。以趙槩參知政事。吴奎爲樞密副使。
四月。樞密副使包拯卒。孝肅。

嘉祐八年癸卯

三月。仁宗崩。英宗卽位。尊皇后爲皇太后。赦。
五月。以富弼爲樞密使。

附録

曾文定隆平集曰。范仲淹在從班獻百官圖。指其遷轉次序遲速曰。如此可以爲法。陛下不可不察。又獻四論。一曰帝王好尚。二曰選賢任能。三曰近名。四曰推變。其大指言治亂繫所任。區別而進退左右。人主之權也。不可以委臣下。上因面質于宰相吕夷簡。夷簡以爲仲淹離閒羣臣。至交論上前。出知饒州。殿中侍御史韓續希旨。請榜仲淹朋黨于朝。

歐陽文忠論杜韓范富曰。自古小人欲廣害忠良。必指爲朋黨。欲動搖大臣。必誣以專權。其故何也。去一善人而衆善人尚在。小人不以爲利。必欲盡去之然後得以恣肆。而善人少過。難于一一求瑕。惟指以爲黨。則可一時盡逐。至于大臣已結主知。他事難以動搖。惟專權上心所忌。方可傾之。今杜衍與韓琦范仲淹富弼。天下皆知其有可用之才。而不聞其有可罷之罪。一旦罷去。羣邪相賀于內。敵國竊笑于外。臣竊惜之。

牟子才聚散劄子曰。國家五星聚奎。實主文治。列聖相承。惟以收攬人才爲第一事。雖棫樸之能官人。卷阿之用吉士。不是過也。咸平景德之閒。渾然不見其際。所謂人才之大極。政事之太和也。天聖以來。王曾吕夷簡相。君子嘗一聚矣。未幾而散于景祐百官之一圖。又散于慶曆聖德之一詩。又散于王拱辰打盡之一網。是天聖以來之人才。散于忠邪之相激。然其害止于散而已。

元豐黨案表

治平元年甲辰

五月。太后還政於帝。
加韓琦尚書右僕射。
六月。增置宗室學官。
八月。詔日開經筵。

治平二年乙巳

二月。罷三司使蔡襄。
四月。詔議崇奉濮王典禮。
七月。富弼張昇罷。以文彥博爲樞密使。呂公弼爲副使。
八月。京師大水。詔求直言。

治平三年丙午

正月。翰林學士范鎮罷。
詔稱濮王爲親。去園廟。遷呂誨知蘄州。范純仁通判安州。呂大防知休寧縣。趙鼎通判淄州。趙瞻通判汾州。傅堯俞知和州。呂公著知蔡州。
　程伊川云。宜稱伯父濮國大王。
四月。胡宿罷。
十月。詔禮部三歲一貢舉。
是年蘇老泉卒。

治平四年丁未

正月。英宗崩。神宗卽位。尊皇太后曰太皇太后。皇后曰皇太后。
以韓琦爲司空兼侍中。
三月。歐陽修罷。
以吳奎參知政事。以司馬光爲翰林學士。固辭。不許。
閏月。以王安石知江寧府。

熙寧元年戊申

正月。以唐介參知政事。
四月。詔王安石越次入對。

熙寧二年己酉

二月。以富弼同平章事。王安石參知政事。
創制置三司條例司。議行新法。命陳升之王安石領其事。
四月。參知政事唐介卒。忠肅。
罷知開封府滕甫。
五月。罷翰林學士鄭獬。宣徽北院

四月。以司馬光爲御史中丞。
九月召王安石爲翰林學士。
罷司空侍中韓琦。
張方平趙抃參知政事。
復以司馬光爲翰林學士。
十月。張方平罷。
十一月。詔韓琦經略陜西。

熙寧三年庚戌

正月。罷判尚書省張方平。
二月。河北安撫使韓琦請罷青苗法。

熙寧四年辛亥

二月。更定科舉法。專以經義論策試士。

使王拱辰。知制誥錢公輔。
六月。罷御史中丞吕誨。
七月。行均輸法。
八月。罷判國子監范純仁。以程顥權監察御史裏行。
定謀殺傷首原法。貶判刑部劉述等六人。
罷條例司檢詳文學蘇轍。
九月。行青苗法。
以吕惠卿爲崇政殿説書。
十月。富弼罷。以陳升之同平章事。
十一月。命韓絳制置三司條例。頒農田水利約束。置諸路提舉官。
十二月。下龍圖閣學士祖無擇秀州獄。貶爲忠正節度副使。
增置宫觀官。
以張載爲崇文院説書。尋辭歸。

熙寧五年壬子

正月。置京城邏卒。察謗時政者。
三月。判汝州富弼致仕。

王安石請疾不朝。詔諭起之。
以司馬光爲樞密副使。固辭不拜。
解韓琦河北安撫使。
三月。始以策試進士。
貶知審官院孫覺知廣德軍。
四月。貶御史中丞吕公著知潁州。
趙抃罷。
罷知制誥宋敏求蘇頌李大臨。
罷監察御史裏行程顥張戩。右正言李常。
以謝景温爲侍御史知雜事。
五月。詔罷制置條例歸中書。以吕惠卿兼判司農寺。
分審官東西院。
六月。罷知諫院胡宗愈。
以朱壽昌通判河中府。
七月。罷吕公弼知太原府。
出直史館蘇軾通判杭州。
九月。以劉庠知開封。
策賢良方正之士。黜台州司户參軍孔文仲。
罷翰林學士司馬光。

三月。詔察奉行新法不職者。
四月。以司馬光判西京留臺。
五月。右諫議大夫吕誨卒。
罷知開封府韓維。
知蔡州歐陽修致仕。
六月。貶富弼官。徙判汝州。
七月。貶御史中丞楊繪知鄭州。監察御史裏行劉摯監衡州鹽倉。
八月。以王雱爲崇政殿説書。
十月。以鮮于侁爲利州轉運副使。
立太學生三舍法。

行市易法。
五月。行保馬法。
王安石求去位。帝不許。
閏七月。以章惇爲湖北察訪使。
八月。觀文殿學士致仕歐陽修卒。
文忠。
頒方田均税法。

十月。翰林學士范鎮致仕。
十二月。改諸路更戍法。
立保甲法。
以韓絳王安石同平章事。王珪參知政事。
行募役法。

熙寧六年癸丑

三月。置經義局。
四月。文彥博罷。置律學。
六月。置軍器監。
知南康軍周敦頤卒。
九月。初試武舉之士。

熙寧七年甲寅

三月。大旱。詔求直言。
四月。權罷新法。雨。
下監安上門鄭俠獄。復行新法。
王安石免。以韓絳同平章事。呂惠卿參知政事。
五月。罷制科。
六月。作渾儀浮漏成。
七月。立手實法。
九月。三司火。
十月。置三司會計司。

熙寧八年乙卯

正月。竄鄭俠於英州。罷參知政事馮京。放祕閣校理王安國于田里。
二月。復以王安石同平章事。
六月。王安石上三經新義。詔頒於學宮。
司徒侍中魏公韓琦卒。忠獻。
十月。呂惠卿有罪免。
彗星見。詔求直言。
罷手實法。
十二月。罷直學士院陳襄。

熙寧九年丙辰

七月。御史中丞鄧綰有罪免。
十月。王安石免。以吴充王珪同平章事。

熙寧十年丁巳

九月。河南邵雍卒。康節。
十一月。同知太常禮院張載卒。

元豐元年戊午

正月。以孫固同知樞密院事。
九月。以呂公著薛向同知樞密事。

事。馮京知樞密院事。

元豐二年己未

二月。召程顥判武學。既而罷之。
八月。許二史直前奏事。
十月。下知湖州蘇軾獄。貶爲黄州團練副使。

元豐三年庚申

正月。以章惇參知政事。
六月。詔祕書監劉几等定雅樂。
七月。彗出太微垣。詔羣臣直言闕失。
九月。以馮京爲樞密使。薛向孫固吕公著爲副使。向尋免。
是年陳古靈卒。

元豐四年辛酉

正月。馮京罷。以孫固知樞密院事。吕公著薛向同知樞密事。
三月。章惇有罪免。
七月。詔定選格。

元豐五年壬戌

四月。御史中丞舒亶有罪免。
以王珪爲尚書左僕射兼門下侍郎。蔡確爲尚書右僕射兼中書侍郎。章惇爲門下侍郎。張璪爲中書侍郎。蒲宗孟爲尚書左丞。王安禮爲尚書右丞。
以曾鞏爲中書舍人。
吕公著罷。

元豐六年癸亥

閏六月。鄭公富弼卒。文忠。
七月。孫固罷。以韓縝知樞密院事。安燾同知院事。
八月。以王安禮李清臣爲尚書左右丞。
十一月。太師文彦博致仕。
是年曾南豐卒。

元豐七年甲子

五月。詔以孟軻配食孔子。
七月。王安禮罷。
十二月。端明殿學士司馬光上資治通鑑。

元豐八年乙丑

三月。神宗崩。哲宗卽位。罷京城邏卒及免行錢。廢濬河司蠲逋賦。司馬光自洛入臨。
五月。詔求直言。以司馬光爲門下侍郎。
六月。賜楚州孝子徐積粟帛。
七月。罷保甲法。罷方田法。
十一月。復以鮮于侁爲京東轉運使。
十二月。罷市易法。罷保馬法。起居舍人邢恕有罪。貶知隨州。

爭青苗變法者

韓先生琦詳見高平學案。

陳先生襄詳古靈四先生學案。

程先生顥詳明道學案。

范先生鎮

呂先生公著並詳范呂諸儒學案。

蘇先生軾

蘇先生轍並詳蘇氏蜀學略。

吕先生誨别見涑水學案補遺。

李先生常詳見范吕諸儒學案。

孫先生覺詳見安定學案。

張先生戩詳見横渠學案。

胡先生宗愈詳見廬陵學案。

論新法者

劉先生琦

劉琦字公玉。宣城人。博學强覽。立志峻潔。以都官員外郎通判歙州。召爲侍御史。建言貶通判鄧州而卒。年六十一。始與劉述錢顗共疏王介甫。介甫奏。先貶先生。與顗監衢州鹽務。司馬温公上疏曰。以守官之臣而罪之。恐失天下之心。琦顗所坐。不過疏直。乃以迕犯大臣。猥加譴謫。恐臣下自此以言爲諱。乞還其本資。以靖羣聽。不報。宋史。

錢先生顗

錢顗字安道。無錫人。治平末。以金部員外郎爲殿中侍御史裏行。二年而貶。將出臺。于衆中責同列孫昌齡。謂其媚事王安石。專欲附會。以求美官。卽拂衣上馬去。後自衢徙秀州。家貧母老。至丐貸親舊。以給朝晡。而怡然無謫官之色。東坡遺以詩。有烏府先生鐵作肝之句。世因目爲鐵肝御史。卒年五十三。同上。

劉先生述別見高平學案補遺。

劉先生摯詳見泰山學案。

范先生純仁詳見高平學案。

懿簡趙先生瞻詳見涑水學案。

楊先生繪別見廬陵學案補遺。

陳先生薦

陳薦字彥升。沙河人。舉進士爲華陽尉。從韓魏公在定州幕府。魏公每稱其廉于進。勇于退。嫌疑閒毫髮不處。累官龍圖閣直學士。河北都轉運使。進資政殿大學士。姓譜。

孫先生昌齡

孫昌齡。

陳先生夔

陳夔。

不附新法者

汪先生齊

汪齊字子思。涇縣人。性沈篤好學。登慶曆丙戌進士。歷官祕書郎弋陽令。所至有惠愛。累遷屯田員外郎。行青苗免役法。先生詣朝堂。力言不便。王介甫曰。此法便天下。獨公不便爾。遂出判池州。以朝散郎致仕。一統志。

賈先生蕃別見高平學案補遺。

周先生諝別見華陽學案補遺。

吴先生師孟

吴師孟。蜀人。第進士。官至左朝議大夫。王安石當國。謂先生同年生也。自鳳州别駕。擢爲梓州路提舉常平倉兼農田水利差役事。先生上疏。力言法不便。寧罷歸故官。後知蜀州。又論茶法害民。繼謝事去。蘇文忠剌新法書有曰。吴某乞免。提筆如逃垢穢。至言茶病民。以矯矯六君子稱之。先生其一也。氏族譜。

元豐黨案附録

牟子才聚散劄子曰。神宗初年。富弼復相。至和嘉祐之君子未至于散也。熙寧之邪説一進。而先朝之大臣先散。未幾而議新法不合者盡散。未幾而條例司之賢者亦散。是元豐之人才。散于法令變更也。然其害止于散而已。

元祐黨案

曾任宰臣者一人

文公王先生珪

王珪字禹玉。華陽人。哲宗立。累進金紫光禄大夫。封岐國公。卒。謚曰文。紹聖中。邢恕謗起。黄履葉祖洽劉拯交論其元豐末命事。恕又誘教高遵裕子士京上奏。言其欲立雍王。由是得罪。追貶萬安軍司户參軍。削諸子籍。徽宗卽位。還其官封。蔡京秉政。復奪贈謚。政和中復之。宋史。

雲濠謹案。王丞相原在御書百二十八人數内。其後與章惇别爲爲臣不忠。曾任宰臣一籍云。

曾任執政者

補尚書王先生存

附録

黄東發曰。公平恕人也。官制行。多收拔熙寧後言事得罪者。在政府遇事多爭。温公稱。並馳萬馬中能駐足者。其王存乎。

别附

資政鄭公肅雍

鄭雍字公肅。襄邑人。等進士甲科。累官御史中丞。以資政殿學士知陳州。徙北京留守。坐元祐黨奪職。知鄭州。政和中。復資政殿學士。姓譜。

李邦直清臣

李清臣。闕。

曾任待制以上者

補修撰鮮于先生侁

雲濠謹案。秦淮海狀先生行實云。父至自號隱居先生。爲蜀名儒。以公贈金紫光禄大夫。公自少莊重不苟。力學有文。

鄉黨異之。年二十。登景祐五年進士科。卒年六十有九。所著文集二十卷。詩傳二十卷。周易聖斷七卷。典說一卷。治世讜言七卷。諫□□□㈠二卷。刀筆集三卷。子頡。河南府偃師縣尉。翬。綽。焯皆有學行。而頡尤自立。士大夫多稱之。宋志詩傳六十卷。

附録

神宗初卽位。詔中外直言闕失。公應詔言十六事。其目曰。納諫諍以輔德。訪多士以圖治。嚴法令以制世。崇節儉以富民。明黜陟以考實。去貪暴以崇厚。重臺諫以委任。選監司以督姦。閱守宰以求治。愼遷易以去弊。重根本以圖固。復選舉以澄源。申武備以警姦。治軍旅以除患。謹邊防以重内。練防□㈡以禦戎。其末曰。願陛下事兩宮以孝。待大臣以禮。侍從知其邪正。近習防其姦淫。

晚登侍從。益厲鋒氣。知無不言。在職九十餘日。所言當世之務略盡。卒前數日。語諸子曰。吾心無不足者。惟以不得歸老陽翟。別著易說爲恨。無他言。

魏鶴山跋先生帖曰。子駿。裕陵稱其文學。司馬文正公稱其政事。蘇文忠公稱其詞章。泰山孫先生稱其經術。其爲人平生大略已可覩矣。

㈠「□□□」當作「垣奏藁」。

㈡「防□」當作「將帥」。

補 待制孫先生升

附録

王深寧困學紀聞曰。孫君孚談圃謂。周官贊牛耳。荆公言取其順聽。不知牛有耳而無竅。本以鼻聽。有人引一牛與荆公辯。今案周禮義云。牛耳尸盟者所執。無順聽之説。蓋荆公聞而知之。

補 學士王先生覿

附録

知蘇州。州有狡吏。善刺守將意以撓權。前守用是得譏議。先生窮其姦狀。寘于法。一郡肅然。民歌詠其政。有吏行冰上。人在鏡心之語。

遷御史中丞。改元詔下。先生言。建中之名。雖取皇極。然重襲前代紀號。非是。宜以德宗爲戒。時任事者多乖異不同。先生言。堯舜禹相授一道。堯不去四凶。而舜去之。堯不舉元凱。而舜舉之。事未必盡同。文王作邑于豐。而武王治鎬。文王關市不征。澤梁無禁。周公征而禁之。不害其爲善繼善述。神宗作法于前。子孫當守于後。至于時異事殊。須損益者損益之。于理固未爲有失也。當國者忿其言。遂改爲翰林學士。

補尚書王先生古

附録

趙挺之與先生用恩赦理逋倉。挺之劾先生傾天下之財以爲私惠。江民表公望乃上疏曰。臣聞挺之與古論事。每不相合。屢見乎辭氣。不平之心有待而發。俚語有之。私事官讐。此小人之所不爲。而挺之安爲之。豈忠臣乎。

正議張先生問

張問字昌言。襄陽人。元祐初。爲祕書監給事中。累官正議大夫卒。宋史。

餘官

補諫官吴先生安詩

附録

劉子卿曰。吴傳正語吕正獻公云。毋弊其神于蹇淺。學者所宜知。

晁子止曰。皇朝范祖禹。孔武仲。吴安詩。豐稷。吕希哲。元祐中同在經筵所進講。講義貫穿史籍。雖文辭微涉豐縟。然觀者咸知勸講自有體也。

補 郎中畢先生仲游

附録

公叔爲文。□㊀于事理而有根柢。不爲浮誇詭誕戲弄不莊之語。東坡在館閣。頗以言語文章規切時政。先生憂其及禍。貽書戒之。司馬温公爲政。反王荆公所爲。先生與之書。二公得書聳然。竟如其慮。

梓材謹案。先生有文集五十卷。見宋史藝文志。晁氏讀書志稱西臺集二十卷。四庫全書本永樂大典亦釐爲二十卷。提要云。仲游少負儁名。其試館職時。蘇軾擢爲第一。他日又舉以自代。且稱其學貫經史。才通世務。文章精麗。議論有餘。原狀具見東坡集中。蓋其學問既有根柢。所從遊者。如富弼。司馬光。歐陽修。范純仁。范純粹。劉摯一輩。又皆一時重望。漸漬薰陶。故發爲文章。具有典則云。又案。先生爲魏國王夫人墓誌云。其子以高平公之治命。屬其門人畢某爲夫人之銘。又云。某從高平公二十年。高平謂范忠宣公是先生。當稱忠宣門人。先生祭忠宣文云。挈提于筦庫之賤。待遇如父子之游。則受知師也。其祭文潞公云。某嘗造公之門。又嘗升公之堂。望公之顔色。接公之話言。祭吕申公云。以身殉國。以義殉身。以人事上。以身任人。世有杞梓。乃以蘭蓀。施及不肖。亦遊公門。則先生亦未嘗不及文吕之門矣。

補 修撰唐先生義問

㊀「□」當爲「切」。

附録

陸放翁跋唐修撰手簡曰。淳熙元年。某在蜀州。得質肅仲子修公與呂給事手帖讀之。蓋元祐初。修撰使河北。給事爲御史時也。書論黄河市易。辭指激烈。無一語及其私。與世俗責報父客至有違言㊀者。何其遠哉。

梓材謹案。放翁又謂修撰字君益與史傳異。

補 司諫孫先生諤

雲濠謹案。姓譜謂先生字正臣。邵武人。與史傳異。且謂拜右正言。力論楊畏在元豐閒。其議皆與朝廷合。及元祐末。呂大防蘇轍爲政。則盡變而從之。紹聖初。則又變而偷合詭隨。人謂之楊三變。畏以此落職。又言。免役者一代大法。願採羣言。毋以元豐元祐爲閒。蔡京以先生信任元祐。罷其言職云。

梓材謹案。先生著有洪範合傳一卷。晁子止云。其説多本漢儒。頗攻王氏之失。

附録

先生與彭器資汝礪以氣節相尚。器資亡。先生語所知曰。吾居言責。不愧器資于地下矣。及

㊀「言」當爲「父」。

再入諫省。不能旬月。時論惜之。

御史王先生回

王回字景深。仙遊人。第進士。元符中。葉祖洽薦爲睦親宅講書。與鄒浩友善。浩南遷。先生斂交遊錢與治裝。往來經理。且慰安其母。邏者以聞。逮詣詔獄。除名停廢。徽宗立。召還舊官。權監察御史。數日卒。録其子涣老郊社齋郎。蔡京爲相。奪之。仍列名黨籍。宋史附傳。

元符增編黨案

曾任宰臣執政者

別附

文肅曾子宣布

曾布字子宣。南豐人。紹聖初。拜同知樞密院事。進知院事。子宣贊章惇紹述甚力。請甄賞元祐臣庶論更役法不便者。以勸敢言。惇遂興大獄。陷正人。流貶鐫廢略無虛曰。子宣多陰擠之。徽宗立。拜右僕射。明年改元建中靖國。子宣獨當國。漸進紹述之説。明年又改元崇寧。改爲觀文殿大學士知潤州。坐贓賄落職。提舉太清宫。太平州居住。又降司農卿。分司南京。又謫散官。衡州安置。又以棄湟州謫賀州别駕。又謫廉州司户。凡四年。徙舒州。復大中大夫。提舉崇福宫。

大觀元年。卒于潤州。後贈觀文殿大學士。謚曰文肅。宋史姦臣傳。

附録

朱子書曾帖後曰。建中紀號。調停兩黨。實曾丞相之策。其後元祐諸人頗攻其短。故國論中變。非子宣本謀也。但薰蕕同器。決無久遠芬馥之理。

右丞黄安中履

黄履字安中。邵武人。紹聖初。累拜尚書右丞。坐言事罷知亳州。徽宗立。召爲資政殿學士。復拜右丞。未踰年求去。卒。安中始以文學進。初附蔡確。謀定策事。復附章惇。排擊元祐之臣。時議嫉之。後以復后事追貶郴州團練副使。宋史合東都事略。

文忠張天覺商英

張商英字天覺。蜀州新津人。哲宗初。累使河北江西淮南。哲宗親政。召爲右正言左司諫。天覺積憾元祐大臣不用己。極力攻之。章惇安燾交惡。天覺欲助惇。求所以傾燾者。哲宗不直天覺。徙左司員外郎。既與惇交關事皆露。責監江寧酒税。起知洪州。累遷中書舍人。謝表歷詆元祐諸賢。衆益畏其口。徽宗出爲河北都轉運使。降知隨州。崇寧初。爲吏部刑部侍郎。翰林學士。蔡京拜相。天覺雅與之善。尋拜尚書左丞。復與京議政不合。屢詆京。罷知亳州。入元祐黨籍。

京罷相。知鄂州。京復相。以散官安置歸陜二州。大觀四年。京再還起知杭州。過闕留爲資政殿學士。拜尚書右僕射。坐方技郭天信事。累貶衡州安置。繼復還故官職。宣和三年卒。贈少保。紹興中。賜謚文忠。宋史。

附録

邵博聞見後録曰。予爲校書郎時。嘗聞趙丞相元鎮云。張天覺者。首造元祐部黨之人也。靖康初。與范文正司馬文正同追贈。天下已非之。公身任邪正之辨。既未能追改。更謚以文忠。是與蔡公齊富公弼一等也。可乎。元鎮悵然曰。蜀句濤在從班。遊談有司。不肖不能執法耳。予見其有悔色。亦不復言。

曾任待制以上者

正奉徐先生勣

徐勣字元功。宣州南陵人。元豐末。累官諸王府記室參軍。哲宗未及用。徽宗立。擢寶文閣待制。還中書舍人。時紹聖黨與尚在朝。人懷異意。以沮新政。帝以先生爲鯁直。詔與蔡京同校五朝寶訓。先生固辭。奏京之惡。引盧杞爲喻。遷給事中翰林學士。先生與何執中偕事帝于王邸。京每曲意事之。先生不少降節。俄而遭憂。京入輔。執中亦預政。摘先生行章惇詞。以爲詆先烈。

服闋。主管靈仙觀。入黨籍。起知江寧府。言者復論爲元祐姦朋罷歸。大觀三年。知太平州加龍圖閣直學士留守南京。除顯謨閣學士致仕。卒。贈資政殿學士正奉大夫。姓譜。

龍圖路先生昌衡

路昌衡字持政。祥符人。紹聖中。以寶文閣待制知開封府。累知成都。徽宗立。責司農少卿分司居郢州。明年起爲滁州。徙南京留守。坐前上書事落職。入黨籍。卒。宣和五年。贈龍圖閣學士。姓譜。

侍郎董先生敦逸

董敦逸字夢授。永豐人。舉進士。歷知穰縣弋陽縣。俱有惠政及民。元祐中。爲監察御史。出知臨江軍。哲宗復召拜御史。上疏辨瑤華祕獄。出知興國軍。徽宗召拜諫議大夫。極言蔡京蔡卞過惡。遷户部侍郎。姓譜。

梓材謹案。先生與黄廷基嘗摭孫待制升之過。又常諫議安民出監滁州酒稅。亦由先生奏劾之。

待制葉先生濤

葉濤字致遠。處州龍泉人。紹聖初。薦擢中書舍人。論安燾不宜加罪。蔡京劾爲黨。罷知光州。連三黜。曾布引爲給事中。以龍圖閣待制提舉崇禧觀卒。宋史。

梓材謹案。萬姓統譜言。先生以進士爲國子直講。坐事免官。從王介甫于金陵爲文。

直學郭先生知章

郭知章字明叔。吉州龍泉人。爲中書舍人。有董必者。使廣東罷歸。除比部郎官。先生歷疏其罪。不肯草制。羣議韙之。官至顯謨閣直學士。卒。祠于學。姓譜。

別附

葉敦禮祖洽別見薦山學案補遺。

朱□□師服

雲濠謹案。師服與楊畏。皆議論前後反覆。姦惡猥瑣。見續通鑑。

餘官

知州吴先生處厚

吴處厚字伯固。邵武人。始蔡確嘗從學賦。及作相。無汲引意。元祐中。擢知安州。郡有清江卒當戍漢陽。確固不遣。先生怒。會得確車蓋亭詩。引郝甑山事。乃箋釋上之云。郝處俊封甑山公。唐高宗欲遜位武后。處俊諫止。今乃以比太皇太后。且用滄海揚塵事。此蓋事運之大變。尤非佳語。譏謗切害。非所宜言。確遂南竄。擢先生知衛州。未幾卒。紹聖閒。追貶歙州司馬。宋史附傳。

直學李先生積中附孫大性。大異。大東。

李積中。端州四會人。寓居豫章。父士廉。有陰德。先生登甲科。官侍御史翰林直學士。以直言入元祐黨籍。累官兵部尚書。李氏自先生三世官于朝。而父子兄弟相師友。孫大性字伯和。少力學。尤習當世典故。後以端明殿學士知平江府。卒。謚文惠。大異中博學宏詞科。官至諫議大夫。大東官至龍圖閣學士。宋史。

梓材謹案。先生孫大性。大東。並見楊誠齋薦士録。

洪先生羽

洪羽字鴻父。南昌人。黄山谷之甥也。與兄朋龜父。芻駒父。炎玉父。俱有才名。號四洪先生。坐上書。元符中入黨籍。終其身。駒父。紹聖元年進士。崇寧中入黨籍。靖康中爲諫議大夫。汴京失守。坐爲金人括財。流沙門島卒。宋詩紀事。

進士李跨鼇新別見蘇氏蜀學略補遺。

補博士范先生柔中

雲濠謹案。先生所著春秋見微。宋志作五卷。

補提點鄧先生考甫

附録

坐事去官。閉户著書。不復言仕。

卒于鄮。且死。命幼孫名世執筆。口占百餘言。其略曰。予自謂山中宰相。虛有其才也。自謂文昌先生。虛有其詞也。不得大用于盛世。亦無憾焉。蓋有天命爾。

所論述有卜世大寶龜。伊閣㊀素蘊。羲㊁命雜著。太平策要等。凡二百五十餘篇。

封先生覺民

雲濠謹案。先生宋史無傳。附見鄧考甫傳中。詳見本案。

李先生賁

李賁。黨人子弟。崇寧二年編管單州。長編紀事本末。

梓材謹案。先生有易義二卷。見鄭氏通志。經義考引楊仲良長編紀事本末云云。又中書省開具元符臣僚章疏。分正上。正中。正下。邪上尤甚。邪上。邪中。邪下七等。先生名在邪上尤甚中。其後追復元祐黨人。先生名在餘官二等。

㊀「閣」當爲「周」。
㊁「羲」當爲「義」。

三司趙先生令時

趙令時字德麟。太祖次子燕王德昭元孫。元祐中。簽書潁州公事。坐與東坡交通。罰金入黨籍。紹興初。襲封安定郡王同知行在大宗正事。卒。贈開府儀同三司。宋詩紀事。

承旨郭先生執中

郭執中。華亭人。累官樞密承旨。建中靖國初。應詔言事切直。忤蔡京。籍爲元祐黨入邪等。斥居同谷二十餘年。因家焉。姓譜。

邑令金市隱先生極

金極。樂平人。紹聖初。舉進士。累遷知分宜。有能名。上書乞斬蔡京。以謝天下。坐是入元祐黨。黨禍解。適意閒曠。以市隱自號。扁其廬曰醉鄉。姓譜。

高先生公應

梓材謹案。先生太尉瓊之後。宣仁后從子。本蒙城人。

黄先生策

黄策。

吳先生安遜

梓材謹案。碑目曾任待制。以上有吳安持。庶官有吳安詩。皆同平章事充之子。先生蓋亦其兄弟行也。

博士鮮于先生綽

鮮于綽字大受。閬州人。修撰侁之子。太學博士。父子入黨籍。姓譜。

雲濠謹案。先生著有傳信録十卷。見文獻通考。

檀先生固

檀固字以忠。建德人。熙寧庚戌進士。紹聖閒。官尚書。極言朝廷罷呂大防蘇轍范純仁。用章惇曾布蔡卞之失。書奏。免官。蔡京爲相。遂不復起用。一統志。

宣教呂先生諒卿

呂諒卿。晉江人。惠卿季弟。元符中。爲温州軍事推官。上書詆紹述新法之非。崇寧元年編類元符章疏姓名。先生以邪等尤甚入黨籍。追官勒停亳州編管。御書姦黨碑以賜惠卿。惠卿自劾求罷。詔録其疏示之。先生廢錮終身。紹興二年。贈宣教郎。官其家一子。姓譜。

王先生箴

王箴字元直。眉山人。東坡妻兄。九歲通經。弱冠。東坡見其文。甚愛之。與成都學官侯元叔。每論古人。退卽書數百言如史漢論贊者。元叔歎其有史筆。元祐閒。累詔徵之。力辭而免。姓譜。

補諫議江先生公望

附録

内苑稍畜珍禽異獸。先生力言非初政所宜。直日入對。帝曰。已縱遣之矣。唯一白鷴。畜之久。終不肯去。先是。帝以拄杖逐鷴。鷴不去。乃刻先生姓名于杖端。以識其諫。

朱子記謝上蔡語録後曰。因念往時削去版本五十餘章。特以理推知其決非先生語。初未嘗有所左驗。亦不知其果出於何人也。後籍溪胡先生入都。于其學者吕祖謙得江民表辨道録一篇。讀之。則盡向所削去五十餘章者。首尾次序無一字之差。然後知其爲江公所著。而非謝氏之語。益以明白。夫江公行誼風節。固當世所推高。而陳忠肅公又嘗稱其論明道先生有足目相應之語。蓋亦略知吾道之可尊矣。而其爲言若此。豈差之毫釐則失千里之謬。有所必至而不能已者耶。

寶文曾先生紆別見廬陵學案補遺。

高先生士育

梓材謹案。先生亦太尉瓊之後。宣化后從弟。

補考功鄧玉池先生忠臣

附録

事母周盡孝。周卒。護喪歸葬。飲食起居。哀慕之節。皆應古禮。凡可以顯揚前人者。期得而後已。

梓材謹案。先生有弟名孝臣。楚紀載其杜門力學。宣和閒。屢辟不就。

种先生師極

梓材謹案。宋史种世衡傳有師道。師中。先生當亦世衡之諸子也。

少卿韓先生治

韓治。忠彦子。徽宗時。仕爲太僕少卿。出知相州。以疾丐祠。宋史附傳。

判官秦先生希甫

秦希甫字辨之。吴人。元符中。爲陝西轉運判官。後入元祐黨籍。姓譜。

附録

胡澹庵序先生文集曰。予頃得灞陵集。故朝散郎大夫致仕秦公之所作也。詩若文凡七百篇。

讀之踰月不厭。其表奏書疏有閔時憂國之心。其歌詩發于性而止于忠。有少陵不忘君之思。大抵多羈愁鬱結感憤之所爲作也。予然後廢卷而歎。益知文之出于不得已也。使出得時行道。都巖廊而惠天下。則斯文之不作可知也。抑猶有可疑者。崇政以還。士風委靡。以諛佞相長雄。陳篇希恩。則歌咏太平如唐虞康衢之謠。奏記乞憐。則誦述功德有稷契復生之歎。公獨落落與時左。無一言取容當世。益知公非特詩文出于不得已也。其仕進亦有不得已焉者矣。予然後知公所得。非特區區于詩文而已也。

雲濠謹案。澹庵又跋奏希甫墓銘云。劉景仁出視霸陵先生秦公墓碑。又言。景仁。秦出也。故寶藏其銘云。

奉政沈先生千

雲濠謹案。先生曾孫暐跋黨籍碑。謂先生得復官。終提點杭州集眞觀。贈奉政大夫。不知其所復者爲何官也。

提舉劉先生渤

劉渤。眉山人。元符初。詔求直言。九上書白宣仁太后之誣。雪司馬光之枉。乞用范純仁蘇轍之賢。斥章惇蔡卞吕惠卿蔡京之奸。改提舉湖北路常平。尋坐元祐黨籍。姓譜。

直閣陳先生師錫

陳師錫字伯備。建陽人。徽宗立。拜殿中侍御史。歷知潁廬滑三州。坐黨論監衡州酒稅。又削官安置郴州卒。先生始與了翁論京卞。號二陳。紹興中。贈直龍圖閣。宋史。

記室楊先生朏

楊朏字持正。閩人。元祐六年進士。終建寧軍節度書記。入黨籍。宋詩紀事。

張先生居

張居。寧州眞寧縣人。擢元祐六年進士第。元符三年。徽宗嗣位。下詔求言。時爲彭水令。上疏切直。出數百人上。而數百人者得其副。亦歎以爲不可及。會蔡京入相。取奏疏次第之。置奸黨上等。特降官銜替。永不許改官。數年遂卒于沈廢。後以子仕登明。累贈至太中大夫。陸渭南文集。

留後高先生遵裕

高遵裕雲濠案。碑刻作遵恪。疑非。字公綽。武烈王瓊之孫也。累貶郢州團練副使。哲宗卽位。復右屯衛將軍主管中嶽廟。卒贈永州團練使。紹聖中。崇贈奉國軍節度觀察留後。續資治通鑑。

林先生膚父旦。附兄慮。

林膚字碩儒。福清人。父旦字次仲。爲象山令。以文學爲政。熙寧中。擢御史。上書言王安石聽李定不服生母喪。寘之經筵。何以儀刑天下。元祐閒。拜侍御史。上疏論吕惠卿鄧綰。乞投散地。以謝天下。終河東轉運使。次仲二子。慮及先生。慮字德祖。紹聖進士。官終開封府左司録。有易説義。禮記解。先生以任子坐元符上書而陷于黨籍。明文海。

縣尉王先生公彦

王公彦字成德。永嘉人。與兄公輔同登紹聖第。調江夏尉。元符末。上書論宣仁無負于先帝。司馬光無負于天下。且言章惇迷國誤朝之罪。與李林甫盧杞度長較短。未知孰是。由是廢斥入元符黨籍。紹興初。褒録轉官奉祠而終。姓譜。

奉議謝先生潛

謝潛字致虚。長汀人。讀書過日㊀終身不忘。崇寧中。應博學宏詞。調瀛州教授。上封事。譏切時事。坐元祐黨籍。建炎初。畫取二聖圖以進。終奉議郎。姓譜。

寺丞張先生恕

梓材謹案。先生字忠甫。一字厚之。文定公安道子。官寺丞。

陳先生并

陳并字巨中。□□人。有勸學文曰。凡不可與父兄師友道者。不可爲也。凡不可與父兄師友爲者。不可道也。晁氏客語。

諫議洪駒父芻見上洪羽傳。

㊀「日」當作「目」。

知州滕先生友附子康。庚。

滕友。京城人。與弟比登儒科。坐上書入元祐黨。官至左朝請大夫知蘄州。贈太子少師。子康字子濟。庾字子端。爲兒童時。俱負雋聲。踰冠。同登崇寧五年進士第。相繼中詞學兼茂科。政和宣和中。先後入祕書省爲著作佐郎。光堯中興于南京。首用鄉閭之望。子濟既由太常少卿綿蕝登壇盛禮。仍草告天肆赦之文。子端旋以博士討論典故。其踐歷往往同時。會宰相惡陳東歐陽澈之訐直。加以大辟。子端卽上疏申救。且移書相府。復欲面詆之。爲同舍郎扞止。義聲籍籍縉紳間。已而從幸廣陵。子濟由左司遷中書舍人。子端亦爲郎文昌省攝容臺事。卒不二年。子濟遂自諫議大夫入翰林登樞府焉。周益公集。

梓材謹案。姑蘇志以先生爲吴縣人。益公又稱其晚御諸子甚嚴。子端朝服受教責。略無惰容。修身謹行。惟恐貽親憂。卒年四十一。名臣言行録載子濟權知三省樞密院。從衛太后奉神主之江表。至洪遇虜渡江。退保虔州。論罷。提舉明道。責授少監。分司南京。永州居住。紹興二年卒。年四十八。追復龍圖閣學士。稱其精忠出于天性。平時臨事未嘗詭隨。及居論思之地。知無不言。見有未合于公論者。必反復開陳云。

方先生适

方适字彦周。元符中。以特奏對策。乞復元祐皇后。又上書議時政。崇寧中。入元祐黨籍。姓譜。

高先生茂華

高茂華字秀實。吕居仁稱其人物高遠。有出塵之姿。入元祐黨籍。宋詩紀事。

知州廖先生正一

廖正一字明略。號竹林居士。安陸人。元豐二年進士。元祐中。召試館職。除祕書省正字。出知常州。紹興閒。入黨籍。貶監玉山税。宋詩紀事。

州守李先生夷行

李夷行字炳大。崇寧閒。都水丞出爲泗州守。入元祐黨籍。宋詩紀事。

彭先生醇

別見劉李諸儒學案補遺。

梓材謹案。元祐黨籍碑。曾任待制以上官。又有周鼎。楊康國。朱紱三人。宋史無傳。又庶官有衡鈞。衮公適。馮百藥。周誼。孫琮。王察。趙峋。胡端修。李傑。李賁。石芳。高公應。安信之。張集。周永徽。高漸。張夙。王貫。朱紘。吴朋。梁安國。王古。蘇迥。何大受。鹿敏求。高士育。都貺。錢景祥。周綍。何大正。吕彦祖。梁寬。曹興宗。羅鼎臣。王拯。黄安期。于肇。黄遷。万俟正。許堯輔。胡良。梅君俞。寇宗顔。李修。逢純熙。黄才。曹盥㊀。侯顧道。周遵道。葛輝。宋壽岳。王交。張溥。許安修。劉吉甫。胡潛。董祥。楊瓌寶。倪直儒。蔣津。王守。鄧允中。梁俊民。王陽。陸表民。葉世英。張裕。陳唐。劉經國。葉仲。李茂直。虞防。曹蓋。楊綝。葛茂宗。劉謂。柴衮。趙天佐。扈充。張恕。蕭刓。趙

㊀「盥」一作「興」。

越。江洵。許端卿。向紃。陳察。鍾正甫。楊彥璋。梁士能。九十三人。史亦無傳。

武臣

觀察王先生履

王履字坦翁。開封人。元祐初。從父景琚南郊恩爲三班奉職。元符上書。編置新州。入黨籍。靖康初。除相州觀察使。扈駕被留。死之。宋詩紀事。

雲濠謹案。三朝北盟會編載。先生臨難歌云。矯首向天兮天卒無言。忠臣效死兮死亦何愆。

趙先生希夷

趙先生希德合傳。

趙希夷。希德。皆太祖次子燕王德昭九世孫。希夷乃秉義郎子維之曾孫。昭玘之孫。師靄之子。希德乃武翊大夫子極之曾孫。伯麾之孫。師璵之子。宋史宗室世系表。

崔先生昌符

雲濠謹案。宋史無先生傳。惟有崔台符字平叔。蒲陰人。中明經法科。累官至光祿大夫。元祐初。出知潞州。又貶秩徙相州。後兼監牧使卒。蓋與先生爲兄弟行。

高先生士權

梓材謹案。先生亦太尉瓊之後。宣和后昆弟也。

武憲姚先生雄

姚雄字毅父。五原人。通州團練使兕之子。年十八。佐父征伐。哲宗朝累加防禦使。建中靖國初。議棄湟州。詔訪利害。先生以爲可棄。徙知熙州。進華州觀察使。蔡京用王厚復河湟。治棄地。罪停其官。光州居住三年。得自便。後論爲責輕。復竄金州。明年聽歸。高永年死。起知滄州。累奉寧軍節度使。致仕卒。贈開府儀同三司。謚武憲。宋史附傳。

梓材謹案。黨籍碑。武臣又有張巽。李備。王獻可。胡田。馬諗。任濬。郭子旂。錢盛。王長民。李永。王庭臣。吉師雄。李愚。吴休復。潘滋。高士權。李嘉亮。李琬。劉延肇。李基。二十人。史皆無傳。又内臣梁惟簡。史附見顧臨傳。陳衍。張茂。則並開封人。有宦者傳。張士良附見陳衍傳。李倬。譚扆。竇越。趙約。黄卿從。馮説。曾燾。蘇舜民。楊偁。梁弼。陳恂。張琳。裴彦臣。李偁。閻守懃。王紱。李穆。蔡克明。王化基。王道。鄧世昌。鄭居簡。張祐。王化臣。二十四人。則史無傳。

又曾任宰臣二人

王先生珪

見上曾任宰臣者。

别附

僕射章子厚惇

章惇字子厚。浦城人。進士舉甲科。哲宗卽位。累知樞密院事。宣仁聽政。子厚與蔡確矯唱定策功。確罷。子厚不自安。乃駁司馬温公所更役法數千言。宣仁怒。出知汝州。哲宗親政。有復熙寧元豐之意。首起子厚爲尚書左僕射兼門下侍郎。于是專以紹述爲國是。凡元祐所革。一切復之。引蔡卞。林希。黄履。來之邵。張商英。周秩。翟思。上官均居要地。任言責。協謀朋姦。報復仇怨。小大之臣。無一得免死者。禍及其孥。甚至詆宣仁后。謂元祐之初。老姦擅國。又請發温公與吕正獻公著冢。斲其棺。哲宗不聽。子厚意不慊。請編類元祐諸臣章疏。遂治劉元城安世。范華陽祖禹。諫禁中雇乳媪事。又起同文館獄。命蔡京安惇蹇序辰窮治。欲覆諸人家。又議察訪嶺南。將盡殺流人。哲宗曰。朕遵祖宗遺制。未嘗殺戮大臣。其釋勿治。然得重罪者千餘人。或至三四謫徙。天下冤之。子厚用邢恕爲御史中丞。託温公語華陽曰。今主少國疑。宣訓事猶可慮。又諷高士京上書。言父遵裕臨死。屏左右謂士京曰。神宗彌留之際。王珪遣高士充來問曰。不知皇太后欲立誰。我叱士充去之。皆欲誣宣仁。以此實之。子厚遂追貶温公岐公。結中官郝隨爲助。欲追廢宣后。自皇太后太妃皆力爭之。哲宗感悟。焚其奏。隨覘知之。密語子厚與蔡卞。明日。子厚與卞再言。哲宗怒。乃已。子厚又以皇后孟氏元祐中宣仁后所立。迎合郝隨。勸哲宗起掖庭祕獄。託以左道。廢后瑶華宫。其後哲宗頗悔之。哲宗崩。徽宗立。遷子厚特進。封申國公。爲山陵使。靈轝陷澤中。踰宿而行。言者劾其不恭。罷知越州。尋貶武昌軍節度副使。潭州安置。右正言任伯雨論其欲追廢宣仁后。又貶雷州司户參軍。徙睦州死。政和中。追贈觀文大學士。紹聖五年。高宗閲任伯雨章疏。手詔曰。惇詆誣宣仁后。欲追廢爲庶人。賴哲宗不從其請。

使其言施用。豈不上累泰陵。貶昭化軍節度副使。子孫不得仕于朝。詔下。海内稱快。宋史姦臣傳。

附録

劉忠肅劾之曰。傳曰。有德進則朝廷尊。又曰。仁者宜在高位。不仁而在高位。是播其惡于衆也。章惇貪緣遭遇。幸得備位近輔。不深惟朝廷高爵厚禄。稍自矜重。以忠義圖報。而陵轢諧戲。不可謂德。閉善害政。不可謂仁。而交非其人。又從而以貨取之。可謂無廉隅矣。可謂播其惡于衆矣。方且揚揚高位。人皆指而議之。殆非所以尊朝廷。厲羣下也。

邵氏聞見後録曰。章子厚在丞相府。顧坐客曰。延安帥章質夫。因板築發地得大竹根。半已變石。邊自昔無竹。亦一異也。客皆無語。先人獨曰。天地回南作北有幾矣。公以爲今日之延安。爲自天地以來西邊乎。子厚太息曰。先生觀物之學也。蓋子厚蚤出康節門下也。

朱子答吴生曰。邵康節之告章子厚曰。以君之材。于吾之學。頃刻可盡。但須相從林下一二十年。使塵慮銷散。胸中豁豁無一事。乃可相授。

梓材謹案。王阮亭居易録鄒忠公道鄉諫立后疏。古今仰之。如泰山北斗。劾章惇三疏。其一云。元祐之朋黨方絶。後來之朋黨又熾。其三云。惇在元祐初。詆斥先帝保甲之法以爲非是。其言甚力。自陛下躬覽以來。凡語及先帝者。槩從竄逐。唯惇久置不問云云。則是薰蕕不分。且躋章惇于元祐君子之列。其言誖矣。無怪蔡京立黨人碑。而惇倖竄名其末也。

又不在碑目者

知州傅先生耆詳見濂溪學案。

修撰邵子文先生伯温詳見百源學案。

晁先生詠之別見景迂學案補遺。

唐先生充之詳見陳鄒諸儒學案。

謝先生良佐詳上蔡學案。

正言崔先生鶠

崔鶠字德符。陽翟人。官右正言。坐元符上書入邪等。廢于家。治圃。號婆娑。靖康初。召爲諫官。力論馮澥之罪。忽得攣疾。不能行而卒。著有婆娑集三十卷。直齋書録解題。

崔正言説

馮澥之言曰。士無異論。太學之盛也。此姦言也。昔王安石斥除異己。名臣如韓琦司馬光輩。既以異論逐。而其所著三經。士子宗之者得官。不用者黜逐。則天下靡然。無一人敢可否矣。陵夷至于大亂。則無異論之禍也。

寶文王先生涣之別見荆公新學略補遺。

王先生宿附李由頤等二十四人。

王宿。眉山人。與同郡家愿。及李由頤。程之才。揚明。楊恂。蘇千鈞。賈勉中。史彭年。曾家度。史欽。家德基。家幹。劉剛。揚貫。張繻。史勵節。史移中。家寧。史勤。李旼。成彪。史書言。費易。共二十五人。俱以元符上書入黨籍。姓譜。

都水廖先生彦正

廖彦正。夔州人。爲南平録參。徽宗求直言。先生上封事。論時政缺失。由是被召。會修大河。除都水使者。中人有與爭者。先生欲力正其罪。遂被斥。後預黨籍。姓譜。

知軍林先生豫

林豫字順之。仙遊人。熙寧中進士。嘗知通利軍。與東坡兄弟善。後潁濱貶。送以詞。有怒髪冲冠。壯心比石之句。歷官七郡。皆有遺愛。後坐東坡薦。入元祐黨籍。姓譜。

進士楊先生天惠

楊天惠。郫縣人。幼警敏。嘗取韓愈歐陽修文集縱觀。作歌詩十數篇。老師宿儒相傳驚歎。元豐中進士。徽宗時。上書言宮禁事甚剴切。後入黨籍。有文集行于世。姓譜。

葛先生敏修別見范吕諸儒學案補遺。

進士張草堂先生覺民

張覺民。文州人。游太學。元祐閒第進士。後與馬涓等上書。忤權貴。坐黨錮。退居成都。與張正己等遊。號草堂先生。所著有歌詩雅著百餘篇。姓譜。

縣尉宋先生之珍別見周許諸儒學案補遺。

進士曾先生安中

曾安中。泰和人。肅之子。未冠登第。上書言時政。入黨籍。姓譜。

陳先生葵別見陳鄒諸儒學案補遺。

王先生定

梓材謹案。福建通志于陳伯嚮傳云。蔡京籍元符中上書王定等十八人。惜未舉十八人之全。

知州徐先生常別見古靈四先生學案補遺。

度支李先生植

李植字公立。建德人。熙寧進士。歷湖北轉運判官。元祐閒。入爲尚書度支郎。與司馬温公呂申公諸人善。蔡卞用事。斥爲黨人。罷之。一統志。

翁先生升詳見安定學案。

楊先生恂

楊恂字□□。丹稜人。登元豐五年進士第。官不過承議郎以歿。元符末。嘗應詔上書。崇寧二年編入黨籍。魏鶴山集。

李先生平

李平。西河圖傳一卷。宋志。

梓材謹案。經義考列此一書。引胡氏一桂云。政和中撰。按崇寧中籍黨人。又詔中書開具元符臣僚章疏姓名。列邪中一百五十人。先生與焉。

呂先生仲甫

劉先生當時

韓先生跋

馬先生琮

陳先生彥默

劉先生昱

魯先生君明

梓材謹案。通鑑集覽。宋徽宗崇寧元年。復追貶司馬光等四十四人官。又詔籍元符元祐黨人。除韓宗彦曾任宰相。安燾曾任執政。王覿豐稷見任侍從官外。五十餘人並會三省籍記。不得與在京差遣。内吕仲甫。劉當時。徐常。謝良佐。韓跋。馬琮。陳彦默。劉昱。魯君明九人。不在碑刻三百九人之數。附識于此。

郭先生久中

郭久中。成都人。北郭先生之孫。與兄倫同登崇寧第。皆居甲科。大觀二年。召入册定敕令。後提舉常平河北東路。嘗因星變上封事。言新開邊皆不毛地。小人邀功。肆爲誕謾。書首入邪等。罷歸吏部。後復爲郡守。爲剌史。年裁六十一。竟致其仕。氏族譜。

薛先生良貴附兄良朋。

薛良貴字貴全。瑞安人。忠愍良顯弟。初名天球。入太學。坐元符上書議朝政謫籍。後改今名。登政和第。終正議大夫知光州。贈通奉大夫。宣和間。睦寇方臘犯城。與兄良朋率鄉兵控要害。城賴以全。良朋字貴益。登紹熙第。終吏部尚書。温州府志。

崔先生陟

崔陟字浚明。年未二十。舉進士。後坐元符末上書論時事。編入黨籍。仕宦連蹇不進。以宿州通判終。卻掃篇。

知州唐先生諫附蔣舉。

唐諫字子方。全州人。初名册。元符間。與鄉人蔣舉上書論時事。崇寧間。申嚴黨禁。入黨人籍。退居田里。後易今名。登政和五年第。嘗知峽州。廉介多惠愛。一統志。

進士鞠先生杲

鞠杲。吴川人。舉元祐進士。元符中年㈠入汴京上書。排章惇蔡卞等罪。辭極抗直。惇怒。以之隸黨籍。廣州戴志。

進士馮先生應之

進士鄭先生準合傳。

進士劉先生緯合傳。

馮應之。南雄州進士。鄭準。劉緯。英州進士。預黨籍。輿地紀勝。

㈠「年」衍。

附攻元祐之學者

補趙挺之

附録

朱子題清獻事實後曰。國家自熙豐元祐以來。人才政事分爲兩塗。是此者非彼。鄉左者背右。既不可得而同矣。而于其同之中又有異焉。則若元祐之朝。朔黨洛黨川黨。而熙豐之曾文肅趙清獻張丞相。又與章蔡自不同也。熹少時。從趙公之孫惠州使君遊。得觀趙公手記所與蔡京異論本末。蓋嘗三復而歎公之不幸。今復從惠州之子得此書而讀之。則又深惟其故。而重歎國家之大不幸也。夫以趙公之自言。下不欲結怨于百姓。則必不肯肆行煩苛爭奪之横政。中不欲得罪于士大夫。則必不肯唱爲禁錮忠賢之邪説。外不欲失信于夷狄。則必不肯妄起開拓燕薊之狂謀。而考其平生質厚清約有過人者。則又知其必不肯爲蔡京之淫侈導諛以蠱上心。而納之于有過之地也。是則雖曰同出於熙豐。而其邪正得失之閒。豈可同年而語哉。

梓材謹案。趙氏。宋史諡清憲。而朱子文集作清獻。未知孰是。豈以其與名臣參政同修史者易之耶。

鄒道鄉聞趙正夫遷門下詩曰。促膝論心十二年。有時忠憤淚潸然。不聞一事拳拳救。但見三臺每每還。天地豈容將計免。國家能報乃身全。他時會有相逢日。解説何由復自賢。

强淵明字隱季。錢塘人。浚明弟。禮部尚書。與兄浚明及葉夢得。締蔡京爲死交。濟成黨禍。

范致明字□□。論伊川入山著書。

劉拯字□□。劾李之純阿附蘇轍。

郝隨

鄧洵武

元祐黨案附録

邵氏聞見録曰。哲宗卽位。宣仁后垂簾同聽政。羣賢畢集于朝。專以忠厚不擾爲治。和戎偃武。愛民重穀。庶幾嘉祐之風矣。然雖賢者不免以類相從。故當時有洛黨川黨朔黨之號。洛黨者。以程正叔爲領袖。朱光庭賈易爲羽翼。川黨者。以蘇子瞻爲領袖。吕陶等爲羽翼。朔黨者。以劉摯梁燾王巖叟劉安世爲領袖。羽翼尤衆。諸黨相攻不已。至紹聖初。章惇爲相。同以爲元祐黨。盡竄嶺海之外。可哀也。吕微仲。秦人。戇直無黨。范淳夫。蜀人。師温公。不立黨。亦不免竄逐以死。尤可哀也。

晁氏客語曰。紹聖初。籍定元祐黨止數十人。世號精選。其後乃泛濫。人以得預爲榮。而議者不以爲當也。劉莘老梁況之終于貶所。因尚洙之言。朝廷以二公旣歿。不及再貶。故諸子盡廢。范純夫以是移化。事實不類。其子沖亦停官。竟不知當時如何行遣也。

洪景盧奏疏曰。龔敦頤念元祐黨籍諸臣。及建中上書邪等人。多表表立名節。經崇寧禁錮。靖康流離。子孫不能盡存。平生施爲。漫不可考。訪求闕遺。遂成列傳譜述三百卷。凡名在兩籍者三百九人。而書于編者三百五。其不可得而詳者四人而已。

王明清揮麈後録曰。蔡元長使其徒再行編類黨人。刊之于石。名之云元祐姦黨。播告天下。但與元長異意者。人無賢否。官無大小。悉列其中。殆三百餘人。有前日力闢元祐之政者。亦饕廁名。

袁甫重修白鹿書院記曰。熙豐用事之臣。專務功利。排斥正論。斯道晦蝕甚矣。所以修明植立者。則元祐諸儒正誼明道之力也。

牟子才聚散劄子曰。元祐初。司馬光相。呂公著文彥博相繼輔政。君子又聚矣。品流太分。事故反覆。濫觴于吏額之小爭。浸淫于調停之初議。滔天于策題之分辨。而君子之黨盡散。極而至于朝堂之榜。黨碑之鐫。躪蹸忠賢。曾草菅之不若。是元祐之人才。散于辨白之太過。其爲禍蓋不止于散也。建中靖國初。起范純仁。相韓忠彥。君子又聚矣。天下方以快活差除爲喜。而曾布溫益志在朋奸。置政事局。而輕元祐。重元符。進愛曲圖。而左軾轍。右京卞。意向一偏。而君子遂盡去。而元符上書人。一皆以邪目之。是建靖之人才。散于中非中而靖非靖。其爲禍蓋不止于散也。

王深寧困學紀聞曰。夬揚于王庭。以正小人之罪。孚號有厲。以危小人之復。元祐諸賢。似未知其危乃光之義。

趙湰水題東坡書孔北海贊曰。元祐之黨。僅類黨錮。元豐之政。初亦有爲。但荆公新法。不合人情。温公繼之。力革前弊。然紹聖熙寧子也。一旦使子改父道。小人得以藉口矣。向使如范忠宣輩稍變其不合者。漸以圖之。庶幾少安。其子孫亦安能爲其父而咎其王父者哉。惜乎。慮不出此。而使賢士竄斥略盡。國遂以亡。亦君子之過也。

元遺山録忠武任君墓碣曰。嗚呼。朋黨之禍。何其易起而屢作也。宣政之季。蔡京吕惠卿輩。至指司馬丞相爲元祐姦黨魁。列其姓名。著之金石。自謂彰善癉惡。可爲萬世臣子不忠不孝者之戒。碑足甫立。隨爲雷火所擊。惠卿等懼大禍將及。乃赦黨人。死者復官。流徙者復還。自今觀之。元祐黨禁。不過追削竄逐。禁其子弟不得至京師而已。曾不若皇統之禍之慘也。

龔子敬讀元祐黨籍碑詩曰。彼狂曰予聖。莫辨烏雄雌。安知百世耳。乃在黨籍碑。在昔漢唐末。所無忍爲之。女眞或敢侮。自是宋德衰。空令大梁人。至今歌黍離。

費衮梁溪漫志曰。吾州蒼梧先生胡德輝。嘗對劉元城歎息張天覺之亡。元城無語。蒼梧疑而問之。元城云。元祐黨人。只是七十八人。後來附益者不是。又云。今七十七人都不存。惟某在耳。元城爲此言時。實宣和六年十月六日也。

紹興禁學案

沮和議者

趙先生鼎詳趙張諸儒學案。

王先生庶

王庶字子尚。慶陽人。崇寧中進士。知涇州。累立戰功。擢河北經略安撫使。後與秦檜論和戰不合。出知潭州。安置道州。卒謚曰敏節。子之奇。乾道中知樞密院事。姓譜。

附録

朱子跋樞密贈祁居之詩曰。王公素剛毅。有大節。方廷爭和議。視秦檜如無也。而能屈體下賢。出于誠意如此。是可尚已。

樓先生炤

樓炤字□□。永康人。政和間進士。由國子博士遷殿中侍御史。言論多見採納。官至簽書樞密院事兼權參政。卒謚襄靖。姓譜。

尹先生焞詳和靖學案。

晏先生敦復詳見劉李諸儒學案。

張先生九成詳橫浦學案。

喻先生樗詳見龜山學案。

張先生燾

鄭先生剛中並見龜山學案補遺。

判監孫先生偉詳見元城學案。

李先生彌遜詳見廬陵學案。

胡先生珵詳見元城學案。

張先生闡

魏先生矼並見趙張諸儒學案補遺。

曾先生開詳見廌山學案。

梁先生汝嘉

梁汝嘉字仲謨。麗水人。以外祖何執中任入官。建炎初。知武進縣。有治狀。累遷户部侍郎。

知臨安府。後知明州兼浙西沿海制置使。先生長于吏治。在臨安風績尤著。姓譜。

方先生廷實

方廷實字廷美。莆田人。政和進士。紹興中。拜監察御史。剛直敢言。極論和戎不便。尋充淮北宣諭使。見諸陵發掘。涕泣不已。秦檜使謂之曰。見上幸毋及他事。及對。俱以所見言之。高宗涕下沾襟。檜怒。出福建提刑。至官。首上言贖胡銓之罪。檜益銜之。遂請老。姓譜。

薛先生徽言

范先生如圭

胡先生銓並詳武夷學案。

朱先生松詳見豫章學案。

張先生擴

張擴字彥實。德興人。崇寧進士。授國子監簿。遷博士。調處州司工曹事。盜賊竊發。守知其賢。委以郡。先生臨事精明。威名大著。召爲祕書省校書郎。尋充館職。因議和固執以爲不可。遂求補外。江西人物志。

梓材謹案。四庫書目提要云。一字子微。南渡後。歷中書舍人。宋志載其東窗集四十卷。又詩十卷。今從永樂大典鳌爲一十六卷。又言。其本因秦檜得進。然其所交遊皆一代勝流云。

淩先生景夏

樊先生光遠並詳橫浦學案。

許先生忻詳范許諸儒學案。

方先生德順別見劉胡諸儒學案補遺。

蘇先生符別見蘇氏蜀學略補遺。

林先生霆別見艾軒學案補遺。

縻先生鍇

縻鍇。吳人。由博士持節。一與秦檜議不合輒棄官。以朝請大夫致仕。號如止居士終其身。子師旦。黄東發文集。

常先生明

常明。

趙先生雍

趙雍。

馮先生時中

馮時中。疑卽時行。

毛先生叔度

毛叔度。

陳先生堯英附詳水心學案。

又論事者

胡先生憲詳劉胡諸儒學案。

馮先生方

馮方。

查先生籥

查籥。

侍郎李橘園先生浩詳見象山學案。

附攻專門之學者

補 秦會之檜

雲濠謹案。韓南澗書師説後云。靖康初。公道始開。楊龜山首闢王氏。建炎龍興。二程先生門弟子相繼有聞。易春秋語孟之學始行于天下。而趙丞相嘗官于洛。素知推敬其書。一時士君子靡然嚮之。及秦益公當國。諸賢零落殆盡。秦亦舊從洛學者也。晚乃謂人爲其所惑蓋三十年。且詆其説爲提先手。由是。雖進士之文。亦不復道之矣。據此。則秦會之殆以洛學而攻專門之學者矣。

附録

王深寧困學紀聞曰。開禧追貶秦檜。周南仲代草制云。兵于五材。誰能去之。首弛邊疆之禁。臣無二心。天之制也。忍忘君父之讐。又云。一日縱敵。遂貽數世之憂。百年爲墟。誰任諸人之責。原註。金人南遷録載孫大鼎疏言。遣檜以就和。檜之姦狀著矣。嘉定之牽復幾于失刑。

謝山箋曰。開禧之敕。雖草而未行。會侂胄已誅。非牽復也。宋史亦誤。

紹興禁學案附録

袁甫重修白鹿書院記曰。紹符政宣閒。羣邪得志。流毒生靈。極而至于中原板蕩。斯道掃地矣。而所以修明植立者。則中興諸儒正誼明道之力也。

牟子才聚散劄子曰。中興以來。張浚趙鼎爲相。君子又聚矣。未幾秦檜當國。力主和議。一時讜論如胡銓等三十二人不肯附麗。如李綱等八十餘人率皆擯棄。或死于囹圄。或死于貶所。或流棄于魑魅之區。累赦不移。或棲遲于林泉之下。屏逐不出。是紹興之人才散于多主戰而少主和。其爲禍又不止于散也。

王深寧困學紀聞曰。元祐諸賢不和。是以爲紹聖小人所乘。元符建中。韓曾不和。是以爲崇寧小人所陷。紹興趙張不和。是以爲秦氏所擠。古之建官曰三公。公則無私矣。曰三孤。孤則無朋矣。無私無朋。所以和也。